浙江省高职院校"十四五"重点立项建设教材

高等学校人文素质教育系列教材

U0647033

TOURISM PROFESSIONAL ETIQUETTE

旅游职业礼仪

褚　倍　编著

ZHEJIANG UNIVERSITY PRESS

浙江大学出版社

·杭州·

图书在版编目(CIP)数据

旅游职业礼仪/褚倍编著. —杭州:浙江大学出
版社,2023.8(2025.9重印)
　　ISBN 978-7-308-23437-5

　　Ⅰ.①旅… Ⅱ.①褚… Ⅲ.①旅游服务－礼仪－教材
Ⅳ.①F590.63

中国版本图书馆 CIP 数据核字(2022)第 250394 号

旅游职业礼仪

LÜYOU ZHIYE LIYI

褚　倍　编著

责任编辑	王元新	
责任校对	秦　瑕	
封面设计	春天书装	
出版发行	浙江大学出版社	
	（杭州市天目山路 148 号　邮政编码 310007）	
	（网址：http://www.zjupress.com）	
排　　版	杭州星云光电图文制作有限公司	
印　　刷	杭州宏雅印刷有限公司	
开　　本	787mm×1092mm　1/16	
印　　张	19.75	
字　　数	421 千	
版 印 次	2023 年 8 月第 1 版　2025 年 9 月第 6 次印刷	
书　　号	ISBN 978-7-308-23437-5	
定　　价	49.00 元	

前　　言

本书主旨是帮助读者充分理解礼仪的内涵和意蕴,通晓职业礼仪规则,最大限度地提高读者的礼仪素养,丰富其精神生活,提高其感受能力和审美能力,外在是优雅的呈现,内在是智慧的表达。

作者十余年间在上百家不同行业的企业的培训经历以及对上千名不同专业的学生的教学经历中,提炼出"修—学—练—演—趣"五步教学法,并坚持践行。五步教学法,内修于心、外化于形,学生经此训练,从内到外都会有可喜的提升。因此,本书是以"修—学—练—演—趣"为依据设计的礼仪教材。

党的二十大报告在"推进文化自信自强,铸就社会主义文化新辉煌"中指出,建好用好国家文化公园。以文塑旅,以旅彰文,推进文化和旅游深度融合。当前,服务业礼仪规范已逐渐走向成熟和完善,而旅游业又是服务业中的圭臬,因此,本书梳理并提炼了四大旅游行业的服务礼仪,可供社会其他行业借鉴。

本书共分为七章,前六章为通用礼仪,分别介绍礼仪概述、形象礼仪、见面礼仪、往来礼仪、沟通礼仪、宴请礼仪。具体布局如下:

修——感受生命教育

提炼古今中外的礼仪智慧,脱离把礼仪仅仅作为工具的思维,更加注重礼仪是对心灵的浸润。可以诵于口,藏于心;齿流芳,气自华。

学——获取礼仪知识

系统精炼实用的礼仪知识,丰富多彩的礼仪素材,一册傍身,世代传承。

练——形成行为习惯

通过落到实处的情景模拟和有针对性的实训内容,让读者反复训练,形成行为习惯,离礼仪达人越来越近。

演——实践精彩演绎

他山之石,可以攻玉。选取六个有代表性的企业和机构,将书面的礼仪内容在实际工作中立体鲜活地演绎和展示。工作中融入礼仪元素,是企业走向卓越的必由之路。

趣——体会人文精神

寓礼于趣，原来礼仪可以这么有趣！通过让人会心一笑的礼仪趣事，让读者有所领悟和感触，有助于读者沉淀内心、提升自我。

第七章为旅游业四大行业礼仪，分别是以酒店业为代表的餐饮住宿行业礼仪、以景区会展业为代表的旅游游览行业礼仪、以旅行社为代表的旅游综合服务行业礼仪、以航空和高铁为代表的旅游出行行业礼仪。社会其他行业可以在其中找到与本行业相近的行业，借鉴礼仪流程，提高本行业及企业的服务规范程度和宾客体验品质。

同时，本书配有约480分钟的微课教学视频，让读者从文化和艺术的角度，以更加生动立体的情境，学习礼仪、体会礼仪。

本书可用作高等职业教育学院的专业教材；也可用作企业的培训教材和参考书；还可作为志趣高雅、品位不俗的好学者学习礼仪的枕边书。一册收藏在手，有礼走遍天下。

本书第一至六章由褚倍教授主笔；第七章第一节由鲍娟老师主笔，第二节由温燕副教授主笔，第三节由褚倍教授主笔，第四节由陈丽梅副教授、杨菁副教授主笔。

参与微课拍摄的老师有褚倍、鲍娟、扈冉、周高华、常晓鹏、毛近菲、顾静怡、韩德琼。感谢以上老师对脚本和拍摄反复雕琢，精益求精，呈现出具有文化的深度、艺术的温度的效果。

感谢数百本书和文章的作者，我是站在前辈们研究的基础上，完成了这部作品！

目　　录

上篇　旅游职业通用礼仪

下篇　旅游行业礼仪

上 篇

旅游职业通用礼仪

第一章　礼仪概述

缘人情而制礼,依人性而作仪。

——《史记·礼书》

析:尽管礼是行为处事的规矩,是用来约束人行为的,但是礼并不是凭空臆造的,而是源于实际生活、实际习俗,经系统整理后制定出来的,所谓"因民而作,追俗为制"。

礼通苍穹,仰观碧落星辰近;路承高峰,俯览翠微峦域低。

——李燕杰

析:这两句诗写出了礼仪的境界。礼可以上通苍天星辰,下承高峰众山。礼仪的境界是由它的内涵决定的。礼是德之形,礼是人之魂,礼是世间理,礼是道之法。

礼,身之干也。

——《左传》

析:孔子教导弟子要努力修身,做一名人格完美的君子。修身的重要途径之一就是学习和实践礼。礼对于人来说,好比脊梁一样重要。就像树木,有了粗壮的树干才会有茂盛的枝叶。

少成若天性,习惯之为常。

——《大戴礼记·保傅》

析:从小学习和实践礼仪,可以涵养自己的道德,在不知不觉中提高修养。久而久之,习惯成自然,翩翩然有君子之风,成为受大家爱戴的人。

礼貌是聪明的事,无礼是愚蠢的事,若非因必要或任性的无礼以致树敌,犹如在自己家纵火一样。

——叔本华

礼貌出自内心,其根源是内在的,然而,如果礼貌的形式被取消,它的精神与实质亦随之消失。

——约翰·霍尔

学

第一节　礼仪的内涵和发展历程

一、礼的内涵

在中国,"礼"几乎是一个无人不知的概念。这不仅因为中华民族被誉为"礼仪之邦",更因为"礼"与我们的生活和人际交往密不可分。《礼记·曲礼》说:"礼尚往来,往而不来,非礼也;来而不往,亦非礼也。人有礼则安,无礼则危。"礼仪、礼貌、礼节已经成为人们日常生活中最熟悉的词语。然而,若要"一言以蔽之"地给"礼"下一定义,却并非易事。正如近代学者柳诒徵先生所说:"中国古代所谓'礼'者,实无所不包,而未易以一语说明其定义也。""礼"蕴含着丰富的内涵。

礼通苍穹,仰观碧落星辰近——与先贤对话"寻礼"

(一)礼是人自别于禽兽的标志

人从动物界脱胎而来,这就决定了人身上不可避免地残留着动物的野性,但是,人与动物毕竟存在着本质区别。那么,人应该怎样定义自己? 人之所以为人的根本理由究竟何在?《礼记·冠义》说:"凡人之所以为人者,礼义也。"《礼记·曲礼》说:"鹦鹉能言,不离飞鸟。猩猩能言,不离禽兽。今人而无礼,虽能言,不亦禽兽之心乎?"孔颖达疏说:"人能有礼,然后可异于禽兽也。"可见,在中国古人看来,人是按照礼也就是理性要求来生活的,而其他动物则不是。人有文化自觉,不可与鸟兽同群。通过礼自别于禽兽,对于中国人而言,是人生要义之一。

(二)礼是文明与野蛮的区别

礼是文明与野蛮的区别,是更高一个层次的区别。孔子作《春秋》,欲为万世龟鉴。韩愈在他的《原道》中说:"孔子之作《春秋》也,诸侯用夷礼则夷之,进于中国则中国之。"他认为一部《春秋》,讲的无非是严夷夏之别。而夷夏之别则在于一个"礼"字。春秋季世,王纲解纽,周边文化相对落后的部族乘机进攻中原,有些诸侯国被蛮风陋俗所化,完全失去了享受中原先进文明的资格,故只配把它们当夷狄看待。相反,有些夷狄之邦向慕中原文明,积极效仿,日久天长,已进于中国,则可与中原诸侯同等对待。春秋乱世,本质上是文明与野蛮的斗争,即"礼"者与"非礼"者谁影响谁的斗争。而历史的进步,是在文明战胜野蛮之后。韩愈之说,深入人心,故中国人始终以本民族高雅、文明的礼仪自豪。

(三)礼是社会一切活动的准则

人离不开群体生活,是具有社会性的动物。为了保证社会的有序,需要有成套的合理的规范。在中国文化中,这就是礼。《礼记·曲礼》说:"道德仁义,非礼不成。教训正俗,非礼不备。分争辨讼,非礼不决。君臣、上下、父子、兄弟,非礼不定。宦学事师,非礼不亲。班朝治军,涖官行法,非礼威严不行。祷祠祭祀,供给鬼神,非礼不诚不庄。"道德为万事之本,仁义为群行之大,施行道德仁义,不通过礼则无由得成。

(四)礼是修身的主要门径

西方文化以神为中心,中国文化以人为中心。中国文化要求人们努力修为,勉为道德高尚的君子,甚至成圣成贤。其间的取径,则是礼乐人生,外内双修。因此,中国人在童蒙教育阶段即教以礼,"不学礼,无以立"。人生是漫长的,但关键之处只有几步,因此从束发开始,每逢人生的转折点,国家都会寓教于礼,通过冠礼、婚礼、相见礼、饮酒礼、射礼、丧礼、祭礼等一系列的"人生礼仪"进行指导,从而在总体上维持了全民族的文明水平。

(五)礼是民族凝聚的核心

中国幅员辽阔,各地发展不平衡,风俗更是歧异巨大。对于一个大一统的国家而言,如果没有统一的行为规范,听之任之,放任自流,结果自然不堪设想。经过两千多年的经营,"礼"成为在方言与风俗之上的一个更高层次的规范。各地人彼此说话可以听不懂,年节习俗可以互歧,但在礼的层面上却能彼此认同。这是中国特有的文化现象,也是中国在漫长的历史长河中始终保持统一趋势的深层原因。

二、礼仪的概念和分类

(一)礼仪的概念

路承高峰,俯览翠微峦域低——升旗仪式中"寻仪"

礼仪作为一种社会现象,是与人类文明同时产生、同步发展的。礼仪约束着人们在不同场合的言谈举止,是人与人之间建立和谐关系的基础。

礼仪是人们在社会交往活动中形成的行为规范和准则,是人们为维系社会正常生活而共同遵守的基本道德规范,其实质是人们在一种利己的交换行为的基础上对他人的尊重。

言之有理

礼仪还可以从以下几个不同角度进行解释:

从个人修养的角度来看,礼仪是一个人的内在修养和素质的外在表现。

从道德的角度来看,礼仪是为人处世的行为规范或标准做法、行为准则。

从交际的角度来看,礼仪是人际交往中使用的一种艺术,也可以说是一种交际方式。

从民俗的角度来看,礼仪是人际交往中必须遵守的律己敬人的习惯形式,也可以说是人际交往中约定俗成的待人以尊重、友好的习惯做法。简言之,礼仪是待人接物的一种惯例。

从传播的角度来看,礼仪是一种在人际交往中进行相互沟通的技巧。

从审美的角度来看,礼仪是一种形式美,是人的心灵美的必然的外化。

（二）礼仪的内容

随着历史的发展，礼的内涵已经有了延伸和扩展，具体表现为礼貌、礼节、仪式等。

礼仪是礼貌、礼节和仪式的统称。

礼貌是指人们在相互交往过程中通过仪容、仪态、语言等形式表示敬重和友好的行为规范。如整洁、微笑、尊称、主动招呼等。

礼节是指在比较正式的交际场合，人们相互表示尊重、祝颂、问候、致意、哀悼、慰问以及给予必要协助和照料的形式。如握手、介绍、馈赠等。

仪式是指具有专门规定的程序化规则的活动，是一种隆重的礼节。如迎送仪式、签字仪式、颁奖仪式、开幕式、升旗仪式、奠基仪式等。

礼貌是礼仪的基础，体现了一个人的品质和素养；礼节是礼貌的升华，是礼仪的主要组成部分；仪式是礼貌的最高形式表达，是礼仪的秩序规范。礼仪作为一种社会文化和文明的象征，促进了人际关系的沟通和人们的社会交往。

（三）礼仪的分类

礼仪由主体、客体、媒体和环境四个基本要素构成。主体是指礼仪活动的操作者和实施者；客体是指礼仪活动的指向者和承载者；媒体是指礼仪活动所依托的一定媒介；环境是指礼仪活动得以形成的特定时空条件。依照礼仪构成的四要素，礼仪可以分为政务礼仪、旅游职业礼仪、服务礼仪、社交礼仪、公关礼仪、涉外礼仪、日常礼仪和节庆礼仪等。

言之有理

礼仪的分类

政务礼仪是国家公务员在行使国家权力和管理职能时应当遵循的礼仪。

商务礼仪是企业从业人员以及其他一切从事经济活动的人士在商务往来中应当遵守的礼仪。

服务礼仪是各类服务行业的从业人员在自己的工作岗位上应当遵守的礼仪。

社交礼仪是社会各界人士在一般性的交际应酬中应当遵守的礼仪。

公关礼仪是社会组织的公关人员或其他人员在公关活动中为树立和维护组织的良好形象、构建组织和内外公众和谐的关系应当遵守的礼仪。

涉外礼仪是人们在同外国人打交道时应当遵守的礼仪。

日常礼仪是日常交往中人们应当遵守的礼仪。

节庆礼仪是节日和庆祝日时人们应当遵守的礼仪。

三、我国礼仪发展的历史分期

我国礼仪发展的历史分期如图 1-1 所示。

原始礼仪
萌生期 ⇨ 传统礼仪
成型期 ⇨ 传统礼仪
鼎盛期 ⇨ 传统礼仪
衰落期 ⇨ 近现代礼仪
新生期

俱似大道,妙
契同尘顿悟
深——国宝鉴
赏中"寻礼仪"

图 1-1　我国礼仪发展的历史分期

(一)原始礼仪萌生期

原始礼仪萌生期主要指原始社会时期。关于礼仪的起源说法各异,如果从具体的仪式上看,礼仪起源于原始的宗教祭祀活动更为可信。在原始社会,生产力是极其低下的,人们在渴望征服自然的幻想中创造了一个神的世界,古代神话、原始巫术、原始宗教也随之产生。原始先民们为了祈求神灵的庇佑,经常举行祭祀活动,祭礼便应运而生,成为人与神灵沟通的一种行为方式。《说文解字》解释"礼(禮)",称"履"也。所以事神致福也,从示从豊(音同礼),豊亦声。显然,礼含有以器行礼、祭神祈福的内涵。礼立于敬而源于祭,古人敬神祭祖、祈福迎祥是至关重要的社会活动,要求参与者必须按照一定的规范行事。随着社会逐渐向前发展,"礼"逐渐由神及人,又引申为表示敬意的通称。考古资料也显示,原始社会在黄河、长江中下游以及燕山等地区,已经出现了"礼器"等踪迹,考古遗址出现的一些祭坛也昭示着祭礼的出现。礼仪从远古社会萌芽产生后,经过漫长的发展过程而逐渐完备和日趋成熟,发展成为贯穿中国古代社会的传统礼仪。

(二)传统礼仪成型期

我国古代传统礼仪的成型期主要指夏商周到两汉时期。夏代已经开始制礼,统治阶级为了巩固自己的统治地位,把原始的宗教祭祀礼仪发展成为符合其政治需要的礼制,这样礼被打上了阶级烙印。到商代,礼仪已经开始渗透到社会生活的各个方面。周代,礼仪已经非常系统、完善,其标志就是《周礼》《仪礼》《礼记》的出现,即通称的"三礼"。礼的内容主要体现在周礼中的"王礼"部分,即分别用于祭祀的"吉礼"、冠婚的"嘉礼"、宾客的"宾礼"、军旅的"军礼"和丧葬的"凶礼"。周礼是我国历史上最严谨、最庞大、最完整的礼仪制度。在汉代以后两千多年的历史长河中,《周礼》《仪礼》《礼记》一直被尊奉为统治阶级制定礼仪制度的经典,对后世的社会发展产生了深远影响。

到春秋战国时期,以孔子、孟子、荀子等为代表的诸子百家对礼教进行了研究和发展,对礼仪的起源、本质和功能进行了系统阐述。孔子非常重视礼,他曾言"不学礼,无以立",甚至认为无"礼"是根本不能实现治国、安邦、平天下的政治理想的,要"为国以礼"。孟子也十分重视礼,把"仁、义、礼、智、信"作为基本的道德规范,认为"辞让之心"和"尊敬之心"是礼的发端和核心。荀子则指出:"人无礼则不立,事无礼则不成,国无礼则不宁。"

到汉武帝时代,因为推行"罢黜百家,独尊儒术",提倡尊民以礼,劝学兴礼,礼仪从此以儒学为思想主导,成为国家的主流意识形态。东汉初年,班固对《礼记》表述的"三纲"进行了详尽阐释,即君为臣纲,父为子纲,夫为妻纲,同时以仁、义、礼、智、信为"五常",对后世影响深远。两汉时期,像除夕、清明节等传统节日及相关的节日礼仪大多基本定型,礼仪的影响逐渐扩大,从王公贵族、宫廷官府走向市井都会,成为每个人的行为规范。

(三)传统礼仪鼎盛期

我国古代传统礼仪的鼎盛期主要指隋唐和两宋时期。唐代是我国封建社会的黄金时代,礼仪的发展进入成熟期,其主要标志是官方颁布的由唐玄宗主持纂修的《大唐开元礼》,全书分为吉礼、宾礼、军礼、嘉礼、凶礼,共"五礼",主要记载的是以皇帝为中心的国家典礼仪制,非常详尽完备,同时兼顾地方政府的祭仪,还有官僚家庭的吉凶之仪。

宋代礼制基本沿袭前朝。宋代理学兴起,对礼治思想有较多的阐述,并对礼制秩序加以强化。宋代学者开始注重民间礼仪教化,强化家庭礼仪的作用,以期通过民间、宗族的风俗教化来加强对人们的控制,如司马迁写有《书仪》,朱熹写成《家礼》。此外,宋代还有一些家训、乡约等传世,表明礼仪已经深入人们的日常生活。

(四)传统礼仪衰落期

我国古代传统礼仪越来越强调尊君抑臣、尊夫抑妇、尊父抑子、尊神抑人等。在漫长的历史发展长河中,它在有力维护统治秩序的同时,又逐渐成为一道阻碍社会进步的精神枷锁,妨碍人类思想、个性自由发展,阻挠人类平等交往。到元、明、清时期,中国古代传统礼仪开始由鼎盛走向衰落。元、明、清及近代,礼仪被不断细化,走向十分繁缛的极端,而且越来越为巩固统治者的统治地位而强化和利用,成为统治者的精神统治工具。元代由于是游牧民族入主中原,所以汉人的地位十分低下,尽管其沿袭了宋代的礼制,但却不能得到很好的施行,所以元代属于古代传统礼仪低潮期。明朝建立以后,为了加强统治,在礼制上设立了森严的等级规定,使礼仪制度显得十分专制、冷酷、无情。到了清朝,为进一步加强思想文化统治,在礼制方面愈加严酷、残暴,在朝廷礼仪方面更加强化等级身份,繁缛森严;在宗族制度方面礼法被空前强化,礼制已经腐朽衰败。从图1-2所示的君臣礼仪的演化过程,可以看出这种趋势。

[汉]坐而论道　　　[宋]站议时政　　　[清]跪受笔录

图1-2　君臣礼仪的演化过程

（五）近现代礼仪新生期

孙中山领导的辛亥革命彻底结束了封建帝制,礼制也随之发生了根本性的变化。南京临时政府在建立之初就颁布了一系列的礼法文告,新的礼仪礼俗随之出现,西方的一些礼仪文化也逐渐进入中国。这一时期的礼仪,体现了近代自由、平等的原则。由资产阶级倡导的自由、民主、平等的思想形成的全新的文化习俗等,开始渗透到社会生活的方方面面,冲击了森严的封建意识和等级观念,对中国的礼仪文化产生了重大影响。

中华人民共和国成立后,新型的社会关系和人际关系得以确立,礼仪进入了一个新的历史发展时期。这一时期,礼仪推陈出新,古为今用,洋为中用,因而获得新生,呈现出全新的礼仪内涵与形式。这一时期,新式的合作互助和男女平等的社会关系得以确立,而尊老爱幼、讲究信义、以诚待人、先人后己、礼尚往来等中国传统礼仪中的精华则得到继承和发扬,成为社会主义礼仪的重要内容。

党的十一届三中全会以来,伴随着改革开放,我国的现代礼仪建设进入了新的全面振兴时期。1982年,全国总工会、共青团中央等组织联合发出了《关于开展文明礼貌活动的倡议》,号召全国人民特别是青少年开展"五讲四美"文明礼貌活动,成为我国现代礼仪建设史上的里程碑。

改革开放四十年多来,各行各业的礼仪规范纷纷出台,社会上的礼仪培训、学校里的礼仪教育日益繁荣,人们越来越深刻地认识到礼仪在社会发展中的重要性。

2014年2月24日,习近平总书记在中共中央政治局第十三次集体学习时强调:要认真汲取中华优秀传统文化的思想精华和道德精髓,大力弘扬以爱国主义为核心的民族精神和以改革创新为核心的时代精神,深入挖掘和阐发中华优秀传统文化讲仁爱、重民本、守诚信、崇正义、尚和合、求大同的时代价值,使中华优秀传统文化成为涵养社会主义核心价值观的重要源泉。

伴随着决胜全面建成小康社会的伟大壮举,我国现代礼仪必将焕发出前所未有的生机和活力。

四、西方礼仪思想的发展历程

西方礼仪思想的发展历程如图1-3所示。

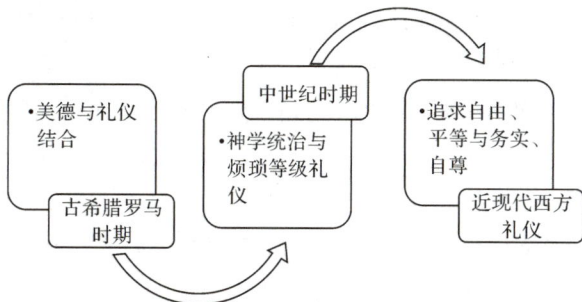

图1-3　西方礼仪思想的发展历程

(一)古希腊罗马时期:美德与礼仪结合

公元前五六世纪,希腊人在哲学思想、历史、建筑、科学、文学、戏剧、雕塑等诸多方面取得了重大成就,对后世有深远的影响,成为整个西方文明的精神源泉。可以说,古希腊是西方文明的发源地,也是礼仪文明的发祥地,其礼仪思想发展的成就主要集中体现在以下几个方面。

1. 美德在先,美德与礼仪相结合

古希腊哲学家对美德与礼仪作了许多精彩的阐述。毕达哥拉斯(公元前580—前500年)认为:"美德即是一种和谐与秩序。"苏格拉底(公元前469—前399年)指出:"哲学的任务在于认识人的内心世界,培植人的道德观念,教导人们要待人以礼,为人师表。"不仅如此,古希腊人还将美德概括为智慧、公正、节欲、坚韧不拔。在希腊人看来,公正意味着尊重所有人的权利,同样要求尊重自己,正确地关注自己的权利和尊严。公正包含许多人与人相处的美德——尊敬、礼貌、宽容、诚实、责任心。在古希腊时期,将礼仪融入了美德的内容,使礼仪成为人们的一种社会需要而被提倡和认同。例如在荷马时代,把"作战英勇、能言善辩、谦恭有礼、高度负责,甚至对战败者的宽宏大量和对自己的高度责任感",当作贵族不可缺少的高贵品质。在日常的人与人的社会交往中,不许说谎,必须恪守信用,不准损人利己。即使是在商业活动中,在买卖交易时,宁可自己吃亏上当,也不能骗他人一分一厘钱财。贵族必须待人恭敬,即使对待敌人也要合乎礼节,其行为"光明正大",其爱心"慷慨大方",其纪律是同军人般的"纪律约束、以身作则",并将此视为光荣。

2. 美德与和谐的统一,美德与秩序的统一

在古希腊时期,对美德、和谐秩序有比较深刻认识。美德是和谐,美德是秩序。尊敬父母,即"敬你的父母与亲族"。对于柔和言语与美德的行为要谦让;以道德的标准择友爱朋;不可因微小的过错而憎恨朋友;不做一点卑劣的事情,草率的动作和言语均是卑劣的特征。

3. 美德即是知识,美德即是规矩

古希腊哲学家苏格拉底同样强调道德的重要性。所不同的是,苏格拉底还把道德同知识、规矩结合到一起。在他看来,一个有道德、有知识的人,就懂得待人接物的规矩。他认为,勇敢、节制和正义只有同知识结合到一起,才会成为美德,才不至于不谨慎行事而使勇敢变成鲁莽,不至于无限度地节制而使节制走向反面,不至于不分清事理而使正义变成非正义。教育人们不仅要遵守礼仪规范,更主要的是让人们明白为什么要遵守礼仪规范,怎样做到礼仪规范。

4. 德育优于法律约束,礼仪是道德达到最高峰的保证

古希腊哲学家德谟克里特同样重视道德教育和礼仪教育。在他看来,"教育可以改变一个人",即通过说服和教育被引导到能尽义务的人,可以在任何场合按照良知行事;如果是用法律约束,在私下无人的场合就可能犯罪。故此,德谟克里特认为,道德的教育

更优越于法律的约束。在实现道德教育的途径上,德谟克里特把礼仪教育看作是实现道德最高境界的有效途径。所以,他对道德、善行及其社会意义作了深刻阐述。"德行"是尊重社会和他人的利益,"行善"就是做有利于他人和社会的事。值得一提的是,他把不是蓄意违背公德而忽略公德的事,也列入非道德的范畴。这一点对人们更好地把握道德与非道德、德性与非德之间的界线是大有裨益的。他说:"如果有人忽略了公共的事,那么即使他没有偷盗,没有做不义的事,也是使自己犯罪。"

由此可见,古希腊的交际礼仪的内容与道德、伦理、修养的内涵相联系,并在历史源头及历史的延续中不断丰富。不仅如此,将这种礼仪所表现的品行与高尚,同一定的身份、地位相对应,使人们在社会交往中获得了精神需要的满足。

总之,古希腊罗马时期礼仪思想的发展向人们展示出,礼仪在古代社会已被认同,已经把礼仪的重要性同社会的政治、阶级、生活、道德品行、社会秩序、社会公正、正义等方面结合在一起。同时,诸多的思想家在理论探讨的同时,又深入地研究和阐发了礼仪、道德、受教育环境、年龄及社会交往中的各个"小节",从而使礼仪思想发展过程呈现出多方面性、意义相关性、社会各阶层认同性,以及礼仪实施的可操作性。同社会政治、经济、生活、道德有如此关联的礼仪,因其自身的特点,而对社会及人们的思想、行为影响更为广泛,更为现实。

辩证地分析古希腊罗马时期的礼仪思想发展,不可否认,在与道德结合的过程,其理论还缺乏系统性、完整性,甚至有的方面缺乏科学依据。但由于时代的局限,他们能做到这些也是难能可贵的了。这些礼仪思想的阐述为以后的礼仪思想发展提供了理论来源。

(二)中世纪时期:神学统治与烦琐等级礼仪

中世纪开始于西罗马帝国灭亡,结束于文艺复兴和大航海时代。中世纪早期是"黑暗时代"。13世纪末,文艺复兴运动兴起,涌现出了许多哲学家、文学家、艺术家和科学家,如列奥纳多·达·芬奇、米开朗琪罗、莎士比亚、哥白尼、伽利略、弗兰西斯·培根等,他们代表着文明发展的成就。

欧洲的中世纪是神学统治的时代,"中世纪的世界观本质上是神学的世界观",哲学成了神学的婢女,一切都为神学服务。按照神学世界观的解释,上帝创造了万物,同样也安排了人与人之间的关系。教会、君主是上帝在人间的代表,属于人间的统治者,而作为下等人的贫民阶级则是隶属于教会、君主的被统治者。欧洲的封建等级制度是中世纪的封建制度,它是在封建主之间以土地关系为纽带,通过层层分封而在他们之间形成的上下尊卑等级差别的制度。国王、贵族、骑士、农民或其他劳动群众,形成了由上而下的金字塔似的结构。国王是"封主",最低级是农民等。封建等级制的特征是"封主"与下等级之间的牢固的臣属关系。

神学为建立和维护封建的等级制度做理论上的注脚,而与封建等级制度相适应的严格而烦琐的礼仪,更使这种等级制度组织化、社会化、规范化、习惯化、牢固化。

按照封建等级制度礼仪繁简程度的差异,封建社会封建主对其重视的程度,以及礼仪在社会生活中的影响大小来区分,封建社会的欧洲较有影响意义的礼仪有"皇家宫廷礼""臣服礼""骑士礼"等。

"皇家宫廷礼"是中世纪的欧洲最烦琐、最讲究,也是最规范的礼仪。如法国封建社会宫廷中的举止礼仪,无论是王子、公主还是奴仆,在不同的时间、地点,举手投足的细节规范都有明确的规定。

"臣服礼"也称"敕封式",是在贵族中形成的礼仪,是授受封土、建立封主与附庸关系时要举行的隆重的礼仪仪式。

"骑士礼"是贵族必须从小接受的"骑士教育",包括礼文教育阶段(从七八岁到十四岁)和侍从教育阶段(从十四岁到二十一岁),重点学习"骑士七技",即骑马、游泳、投枪、击剑、打猎、弈棋、吟诗,在侍奉领主和贵妇时加强"七技"的学习,一旦发生危险要誓死保护领主和主妇。骑士要求是勇猛顽强、虔敬上帝、忠君爱国、宠媚贵妇;骑士美德包括谦恭、正直、怜悯、英勇、公正、牺牲、荣誉和灵魂。

在骑士教育中,影响较为深远的是"骑士风度",即在交际生活中给予贵族妇人以种种礼遇,尊重女士,女士优先。这在当时有其形成的客观依据,而且在当今西方社会仍有较大影响,形成了有别于东方国家的礼仪特点。

言之有理

女士是否都优先?

需要特别指出的是,西方的"女士优先"礼仪不是完全以性别为区别对象的,不是所有女性都能受到这一礼遇,而只有贵族阶层的妇女才能享受。对于中世纪封建统治者统治下的广大被剥削的妇女,同样受着各种封建礼仪规范的束缚。《训女手册》是欧洲关于妇女规范的最好注释。在当时,西方国家对妇女的规范繁多。在社会交往中男女不同席;男女不同桌而食;要学会屈膝礼,学会微笑,学会左手受吻礼等礼仪;在家庭中夫主妻从。

总之,欧洲中世纪的礼仪,在神学、封建等级制度的双层统治下,形成了以维护神学、统治阶级利益为目的礼仪规范。同时,为了能巩固和保持现有的社会秩序,礼仪规范、尊卑关系依次以贵族阶层、等级关系而展开,被剥削者的农民等只有卑微的身份,其中广大妇女的社会地位,尤其是家庭地位就更加卑微。

(三)近现代西方礼仪:追求自由、平等与务实、自尊

礼仪文化作为一种社会意识,它在随着社会发展而发展的同时,也遵循着意识自身固有的规律发展、变化。随着西方资本主义制度的逐步确立,在汲取封建等级制度的礼仪文化优秀成果基础上,又逐渐建立了反映资本主义阶级关系、资产阶级利益和资产阶

级思想的礼仪规范。在这一时期,许多著名的政治家、思想家,如培根、洛克、伏尔泰、孟德斯鸠、卢梭、罗伯斯庇尔等提出了许多有价值的礼仪教育理论,为近现代西方资本主义礼仪教育理论的丰富、完善及礼仪实践的发展做出了积极的贡献。

(1)重视交际礼仪的地位作用。17世纪英国著名的资产阶级政治思想家、教育思想家约翰·洛克认为,交际礼仪关系到"资产阶级国家幸福和繁荣"。1693年,约翰·洛克在他的《教育漫话》一书中将礼仪地位给予了系统深入的论述。

(2)重视交际礼仪教育的内容和方法。洛克认为,资产阶级的礼仪,应汲取封建等级制度中具有积极意义的礼仪思想和形式,培养出贵族式的资产阶级事业家。在洛克看来,培养这样的人才,德、智、体各方面的教育中,德育是应摆在优先位置上的。做好德育教育,就必须进行礼貌品质的培养、礼貌礼仪知识的教育。

(3)注意礼仪教育的环境、时机和方法。洛克的礼仪教育思想对西方礼仪文明的发展具有重要的影响,具有里程碑的意义。

与封建等级制度相适应的礼仪规范相比,资本主义时代的礼仪所反映的人与人之间交往的形式与内容有了质的区别。首先,资本主义的礼仪规范从内容上否定了封建等级关系和禁欲主义,极力主张人的解放和自由,摒弃封建的"主仆"关系。在社会交际礼仪尊卑关系中,以个人的奋斗、个人的能力及成功来取舍;在家庭中,各成员间人格是平等的,注重个人的隐私权。其次,女士优先、男女平等的观念体现在交际礼仪之中。这种新的礼仪观、平等观,已不是封建等级制度下仅是贵族妇女所特有的权利,而是整个社会中,两个性别之间的平等。这既源于历史上骑士尊重贵族妇女的传统,更主要的是与社会进步、女性作用凸显直接相联系。再次,务实交际,简化交际。除必要的交际规范一定要遵守以外,交际过程的过分谦虚和客套已被摒弃,这同现代社会的竞争及生活的快节奏直接相关。最后,保持传统礼仪,注重历史文明的继承。如在教堂举行结婚仪式,婴儿出生要进行洗礼仪式等。

总之,西方礼仪思想发展的全部历史,渗透着人类社会生产发展、政治发展、精神文明发展,是各种社会关系在形式上的具体表现。礼仪同道德文明相联系,是人类文明的直接体现。礼仪是统治者、剥削阶级维护其统治地位的工具,礼仪是金钱、地位关系在形式上的外化。西方礼仪文化经历了古希腊罗马时代、中世纪神学时代、近现代资本主义时代的发展,在规范人际关系和社会行为中起到了重要的作用。现代西方礼仪中的自由、平等、自尊等是现实关系的必然产物和充分体现。

如果说经济、政治等因素对社会存在和发展具有客观的决定性意义,那么礼仪与道德对社会存在和发展的影响,更具有普遍性、持续性和深远性。在一定程度上,礼仪影响了社会的政治、道德、文化发展的深度和广度。

洋为中用,汲取世界礼仪文明的精华;古为今用,传承华夏五千年礼仪之邦的美誉。礼仪文明的发展将提升整个社会的文明与和谐程度。

第二节　旅游职业礼仪的发展和功能

一、旅游职业礼仪的概念

旅游职业礼仪是指旅游活动中的礼仪规范和准则,是一般礼仪在旅游经营活动中的运用和体现,属于服务礼仪的范畴。旅游职业礼仪的实质是旅游工作者应该遵守的交往艺术,它是无声的语言,是衡量旅游工作者素质与企业形象的重要标准。既包括在向宾客提供服务的过程中,展现出来的文明、礼貌的修养;也包括在和朋友、同事相处时,表现出的真诚、谦和的态度。同一般的人际交往礼仪相比,旅游职业礼仪有很强的规范性和可操作性,并且与旅游企业经济效益和社会效益密切相关。

二、旅游职业礼仪的特点

(一)以规范为基础

规范是标准化要求。没有规矩不成方圆,旅游职业礼仪的规范性就是指旅游工作者待人接物的标准做法、标准化要求。每个行业的从业者,都有一定的角色期待,就是指社会或群体根据个体所处的社会地位及其所承担的社会角色所提出的希望,它所反映的是社会公认的价值标准和行为规范。角色期待的内容,是在社会生活的长期发展中形成的,它规范和约束角色扮演者的行为,以保证社会生活的进行。企业把社会角色期待细化,以企业制度的形式用以规范员工的言行。旅游工作者通过遵守这些礼仪行为准则和规范,提高了自己的素质,对旅游企业的经营具有重要的指导意义和实际意义。

桃李无言,下自成蹊——金牌讲解员朱淑姣解读旅游职业礼仪的特点和功能

(二)以差异为特征

当代的旅游产业要素已扩展为"食、住、行、游、购、娱、体(体验)、会(会议)、养(养生)、媒(媒体广告)、组(组织)、配(配套)"相互交织组合的九个类别的行业,构成了一个紧密结合的旅游产业链。每个行业的工作内容不同,工作场合不同,接待的客人国籍、民族、行业、身份、年龄等也不同。从主客双方的角度来看,虽然不同民族、不同地域、不同宗教的礼仪及规范有许多相同之处,但由于国家或地区宗教、民族、时间、对象的差异,礼仪存在着民族性和地域性。例如,西方国家亲朋好友见面时一般行拥抱礼或亲吻礼,日本人则以鞠躬礼为主,在我国则是握手礼较为常见。在旅游活动中,要充分考虑到宾客的禁忌,以相应的礼仪待之。

(三)以服务为载体

旅游职业礼仪中很重要的一部分内容是对待客人的礼仪,而待客礼仪是在服务的过程中体现出来的,即旅游业服务人员通过各种设施设备、方法手段来表现出"热情好客""宾至如归",在为宾客提供能够满足其生理和心理的物质和精神的需要过程中,通过礼仪表现创造一种和谐的气氛,产生一种精神的心理效应,从而触动宾客情感,唤起宾客心理上的共鸣,使宾客在接受服务的过程中感受被尊重,产生幸福感。

(四)以和美为目的

旅游职业礼仪规范随着社会发展、时代变迁不断发展更新。一方面,随着社会的进步,礼仪不断发展和完善;另一方面,随着国际交往的扩大,各国的政治、经济、思想、文化等因素相互渗透,旅游职业礼仪被赋予了更多的内容。礼仪的改革受到重视,简洁、实用、文明的礼仪活动形式成为发展的总趋势。无论怎样的表现形式,都需要达到"和而美"的目的。因为旅游行业作为窗口行业,旅游活动作为追求"诗和远方"的活动,都需要旅游工作者践行旅游职业礼仪,创造和谐与美好。

三、旅游职业礼仪的理论基础

(一)职业道德

职业道德是旅游职业礼仪的主要理论基石之一。旅游行业的职业道德,是指旅游工作者在旅游服务的过程中接待自己的宾客,处理自己与宾客、自己与所在单位和国家之间的相互关系时所应当遵守的职业行为准则。旅游行业职业道德的核心思想是为宾客服务,对宾客负责,让宾客对于自己的服务称心满意,并且通过全体旅游工作者的一言一行,传达出本单位对于宾客的体贴、关心和敬意,反映本单位积极进取、报效国家和社会的精神风貌。

旅游行业职业道德的具体内容包括:在思想品质层面上热爱祖国、热爱本职工作;在服务态度层面上热情服务、礼待宾客,有高度的服务意识;在经营风格方面规范化管理,切实维护宾客礼仪;在工作作风和职业修养层面上严于律己、不断进取等。职业道德是用于调节旅游工作者在其工作中的各种人际关系的行为准则。只有掌握了旅游行业职业道德的核心思想,才能够加深对其具体内容的了解;只有掌握了旅游行业职业道德的具体内容,才能够加深对其核心思想的理解。

(二)角色定位

每个人在日常生活里都扮演着一定的角色,而且在不同的场合还往往扮演着不同的角色。所谓社会角色、生活角色或者性格角色,实际上是在不同场合或者依据不同的标准,人们所进行的一种定位。角色定位理论认为,任何一个人想要在社会上取得成功,都有必要首先对自己进行正确的角色定位,然后再按照社会舆论对于自己所扮演的既定角色的常规要求、限制和看法,对自己进行适当的自我形象设计。角色定位主要是要求旅游工作者在为宾客提供服务之前,必须确定自己在工作中所扮演的是"服务者"的角色。服务是一种文化行为,也是一门艺术。服务工作非常重要,服务角色十分光荣。因为在为自己进行角色定位时,旅游工作者要充分认识到这一点,既不妄自菲薄,自轻自贱,歧视本职工作;又要在自己正确定位于服务于人的角色之后,对自己的形象、言谈、举止进行设计。在工作岗位上,旅游工作者的一切行为,包括仪容、仪态、服饰、语言、待人接物等,均需热情温暖、朴素大方、美观端庄。

(三)敬人三 A

旅游职业礼仪的核心在于恰到好处地向宾客表达自己的尊敬之意。敬人三 A 理论是指旅游工作者欲向宾客表达自己的敬意,并且能够让宾客真正接受自己的敬意,关键是要在向宾客提供服务时,以自己的实际行动去接受宾客(Accept)、重视宾客(Attention)、赞美宾客(Admire),由于在英文里这三个词都是以 A 字母打头,所以称为敬人三 A。

接受宾客是要求旅游工作者亲和友善地接受宾客。具体表现在旅游工作者对于宾客热情相迎、来者不拒,不能怠慢宾客、冷落宾客、排斥宾客、挑剔宾客、为难宾客,而要积极、热情、主动地接近宾客,淡化彼此之间的戒备、抵触和对立的情绪,恰到好处地向宾客表达亲近友好之意,将宾客当成自己人来对待。

重视宾客是旅游工作者对于宾客表示敬重的具体化。主要体现于认真对待宾客,并且主动关心宾客,通过为宾客提供的服务,使宾客真切体验到自己备受尊重。工作岗位上要真正做到重视宾客,首先应当做到目中有人、召之即来、有问必答,想对方之所想,急对方之所急,认真满足对方要求,努力为其提供良好的服务。

赞美宾客就是对宾客的接受和重视,也是对人的肯定。从心理上来讲,所有的正常人都希望自己能够得到别人的欣赏和肯定,而且多多益善。获得他人的赞美,就是对自己最大的肯定与欣赏。要赞美服务对象,就要求旅游工作者在服务中善于发现宾客的长处,并且及时、恰到好处地对其表示欣赏、肯定、称赞和钦佩。这种做法的最大好处是可以争取到宾客的合作,使旅游工作者与宾客彼此在整个服务过程中和睦而友善相处。

(四)双向沟通

双向沟通理论的中心内容是主张以相互理解作为旅游工作者和宾客之间进行相互合作的基本前提。理解,通常是指对人的了解。对旅游工作者而言,理解宾客就是要求对服务宾客的实际情况与实际需求尽可能掌握得清清楚楚,只有正确地理解宾客,旅游工作者才能以自己优质的服务满足宾客的实际需求。

建立沟通渠道是实现良好沟通的前提。沟通渠道的建立需要满足两个基本条件:

其一,沟通渠道应当是约定俗成的。某种沟通渠道往往是在一定区域之内的,由人们经过长期的社会实践逐步认定、逐步习惯,并且相沿成习的。应当说明的是,任何一种约定俗成的沟通渠道都具有明显的地域特征,在一个区域内约定俗成的沟通渠道,到了另外一个区域则可能完全失效。这就是人们平常所言的"十里不同风,百里不同俗"。旅游工作者为宾客提供服务时,假如不了解这点,而处处以不变应万变,往往会难以实现沟通,甚至造成不良后果。

其二,沟通渠道还应当有相当的稳定性,这样才容易使人们对其予以认可和接受。当然,沟通渠道绝非一成不变的,它的稳定性只是相对而言的,随着社会的进步,人际交往的进一步发展和变化,沟通渠道实际上也在不断地充实、完善、更新。就旅游行业而言,旅游职业礼仪其实就是旅游工作者与宾客在服务过程中实现双向沟通的常规渠道。简而言之,旅游职业礼仪就是一种沟通技巧。

四、旅游职业礼仪的功能

中国的礼仪文化传统历史悠久,源远流长,素有"礼仪之邦"的赞誉,礼仪已经渗透到社会生活的方方面面。旅游业是我国的朝阳产业,不但是服务业的窗口,也是我国与国外加强文化、人文等交流的主要途径,代表了中华民族的文明程度。因此,注重旅游职业礼仪既是旅游业提供优质服务、提高经济效益的需要,也是对中华民族传统美德的继承与发扬,具有重要意义。

(一)促进国家形象的塑造

旅游业是一个国家的窗口行业,旅游活动中的礼仪传播便显得尤为重要。旅游工作者的礼仪修养和个人素质反映出一个国家的文明程度,旅游工作者的礼仪修养从一定程度上决定了一个国家旅游业整体发展水平。旅游工作者通过向来自世界各地的宾客提供"吃住行游购娱"一系列旅游产品的同时,通过良好的旅游职业礼仪使外国宾客感受中国独特的文明,促进我国旅游业的发展和国家形象的塑造。

(二)加强文化价值观的传播

礼仪对于人的影响是由内而外的,既有内在的礼,又有外在的仪,凸显出社会活动人的主动性和参与性。在旅游活动中,礼仪对宾客的影响亦是如此。旅游工作者通过自身的礼和仪给宾客以表率和模范,既能够从身心方面带给宾客文化观念的影响,又能够从形象上让宾客感受到礼仪的价值,能够促使宾客主动参与到文化价值观念的传播中来,增强对中华民族的文化认同感。

(三)带给宾客美的感受

旅游活动从本质上说就是一种审美活动。宾客进行旅游消费的初衷是希望通过旅行获得身心的愉悦,在整个旅游过程中也希望通过各种途径,如美景、美食、服务等引起内心的愉快、幸福、享受之感。他们除了欣赏到大自然无尽的美妙,也感受到了旅游工作者的优质服务。宾客的审美活动中,旅游景观是客观存在的、相对静态的,而旅游工作者提供旅游服务的过程是动态的。服务过程就是宾客的接受过程和审美过程。

(四)提升旅游服务品质

旅游服务具有直面性和感受性等特点,旅游工作者在旅游服务过程中的言谈举止、仪表气质、礼貌语言等礼仪行为会直接地展现在宾客面前。同时,由于宾客对于旅游服务质量的评价具有很大程度上的主观性,因此不同宾客对同一旅游产品可能会有不同的评价。旅游工作者通过良好的旅游职业礼仪修养,一方面有助于使旅游服务更加亲切有效,另一方面也有助于和宾客建立起和谐融洽的人际关系,提高服务质量与水平。

五、旅游职业礼仪的基本原则

在从事各种旅游活动、具体进行旅游职业礼仪规范时,旅游工作者应遵循以下原则。

(一)平等原则

平等是人与人交往时建立情感的基础,是保持良好的人际关系的诀窍。平等原则首先体现在要平等对待宾客。对待所有宾客要一视同仁,不厚此薄彼,不以貌取人,不能根据其身份、背景等因素来区别对待。其次平等原则体现为角色的平等。在对客服务中,不卑不亢、有礼有节、礼貌热情地扮演好自己的角色,为宾客提供优质的服务。

(二)尊重原则

苏格拉底曾言:"不要靠馈赠来获得一个朋友,你须贡献你诚挚的爱,学习怎样用正当的方法来赢得一个人的心。"在旅游服务中,尊重是旅游职业礼仪的重要原则,只有真诚尊重宾客,尊重同事,方能创造和谐愉快的人际关系。在旅游活动中,真诚尊重是对人对事的一种实事求是的态度,是待人真心真意的友善表现。诚实守信、相信他人、尊重他人,才能缔结长久的合作关系。

(三)宽容原则

宽即宽待,容即相容。宽容就是心胸坦荡、豁达大度,能设身处地地为他人着想,谅解他人的过失,不计较个人得失,有很强的容纳意识和自控能力。中国传统文化历来重视并提倡宽容的道德原则,并把宽以待人视为一种为人处世的基本美德。旅游工作者要坚持宽以待人,在人际纷争问题上保持豁达大度的品格和态度。遵循宽容原则,眼光放远、善解人意、体谅别人,才能正确对待和处理好各种关系与纷争,并争取到更长远的利益。

(四)适度原则

旅游工作者要善于把握沟通的情感尺度。旅游工作者在接待宾客时应积极主动,尽量做到眼勤、嘴勤、手勤、腿勤,及时关注宾客的需求。但是,在保持热情服务的同时又要保持适当的距离,不触及宾客和他人的隐私。所谓适度,就是要注意感情适度、谈吐适度、举止适度。只有这样才能真正赢得宾客的尊重,达到沟通的目的。

掌握并遵循旅游职业礼仪的原则,在具体旅游工作中做到待人诚恳、彬彬有礼,才会受到宾客的尊敬,成为一名优秀的旅游工作者。

第三节 旅游工作者的礼仪修养

一、旅游职业礼仪的发展阶段

（一）第一阶段：礼仪是一种服务

旅游业是综合性服务行业，为宾客提供"吃住行游购娱"等多项服务。服务是旅游业的产品之一，它贯穿于旅游活动过程的每一个环节。旅游职业礼仪的基本功能就是满足宾客需求，为宾客提供优质服务。

旅游工作者共同遵守的礼仪行为准则和规范，对旅游企业的经营具有重要的指导意义和实际意义。它既指旅游企业在特定场合为表示敬意而隆重举行的某种仪式，也泛指旅游工作者的礼节、礼貌，成为旅游企业提供优质服务的重要内容和基础。宾客对旅游企业的评价，不单取决于它的硬件设施，更多的是来自宾客的内心感受。创造这种感受主要依靠旅游工作中的礼仪服务。

眸中有海，灿若星辰——国家饭店星级评定员竺丽萍校友谈旅游

真正的优质服务，是在规范服务的基础上，再加上油然而生的真情。有学者将这种服务列成公式：真正的服务 ＝ 服务礼仪 ＋ X。这个未知数 X 是根据服务对象的不同、场所的不同、时间的不同、需求的不同而千变万化，为此形成了旅游企业优质和个性化的服务。对旅游工作者来说，灵活运用旅游企业礼仪，真情服务，可以增加宾客的满意度，而宾客的满意度带来"宾客的忠诚"，"宾客的忠诚"给旅游企业带来盈利和成长，从而使旅游企业取得生存和竞争优势。

（二）第二阶段：礼仪是一种管理制度

英国著名的人类学家马林诺夫斯基认为，"人生而有文化，文化生而有约束"。即指包括礼仪在内的文化在其最初阶段允许安全中存在自由，同时也含有要遵守、服从某些约束。旅游企业不仅需要对外取得竞争优势，而且对内要进行有效管理。因此，旅游企业内部需要制定各种规章制度来规范员工行为，提高旅游企业的工作效率。旅游职业礼仪作为一种约定俗成的行为准则，对约束旅游企业员工行为有重要的作用。

旅游企业要求旅游工作者将礼仪行为纳为自身一种自觉的行为。这种礼仪制度区别于一般的管理规则，既有强制性，又有自觉性。一方面，旅游职业礼仪以制度的形式，硬性规定员工的外在行为表现，对员工进行规范化管理；另一方面，要求员工以文明礼貌为根本原则，发自内心地为宾客提供各种礼仪服务，以此树立旅游企业良好的形象。旅游职业礼仪既可以成为旅游企业标准化服务管理的样本，又可以成为旅游企业人性化管理的补充。旅游职业礼仪作为一种管理制度，充分显示出规范性和制度性，将它灵活地运用在旅游企业的管理过程中，是对旅游企业管理制度的深化和发展。

（三）第三阶段：礼仪是一种旅游企业文化

旅游业发展迅速，旅游企业之间的竞争不再局限于硬件设施之间的竞争，已经上升到服务与文化的竞争。因此，具有优质服务和独特文化的旅游企业，往往能够吸引大量的宾客，取得竞争优势。旅游企业文化就是以不断提高旅游服务水平，并积极销售"旅游服务"这一商品，从而获得生存和发展。积极向上、团结协作的企业文化对旅游企业来说越来越重要。

旅游职业礼仪具体表现为外在的行为方式，诸如员工个人的礼容、礼貌、礼节或是旅游企业举办的某个仪式的程序、场面等；同时体现了更深层次的精神内涵，即旅游工作者的心理情操、是非善恶观念、服务理念等。因此，旅游职业礼仪作为旅游企业文化的表现形式之一，既是旅游企业从业人员的职业道德修养的具体表现，也是旅游企业行业形象的展示窗口。

二、旅游工作者的礼仪修养

旅游职业礼仪的发展，对旅游工作者提出了更高要求。需要旅游工作者不断随着各种场合、环境、心境的变化，慢慢修炼自己，使自己臻于完美。

旅游工作者的礼仪修养，不但是外在"秀于形"的过程，更是内在"修于心"的过程。外在的形象塑造可以在较短时间内有较大提升，内在涵养和素质却需要相当长的时间的磨砺。因此，在职业生涯中，旅游工作者应从以下几个方面提升自身的礼仪修养。

你若盛开，清风自来——亮相《舌尖上的中国》蒋露露校友谈旅游人的礼仪修养

（一）诚意：意必真诚而不自欺

礼仪具有相互性，对他人而言，要以礼待人，谦卑恭敬，对于自己而言，在以礼待人后，才能获得他人对自己的尊敬、对自己以礼相待。礼仪作为一种行为规范，约束着人们要"知礼""行礼"。同时，个人要"自律"，当独处时仍然能按照既定礼仪的要求做事，不能放纵自己的欲望，处处、时时、事事依礼而行，做到不越轨、不失范、不违法乱纪，做到"非礼勿视、非礼勿听、非礼勿言、非礼勿动"；否则就是对自己的不尊重，就是自欺欺人。

正心诚意是一个汉语成语，原是儒家提倡的一种修养方法，现也泛指心地端正诚恳。正心诚意是儒家倡导的一种道德修养境界。出自《礼记·大学》："欲修其身者，先正其心；欲正其心者，先诚其意；欲诚其意者，先致其知；致知在格物。"正心，指心要端正而不存邪念；诚意，指意必真诚而不自欺，认为只要意真诚、心纯正，自我道德完善，就能实现家齐、国治、天下平的道德理想。

（二）正心：端正而不存邪念

正心是修身的基础。"古之欲明明德于天下者，先治其国。欲治其国者，先齐其家。欲齐其家者，先修其身。欲修其身者，先正其心。"旅游工作者要善于探究事物发展的规

律,通晓为人处世的礼仪规范和做人应该坚持的原则,自觉排除外界对自身行为和思想的干扰,自觉调整心态,摒弃偏见和邪念,端正思想,增强自身的修养,自觉地"正心",使"心"能正常发挥其辨知事物的功能,在对事物做出判断和决策的时候,自觉按照社会礼仪规范、事物的是非曲直进行判断。

(三)修身:善待自己,善待他人

南开中学的仪表教育,对周恩来总理的一生产生了重要影响。周恩来的仪容仪表历来受到国内外人士的赞扬。周总理的修养,得益于他常年对自己的严格要求,同时也得益于曾就读的南开中学里的整容镜。整容镜旁边有四十字"容止格言",周恩来每天到学校后,都要走到整容镜前,比照"容止格言"的规定,仔细检查自己的仪容和举止,纠正那些不符合礼仪规范的行为举止。经过长期坚持不懈的努力,这四十字的"容止格言"潜移默化为周总理的礼仪习惯。培养良好的礼仪习惯,要身体力行,从严格要求自身做起,从小事做起。让良好的形象、得体的打扮、优雅的风度、温暖的微笑、礼貌的语言成为随身携带的隐形的名片。

(四)自省:自我修正而弥补不足

一个人如果不能常常自省,就不会取得进步。古人云:"吾日三省吾身,为人谋而不忠乎?与朋友交而不信乎?传不习乎""见贤思齐焉,见不贤而内自省也""人谁无过,过而能改,善莫大焉"等,都充分说明了自省在修身养性中的重要作用,人们只有通过不断地反省自己的所作所为,才能不断修正自己的缺点,弥补自身的不足。只有对自己的言谈举止、仪容仪表进行自我审视,对不符合礼仪规范的行为进行自我批评,才能改正礼仪失范行为,荡涤不符合礼仪的思想,克服不符合礼仪的习惯,在自我反省中,提高自己的礼仪修养,培养良好的礼仪品质。

(五)慎独:率性而能严于自律

《淮南子·说山训》说:"君子行义,不为莫知而止休。"慎独作为一种修养方法,就是强调在没有任何外在监督和约束的情况下,能够始终不渝地、更加谨慎地坚持自己的信仰,自觉按照规则和规范做事,个人不能因为无人监督而肆意妄行。旅游工作者在提高礼仪修养的过程中,要培养慎独的思想,在没有任何外在约束的情况下,在形式上、思想上、行动上始终恪守礼仪规范,在长期的自律和自我约束中,养成良好的礼仪习惯,实现自我品行的提高和个人境界的升华。

演

"演"之精要——全面礼仪提升计划

(1)秀于形:通过学习《职业形象设计》《形体训练》课程,使员工能够以更优美、更端

庄的职业形象出现在宾客面前。

（2）修于心：通过学习《服务意识》《服务心理学》，使员工能够更了解、更理解宾客心理和宾客需求；通过学习《礼仪修养》《有效沟通》《服务心态与情绪管理》，使员工能够以更有职业内涵、更有礼仪风范的状态，处理工作中的各种问题。

练

礼商测试

"智"（Intelligence）有"智商"（Intelligence Quotient），"情"（Emotion）有"情商"（Emotional Quotient），所以"礼"（Etiquette）也不妨定义一个"礼商"（Etiquette Quotient）。二维码的测试有助于你了解自己的"礼商"。

趣

智者的四句话

一位少年拜访年长的智者。少年问：我怎样才能成为一个自己愉快，也能使别人快乐的人呢？智者说："我送你四句话。第一句是：把自己当成别人。当你感到痛苦、忧伤的时候，就把自己当成别人，这样痛苦自然就减轻了……

礼待行李箱就是礼待宾客

2004年，国际航空联盟（以下简称"国际航盟"）决定在亚洲遴选一座有超级吞吐能力的机场，作为国际客运及货运的航空枢纽。一旦被选中，不但能提升名气，还能带来每年在收取停机费及提供其他服务等方面的近2亿美元的收益。此消息一出，亚洲各国的机场纷纷摩拳擦掌，积极申报。经过第一轮严格筛选，中国的浦东机场和韩国的仁川机场从众多竞争者中脱颖而出……

第二章　形象礼仪

礼仪之始,在于正容体、齐颜色、顺辞令。

——《礼记》

析:礼是从端正容貌和服饰开始的。一个有良好修养的人,一定是体态端正、服饰整洁、表情庄敬、言辞得体的。

冠必正,纽必结,袜与履,俱紧切。置冠服,有定位,勿乱顿,致污秽。衣贵洁,不贵华,上循分,下称家。步从容,立端正,揖深圆,拜恭敬。勿践阈,勿跛倚,勿箕踞,勿摇髀。

——《弟子规》

析:穿戴仪容整洁,扣好衣服纽扣;袜子穿平整,鞋带应系紧;放置衣服时,要有固定的位置;衣物不要乱放,避免造成脏乱;服装贵在整洁,不在华丽;穿着要根据自己的身份,与家庭的情况相称;走路时步伐应当从容稳重,不慌不忙,不急不缓;站立时要端正有站相,须抬头挺胸,精神饱满,不可以弯腰驼背,垂头丧气。问候他人时,不论鞠躬或拱手都要真诚恭敬,不能敷衍了事。进门时脚不要踩在门槛上,站立时身体也不要站得歪歪斜斜的,坐的时候不可以伸出两腿,腿更不可以抖动,这些都是很轻浮、傲慢的举动,有失君子风范。

面必净,发必理;衣必整,纽必结;头容正,肩容平;胸容宽,背容直;气象:勿傲、勿暴、勿怠;颜色:宜和、宜静、宜庄。

——南开"镜箴"

析:这是天津南开中学的"容止格言",又称为南开四十字镜箴。要求南开学子拥有整洁合适、积极向上的仪容仪表以及平和、宽仁的处世态度,提醒学生注意修身养性,提高自身的道德情操。

君子之修身也,内正其心,外正其容。

——欧阳修

对于不会说话的人,衣服是一种言语,随身带着的一种袖珍戏剧。

——张爱玲

举止是映照每个人自身形象的镜子。

——歌德

一个人的穿着打扮,就是他的教养、品位和地位的真实写照。

——莎士比亚

穿上衣服不是为了掩饰什么,而是表达,最精确地诠释自己的魅力。

——詹尼·范思哲

一个人的房子,一个人的家具,一个人的衣服,他所读的书,他所交的朋友,这一切都是他自身的表现。

——亨利·詹姆斯

学

第一节　仪容礼仪

言之有理

1960 年,在竞选美国第 35 任总统时,发生了一件出人意料的事:在美国民众中呼声很高的副总统尼克松,竟然败给了参议员肯尼迪。为什么会这样呢? 让我们来看一看竞选关键时刻的情景吧。

当两个人同时在电视屏幕上亮相的时候,人们看到了对比鲜明的画面:尼克松身形消瘦,却穿着一件比较肥大的西装,两眼深陷、面颊苍白、汗流如注、声嘶力竭,显得憔悴不堪,可怜巴巴。而肯尼迪,服装雅致、整洁,满面红光,看上去气宇轩昂,生机勃勃。

原来,尼克松带病参加竞选,体重大减,脸上棱角突出,总是出汗,而他又拒绝电视顾问费尽心机为他设计的补救措施。但观众并不知道这些,他们由此认为尼克松是个不注重细节,对选民缺少应有尊重的人。而肯尼迪整洁、得体的仪表使民众对他产生了好感,这是美国历史上第一次总统电视竞选,选民们注意的并不是双方的政见,而是他们的仪表风度,“形象”的好恶一定程度上决定了选票的投向,使得尼克松最终在竞选中败北。他输就输在了对自己仪容的大意马虎上。

一、仪容的内涵

仪容,指人的容貌,由发式、面容以及人体所有未被服饰遮掩的肌肤所构成。仪容礼仪作为旅游工作者个人形象塑造的重要组成部分,在旅游工作中起着举足轻重的作用。

仪容美包含以下三个层次:

(1)自然美,指仪容的先天条件好,天生丽质。尽管以相貌取人不合情理,但先天美好的仪容相貌,无疑会令人赏心悦目,感到愉快。

(2)修饰美,指依照规范与个人条件,对仪容进行必要的修饰,扬其长,避其短,设计、塑造出美好的个人形象,在人际交往中尽量令自己显得有备而来,自尊自爱。

(3)内在美,指通过努力学习,不断提高个人的文化、艺术素养和思想道德水准,培养出自己高雅的气质与美好的心灵,使自己秀外慧中,表里如一。

真正意义上的仪容美,应当是上述三个方面的高度统一。忽略其中任何一个方面,都有损仪容美。

在这三者中,仪容的自然美是人们的心愿,仪容的修饰美是仪容礼仪关注的重点,仪容的内在美则是最高的境界。

二、仪容的规范

要做到仪容修饰美,需注意以下规则:美观、整洁、卫生、得体。具体要求如下。

(一)头发的要求

日本推销女生柴田和子曾说:"头发如果不整理好,无论身上穿得多么高雅,也很难给对方留下好印象。"头发是每个人身体的制高点,也是被他人注视第一眼时断难"错过"的地方,美丽"从头开始",蓬头垢面在社交场合是极为失礼的。光亮、顺滑的秀发,再配以端庄、美观的发型,不仅可以为自己的容貌增辉,还会受到人们的尊重和欢迎。健康的头发搭配适合自己的发型,可以让一个相貌平平的女性平添许多风韵,能让美丽的女性变得更加迷人,也能让男士显得更有风度、品位,彰显个人气质。

眉梢眼角藏秀气,声音笑貌露温柔——仪容规范

1.保持清洁

保持头发清洁,是头发修饰的基本要求。头发作为人体的一部分,常常会被其分泌物、风沙、汗液等污染。如果长时间不清洗,就会产生异味。发生此类情况,不仅破坏自身的形象,还容易引起他人的反感,所以,保持头发的清洁至关重要。

清洗头发是保持头发干净、清洁的基本方法。清洗头发时应做到细致、认真,并且最好每天清洗一次。在洗发后护发也是必要的,护发可以保持头发柔顺、光滑,修复受损的发质。

2. 长短有度

在旅游职业礼仪中,男士的发型发式标准就是干净整洁,要注意经常修饰、修理。头发不应该过长或过短,在 3～7 厘米即可。前部的头发不要遮住眉毛,侧部的头发不要盖住耳朵,后部的头发不要长过西装衬衫领子的上部,头发不要过厚,鬓角不要过长,不能超过耳朵的一半。男士不宜留长发、烫发、染发。

女士的发型最好是不要长过肩部,或挡住眼睛。如果是长发,在某些行业,如航空、高铁、酒店、会展等,以及庄重严肃的工作场合,则必须将长发梳成发髻,盘在头上。

3. 发型得体

发型不仅反映着自己的个人修养与艺术品位,而且还是自己个人形象的核心组成部分。发型的选择除了受到个人品位和流行时尚的左右,还必须对本人的性别、年龄、发质、脸型、身材、职业等因素重点加以考虑。经过修饰之后的头发,必须以庄重、简约、典雅、大方为主导风格。

发型选择原则如下:

(1)与年龄相协调。选择发型时,必须客观地正视自己年龄的实际状况。

(2)与发质相协调。不同发质对发型的选择也有不同的要求,如硬发不太适合留长发等。

(3)与脸型相协调。选择适当的发型,可以为自己的脸型扬长避短,更可以体现发型与脸型的和谐之美。

(4)与服饰相协调。个人形象塑造具有整体性。为体现形象的整体美,发型必须根据服饰的变化而改变。如穿礼服或制服时,女性可选择盘发或短发,以显得端庄、秀丽、文雅;穿着轻便装时,可选择适合自己脸型的轻盈发式。

(5)与身材协调。身材有高矮胖瘦之别。身材不同的人在选择发型时,往往会有许多不同的考虑。一般说来,身材高大者,在发型方面往往可以有比较多的选择。她们可以直短发,也可以披肩发;身材矮小者,最好是选择短发型。

(6)与职业协调。大多数旅游行业对从业人员的基本要求是端庄和稳重。从事这些行业的人士,在设计发型时,须切实加以把握。如果是从事旅游演艺方面的,则可选择个性化的发型。

(7)头部佩戴饰物的要求。旅游工作者不管为自己选定了何种发型,在工作岗位上都绝对不允许在头发上滥加装饰之物。

男士旅游工作者的发型举例如图 2-1 所示,女士的发型举例如图 2-2 所示。

(二)面部的修饰

1. 旅游工作者面部的基本要求

(1)眼部

①保持清洁。一定要保证眼部的洁净,主要是指清除眼睛的分泌物,这是最基本的要求,同时也是最重要的方面。需时刻谨记于心,不可忽视。

图 2-1 男士发型举例

图 2-2 女士发型举例

②保持美观。日常生活中要注意预防眼部疾病,如沙眼、红眼等。如眼睛患有传染病,则应该避免出现在社交场合,免得让他人近之不宜,避之不恭。日常生活中要保证眼睛得到足够的休息,以免影响到眼睛的美观。睡眠不足、生活不规律等都是影响眼睛美观的原因。

③眼镜的佩戴。在旅游工作中,不能戴墨镜或者有色眼镜。对于近视的人来说,在保证舒服的情况下,应佩戴与自己的脸型相适的眼镜,并保证眼镜的清洁。

④眉毛的修饰。如果个人拥有漂亮的眼睛,但是却没有与之相称的眉毛,这样会使眼睛黯然失色。如果感到自己的眉形较刻板或者不甚雅观,可以适当地对自己的眉毛进行修饰。对于眉毛较少、较短或较细的人,可以进行描眉;对于眉毛过长且杂乱的人,可以采用修眉、剪眉、拔眉或者剃眉的方法,修出眉形。

（2）鼻部

无论男士还是女士,都要经常清理鼻腔,保持鼻部清爽。鼻腔要随时保持干净,不要让鼻涕或别的东西充塞鼻孔,经常修剪一下长到鼻孔外的鼻毛,严禁鼻毛外现,做到无鼻涕、无鼻毛、无"黑头"。

（3）嘴部

①保持清洁且无异味。一方面要保持嘴部无异物、无油渍等,时刻保持嘴唇的红润与光洁,另一方面要保持牙齿的洁白与清洁,口腔无异味。提倡每天定时刷两次牙,餐后使用漱口水来清理口腔,去除异味、异物。在重要应酬之前,切忌食用韭菜、大葱、大蒜等会让口腔发出刺鼻性气味的食物,以免产生尴尬。

②嘴唇的修饰。保持嘴唇的红润与光洁,是嘴唇修饰的基本要求,尤其对于女性而言,涂口红是社交场合中基本的礼仪。口红颜色的选取要根据肤色、嘴唇、服装而定,这样才能使女性看起来有气质。应该注意的是,旅游工作者在工作场合不宜采用玫红、大红等颜色过于鲜亮的唇膏。

③胡须的修饰。胡子应该刮干净或修整齐,一般不允许留八字胡或其他怪形状的胡子。男士应养成每天修面剃须的好习惯,如无特殊的信仰或民族习惯,最好不要蓄须。对于有些女性而言,如果嘴上的汗毛过浓,也应注意修饰。

2. 女士妆容

（1）化妆的基本原则

①协调原则。妆容应与自身的年龄、容貌、肤色、个子、气质、服装及职业身份相适宜和相协调。使用的化妆品最好要成系列,因为它们的香味往往是一样的。

②自然原则。"清水出芙蓉,天然去雕饰!"妆容无论是在修饰程度,还是在修饰技巧上,都应把握分寸,自然适度。力求化妆之后自然而然没有痕迹,给别人天生丽质的感觉。

③整体原则。要求先着眼于人的整体,再考虑各个局部的修饰,使妆容与自身的诸多因素之间协调一致、浑然一体,营造出整体风采。

④TPOR 原则。T、P、O、R 是时间（Time）、地点（Place）、场合（Occasion）、角色（Role）的英文首字母。TPOR 原则要求妆容因时间、地点、场合、角色的变化而相应变化,与时间、环境氛围、特定场合和所承担的角色相协调。在工作时间、工作场合,只允许化工作妆（淡妆）。浓妆只有晚上才可以化。旅游工作者参加运动时,以及导游人员外出带团等场合,不要化浓妆,否则在自然光下会显得很不自然。

⑤私密原则。化妆或整理妆容,不要当众表演。不要借用他人的化妆品,这不仅不

卫生,也很不礼貌。

⑥尊重原则。不要非议他人的妆容。由于文化、肤色等差异,以及个人审美观的不同,每个人化的妆不可能是一样的。切不可对他人的妆容妄自评论。

(2)基本妆容修饰

化妆并不是一件简单随意的事情,它具有一定的艺术性。适度化妆能表现出个人成熟干练的形象,给人留下深刻的印象。在日常工作环境中,一般以清新、典雅、自然为宜。

①上妆。

清洁皮肤:一般建议油洗,就是选择洗面奶、洁面霜之类的皮肤清洁用品清洗面部。

化妆水:可根据皮肤性质的不同和季节的不同选择合适的化妆水。

修眉:使用眉钳或者剃眉刀,根据自身脸型和五官,修饰多余的眉毛,使面部看起来干净清爽。

眼霜:选择适合自己皮肤的眼霜。

乳液:选择适合自己皮肤的乳液,采用五点法,点于额头、两颊、鼻部、下巴,用双手无名指和中指指腹轻轻拍打至完全吸收。注意不要忽视脖子。

隔离霜:用来隔离外界粉尘、污染和彩妆对皮肤的伤害。隔离霜可选择质地轻薄些的,太过重油会给肌肤造成负担。

防晒霜:即使是阴天,太阳辐射也会穿透云层,只是肉眼看不见,肌肤也感觉不到。在阴天可选择防晒指数较低的防晒产品,晴天可选择防晒指数较高的产品。

粉底:有干粉饼、湿粉饼和粉底液三种,如果是油性皮肤可选择干粉,如果是干性皮肤可选择湿粉或者粉底液。应选择与自身肌肤相适的粉底。

高光粉:选择比粉底明亮的粉底作为高光粉,用于鼻梁、眉骨等面部突出位置的提亮,轻而薄,由内向外晕开,不能出现边缘色。

阴影粉:选择合适的阴影粉,在面部的外轮廓、鼻侧影部涂抹均匀,起到修饰脸型、突出面部轮廓的作用。要自然衔接,不能出现边缘色。

定妆粉:选择适合肤色的散粉,用粉扑蘸取少量(以粉扑向下不掉落为宜)轻轻按压全脸,然后用粉刷轻轻拂去多余浮粉。

眉笔:选择与自己头发和眼睛颜色相同或相近的眉笔。

眼影:选择与自己服饰颜色相同或相近的眼影。

眼线:眼线笔从眼睛的三分之二处开始沿睫毛根部向眼尾描画,到眼尾处稍稍向上微翘,这样使眼睛看起来深邃有神。画下眼线,只需在下眼睫毛根部二分之一处向眼尾部位轻轻勾勒。眼线可以略宽,使眼睛看起来又大又有神。

睫毛膏:选择水洗防脱的睫毛膏,避免晕染和脱落而影响妆容。

口红:颜色要和服饰、眼影等相协调。

腮红:选择与口红及整体妆容颜色协调的腮红。

化妆的具体流程如图 2-3 所示。

洗脸 → 保温喷雾 → 保养 → 隔离霜 → 粉底或BB霜 or → 遮瑕膏 → 润唇膏 → 眼影 → 睫毛夹 → 眼线 → 睫毛膏 → 眉毛 → 修容 → 腮红

图 2-3　化妆流程

②修妆和补妆。整个化妆程序完成后，仔细观察自己的整体妆容是否协调对称，不足之处适当修饰和补充。脸部的妆容一般只能保持一定的时间，时间长了颜色就会发生质变。补妆是指补画化妆品在脸部已质变的部位。在正式场合，以残妆示人，既有损形象，也显得不礼貌，因此不论在什么环境下，都要经常检查自己的妆容，特别是在出汗、用餐、休息后，要及时检查妆容。如果发现妆面残缺，要马上补妆。补妆的时候，要回避别人，即要在没有人的角落或洗手间进行。如果下班后马上要参加一个聚会或者晚宴，也需要进行补妆。

③卸妆。睡觉之前，一定要对皮肤完成彻底清洁，别忘了给皮肤涂上爽肤水及保养品。

(三)四肢的礼仪要求

1.手部

在旅游工作中，手往往是运用最频繁的身体部位，旅游工作人员要完成各种各样的手语、手势。有人说："手是人的第二张脸。"如果手的"形象"不佳，整体形象将大打折扣。

(1)清洁。手是接触他人和物体最多的地方。从清洁、卫生、健康的角度谈，应当勤洗手。厨艺人员、餐饮服务人员等与食品安全息息相关的工作岗位，洗手更是操作流程中重要的一部分。至于餐前便后、外出回来及接触各种东西后，也应及时洗手。还要保持手润滑细腻，这可以通过经常涂抹护手霜实现。

(2)不使用醒目的甲彩。适当使用甲彩，能够增添手部的魅力，给对方留下美好的印象,例如一些与指甲颜色相近的甲彩能够对指甲起到很好的修饰作用。但是,过于醒目的甲彩,如红色甲彩、紫色甲彩等,用在旅游工作场合就不适宜。

(3)不蓄长指甲。手上的指甲应定期修剪,最好每周修剪一次。手指甲的长度以不超过手指指尖为宜。长时间不修剪指甲,不仅指甲缝里容易藏污纳垢,不卫生,而且也不方便。

2. 手臂和腿脚

(1)减少裸露。无论手臂还是腿部,在旅游工作场合要尽量不裸露;也不要在公众场合动辄撸袖子,拎裤腿;不穿拖鞋或露趾凉鞋(譬如人字拖等);不露出脚后跟,在正式场合下,如果露出脚后跟,会显得过于散漫。

(2)修饰体毛。对于手臂上汗毛过浓或过长的人来说,在出席较正式的社交场合时,应采用适当的办法进行脱毛。在他人尤其是异性面前,不应使自己的腋毛"过分招摇",女性要尤其注意。

(3)腿部修饰。人们常说:"远看头,近看脚。"一个人的下肢尽管不是个人形象的主要代表,但也不能任其过于随意。要经常修剪脚指甲,以保证脚指甲长度适中,外形美观、干净。千万不要被别人看成"凤凰头,扫帚脚"。

第二节　仪态礼仪

优雅的举止,洒脱的风度,最能给人们留下深刻印象。在日常生活中,人们常常会评论某个人的行为优雅或粗俗,实际上,就是在评论其仪态是否符合礼仪的要求。仪态,是人的姿势、举止和动作。通过仪态可以透视出一个人的精神状态、心理活动、文化修养及审美情趣。旅游工作者要使自己具有文明、优雅、得体的仪态。

一、旅游工作者仪态的基本要求

(一)仪态应文明

法国社会学家罗伯特·艾利阿斯在《文明过程:仪态史》中的理论表明,一定的仪态标准和行为方式总是一定的心理、情感结构或素质的表现,而一定的心理、情感构成又总是同一定的社会结构、社会关系相适应的。一个人的仪态是其教养和修养的体现。旅游工作者的仪态要显得有修养、讲礼貌,不应在异性和宾客面前有粗野动作和行为;通过良好的仪态来体现敬人之意,而不要失敬于人。

(二)仪态应优雅

培根说过:"相貌的美高于色泽的美,而优雅合适的动作的美又高于相貌的美。"主要是因为仪态比相貌更能展现人的精神气质。因而无论何时何地、或站或坐、一颦一笑,都要注意造型优美、举止优雅。一般来说,男尚阳刚,女尚温柔。在设计体态动作的时候,一定要注意体现出性别特征和个性特征。男人要有男人的气质和风度:刚劲、强健、粗犷、潇洒;女人要有女人的柔情和风姿:温柔、细腻、娴静、典雅。

(三)仪态应适宜

仪态作为体姿语言,是口语表达的辅助手段。在表现上,首先要适度,不可喧宾夺主。如果每讲一句话都用上一个表情或动作,挤眉弄眼、手舞足蹈,反而会弄巧成拙,令人反感。其次要切合场景、符合身份。不同场合要求应用不同的体态。喜庆的场合要兴高采烈,甚至可以翩翩起舞;严肃的、庄重的场合就不能高声说笑、手舞足蹈。一般来说,中老年人要稳重老成,不能有轻浮的动作表情,青少年则要活泼大方,不要故作老成。

(四)仪态应修炼

一个人优雅、得体、自然的举止,不是为了某种场合硬装出来的,而应是日常生活中的修养所致,是一种长久熏陶、顺乎自然的结果。要想达到仪态美,需要内外兼修:内修品格,外练礼仪;内修于心,外秀于形。有了优秀的品格,才会有宜人的风度。风度和礼仪总是相伴相随的。旅游工作者应明确礼仪的重要、掌握礼仪的技巧、遵守礼仪的规范,日积月累定能展现潇洒风度,展示出旅游工作者特有的气质。

二、站姿礼仪

"站如松,坐如钟,行如风,卧如弓",这是我国古人对人体姿势的要求。在人际交往中,站姿是一个人全部仪态的核心,"站有站相"是对一个人礼仪修养的基本要求,良好的站姿能衬托出美好的气质和风度。如果站姿不够标准,其他姿势就谈不上优美。

英迈出群,亭亭玉立——站姿礼仪

(一)站姿的规范要求

上体正直,头正目平;收颔梗颈,挺胸收腹;双臂下垂,立腰收臀;嘴唇微闭,表情自然;手指自然弯曲,掌心向内轻触裤缝,或将右手搭在左手上,贴放在腹部,身体的重心置于双足的后部;双眸平视前方,精神饱满,面带微笑,胸部稍挺,小腹收拢,整个形体显得庄重、平稳、自信。

(二)男性立姿

男性的立姿要稳健,所谓"站如松",以显出男性刚健、强壮、英武、潇洒的风采;男性脚位:两脚跟靠紧,脚尖分开呈60°;或双脚分开,两脚间距离不超过肩宽,一般以20厘米为宜。手位:双手手指自然并拢,放于身体两侧;或双手在身后交叉,贴于臀部;或叠放于腹前的前腹式站姿。

(三)女性立姿

女性的立姿要柔美,所谓"亭亭玉立",以体现女性轻盈、妩媚、娴静、典雅的韵味。女性的主要站姿为前腹式,但双腿要基本并拢,脚位应与服装相适应,穿紧身短裙时,脚跟靠紧,脚掌并拢,或分开呈"V"(45°左右)状或"Y"状(即"丁字步")。

(四)不雅的站立姿势

不论男女,站时切忌歪头、缩颈、耸肩、含胸、塌腰、撅臀;切忌身躯歪斜、浑身乱抖、腰驼背、趴伏依靠、手位失当(如抱在脑后、手托下巴、抱在胸前、插入衣兜、摸来摸去)、腿位不雅(双腿叉开过宽、双腿扭在一起、双腿弯曲、一腿高抬)、脚位欠妥("人"字式、蹭踩式、独脚式等)。更不要下意识地做小动作,如摆弄打火机、香烟盒,玩弄衣带,发辫,咬手指甲等,这些动作不但显得拘谨,给人以缺乏自信和教养的感觉,也有失仪表的庄重。

(五)规范站姿的训练方法

(1)贴墙法。使后脑勺、双肩、臀部、小腿肚、双脚跟部紧贴墙壁。

(2)贴背法。两人背对背相贴,部位同上,在肩背部放置纸板,纸板不掉下。

(3)顶书法。头顶书本,使颈梗直,略收下颏,挺直上身至书不掉为宜。

当然,日常生活中,站姿应依时间、地点、场合的不同而有所变化。但不论何种站姿,只是改变脚部姿势或角度,身体仍须保持挺直,使站姿自然、轻松、优美。如图2-4所示。

图2-4　站姿示范

三、坐姿礼仪

坐姿是一种静态的身体造型,是人们在社交应酬中采用最多的姿势。端庄优美的坐姿不仅给人以文雅、稳重、大方的感觉,而且也是展现自己气质和风度的重要形式。

正襟危坐,端
坐如钟——
坐姿礼仪

(一)正确的坐姿

基本要求:端庄、大方、文雅、得体;上体正直,头部端正;双目平视,两肩齐平;下颏微收,双手自然搭放。

入座时礼仪:在社交中讲究顺序,礼让尊长。若与他人一起入座时,应礼貌地邀请对方首先就座或与对方同时就座,不可抢先坐下。入座时,要注意方位,分清座次的尊卑,主动把上座,如面对门的座位、居中的座位、右侧的座位、舒适的座位让给尊长。坐姿与站姿一样,端庄优雅的坐姿也能表现出一个人的静态美。入座要轻,立腰挺胸,双肩放松,双膝并拢,上身微倾,上体自然坐直,两腿自然弯曲,双脚平落地上并拢或交叠,双膝自然收拢,臀部坐在椅子二分之一或者三分之二处,两手分别放在膝上(女士双手可叠放在左或右膝上),双目平视,下颚微收,面带微笑。如是女士入座时,应先背对着自己的座椅站立,右脚后撤,使右脚肚确认椅子的位置,再整理裙边,将裙子后片向前拢一下后随势轻轻坐下,入座后两个膝盖一定要并起,双脚也要并齐,无论是入座还是离座,一般都要求左进左出,即从椅子的左边入座,从椅子的左边离座。

坐定后,男士双膝并拢或微微分开,两脚自然着地。而女士则无论何时都应双膝并拢。在社交场合,不论坐椅子或沙发,最好不要坐满,正襟危坐,以表示对对方的恭敬和尊重,双目正视对方,面带微笑。作为女士,还应该谨记"坐莫动膝,立莫摇裙",女士的坐姿应温文尔雅,自然轻松。男士坐姿示范如图2-5所示;女士如图2-6所示。

图 2-5　男士坐姿示范

(二)纠正不雅的坐姿

在正式场合,我们应避免如下姿势:①双腿过度叉开;②"架二郎腿"或"4"字形腿;③腿脚抖动摇晃;④左顾右盼,摇头晃脑;⑤上身前倾、后仰或弯腰屈背;⑥双手或端臂,或抱膝盖,或抱小腿,或置于臀部下面;⑦脚尖指向他人;⑧双手撑椅;⑨又跷脚又摸脚;⑩坐时随意挪动椅子。

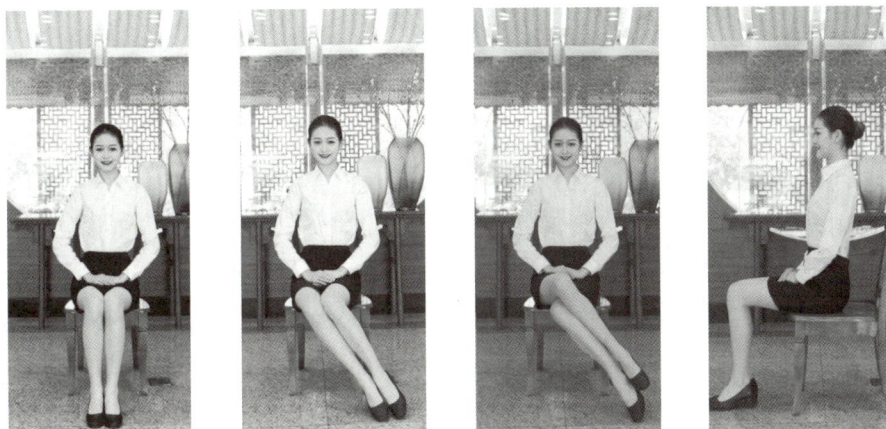

图 2-6　女士坐姿示范

四、行姿礼仪

行姿是指在行走的过程中所形成的姿势。行姿以人的站姿为基础,实际属于站姿的延续动作。与其他姿势所不同的是,行姿自始至终都处于动态之中,体现的是人类的运动之美和精神风貌。

对行姿的总的要求是:轻松、矫健、优美、匀速。虽不一定非要做到古人所要求的"行如风",至少也要做到不慌不忙、稳重大方。

华茂春松,行走带风——走姿礼仪

(一)行姿的礼仪规范

旅游工作者要注意自己的行姿礼仪,具体有如下规范要求。

(1)重心落前。在起步行走时,身体应稍向前倾,身体的重心应落在反复交替移动的前脚脚掌之上。要注意的是,当前脚落地、后脚离地时,膝盖一定要伸直,踏下脚时再稍为松弛,并即刻使重心前移,这样行走时,步态才会好看。

(2)昂首挺胸。行进时,要面朝前方,双眼平视,头部端正,胸部挺起,背部、腰部、膝部尤其要避免弯曲,使全身形成一条直线。

(3)脚尖前伸。行进时,向前伸出的那只脚应保持脚尖向前,不要向内或向外,同时还应保证步幅(行进中一步的长度)大小适中。通常,正常的步幅应为一脚之长,即行走时前脚脚跟与后脚脚尖两者相距为一脚长。

(4)摆动两臂。行进时,双肩、双臂都不可过于僵硬呆板。双肩应当平稳,力戒摇晃,两臂则应自然地、一前一后地、有节奏地摆动。在摆动时,手腕要进行配合,掌心要向内,手掌要向下伸直。摆动的幅度,以30°左右为佳。

(5)协调匀速。在行进时,大体上在某一阶段中速度要均匀,要有节奏感。另外,全身各个部分的举止要相互协调、配合,要表现得轻松、自然。

(6)直线前进。在行进时,双脚两侧行走的轨迹,大体上应呈一条直线。与此同时,要克服身体在行进中的左右摇摆,并使自腰部至脚部始终都保持以直线的形状进行移动。

(二)不同着装的行姿

旅游工作者所处行业不同,所着服饰不同,行姿也应有所区别。一般,行走中要充分展现服装的特点。以直线条为主的服装具有舒展、庄重、大方、矫健的特点;以曲线条为主的服装则显得妩媚、柔美、优雅、飘逸。

(1)着西装的行姿。西装以直线为主,着西装的旅游工作者应当走出挺拔、优雅的风度。着西装行走时,后背应保持平直,走路的步幅可略大些,手臂放松、自然摆动,手势简洁大方。行走时男士不要向两边晃动,女士不要左右摆髋。

(2)着裙装的行姿。裙装,又可分为短裙和长裙两种。女士着短裙行走时,要表现轻盈、敏捷、活泼、洒脱的风度,步幅不宜过大,但脚步频率可以稍快些,保持轻快灵巧的风格。若着长裙,应显出女性身材的修长和飘逸美。行走时要平稳,步幅可稍大些。转动时,要注意头和身体相协调,注意调整头、胸、髋三轴的角度。

(3)着旗袍的行姿。女士着旗袍行走时,要求身体挺拔,下颌微收,不要塌腰撅臀。走路时,步幅不宜大,以免旗袍开衩过大。两脚跟前后要走在一条线上,脚尖略微外开,两手臂在体侧自然摆动,幅度也不宜过大。

(4)穿高跟鞋的行姿。女士在很多场合经常穿着黑色高跟鞋,行走时要保持身体平衡。具体做法是:直膝立腰、收腹收臀、挺胸抬头。膝关节不要前曲,臀部不要向后撅。一定要把踝关节、膝关节、髋关节挺直,行走时步幅不宜过大。

(5)穿平底鞋的行姿。穿平底鞋走路要比较自然、随便,脚跟先落地,前行力度均匀,走起路显得轻松、大方。由于穿平底鞋不受拘束,往往容易过分随意,除了导游等经常在户外工作的旅游工作者,其他女性旅游工作者穿平底鞋应当注意防止给人以松懈的印象。

走姿要求颈部自然挺直,肩膀向后打开,收腹,腰胯处于自然直立状态,手臂自然摆动,手指放松。腿部完全迈出时,大腿膝盖与小腿成一条直线。穿高跟鞋时落脚脚跟先着地要求。

(三)行姿中的禁忌

行走时下列举止均为失礼。

(1)八字步态。行走时,若两脚脚尖向外侧伸构成外八字步,或两脚脚尖向内侧伸构成内八字步,看起来都很难看。

(2)左顾右盼。行走时,不应左顾右盼,尤其是不应反复回过头来注视身后。

(3)方向不定。行走时,方向要明确,不可忽左忽右,变化多端,给人心神不定之感。

(4)忽快忽慢。行走时,切勿忽快忽慢,突然快步奔跑,又突然止步不前,让人不可捉摸。

(5)声响过大。行走时,用力过猛,搞得声响很大,会妨碍其他人,或惊吓了他人。

五、蹲姿礼仪

在拿取低处的物品或拾落在地上的东西时,以及为坐在轮椅上的人士或小朋友提供服务时,旅游工作者会用到蹲姿。使用下蹲和屈膝的动作,则可以避免弯上身和翘臀部。尤其是女士穿裙装时,如不注意背后的上衣自然上提,露出腰、臀部皮肤和内衣则很不雅观。

翩然下蹲,轻盈捡拾——蹲姿礼仪

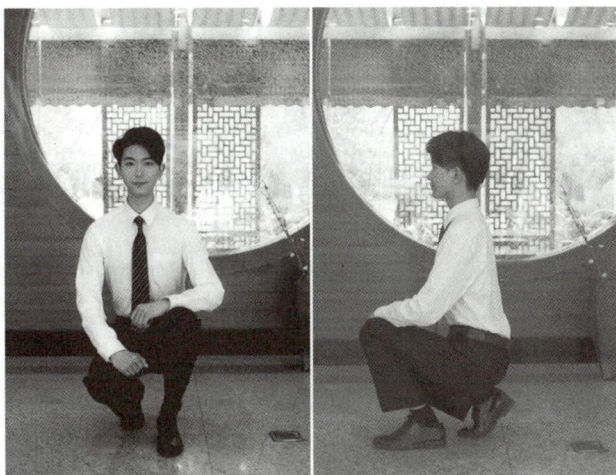

优雅蹲姿的基本要领是:屈膝并腿,臀部向下,上身挺直。

(一)主要的蹲姿

1. 交叉式蹲姿

下蹲时右脚在前,左脚在后。右小腿垂直于地面,全脚掌着地。左腿在后与右腿交叉重叠,左膝由后面伸向右侧,左脚跟抬起,脚掌着地。两腿前后靠紧,合力支撑身体。臀部向下,上身稍向前倾。穿裙装的女士比较适合这种蹲姿。

2. 高低式蹲姿

左脚在前、右脚在后向下蹲去,左小腿垂直于地面,全脚掌着地,大腿靠紧;右脚跟提起,前脚掌着地;右膝内侧靠于左小腿内侧,形成左膝高于右膝的姿态,臀部向下,上身稍向前倾。男士可选用这种蹲姿。

3. 半蹲式蹲姿

半蹲式蹲姿多为人们在行进之中临时采用。它的基本特征是身体半立半蹲。其主要要求是在蹲下之时,上身稍许下弯,但不与下肢构成直角或锐角,臀部务必向下,双膝可微微弯曲,其度可根据实际需要有所变化,但一般应为钝角。身体的重心应放在一条腿上,而双腿不宜过度分开。

男士蹲姿示范如图 2-8 所示;女士高低式和交叉式蹲姿示范如图 2-9 所示。

图 2-8　男士蹲姿示范

图 2-9　女士高低式和交叉式蹲姿示范

4.半跪式蹲姿

半跪式蹲姿又叫作单蹲姿,它与半蹲式蹲姿一样,也属于一种非正式的蹲姿,多适用于下蹲的时间较长时,它的基本特征是双腿一蹲一跪。其要求是下蹲以后,改用一腿单膝点地,而令臀部坐在脚跟上,另外一条腿应当全脚着地,小腿垂于地面,双膝必须同时向外,双腿则宜尽力靠拢。

(二)蹲姿要点

脊背保持挺直,臀部一定要蹲下来,避免弯腰翘臀的姿势。男士两腿间可留有适当的缝隙,女士则要两腿并紧,穿旗袍或短裙时需更加留意,以免尴尬。

第三节　服饰礼仪

《春秋左传正义》说:"中国有礼仪之大,故称夏;有服章之美,谓之华。"在古人眼中,中国的礼仪和服饰共同组成了"华夏"二字,可见衣冠较之礼仪具有旗鼓相当的地位。

服饰,是人类文明的标志,又是人类生活的要素。它除了满足人们物质生活需要外,还代表着一定时期的文化。"衣"字,在古代除了统指身上穿的衣服外,另有广义和狭义两个解释。狭义上的衣,专指上衣;广义上的衣,包括一切蔽体的东西。饰,以增加人们形貌的华美。服饰主要具有三方面作用:御寒、遮羞、装饰。它的产生和演变,与经济、政治、思想、文化、地理、历史以及宗教信仰、生活习俗等都有密切关系,相互间有着一定影响。

蕃客来曾识,
衣冠上国风
——服饰礼仪

服饰是装饰人体的物品总称,包括服装、鞋、帽、袜子、领带、首饰、围巾、提包、阳伞、发饰等,能彰显出一个人的个性、身份、修养、品位和精神面貌,同时也会影响到留给他人的第一印象。在商务场合,旅游工作者的服饰是否得体则关系到所在企业的整体形象。

一、服饰的功能

(一)等级性

服饰的等级性主要是指在阶级社会中用服饰来区别尊卑贵贱,标示人的身份等级。例如,《荀子·富国》中说:"天子朱裷衣冕,诸侯玄裷衣冕,大夫裨冕,士皮弁服。"贾谊在《新书·服疑》中说:"见其服而知贵贱,望其章而知其势。"

(二)地方性

服饰的产生和发展变化与人类居住的自然环境、气候条件,以及各地区生产方式和生活方式有着密不可分的关系,因而呈现出鲜明的地域色彩。受地域、历史、文化和宗教的影响,从古至今,各个地方形成了自己独特的服饰文化。秦统一全国后,实现服饰的一体化,但一些细微之处仍存在很大差别,主要体现在南北方的服饰差异上。

(三)民族性

民族性是指各个民族在服饰上所表现的不同特点。各具特色的民族服饰是在一定的历史条件下,逐步发展演变成的,它受到地理环境、历史观念和文化内涵的影响,凝聚着特定民族人民的审美理想和意趣。唐装就是具有很强的民族性的服装,是目前我们公认的国服,但是在不同的场合哪个国家的人都可以穿,就像有些年的APEC亚太经合组织领导人非正式会谈的时候,十几国的领导人都穿着唐装。

(四)伦理性

在中国古代,在特定的时间内,服饰是守礼遵规的一种表现,不同的场合有不同的服饰要求,这便使服饰带有强烈的伦理色彩。如祭祀有祭服,上朝有朝服,婚事有礼服,葬仪有丧服。

(五)功能性

在社会生活中,用服饰来显示、界别自身所从事职业、身份的功能内涵,是其重要内容之一。如罪犯囚徒的"囚衣""号衣""号服",军队官兵的"军服""兵服"等。

服饰体现着一种社会文化,体现着一个人的文化修养和审美情趣,是一个人的身份、气质、内在素质的无言的名片。服饰是一门艺术,它所能传达的情感与意蕴甚至难以用语言所表达。在各种正式场合,旅游工作者得体的着装通常体现着自身基本素养,有助于增加职业魅力,给人留下良好的印象,使宾客产生信赖感,愿意与其深入交往。

二、职场着装的基本要求

(一)符合身份

鉴于每一位员工的个人形象均代表其所在单位的形象及企业的规范化程度,也反映了个人的修养和见识,因此旅游工作者的着装必须与其所在单位形象、所从事的具体工作相称,做到男女有别、职级有别、身份有别、职业有别、岗位有别,即"干什么,像什么"。只有这样,才会使旅游工作者的着装恰到好处地反映自身的素质,反映企业的形象。

(二)区分场合

在日常工作与生活中,旅游工作者的着装应当因场合不同而异,以不变应万变显然大为不妥。在不同的场合,旅游工作者应该选择不同的服装,以此来体现自己的身份、教养与品位。一般而言,旅游工作者涉及的场合主要有三类:公务场合、社交场合、休闲场合。

1.公务场合

公务场合是旅游工作者在工作单位上班时,即在工作岗位上执行工作任务时涉及的场合。公务场合着装的基本要求为:正统、庄重、保守,宜穿套装、套裙以及制服。除此之外,还可以考虑选择长裤、长裙和长袖衬衫。不宜穿时装、便装。必须注意在非常重要的场合短袖衬衫不适合作为正装来选择。

值得注意的是,在一些特定的情况下,工作中的旅游工作者有时也被允许身着便装,主要包括以下情况:第一,工作性质较为特殊,身着正装多有不便时,如导游人员。第二,某个旅游企业统一将某种便装规定为本企业的正装时,便装就无形之中转化为正装了,不再是其本来意义上的便装。如夹克衫、背带裤、运动衫等都是常见的便装,但如果一个旅游企业若是将它定义为本单位全体员工的制服,那么,它们则应该被分别称为夹克衫式的制服或背带裤式制服,而不应再被视为便装了。如某些旅游休闲企业、旅游户外运动企业等。

2.社交场合

社交场合是指工作之余在公众场合和同事、商务伙伴友好地进行交往应酬的场合。虽然这些场合不是在工作岗位上,但往往面对的是熟人。社交场合着装的基本要求为时尚个性,宜着礼服、时装、民族服装。必须强调在这种社交场合一般不适合选择过分庄重保守的服装,比如穿着制服去参加舞会、宴会、音乐会,就往往和周边环境不大协调了。

3.休闲场合

休闲是指在工作之余一个人单独自处,或者在公共场合与其他不相识者共处的时间。休闲场合着装的基本要求为舒适自然,换言之,只要不触犯法律,只要不违背伦理道德,只要不妨碍他人的身体安全,那么旅游工作者的穿着打扮完全可以听凭个人所好。一般而论,在休闲场合,人们所适合选择的服装有运动装、牛仔装、沙滩装以及各种非正式的便装,比如 T 恤、短裤、凉鞋、拖鞋等。在休闲场合,如果身穿套装、套裙,往往会贻笑大方。

(三)遵循原则

1. TPO 原则

1963 年,日本男装协会提出了服饰 TPO 原则,即人们在选择服装、考虑其具体款式搭配时,要考虑时间(Time)、地点(Place)、目的(Object)的协调性。也有人把"O"理解为 Occasion(场合)。

(1)时间原则。从时间上讲,一年有春、夏、秋、冬四季的交替,一天有 24 小时变化,显而易见,在不同的时间里,着装的类别、样式、造型也因此而有所变化。比如,冬天要穿保暖、御寒的冬装,夏天要穿通气、吸汗、凉爽的夏装。白天穿的衣服需要面对他人,应当合身、严谨;晚上穿的衣服不为外人所见,应当宽大、随意。

(2)地点原则。从地点上讲,置身在室内或室外,驻足于闹市或乡村,停留在国内或国外,身处于单位或家中,在这些不同的地点,着装的款式理当有所不同,切不可以不变应万变。例如,穿泳装出现在海滨、浴场,是人们司空见惯的;但若是穿着它去上班、逛街,则令人哗然。在国内,一位少女只要愿意,随时可以穿小背心、超短裙,但她若是以这身行头出现在着装保守的阿拉伯国家,就显得有些不尊重当地人了。

(3)目的原则。从目的上讲,人们的着装往往体现着其一定的意愿,即自己对着装留给他人的印象如何,是有一定预期的。着装应适应自己扮演的社会角色。服装的款式在表现服装的目的性方面发挥着一定的作用,如自尊,还是敬人;颓废,还是消沉;放肆,还是嚣张。例如,为了表达自己悲伤的心情,可以穿深色、灰色的衣服;身着款式庄重的服装前去应聘新职、洽谈生意,说明郑重其事、渴望成功。而在这类场合,若选择款式暴露、性感的服装,则表示自视甚高,对求职和业务的重视远远不及对其本人的重视。

2. 服饰的整体性原则

搭配得体的服饰必须是从整体考虑服装的款式、色彩、质地、佩饰、工艺等方面的和谐。穿西装,必须穿不露脚趾的皮鞋,不能穿休闲的凉鞋、旅游鞋、拖鞋或布鞋等;也不可以穿着西服上衣,打着领带,下身则穿着运动裤、短裤等休闲装。服饰的效果只有整体和谐,方能显出一个人良好的气质内涵。

3. 服饰的合"礼"原则

服饰要符合礼仪规范。例如,在喜庆场合不宜穿着素雅、古板;在庄重场合不能穿得太宽松、随便;在悲伤场合不能穿着鲜艳。

服装和配饰的搭配要尊重他人。例如,电视台新闻联播的女播音员,穿着庄重,可漂亮的吊坠耳环却随着播音不停地晃动,让观众烦躁,这是对观众的不敬,是不合"礼"的行为。

4. 服饰的协调搭配原则

(1)服饰搭配要与体型相协调。古希腊哲学家毕达哥拉斯发现,只要符合黄金分割律的物体和几何图形,都会让人感到悦目、和谐、愉快。优美的人体的 3 个比例应符合 0.618∶1,虽然现实中大多数人的体型不尽完美,但可以通过服饰的搭配扬长避短。

服饰的搭配中,通常把女士的体型分为 H、X、A、O、Y 五种类型(见图 2-10)。

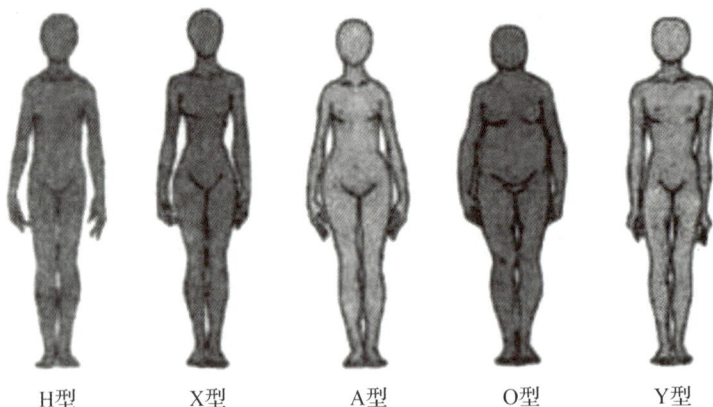

| H型 | X型 | A型 | O型 | Y型 |

图 2-10　女性身材分类

H 型:肩部与臀部的宽度比较接近,腰部不明显,臀部和腰部的差值小于 15cm。瘦削和肥胖的人都有这种体型,这种体型的人应避免较短或贴身的 L 衣。身材比较瘦的 H 型,可以利用加宽肩部与臀部的设计来修正体型;身材比较胖的 H 型,适当加强肩部与臀部设计的同时,可以选择一些有腰线设计的服装。

X 型:女性最标准的身材的三围比例是 8∶5∶8。肩部与臀部基本同宽,腰身细小。腰围比臀围小 18～25cm,胸部丰满,臀部圆润,曲线明显。这种体型的女士可以穿几乎所有的服装款式,但如果身材比较丰满,应注意身体与服装的合适度。

A 型:小骨架,梨形身材,臀宽、胸平、肩窄、溜肩,脂肪堆积在下半身,这是亚洲女性身形的特点。这种体型的着装要避免长及臀部最宽处的夹克和宽松的蓬蓬裙,合体的西装裙与直筒裤较好。臀部要避免图案、贴口袋等设计元素。饰品应位于身体上部,使视觉注意力上移。垫肩、收腰、胸部贴口袋、胸部褶皱、宽大的领子都是适合的服装设计。

O 型:脂肪堆积在腹部和臀部,通常胳膊与腿为正常尺寸,多溜肩,这种体型以中年女性居多。着装要避免插肩袖与底摆收紧的夹克衫以及过于贴身的衣服。有垫肩的简洁合体的服装,上下身颜色一致、垂直线的设计,合体的西装裙或长裤等的效果会不错。

Y 型:颈短,宽肩窄臀,背部较宽,虽然胸部可能很丰满,但有腰部曲线,腿部较细。这种体型的人要选择简洁、宽松的上衣款式,避免穿有垫肩的衣服。为了在视觉上减小肩部和加宽臀部,插肩袖或无肩缝的衣袖设计较为有效。

男士体型分为矮瘦型、高瘦型、矮胖型、高胖型、健美型(见图2-11)。

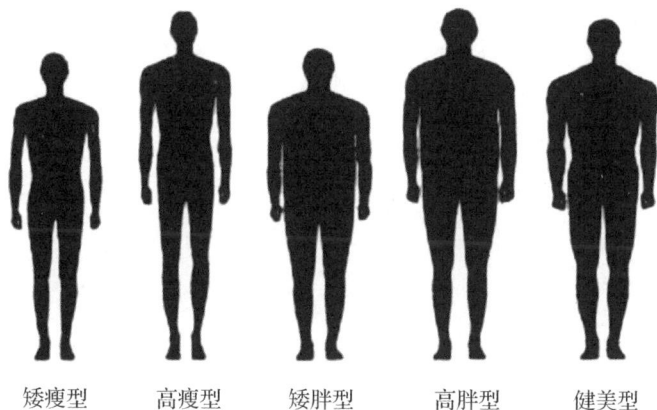

矮瘦型　　　高瘦型　　　矮胖型　　　高胖型　　　健美型

图2-11　男性身材分类

矮瘦型:体型又矮又瘦。西服宜选收腰上衣,衣长不宜把臀部全部盖住,不宜穿黑色、藏蓝色、深灰色等深色衣服,西服宜为浅灰色等稍亮色调。

高瘦型:体型又高又瘦。西服选择以肩部合适为基准,不宜穿瘦细的裤子。

矮胖型:个矮体胖,腹部凸出。西装宜选择宽松款式,上衣不宜过长,裤口卷脚宜为3cm,西装面料花纹不宜太明显,不适合选粗纺花呢。

高胖型:个高体胖,腹部凸出。西装宜选择宽松款式,上衣应略长一些,色彩以黑色和藏青色为主,不适合穿平肩或翘肩款式。

健美型:肩宽厚,结实,健壮。腰明显较细,大腿、小腿肌肉发达。这种体型的男士选择西装时,上衣以肩部合适为准,裤子要能满足臀部和大腿的放松度,一般型号的成衣对于这种体型,上衣、裤子容易在腰围处出问题。

(2)服饰搭配要与身份、职业相协调。人的身份随着场合、时间的变化在不断变换着。作为员工,工作场合的穿着应该庄重,不宜随意;作为旅游者,着装应该宽松,便于运动;作为管理者,服饰不能随心所欲,应该庄重高雅,显出自己的风度和气质。

(3)服饰搭配要与色彩相协调。心理学家认为,人的第一感觉就是视觉,而对视觉影响最大的则是色彩。人的行为之所以受到色彩的影响,是因为人的行为很多时候易受情绪的支配。

红色通常给人带来刺激、热情、积极、奔放和力量,还有庄严、肃穆、喜气和幸福等;绿色是自然界中草原和森林的颜色,有生命永久、理想、年轻、安全、新鲜、和平之意,清凉之感;蓝色则让人感到悠远、宁静;粉红色象征健康,是美国人常用的颜色,也是女性最喜欢的色彩,具有放松和安抚情绪的效果。例如,美容院的员工服装通常是粉红色。

言之有理

服饰色彩类型和搭配

1.服装色彩类型：

(1)暖色:红、橙、黄、粉红。

(2)冷色:青、蓝、紫、绿、灰。

(3)中间色:黑、白、灰。

2.色彩搭配原则

(1)冷色与冷色。

(2)暖色与暖色。

(3)冷色与中间色。

(4)暖色与中间色。

(5)中间色与中间色。

(6)纯色与纯色。

(7)纯色与杂色。

(8)纯色与图案。

3.色彩搭配禁忌

(1)冷色与暖色。

(2)亮色与亮色。

(3)暗色与暗色。

(4)杂色与杂色。

(5)图案与图案。

4.色彩搭配方法

(1)上深下浅:端庄、大方、恬静、严肃。

(2)上浅下深:明快、活泼、开朗、自信。

(3)突出上衣时,裤装颜色要比上衣稍深。

(4)突出裤装时,上衣颜色要比裤装稍深。

(5)绿色难搭配,但可与咖啡色搭配在一起。

(6)上衣有横向花纹时,裤装不能穿竖条纹或格子。

(7)上衣有竖纹花时,裤装应避开横条纹或格子。

(8)上衣有杂色,裤装应穿纯色。

(9)裤装是杂色时,上衣应避免杂色。

(10)上衣花型较大或复杂时,应穿纯色裤装。

(11)中间色的纯色与纯色搭配,应辅以小饰物衬托。

一次着装不超过三种颜色,全身服饰色彩的搭配要避免1:1,尤其是穿着的对比色,一般以3:2或5:3为宜。主色是全身色彩面积最多的颜色,占全身面积的60%以上,通常指套装、风衣、大衣、裤子、裙子等;辅助色是与主色搭配的颜色,占全身面积的40%左右,通常指单件的上衣、外套、衬衫、背心等;点缀色一般只占全身面积的5%~15%,通常指丝巾、鞋、包、饰品等。胖人适合穿颜色较深、色彩反差较小的服装;瘦人则应选择颜色较浅、色彩鲜亮的服装;个子矮的人应选择上下一体色的套装;个子高的人,则应选择上浅下深颜色的服装。

三、着装礼仪

《立志公民修养》的作者福尔尼博士(Dr. P. M. Porni)是约翰斯霍普金斯大学的教授,负责学校里的礼仪课程教导,他说:"当我们穿得很职业、很正式时,就是在告诉别人,我想得到尊重,我想被别人认真对待。"

在酒店、会展、空中乘务等场合,男士着装以西装为主。

(一)男士西装礼仪

西装是男士的正装、礼服。旅游行业男士在职场或参加很多社交活动时,都要穿西装。西装的种类繁多,可分为工作用、礼服用、休闲用等。对一般人来说,同样一套西装配上不同衬衫、领带,不但可以当作日常着装,还可以应对多种不同场合的社交活动。

气宇品轩昂,
壮志凌云霄
——男装礼仪

> **言之有理**
>
> 想象有四个现代商务男子同时坐在会议桌前:一个英国人,一个美国人,一个意大利人,一个日本人,他们各个西装笔挺,也各自散发着不同的成熟男性魅力。但若仔细观察他们的服装,即可察觉在四个穿着正式西服的男人身上,每一个人的穿着风格却似乎有一些不同的区别:英国人看起来严谨而规矩,意大利人潇洒而又自信,美国人的肢体语言最为放松自然,而日本人似乎也很严肃,却又透露着不同于英国人的另一种沉着语言。
>
> ——奥美时尚《CEO西服学》

1. 男士职业西装的分类

(1)按版型分,男士职业西装可分为欧式型、美式型、英式型、日式型。

①欧式型(也叫意大利式),如图2-12所示。

追本溯源:为展示男性健硕臂膀而生。

典型标识:采用强调肩宽和背宽的T型,收腰又收臀。

经典款式:传统款(双排扣、枪驳领)、进化版(单排扣、枪驳领)、时尚版(单排扣、平

图 2-12　欧式西装

驳领）。

适合的人群：五官较为立体，身材看上去很强壮的男士。身材过于矮小和比较肥胖的人不太适合这种西装款式。

适合的场合：需要权威、霸气、存在感的场合，以及高端的酒会、宴会。

代表品牌：布莱奥尼、安普里奥·阿玛尼。

②英式型，如图 2-13 所示。

图 2-13　英式西装

追本溯源：很好地展示男士儒雅绅士格调。

典型标识：完美收腰合体的 X 型。

经典款式：单排扣、平驳领、后双开衩。

适合的人群：对身材方面不是特别的挑剔，适合普通身形男士。尤其适合肩宽腰细、身材比例很均衡的略偏瘦男士，性情上比较收敛、安静，看上去绅士、儒雅、知性。

适合的场合：旅游企业中的高管一般日常可穿着，以及需要体现绅士格调的场合。定制第一套西装的话，合身的英式西装是首选。

代表品牌：登喜路、博柏利。

③美式型,如图 2-14 所示。

图 2-14　美式西装

追本溯源:放荡不羁爱自由。

典型标识:基本轮廓特点是 O 型。

经典款式:单排扣、平驳领、后单开衩。

适合的人群:适合身材高大魁伟的男士,特别是肥胖一些的男士。但对于大部分亚洲人不太合适。

适合的场合:休闲场合,以及需要体现领导亲和力的场合。

代表品牌:布鲁克斯兄弟。

④日式型,如图 2-15 所示。

图 2-15　日式西装

追本溯源:专为日本男士设计的西装。

典型标识:缩小的、窄小的 H 型。

经典款式:单排扣、后不开衩。

适合的人群:适合亚洲男人的身材——肩不特别宽,不高不壮。

适合的场合:一切展现你艺术细胞的场合。

代表品牌:顺美、山本耀司、三宅一生。

(2)按使用场合分,男士职业西装可分为日常西装、礼服西装和西服便装。

①日常西装。日常西装包括西装上衣、背心和西裤三个部件,俗称"三套件",用相同的面料制作,形成严肃、庄重的套装。一般公务场合中多穿西装上衣、西裤两件套。如需色彩配搭,通常是上浅下深,如灰色西装配深蓝色西裤,给人以重心沉稳之感。款式采用装袖和驳领,在保持整体风格的前提下,轮廓有宽松型和紧身型的变化。日常西装多选用精纺呢绒制作,以沉着稳重的色彩为佳。在非正式场合,穿着的西装也可用粗纺呢、灯芯绒作为面料。

②礼服西装。男子的礼服西装包括夜间穿着的燕尾服、夜间半正式礼服、白天穿着的晨礼服。礼服西装具备高贵大方的风格、优雅适体的造型和挺括精致的工艺。各部件的线条、装饰都应精心设计与制作。豪华礼服西装选用优质的礼服呢制作,夏日则可用薄型的毛织物或亚麻织物、混纺织物。在社会风尚、生活方式、日常礼仪越来越趋于简化的当今时代,男子夜间半正式礼服用途的范围日渐广泛,已成为使用较多的男士礼服。

③西服便装。西服便装保持了日常西装的外形,尺寸更加宽松,面料选用更加广泛,如灯芯绒、水洗布等,其工艺制作也比较简单,通常不加大衬。穿着时不必扎系领带,休闲自由。款式上可显示穿着者的个性,内衣可穿 T 恤衫或套头衫,门襟纽扣可任其敞开,给人以轻松之感。西服便装的选料十分广泛,如毛料、棉布、麻布、丝绸、化纤织物、针织物等。

言之有理

西装好坏六要素

(1)看其衬里是否外露;

(2)看其衣袋是否对称;

(3)看其纽扣是否缝牢;

(4)看其表面是否起泡;

(5)看其针脚是否均匀;

(6)看其外表是否平整。

2.穿着要领

根据西装礼仪的基本要求,男士穿西装时务必注意以下 4 个方面的着装问题:

(1)拆除商标。在西装上衣左边袖子上的袖口处,通常会缝有一块商标。有时,那里还同时缝有一块纯羊毛标志。在正式穿西装之前,切勿忘记将它们先行拆除。这种做法意味着对外宣告该套西装已被启用。而如果西装穿过许久之后商标依旧没有拆除,定会见笑于人,有特意以此招摇过市之嫌。

（2）熨烫平整。一套西装穿在身上显得美观而大方,首先就要使其线条笔直,显得平整而挺括。要做到此点,除了定期对西装进行干洗外,还要在每次正式穿着之前,对其进行认真的熨烫。千万不要疏于此点,脏兮兮、皱巴巴、美感全失的西装穿在身上定会惨不忍睹。

欲使西装平整还要做到悉心呵护。无论何时何地,都不可以将西装上衣的衣袖挽上去;在公共场所,更不要当众随心所欲地脱下西装上衣,或是把它当作披风一样披在肩上,这样都将给人以粗俗之感。

（3）扣好纽扣。穿西装时,上衣纽扣的系法尤为讲究。站立时,尤其是在大庭广众面前起身而立时,西装上衣的纽扣应当系上,以示郑重其事。就座之后,西装上衣的纽扣则大多要解开,以防其"扭曲"走样。唯独在内穿背心或羊毛衫而外穿单排扣西服上衣时,才允许站立之际不系上衣的纽扣。

系纽扣的规则如图 2-16 所示。

The "*Sometimes, Always, Never*" 3-Button Rule

Top Button: 有时　　Middle Button: 总是　　Bottom Button: 从不

图 2-16　系纽扣规则

系西装上衣的纽扣时,单排扣上衣与双排扣上衣又有各不相同的具体做法。系单排两粒扣式的西装上衣的纽扣时,讲究"扣上不扣下",即只系上边那粒纽扣。系单排三粒扣式的西装上衣的纽扣时,可以只系中间那粒纽扣,也可以系上面两粒纽扣,以示尊重。而系双排扣式的西装上衣的纽扣时,在通常情况下,可以系上的纽扣一律都要系上。

（4）少装东西。西装的口袋里应当少装东西,这样可以保证西装在外观上不走样,如果可以则尽量不装东西。若是把西装上的口袋当作一只"百宝箱",用乱七八糟的东西把它塞得满满的,无异于是对西装的"践踏"。

通常,西装上的口袋都有着各不相同的作用。上衣左侧的外胸口袋除可以插入一块用以装饰的真丝手帕外,不应再放其他任何东西。而钢笔、钱夹或名片夹等可以放在内侧的胸袋,但也不要放过大过厚的东西或无用之物。外侧下方的两只口袋,原则上不放任何东西。

3.搭配技巧

男士穿着西装时,对与西装相搭配的衬衫、领带、鞋袜和公文包等都有一定的要求。有句行话说:"西装的韵味不是单靠西装本身穿出来的,而是用西装与其他衣饰精心组合搭配出来的。"由此可见,西装与其他衣饰的搭配,对于成功地穿着西装,是何等的重要。

(1)衬衫。与西装相配的衬衫,应当是正装衬衫。一般来讲,正装衬衫具备下述几个方面的特征。

①色彩。正装衬衫必须为单一色彩。在正规的商务应酬场合,白色衬衫可谓职场男士的最佳选择。除此之外,棕色、灰色、黑色、蓝色,有时也可加以考虑。但是,杂色或黄色、红色、橙色、粉绿色等颜色的衬衫穿起来通常会有失庄重之感。因此,从图案上讲,正装衬衫大体上以无任何图案为佳。印花衬衫及带有人物、动物、植物、文字、建筑物等图案的衬衫,均非正装衬衫。唯一的例外是,较细的竖条衬衫在一般性商务活动中也可以穿着。但是,穿这种衬衫的时候,切记不要同时穿着竖条纹的西装。

②面料。正装衬衫主要以高支精纺的纯棉、纯毛制品为主。以棉、毛为主要成分的混纺衬衫,也可酌情选择。可能的话,最好不要选择以条绒布、水洗布、化纤布制作的衬衫,因为这类衬衫或是过于厚实,或是易于起皱,或是易起球、起毛、起静电。

③衣领。正装衬衫的领型多为方领、短领和长领。具体进行选择时,须兼顾本人的脸型、脖长及其所打领带结的大小,不要使它们相互之间反差过大。扣领的衬衫,有时也可选用。另外,立领、翼领和异色领的衬衫,通常都不适合于同正装西装相配。

④衣袋。正装衬衫以无胸袋者为佳,即便穿有胸袋的衬衫,也要尽量少往胸袋里塞东西。

⑤衣袖。正装衬衫必须为长袖衬衫。以其袖口而论,衬衫又有单层袖口与双层袖口之别。

袖扣(见图2-17)是用在专门的袖扣衬衫上,代替袖口扣子部分的,它的大小和普通的扣子相差无几,却因为精美的材质和造型,更多的造型款式和个性化需求的定制,很好地起到装饰的作用,在不经意间,让男士原本单调的礼服和西装"风景无限"。

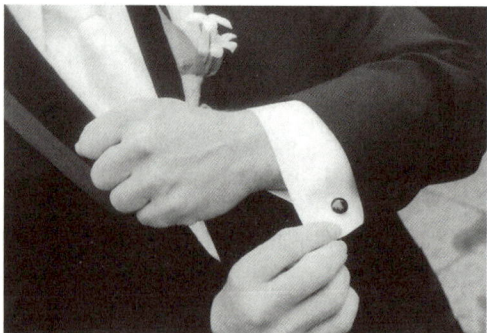

图2-17　袖扣

（2）领带。男士穿西装时，最抢眼的通常不是西装本身，而是领带。因此，领带被称为西装的"画龙点睛之处"。一位男士，若只有一身西装，只要经常更换不同的领带，往往也能给人以天天耳目一新的感觉。

作为西装的灵魂，领带的选择讲究甚多。男士在挑选领带时，至少要重视以下几点。

①面料、质量、色彩、图案。

面料：最好的领带，应当是用真丝或者羊毛制作而成的。以涤丝制成的领带售价较低，有时也可选用。而用棉、麻、皮、革、绒、珍珠、塑料等物制成的领带，在商务活动中均不宜佩戴。

质量：好的领带必须有好的质量，其主要特征为：外形平整、美观，无疵点、无跳丝、无线头，衬里为毛料，不变形，悬垂挺括，显示厚重。宁肯不打领带，也不要以次充好。

色彩：从色彩上来看，领带有单色与多色之别。在正式场合中，灰色、蓝色、黑色、棕色、紫红色等单色领带都是十分理想的选择。旅游行业男士在正式活动的场合中，应尽量少打艳色或浅色领带。同时，切勿使自己佩戴的领带多于三种颜色，这与由艳色或浅色所制成的领带一样，仅适用于社交或休闲活动之中。

图案：适用于正式场合中佩戴的领带，主要是单色无图案的领带，或者是以圆点、方格、条纹等规则的几何形状为主要图案的领带。含有其他类型图案的领带，一般不适用于正式场合。

②款式。领带的款式，即其形状外观。一般来说，它有宽窄之分，这主要受到时尚流行的左右。进行选择时，应注意最好使领带的宽度与自己身体的宽度成正比，而不要反差过大。另外，领带的款式还有箭头与平头之别。前者下端为倒三角形，适用于各种场合，比较传统。后者下端为平头，比较时髦，多适用于非正式场合。值得注意的是，对于那种简易式的领带，如"一拉得"领带、"一挂得"领带等，均不适合在正式的商务活动中使用。

③佩饰。领带佩饰的基本作用是固定领带，其次才是装饰。常见的领带佩饰有领带夹、领带针和领带棒。它们分别用于不同的位置，但一次只能选用其中的一种，切不可同时登场。选择领带佩饰，应多考虑金属质地制品，并要求素色为佳，形状与图案要求雅致、简洁。

领带夹：作用是将领带固定于衬衫上，为了使领带保持贴身、下垂。领带夹可以体现男士的绅士风采，显得更加有品位，更显示出现代人的时尚。一般场合穿着西服的时候经常需要。

领带夹使用的正确位置应当是衬衫从上往下数的第四粒与第五粒纽扣之间。最好不要让它在系上西装上衣扣子之后外露。标准的长度是领带宽度的3/4长。领带夹使用的正误判断如图2-18所示。

领带针（见图2-19）：作用是将领带别在衬衫上，并发挥一定的装饰作用。其含有图案的一端应处于领带之外，含有细链的一端则应免于外露。使用领带针时，应将其别在

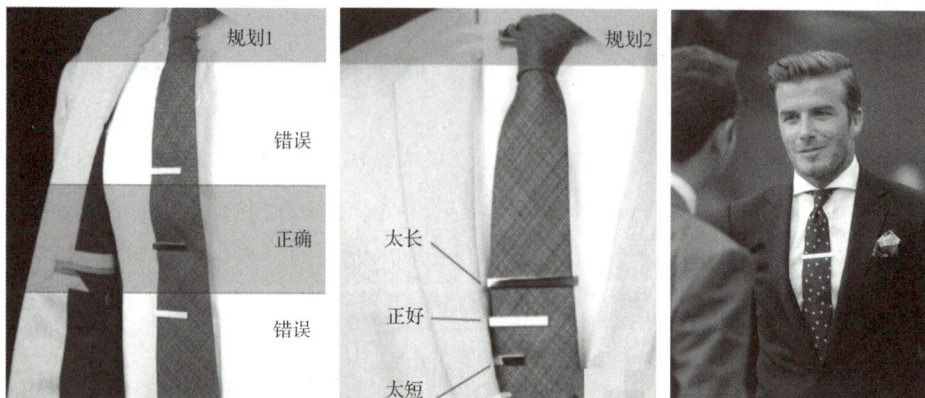

图 2-18　领带夹使用的正误判断

衬衫从上往下数第三粒纽扣处的领带正中央,使含有图案的一面,宜为外人所见。但要注意的是,千万别把领带针误当领针使用。

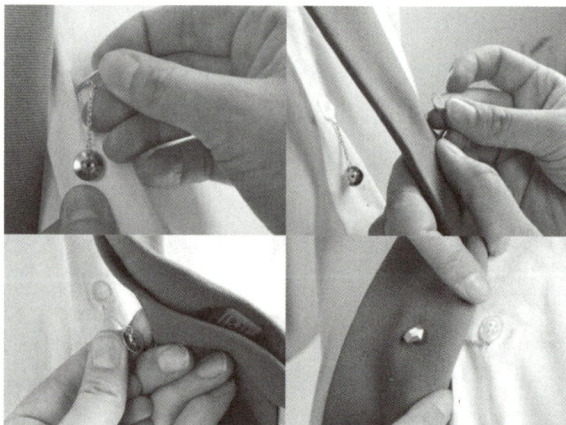

图 2-19　领带针

领带棒(见图 2-20):作用是穿扣领衬衫时将其穿过领带,并固定于衬衫领口处。使用领带棒,如果方法得当,会使领带在正式场合显得既飘逸,又能减少麻烦。

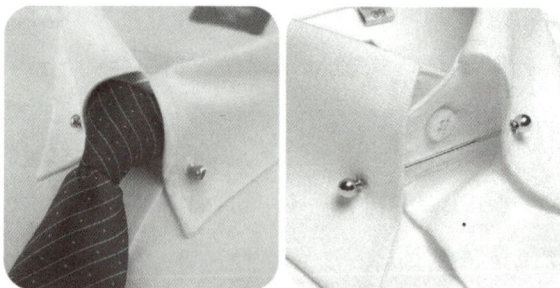

图 2-20　领带棒

（3）鞋袜。穿西装时，男士所穿的鞋子与袜子均应符合既定的要求，认真与之搭配。对旅游行业男士来说，鞋袜在正式场合也被视作"足部的正装"。不遵守相关的礼仪规范，必定会令自己"足下无光"。

选择与西装配套的鞋子，只能是皮鞋。与西装配套的皮鞋，应当是真皮制品而非仿皮。一般来说，牛皮鞋与西装最般配，羊皮鞋、猪皮鞋则不甚合适。至于以鳄鱼皮、鸵鸟皮、蟒蛇皮制作的皮鞋，穿出去多有炫耀之嫌，一般不宜选择。

与西装配套的皮鞋，按照惯例应为深色、单色。人们通常认为，最适于同西装套装配套的皮鞋，只有黑色一种。黑色皮鞋被认为是万能鞋，它能配任何一种深颜色的西装。

男士在正式场合所穿的皮鞋，应当没有任何的图案、装饰。皮鞋的款式，理当庄重而正统。根据这一要求，系带皮鞋是最佳之选。各类无带皮鞋，如船形皮鞋、盖式皮鞋、拉锁皮鞋等，都不符合这一要求。而那些厚底皮鞋、高跟皮鞋、坡跟皮鞋或高帮皮鞋，若穿在这种场合中只能显得不伦不类。

另外，鞋子擦得很亮的人，会显得特别光鲜，容易给人以好感，脏兮兮的鞋子最不宜登大雅之堂。

旅游行业男士在穿袜子时，必须遵守下列五项规则：

①完整。穿袜子之前，一定要检查一下它有无破洞、跳丝，如果有，一定要及时更换。

②干净。袜子务必要做到一天一换、洗涤干净，以防止产生异味而令自己难堪，令他人难忍。

③搭配。袜子色彩与西装的搭配也不应忽视。通常，深色袜子可以配深色的西装，也可以配浅色的西装。浅色的袜子能配浅色西装，但不宜配深色西装。忌用白色袜子配西装。

④配双。无论如何，穿袜子时都要穿成对的袜子。不要自行将原非一双的两只袜子随意穿在一起，尤其两者色彩不同、图案各异时，更是贻笑大方之举。

⑤合脚。袜子的大小一定要合脚。袜子太小，不仅易破，也容易从脚上滑下去；袜子太短，则容易露出脚踝。一般而言，袜子的长度，不宜低于自己的踝骨，原则上为宁长勿短。

（二）女士套装礼仪

言之有理

西方著名的形象大师乔恩·莫利说过："没有哪个女人应该穿着性感的服装去上班。"另外一位形象设计师海伦·布朗杰则诙谐地说："裙子越短，权利越小。领口越低，权利越小。"

按照国际惯例，女士在正式场合穿着的职业装以西装套裙或制服为首选。

1.西装套裙的类型

西装套裙简称套裙。有上身是女式西装、下身是半截式裙子的套裙；也有三件套的套裙，即女式西装上衣、半截裙外加背心。套裙可以分为两种基本类型：一种是用女式西装上衣和随便的一条裙子进行的自由搭配组合成的"随意型"；另一种是女式西装上衣和裙子成套设计、制作而成的"成套型"或"标准型"。

品貌秀端庄，
云裳花想容
——女装礼仪

2.西装套裙的穿着和搭配原则

（1）选对款型。一套在正式场合穿着的套裙，应该由高档面料缝制，上衣和裙子要采用同一质地、同一色彩的素色面料。职业套裙的最佳颜色是黑色、藏青色、灰褐色、灰色和暗红色。在造型上讲究为着装者扬长避短，量体定衣。套裙的上衣注重平整、挺括、贴身，通常不使用饰物和花边进行点缀。

（2）穿着得法。

①长短适合。正式场合，女士套裙的上衣纽扣要全部扣好，不可当着他人的面随意脱下外套。套裙的上衣最短可齐腰，袖长要盖住手腕，裙长要到膝或过膝。裙短不雅，裙长无神。最长的裙长是下摆恰好抵达小腿肚最丰满的地方。

②搭配衬裙。穿丝、棉、麻等薄型面料或浅色面料的套裙时，衬裙裙腰不能高于套裙裙腰，要把衬衫下摆掖到衬裙裙腰和套裙裙腰之间。

③选好衬衫。一般公务场合，质地较好的圆领、一字领、V字领紧身衫都可与西装上衣搭配，但女士出席正式的公务活动时，西装上衣内一定要搭配正装衬衫，切不可脱下西装外套，只穿衬衫。西装套裙的衬衫应轻薄柔软，颜色可以多样，只要与套装相匹配即可；白色、黄白色和米色与大多数套装都能搭配；丝绸、纯棉是最好的衬衫面料；要遵循"外简内繁，内简外繁"的搭配原则；衬衣领既可以有花边修饰，也可以是普通衬衣领，若是普通衬衣领，可以用领花或丝巾来做配饰。

④慎穿内衣。内衣包括文胸、内裤等。女士"不可不穿、不可外露、不可外透"内衣，要确保内衣合身。内衣最贴近身体，如果不合身，不仅会使身材走形，还会让女士缺乏自信。

⑤穿好袜子。穿西装套裙一定要配长筒丝袜，最好是穿连裤丝袜；袜子的颜色以肉色、黑色为主，尤以肉色袜最为得体；袜子大小要合适，不能在公众场合整理自己的袜子，长筒袜的袜口不能露在裙摆外边；不穿带图案和惹眼的袜子。穿裙装时，应随身携带一双备用丝袜，以便在袜子脱丝或跳丝时换用；出席正式的活动时，还可多备几双丝袜；忌用健美裤、九分裤作长袜来搭配西装套裙。

⑥选对皮鞋。传统的皮鞋是最佳的商务用鞋，皮鞋跟的高度以3～4cm为宜，这种鞋外观简洁，穿着舒适，美观大方。正式场合不要穿凉鞋、后跟用带系住的女鞋或露脚趾的鞋；鞋的颜色应与衣服下摆一致或再深一些，衣服从下摆开始到鞋的颜色一致，可以使人显得高挑一些；鞋子的颜色以黑色、深棕色、灰褐色为佳。

⑦选好大衣。女式大衣约于19世纪末出现,是在女式羊毛长外衣的基础上发展而成的。其衣身较长、大翻领、收腰式,大多以天鹅绒作面料。长款、收腰设计的大衣会让下半身显得更修长;富有精品感的大衣既可以穿得运动、休闲,也可以搭配正装出席正式场合。

(三)制服礼仪

所谓制服,是指旅游工作者在其工作岗位上按照规定所必须穿着的,由其所在单位统一制作下发的,款式、面料、色彩均整齐划一的服装。

1. 制服的分类

旅游行业制服最常采用的分类方法有以下四种:

(1)按性别分。总的来说,制服明显地显有"中性化"趋向。有时,它甚至可以不分男女。不过为了照顾男女的不同生理特点,并且在工作中使之得以分辨清楚,制服通常都有男式与女式的区别,如男士裤装、女士裙装。

(2)按用途分。在旅游行业中即使同一企业中的具体岗位也可能各有不同,制服便依照其具体用途又分为办公服、礼宾服与劳动服三类。办公服,主要用于办公室工作人员;礼宾服,主要用于礼宾岗位上的礼仪人员;劳务服,则用于服务人员和劳动人员工作时穿着。

(3)按职级分。职场之中讲究下级服从上级,员工分工明确。基于这一特点,在许多旅游企业里,不同级别者其制服也各不相同,有的不同部门的制服也有所区分。这样不仅方便宾客了解交往对象,而且也可增强着装者的责任心与荣誉感。

(4)按季节分。我国很多地区的四季温差变化都较大,因此制服便自然地随季节的变化而有所变化。四季温差变化明显的地区,通常将制服分为夏装、冬装与春秋装三类;而在一年只有冷暖两季的地区,制服则一般分为暖季装和冷季装两类;在热带地区,由于四季都很炎热,通常只有夏装一种制服。

2. 制服的特点

在现代社会里,本单位的全体从业人员整齐划一地身穿制服上班,已是许多公司、企业的一大亮点。制服穿着具有以下特点:

(1)表明职级差异。如上所述,制服的分类可以按照职级的差异进行,因此,在同一个单位里,不同部门、不同级别、不同职务的人员,从其制服的差别上便有着明显的区分。这样,不仅明确了分工,也增进了着装者的荣誉感,同时也可以得到舆论的监督。

(2)体现职业特征。为了实际工作的需要,不同职业往往需要具有不同特征的制服。与警服、军服、海员服、铁路服、空乘服、工商服、邮政服、税务服彼此各具特色一样,酒店、景区、空乘等旅游业内不同行业、不同岗位的旅游工作者所穿的制服,通常也各不相同,它们不仅适应着自己具体的工作性质,而且也具有旅游工作者共同的基本特征。

(3)达到整齐划一。一般来讲,旅游工作者在自己的工作岗位上是不允许有过多张扬个性的行为的。因此,身着统一的制服,既可以体现出整个单位的共性及其全体员工的良好的合作性与凝聚力,也有利于公司或企业更为有效地对全体员工进行统一的要求和管理。

(4)树立良好形象。根据现代公共关系理论,要求全体员工身着统一式样的制服上班,实际上是某一社会组织用以树立自身形象的"企业静态识别符号系统"的常规方法之一。也就是说,全体员工在工作岗位上身穿统一的制服,可以达到令人耳目一新的效果。久而久之,会使本单位的良好形象逐渐深入人心,并得以确立和认可。

3. 制服的选择

制服的选择,不仅与每一名必须穿着制服的旅游工作者有关,同时也体现着该单位决策者的个人态度。鉴于制服的选择与单位形象息息相关,因此有关负责人员均应亲自过问此事,绝不可将它交由经办人员自由办理。

制服的选择应考虑款式、做工、面料、色彩等。

(1)款式。旅游职业制服的要求是高雅、端庄。它既应当有实用性,又应当不失传统与保守;既应当与众不同,又不宜一味追逐时尚;既应当体现出自己的特色,又不可为了标新立异而以奇装异服的面目出现。总括来讲,旅游工作者穿上制服后,应当显得精神焕发、神气十足,文质彬彬、温文尔雅。

具体而言,制服目前多为两件套式,即由一件上装与一件下装所构成。制服中的上装有西装式、夹克式、衬衫式、猎装式、两用衫式等;下装有裤装式、裙装式、背带装式等。

(2)做工。制服的做工应讲究精细严谨,好上加好,精益求精。要做到这一点,就必须严守制服的制作标准。尤其应当谨记,不允许以任何借口在制作制服时偷工减料,从而造成其看起来粗陋不堪、面目全非,也不允许在制作制服时粗针大线、马马虎虎。为此,在外加工、制作制服时,务必要严加监管、抽查与验收。

另外,在检查一套制服的制作质量时,尤其需要注意下面几个细节:领子是否大小相当;衣袋是否端正而对称;衣袖、裤管是否长短一致;肩线、裤缝、裙腰是否平直;衬里是否外露;纽扣、拉锁、挂钩、别针、裤祥是否钉得结实;纽扣与扣眼是否对应;拉锁是否能用等。

如果条件允许的话,最好实行量体裁衣,力求做到大小合身。

(3)面料。用于制作制服的面料,应当尽可能地选择精良上乘的面料。一般情况下,经济实惠、美观体面应是其根本方针,因此,纯棉、纯毛、棉毛、毛麻、棉麻、毛涤等面料应优先考虑。这些面料通常都质地天然、外形美观,而且吸湿,透气效果也极佳,有的面料在悬垂、结实、挺括、耐磨、耐折等方面也有突出的效果。

有些时候,为了从事某些特殊工作或是适应某些特殊环境的需要,用以制作制服的面料,通常还要具备某些比较特殊的功能。例如,防水、防火、防尘、防风、防静电、防辐射、防氧化、防高低温等。在选择制作此类特种用途的制服的面料时,更要一丝不苟、精益求精、严格把关,不允许降低标准,以次充好。

(4)色彩。统一制作的制服,在色彩方面不宜过于繁多或杂乱,否则看起来杂乱无章、花里胡哨,这对维护企业的整体形象毫无益处。因此,总体上讲,统一制作的制服,色彩宜少而不宜多。

具体来说,选择制服的色彩时,有以下三点应当重视:

①本单位的标志性色彩。应当优先选择本单位的标志性色彩,这样可以充分体现自身特色、表现自身理念。在旅游活动中,标志性色彩被广泛地应用于本单位的标志、徽记、商标、标语、旗帜等各个方面。以之作为员工制服的主色彩,也是国际上通行的做法。

②选择单一而偏深的色彩。制服的色彩以单一而偏深为最佳。从庄重、耐脏等因素考虑,制服通常不宜采用浅色、艳色、花色等。根据常规,通常有灰色、蓝色、黑色、棕色等几种颜色可选择。灰色代表稳重,蓝色代表严谨,黑色代表高贵,棕色代表文雅。

③坚持"三色原则"。在为制服进行色彩搭配时,总体上要坚持"三色原则",即与制服一同穿着的衬衫、领带、帽子、鞋袜,包括制服本身在内,其色彩数量应在总量上被限定在三种以内。这种做法,可使配色的效果达到更好。遵守"三色原则",主要是为了体现出旅游工作者简洁大方的整体风格。

需要强调说明的是,不论采用何种分类方法,都应当使之符合角色定位,适应工作需要,维护本单位形象。

四、配饰礼仪

言之有理

胸针之于女性,象征大过于装饰,因为它是所有饰物中唯一不和女性身体发生接触的特例。而即使高贵如女皇,在佩戴胸针时也必须谦卑俯首,那时往往会有一阵微微的晕眩,因为,你看到的是你心上的自己。

——斯蒂芬·茨威格

饰品泛指全身的小型装饰,包括头饰、胸饰、首饰、脚饰、挂饰等。饰品具有点缀着装、美化自身、体现品位的作用。

公务场合中,饰品的佩戴应合乎礼仪,以少为佳,全身不宜超过三种饰品。女士不宜佩戴过度张扬的耳环、手镯、脚链等饰品;不宜佩戴与个人身份有关的珠宝首饰,如钻石饰品等。

头上倭堕髻,
耳中明月珠
——配饰礼仪

(一)饰物佩戴的原则

1. 以少为佳

选择佩戴的饰品应当是起到锦上添花、画龙点睛的作用,而不应是过分炫耀,刻意堆砌,切不可画蛇添足。上班、运动或旅游时以不戴或少戴饰品为好,只有在交际应酬的时候才适合佩戴饰品,以展示自己时尚个性有魅力的一面。如果在特定场合需要佩戴,则上限不超过三种。

2.遵循身份

任何人在搭配首饰时都应该注意自己的性别、年龄、职业特征与所戴首饰的协调性。一般来说,比较高档的饰物比较适用于大型社交晚会,并不适合在日常的工作生活中佩戴。

3.同质同色

人际交往中,女士佩戴两种或两种以上的首饰,怎样表现出自己的品位和水准呢?"同质同色",即质地色彩相同。

4.注意搭配

饰品的佩戴应讲究整体的效果,即要和服装相协调。一般穿考究的服装时,才佩戴昂贵的饰品,服装轻盈飘逸,饰品也应玲珑精致。

饰品的佩戴还应考虑所处的季节、场合、环境等因素。这些因素不同,其佩戴方式和佩戴取舍也不同。如春秋季可选戴耳环、胸针;夏季选择项链和手链;冬季则不宜选用太多的饰品,因为冬季衣服过多而已显臃肿,饰品过多反而不佳。

5.扬长避短

饰品的佩戴应与自身条件相协调,如体形、肤色、脸型、发型、年龄、气质等。不同体型的人在搭配首饰时应该要学会扬长避短,瘦小的人可以选择佩戴长度适中、设计精巧的项链;偏胖的人则比较适合佩戴具有坠感的流苏型项链。

6.遵守习俗

衣着习俗在社会经济稳定时期往往具有较强的稳定性,甚至世代相传,鲜有改变,而在社会经济剧烈变动时期则也会随之发生较大的变动,出现一些新的衣着方式,甚至流行开来而形成新的衣着习俗。所以,饰品佩戴要注意寓意和习俗,如戒指、手镯、玉坠等的佩戴。

(二)饰物佩戴的方法

1.公文包

公文包被称为"移动办公桌",是外出时须臾不可离身之物。对穿西装的男士而言,外出办事时手中若是少了一只公文包,未免会使其神采和风度大受损害,而且其身份往往也会令人质疑。

旅游工作者所选择的公文包,有许多特定的讲究。其面料以真皮为宜,并以牛皮、羊皮制品为最佳。色彩以深色、单色为好,浅色、多色甚至艳色的公文包,均不适用于男性旅游工作者。一般情况下,黑色、棕色的公文包,是最正统的选择。若是从色彩搭配的角度来说,公文包的色彩与皮鞋的色彩一致,则看上去美观和谐。除商标之外,男性旅游工作者所用的公文包在外表上不宜再带有任何图案、文字,否则有失身份。手提式的长方形公文包是最标准的公文包。

男性旅游工作者外出之前,随身携带之物均应尽量装在公文包里的既定之处,有条不紊地摆放整齐,取用方便,便于寻找。无用之物则不宜放在公文包里,使之"过度膨胀"。

对于女士用包,其用途早已大大超出放置公文了,已经成为每一位女士在各种场合中不可缺少的饰物,既有装饰价值,又有实用价值。在商务、政务等正式场合,女士的用包是比较考究的皮质肩挂式和手提式皮包。肩挂式皮包轻盈、便捷,为很多女士选用;平拿式皮包时尚,能够充分体现出女性的职业、身价、社会地位及审美情趣。

椭圆形款式的包给人亲切感;方形的包给人以干练的感觉;职场女士还可以选择大款式的包,时尚又实用,可以用来装笔记本电脑等。

女士皮包的颜色应与鞋的颜色相配,黑色、棕色和暗红色可以搭配任何职业装。

值得注意的是,导游等从事户外活动的旅游工作者,应选用轻便、防水、容量较大的背包以方便工作。

2.皮夹和名片夹

对于经常需要对客交流的旅游工作者,皮夹是重要的随身物品,分为皮的和人造革的两种。如果经济实力允许的话,可以购买好的皮料、好的品牌。颜色可选含有华贵之感的深咖啡色或黑色。皮夹中不宜塞过多的东西。

名片夹用来装自己的名片和他人给予的名片,以皮制的为最好,金属的次之。

3.手表

手表是佩戴在手腕上的用以计时的工具。佩戴手表,通常意味着时间观念强、作风严谨。

在正规的社交场合,手表往往被视同首饰,对于平时只有戒指一种首饰可戴的男士来说,更是备受重视。有人甚至强调说:"手表不仅是男人的首饰,而且是男人最重要的首饰。"与首饰相同的是,男士所戴的手表往往体现其地位、身份和财富状况。因此,男士所戴的手表大多引人注目。

旅游工作者在工作中所戴的手表,其色彩应力戒繁杂凌乱,一般宜选择单色手表、双色手表,不应选择三色及以上的手表。不论是单色手表还是双色手表,其色彩都要高贵、典雅、清晰。金色表、银色表、黑色表,即表盘、表壳、表带均为金色、银色、黑色的手表,是最理想的选择。金色表壳、表带,乳白色表盘的手表,也能经得住时间的考验,在任何年代佩戴都不会落伍。

手表上除数字、商标、厂名、品牌外,不应出现其他图案。

4.项链

项链是人体的装饰品之一,是最早出现的首饰。项链质地、色彩、款式的不同风格体现着人们的审美品位。

项链有铂金、黄金、白银、珠宝(钻石、宝石、珍珠、玛瑙、珊瑚玉、象牙等)等材质。金项链给人华贵富丽的感觉,珍珠项链则给人以光洁高雅的美感,深色宝石项链给人古朴典雅的印象。

项链要根据脸型佩戴。脸部清瘦且颈部细长的女士,戴单串短项链就不会显得脸部太瘦和颈部太长;脸圆而颈部粗短的女士,适宜戴细长的且有坠的项链;椭圆形脸的女士最好戴中等长度的项链,这种项链在颈部形成椭圆形状,能够更好地烘托脸部的优美轮廓。

5. 耳环

耳环处在人体上最明显、最重要的脸部,正确选择与佩戴耳环能提升职业女性的气质。耳环有钉状、圈状、悬挂式、夹状耳环。耳环的材质有铂金、黄金、白银、钻石、宝石、珍珠、玛瑙等。在旅游工作中,女士戴钉状耳环更符合礼仪要求。

6. 手镯与手链

手镯与手链是一种套在手上的环形装饰品,它在一定程度上可以使女性的手臂与手指显得更加美丽。手镯与手链的戴法有不同的暗示寓意,戴在右臂,表示"未婚";戴在左臂或左右两臂均戴,则表明已婚。

手镯与手链不是职业装的必要装饰品,职业女士在商务场合无须佩戴,最好不戴。

7. 戒指

戒指的佩戴往往暗示着佩戴者的婚姻和择偶状况。戒指一般戴在左手,按西方的传统,左手与心相关联,显示着上帝赐予的运气。因此,戒指戴在左手上有助于达成心愿。右手在传统上只有无名指戴戒指是有意义的,表示具有修女的心性。

左手戴戒指的国际惯例如下:

(1)大拇指:一般不戴戒指,如戴即表示正在寻觅对象。

(2)食指:指示方向的手指。想结婚,表示未婚。

(3)中指:表示已在恋爱中,已订婚。

(4)小指:表示独身主义或已离婚。

(5)无名指:表示已结婚。从古罗马时代以来习惯将婚戒戴在无名指上,相传此指与心脏相连,最适合发表神圣的誓言。此外,无名指上有重要穴道,戒指戴其上,可以适度按压肌肉,有安定情绪之效。

戒指应与指形相配。手指短小,应选用镶有单粒宝石的戒指,如橄榄形、梨形和椭圆形的戒指;指环不宜过宽,这样才能使手指看起来较为修长;手指纤细,宜配宽阔的戒指,镶长方形的单粒宝石,会使手指显得更加纤细圆润;手指丰满且指甲较长,可选取圆形、梨形或心形的宝石戒指,也可选用大胆创新的几何图形。

戒指也应与体形、肤色相配。身体苗条、皮肤细腻者,宜戴戒指圈较窄、嵌有深色宝石的戒指;身材偏胖、皮肤偏黑者,宜戴戒指圈较宽、嵌有透明度好的浅色宝石的戒指。

8. 胸针

胸针又称胸花,是指佩戴在上衣两侧胸前或衣领上的一种饰物。佩戴胸针要与服装、场合相协调。工作中若是被要求佩戴铭牌或本单位证章、徽记,则不宜再同时佩戴胸针。

选佩胸针时,花朵襟针或彩石胸针配上简洁的职业西装,能提升女性旅游工作者的品位和精神面貌。胸针一般佩戴在领口、左胸前或左肩下(右肩下亦可),浅色发亮的宝石镶嵌胸针宜在晚会或晚宴上佩戴。如果服装色彩简单,可以佩戴有花饰的胸针,能使女士高贵庄端中显出独特的风采;如果上衣多彩且下身是较为深色的裙或裤,这时就要在上衣佩戴同下身一样颜色的胸针。胸针的具体高度,应在上衣从上往下数的第一颗与第二颗纽扣之间。

9.围巾和手套

围巾的装饰作用越来越突出。它可以将人们的视线集中在脸上,可以在一身单调的服装上起到视觉的缓和作用。旅游工作者可以根据出席的场合、着装和当日妆容、发型选配围巾的色泽和款式,以搭配丝质围巾为宜。

手套不仅可以御寒,也是服装的重要饰品。手套的颜色要与穿在西装套裙外的大衣颜色相一致。穿深色大衣时宜戴黑色手套。

言之有理

服饰六义

1.洁净是起码的品位

释义:及时清理不小心留在衣服上的污渍。有些衣服或许每年穿不了几次,但必须定时清洗,因为放置久了,衣服上也会有味道。经常留意领口、袖口和其他容易被玷污的部位。

2.合身是基本的礼貌

释义:选择合适的服装号码。大一号让人显得老态而拖沓,小半码则会让人显得局促和寒酸。大小合适的衬衣尺码是领口系上后刚好能容下两根手指。系好的领带,长度不应超过皮带。服装必须符合身份,非此职业人员不得穿着此职业制服,如军装、警服等。不提倡未成年人穿用规范的西装。男着女装、女着男装,显得儿戏而失礼。

3.品质是品位的基础

释义:正规场合的低廉随意不是潇洒浪漫,而是轻慢无礼。挺括是当代所有正装的共性特征。很多时候,内衣的品质比外衣更重要,如男人的衬衣、女人的丝袜。

4.应景是最显性的成熟

释义:干什么事儿穿什么服装,穿西装打篮球与穿运动装出席庆典同样滑稽失礼。凭吊和出席葬礼必须穿深色服装,庆贺和出席婚礼服装宜华丽喜庆。出入机关写字楼公干,必须穿着规范的正装;下基层工作、调研适宜穿着夹克类商务、政务休闲装。

5. 主流是上流的必选项

释义：正规场合必须穿主流正装。无领 T 恤或运动衣，不能作为上班公干服装。过分陈旧的服装款式往往昭示着颓废和没落。过于新潮前卫夸张的服饰是幼稚和轻浮的表现。在正规场合，服装过分暴露和性感是品位低下的表现。

6. 品位以遵从规范为基础

释义：服装怎么设计就怎么穿。无论什么情形，都不能卷起西装的袖子。方便起见，可以脱掉西装上衣。穿西装时，衬衫必须扎进西装长裤。戴领带可用领带夹或领带针。手上最多戴一枚戒指。戴手表就不要再戴手链、手镯等饰物。男士的皮带上杜绝悬挂任何物品，如钥匙包、手机套、玉石扣等。穿西装必须穿黑色皮鞋，同时搭配深色袜子。穿夹克不要打领带。

演

行走的风景
——杭州雷迪森铂丽大饭店员工的形象管理

杭州雷迪森铂丽大饭店是按白金五星级酒店标准打造的城市标杆之作，各渠道网络保持高分好评，携程综合评分 4.9 分，100% 用户推荐，先后荣获改革开放 40 年浙江餐饮行业模式创新突出贡献企业、2018 年度国际饭店业十佳精细化管理饭店等众多殊荣。《中国旅游报》连续六次大篇幅追踪报道，在行业引起较多关注。

一起读诗
《游子吟》

在如今市场竞争激烈的态势下，一家酒店能够在行业红海中开拓出属于自己的一番天地，打造出自己的品牌优势，一定离不开对工作人员的培养。杭州雷迪森铂丽大饭店开业五年来，一直高度注重品质、注重人才、注重细节，立足于微观之上，将服务质量精细打磨。在经营过程中精心打造了一批为绅士和淑女服务的绅士与淑女的服务队伍，使宾客将内心的尊严和满足发挥到极致，在很大程度上得到消费满足，充实消费欲望。饭店有形的硬件设施和无形的服务水准相互糅合，碰撞出的火花在宾客心中落地生根，持续、稳定地流露出来的功能特色与美学品位将饭店的精准服务诠释得淋漓尽致。

从员工服装造型的统一规范化到行为举止的彬彬有礼、大方得体，再到工作细节的稳步落实，都是最优质的服务见证。员工队伍的仪容仪表、优雅的气质形象、端庄有致的情绪感染力,都能在不同程度上给宾客带来独特的体验感受与心理满足。外在创设的舒适感,内在表露出来的对宾客的尊重,都在支撑着饭店品牌在众多竞争者中捷足先登,俨然走出一条属于自己的服务道路。

员工特质流淌的韵律、节奏是对饭店品质最高的诠释,所营造出来的整体形象也是最至高无上的受众点。品质饭店的精髓就在于对传统的继承、保持和发扬光大。饭店员工的综合素质决定着饭店品质的高低,影响着饭店的市场识别度和品牌影响力。

"演"之精要——形象管理计划

1.杭州雷迪森铂丽大饭店形象管理培训内容

提升形象:站姿、走姿、鞠躬、微笑、问候、化妆。

提升内涵:舞蹈、英语、日语、音乐鉴赏。

2.杭州雷迪森铂丽大饭店形象管理培训时间

每天利用中午时间和碎片时间,累计训练一小时,持续三个月。之后进行考试,通过考试者可以获得相关补贴和晋升机会。

3.杭州雷迪森铂丽大饭店形象管理培训延伸

用"5S"(整理、整顿、清扫、清洁、自律)管理法管理自身形象,去发现自身的不足,自主自发去改正、去自律。无论是站姿、走姿,还是发型、服装、皮鞋、牙齿、口气,从身体部位的细节上升到服务形式的细节,无不是为呈现出来的端庄举止打牢基础,做足准备。

全面提升员工的个人修养,自内而外散发出绅士和淑女的气质,举手投足之间就是一道优美的风景线。气质的磨炼,会在无形中吸引宾客的视野,提高宾客的欣赏欲,也会逐渐成为驾驭本行业的首要条件。从员工身上也可以看到一份忠于职守的决心,为环境而秉持操守,为职业而去完善自我。

杭州雷迪森铂丽大饭店员工的日常礼仪训练

练

一、仪态训练

结合所学知识,以小组为单位,完成各种仪态的训练。

(一)站姿

可用头顶书、背贴墙法,按照站姿动作要领进行练习。

(二)坐姿

分组练习各种坐姿,纠正不良坐姿,练习入座和离座。

(三)走姿

每四人一组,在全班同学面前行走,找出每组存在的缺点。

(四)蹲姿

面向不同方向,练习正确蹲姿。

二、职业形象设计

某大饭店韩总监即将代表酒店去接受某省电视台的访谈;实习生王红第一次带团出行;厨艺系孙斌将要参加拜师仪式,请以小组为单位,分别为以上三位设计职业形象。

趣

男人的指甲

男人留一头长发,可以忍。男人留一手长指甲,忍无可忍。……

(全文请扫右边二维码)

我妈有件貂皮大衣

顾 乡

我妈有件貂皮大衣。

该妇女的审美观一向异于常人。她买的这件貂皮大衣也是同样令人"动容"。此貂皮大衣的款式可以用以下几个关键词来形容:毛质浓密、黑棕混杂、茧形、连帽、灯笼袖、中长款。

这样的颜色和样式,套在我妈中年发福、三围相等的体型上,稍微有点常识的人都能想象到像什么。……

(全书请扫右边二维码)

第三章　见面礼仪

问姓惊初见,称名忆旧容。

——李益

人生若只如初见,何事秋风悲画扇?

——纳兰性德

游山五岳东道主,拥书百城南面王。万人丛中一握手,使我衣袖三年香。

——龚自珍

不许你再叫我朱先生,否则我要从字典中查出世界上最肉麻的称呼来称呼你,特此警告!

——朱生豪

你们在开始一天生活的时候应该提醒自己去爱他人,应该努力去发现世间美好的事物,那么,从外界的反映中,你将发现一个可爱的自我。假如在你即将离开人世的时候,身边没有一个人紧紧握住你的手,这说明你在一生中未曾伸出友爱之手去帮助他人。

——巴斯凯利亚

在暮霭里,向你深深俯首,一去千里;在暮霭里,请为我珍重。

——席慕蓉

你无法和一只攥紧的拳头握手。

——甘地

握手,无言胜有言。有的人拒人千里,握着冰冷冷的手指,就像和凛冽的北风握手。有些人的手却充满阳光,握住它使你感到温暖。

——海伦·凯勒

告诉我,你常和什么人交往,我就能说出你是什么样的人。

——塞万提斯

记住别人的名字,是你走近他们的钥匙。你记得越快,你们之间那扇门开得越早。

——卡内基

学

在各项旅游活动中,见面是交往的开始,是人们情感的初次交流,也是旅游工作者留给宾客良好第一印象的关键,可为以后的交往奠定良好的基础。称呼、问候、致意、介绍、握手、名片被称为见面礼仪的六要素。

第一节　称呼和问候礼仪

一、称呼礼仪

(一)称呼的含义

称呼是人们在社会交往中用于识别身份、指代称呼对象以及交际中角色关系定位的特定语言。其体现出称谓人的文化和礼仪修养,还体现着双方关系发展所达到的程度和社会风尚。

问姓惊初见,
称名忆旧容
——称呼变迁

称呼语是交际语言中的先行官,是沟通人际关系的一座桥梁。一声得体又充满感情的称呼,会使交往对象感到愉快、亲切,促进双方感情的交融,为以后的深层交往打下良好基础。因此,有人把称呼比作是交谈前的"敲门砖",它在一定程度上决定着社会交往的成功与否。

称谓礼仪的原则是称谓得体、有礼有序。在旅游活动中,正确的称呼能使旅游活动得以顺利进行。

(二)称呼的分类

1.旅游活动中规范的称呼

(1)职务性称呼。一般在较为正式的官方活动、政府活动、公司活动、学术性活动中使用。以示身份有别,敬意有加,而且要就高不就低。

①仅称职务,如董事长、总经理等。

②在职务前加姓氏,如王总经理、张主任、刘校长等。

③在职务前加姓名,适合于极为正式的场合,如×××市长等。

万物各有主,
世事皆纷纭
——称呼分类

(2)职称性称呼。对于有专业技术职称的人,可用职称相称。

①仅称职称,如教授、律师、工程师等。

②在职称前加姓氏,如赵教授、吴律师、李工程师等。

③在职称前加姓名,适合于正式的场合,如×××教授、×××工程师等。

(3)学衔性称呼。这种称呼可以增加被称者的权威性,同时有助于增加现场的学术

气氛,如曹博士等。

(4)行业性称呼。在工作中,可以直接以职业作为称呼,如老师、教练、会计、医生等。一般情况下,此类称呼前均可加上姓氏或者姓名,如郑老师、王教练、钱会计、×××医生等。

(5)泛尊称。泛尊称是对社会各界人士都可使用的称呼,如小姐、女士、夫人、太太、先生等。未婚女性称"小姐",已婚者或不明其婚否的女性称"女士",男性叫"先生"。

2. 生活中的称呼

(1)对亲属的称呼。

①常规。亲属,即与本人直接或间接拥有血缘关系者。在日常生活中,对亲属的称呼业已约定俗成,人所共知。例如,姑父、舅之子应称为"表兄""表弟",叔伯之子应称为"堂兄""堂弟"。

②特例。面对外人,对亲属可根据不同情况采取谦称或敬称。

对本人的亲属应采用谦称。称辈分或年龄高于自己的亲属,可在其称呼前加"家"字,如"家父""家叔"。称自己的子女,则可在其称呼前加"小"字,如"小儿""小女""小婿"。

对他人的亲属应采用敬称。对其长辈,宜在称呼之前加"尊"字,如"尊母""尊兄"。若在其亲属的称呼前加"令"字,一般可不分辈分与长幼,如"令堂""令尊"。对待比自己辈分低、年纪小的亲属,可以直呼其名,使用其爱称、小名,或是在其名字之前加上"小"字相称,如"毛毛""小宝"等。

(2)对朋友、熟人的称呼。既要亲切、友好,又要不失敬意。

①敬称。对任何朋友、熟人,都可以人称代词"你""您"相称。对长辈、平辈,可称其为"您"。对待晚辈,则可称为"你"。以"您"称呼他人,是为了表示自己的恭敬之意。

对于有身份者、年纪长者,可以"先生"相称。其前还可以冠以姓氏,如"张先生""何先生"。

对文艺界、教育界人士以及有成就者、有身份者,均可称之为"老师"。在其前,也可以加上姓氏,如"高老师"。

对德高望重的年长者、资深者,可称之为"公"或"老"。其具体做法是:将姓氏冠以"公"之前,如"谢公";将姓氏冠以"老"之前,如"周老"。

②姓名的称呼。平辈的朋友、熟人,彼此之间可以以姓名相称,例如,"李燕""韩兵""王剑云"。长辈对晚辈也可以这样。

为了表示亲切,可以在被称呼者的姓前分别加上"老"、"大"或"小"字相称,而免称其名。例如,对比自己年长的,可称"老王""大刘";对比自己年纪小的,可称"小宋"。

对同性的朋友、熟人,若关系极为亲密,可以不称其姓,而直呼其名。

③亲近的称呼。对于邻居、至交,有时可采用"大叔""阿姨"等类似血缘关系的称呼。这种称呼,会令人感到信任、亲切。

（3）对普通人的称呼。在现实生活中,对一面之交、关系普通的交往对象,可酌情采取下列方法称呼:

①以"先生""女士"相称。

②以其职务、职称相称。

③入乡随俗,采用对方理解并接受的称呼相称。

（三）称呼的注意事项

（1）要根据交往双方的关系、深度、远近程度等有选择性地称呼。

（2）在称呼时要注意民族和区域的界限,根据称呼人的交往习惯来选择称呼。

（3）要注意称呼的感情色彩,给不同的交往对象被尊重之感。

（4）要区分具体场合。在不同的场合,应该采用不同的称呼。注意像一些昵称、小名或者绰号的称呼仅适用于非正式场合或者熟人之间,不可在正式或社交场合称呼对方的小名、绰号。

（5）注意不要以"喂""哎""3 号""那个端盘子的""卖菜的""老头"等方式去称呼对方,显得很不礼貌,更不能不称呼对方直接进入谈话。

（6）使用称呼就高不就低。

（7）要尊重个人习惯。在不知如何称呼对方时应先请教对方。

言之有理

不要叫我先生

1987 年 2 月 10 日,《人民日报》海外版的"海外之音"栏目中刊登了美国华人教授彭重康先生的一篇短文,题目是《谈称呼与尊重知识和学术》。这篇短文的大意是,彭重康工作的那所大学的一个美国教授戴维斯曾在中国讲学三个月,当这位华人教授问戴维斯教授对中国之行的感觉时,他的问答竟是"中国人不尊重知识和学术"。据作者讲,戴维斯教授是位学术地位极高的科学家,也是位名教授,桃李满天下。他对中国人的上述看法起因于在中国期间许多中国人称呼他为"戴维斯先生"。作者又说,戴维斯教授自从得到博士学位后,二十多年来早已习惯了"博士"和"教授"的称呼。他说在中国时,宾客叫他"戴维斯先生",他还浑然不知是在叫自己,他甚至对那些常见的中国人说:"你可以正式地称呼我教授,或是亲切些称呼我博士,或是把我当朋友,叫我的小名,可是不要叫我先生。"

（四）旅游活动中称呼的禁忌

1. 错误的称呼

常见的错误称呼无非是由误读或误会引起的。

（1）误读。也就是念错姓名。为了避免这种情况的发生，对于不认识的字，事先要有所准备。如果是临时遇到，就要谦虚请教。

（2）误会。主要是对被称呼者的年纪、辈分、婚否以及与其他人的关系做出了错误判断。比如，将未婚妇女称为"夫人"，就属于误会。相对年轻的女性，都可以称为"小姐"，这样对方也乐意接受。

2. 不恰当的称呼

（1）不通行的称呼。有些称呼具有一定的地域性，比如山东人喜欢称呼"伙计"，但在南方人听来"伙计"，肯定是"打工仔"。中国人把配偶经常称为"爱人"，在外国人的意识里，"爱人"是"第三者"的意思。

（2）不当的称呼。工人可以称呼为"师傅"，但如果用它来称呼其他人，可能会让对方产生自己被贬低的感觉。

（3）庸俗的称呼。有些称呼在正式场合不适合使用。例如，"兄弟""哥们儿""死党"等一类的称呼，虽然听起来亲切，但显得档次不高。

（4）称呼外号。对于关系一般的人，不要随便给对方起外号，更不能用道听途说来的外号去称呼对方，也不能随便拿别人的姓名乱开玩笑。

言之有理

姓名的种类

姓名在不同的国家和地区有着不同的内涵。姓名按照构成和排列顺序可分为三类。

1. 前姓后名

前姓后名主要分布在汉文化圈的国家以及欧洲一些国家，如中国、日本、韩国、柬埔寨、匈牙利等。

柬埔寨贵族与平民的姓名有所不同，贵族一般承继父姓，平民一般以父名为姓。

明治维新后日本人才有姓。日本妇女婚前使用父姓，现在虽然越来越多的日本女子反对夫妻同姓，婚后仍用自己的姓，但大多数的女性婚后仍使用夫姓，本人的名字不变。

匈牙利人的姓名是姓在前名在后，都由两节组成。如纳吉·山多尔，简称纳吉。女子婚后可保留自己的姓和名，但也有些女子改用丈夫的姓名，只是在丈夫姓名后再加词尾"ne"，译为"妮"，是夫人的意思。姓名连用时加在名字之后，只用姓时加在姓之后。如瓦什·伊斯特万妮或瓦什妮，是瓦什·伊斯特万的夫人。

2.前名后姓

前名后姓主要分布在欧美文化圈和穆斯林文化圈的国家。如英国、法国、美国、德国以及阿拉伯国家。

英国人姓名一般为教名(First Name) + 中间名(Middle Name) + 姓(Last Name)。但在很多场合,中间名往往略去不写。英国人习惯上将教名和中间名全部缩写,如M. H. Thatcher。美国人则习惯于只缩写中间名,如 Ronald W. Reagan。

法国人姓名一般由二节或三节组成。前一、二节为个人名,最后一节为姓。有时姓名也可达四、五节,多是教名和由长辈起的名字。但现在长名字越来越少。例如,亨利·勒内·阿贝尔·居伊·德·莫泊桑简称居伊·德·莫泊桑。

美国人的姓名一般由三个部分组成,即教名(First Name) + 中间名(Middle Name) + 姓(last Name)。教名是受法律承认的正式名字,一般是在婴儿接受洗礼时取的,故称为教名;中间名是父母或亲戚所取,一般取长者的名或姓;姓是家族沿袭下来的称谓。如美国前总统比尔·克林顿的正式名字是威廉·杰斐逊·克林顿。其中,威廉是教名,杰斐逊是他的父母以美国总统托马斯·杰斐逊的姓氏作为中间名,其用意在于激励,克林顿是家族的姓氏。在美国,很多人喜欢用昵称取代正式教名,比尔就是克林顿的昵称。

德国人的姓是在 21 世纪以后才逐渐被普遍使用的,德国人的姓名一般由两节或两节以上组成,如约翰·塞巴斯蒂安·巴赫和路德维希·凡·贝多芬,德国人的名字早在古日耳曼时期就开始形成。它们以固定的形式存在于德语语汇之中,德国父母给孩子起名字时,只需给初生婴儿在名字库中选择一个自己喜欢的就行。因此,德国人的名字相同的很多,男性的名字和女性的名字有严格区别,人们仅根据名字就可以知道该人的性别。

西班牙人的姓名常有三或四节,即本人名 + 父姓 + 母姓。如迭戈·罗德里格斯·德席尔瓦·贝拉斯克斯,前一、二节为本人名字,倒数第二节为父姓,最后一节为母姓,如西班牙前元首弗朗西斯科·佛朗哥,其全名是弗朗西斯科·保利诺·埃梅内希尔多·特奥杜洛·佛朗哥·巴蒙德。前四节为个人名字,倒数第二节为父姓,最后一节为母姓。已婚女子常把母姓去掉而加上丈夫的姓。

葡萄牙人的姓名也多由三节或四节组成,即本人名十母姓 + 父姓。简称时,一般是个人名加父姓。

俄罗斯人的姓名一般由三节组成,即本人名 + 父名 + 姓。如伊万·伊万诺维奇·伊万诺夫。俄罗斯人的姓名也可以把姓放在最前面,特别是在正式文件中,即上述伊万写成伊万诺夫·伊万·伊万诺维奇。俄罗斯女子的姓名多以娃、娅结尾,妇女婚前用父亲的姓,婚后多用丈夫的姓,但本人名字和父名不变。如尼娜·伊万诺夫那·伊万诺姬,假如她与罗果夫结婚。婚后姓改为罗果娃,其全名为尼娜·伊万诺夫那·罗果仓。俄罗斯人的名字和父名都可缩写,即只写第一个字母。

阿拉伯人的姓名一般由三节或四节组成，即本人名＋父名＋祖父名＋姓。如沙特阿拉伯前国王费萨尔的姓名是费萨尔·伊本·阿卜杜勒·阿齐兹·伊本·阿卜杜勒·拉赫曼·沙特。其中，费萨尔为本人名，阿卜杜勒·阿齐兹为父名，阿卜杜勒·拉赫曼为祖父名，沙特为姓。正式场合应用全名，但有时可省略祖父名，有时还可以省略父名，简称时，只称本人名字。很多阿拉伯人，特别是有社会地位的上层人士都简称其姓。如穆罕默德·阿贝德·阿鲁夫·阿拉法特简称阿拉法特；加麦尔·阿卜杜勒·纳赛尔简称纳赛尔。

3. 有名无姓

有名无姓主要分布在缅甸、印度尼西亚、蒙古国、冰岛等国家。

缅甸人不论男女，都是有名无姓，他们通常在自己的名字前冠上一个称呼，以便表示性别、长幼、社会地位和官职的区别。成年、幼年或少年男子的名字前，往往加"貌"，意为"弟"；长官或长辈的男子，其名前往往加"吴"，如缅甸总理吴努、吴奈温等；平辈或年轻的男子，名前往往加"郭"，意为"兄"；年轻女子称"玛"，意为姐妹；有地位或年老的女士称"杜"。此外，"哥"为二兄，"波"为军官，"塞耶"为老师。"道达"是英语 Dr. 的译音，即博士；"德钦"为主人等。例如，一男子名刚，长辈称他为"貌刚"，同辈称他为"哥刚"，该男子有一定社会地位则被称为"吴刚"，是军官被称为"波刚"，如果一女子名"刚"，是有社会地位的女士则称"杜刚"，是年轻女子则称为"玛刚"。

印度尼西亚人大多数只有名而没有姓，少数人在本名后面有父名。爪哇族由于历史上长期受印度教文化的影响，人们往往从梵文中选字取名。现在，爪哇人大多信奉伊斯兰教，有的人就在自己的梵文名前加上一个阿拉伯文名。如阿里·苏米特罗，阿里是阿拉伯文，苏米特罗是梵文。印度尼西亚的马都拉族、马来族的名字形式是"本名＋父名"。在一般情况下，只用本名，在正式场合才用父名。

蒙古国人传统上没有姓，现在蒙古国人的名字主要分两种：一种是没有姓氏，如腾格尔、斯琴格日勒、德德玛等都是蒙古词语的组合；另一种是有姓的，姓氏后面加蒙语名字，其中，包、白、吴等姓居多。这些姓氏也是由过去的蒙古语部落名称简化并经汉化演变过来的，如包胡尔察、包青格勒等。

冰岛至今仍保留着古代淳朴的民风，除首都雷克雅未克外，各地仍然采用家长制，当他们要和其他家庭区别时，则是孩子的姓＝父亲的名字（first name）加上一个后缀，如果是儿子，就加上 sson（儿子），女儿则是加 sdóttir（女儿）。

不同地区、国家、民族的历史地理的差异造就了其姓名的内涵以及排列顺序有别。在涉外场合，旅游工作者应提前了解宾客姓名的正确称呼，以免失礼而妨碍旅游活动的正常进行。

（五）称呼中的礼节

1.在面对面的称呼中有礼节

称呼是见面礼仪的先行官，并不是对方知道自己是在对他说话就没有必要称呼。懂礼貌的人经常会单单为了表示敬重而称呼。看到老师了就叫一声"老师"，看到父亲了就叫一声"爸爸"，这在礼仪上都是很有必要的，哪怕是叫过后什么话也不说，被称呼人也会领会你对他们的敬重。

出得一言当，万里无片云
——称呼中的礼节

2.在使用第二人称时有礼节

用"您"比用"你"要更显敬重；用"老师您""叔叔您""经理您"比单用"您"也更显敬重。还有，用量词"位"也可表示尊重，如说"这位同学"比说"这个同学"要好。

3.对说话对象的家人称谓中有礼节

对老师的妻子可以称"师母"，对兄长的妻子称"大嫂"，如领导年龄与自己父母差不多，对其夫人就可称为"阿姨"，不要直呼其名或叫"你老婆"。

4.对说话对象所属的事物的称谓中有礼节

对对方的姓（名）要称"贵姓"或"尊姓大名"，对尊长的作品可称"大作"，对对方的观点可称"高见"，对老人的年龄要称"高寿"，对对方的公司要称"贵公司"；在书面语言中，对年轻女性的名字可称"芳名"，对其年龄也可称"芳龄"。

5.对对方的行为的称谓中有礼节

宾客的来临可敬称为"光临""惠顾"，对方的批评可敬称为"指教"，对方的解答可敬称为"赐教"，对方的原谅可敬称为"海涵"，对方的允诺可敬称为"赏光""赏脸"，对方的修改可敬称为"斧正"；在书面语言中，对方的到达叫"抵"，对方的住宿叫"下榻"。

言之有理

"夫人"是谁的 wife？

皇帝称老婆叫梓童。宰相称老婆叫夫人。文人称老婆叫拙荆。雅士称老婆叫执帚。商贾称老婆叫贱内。士人称老婆叫妻子。酸秀才称老婆叫娘子。庄稼汉称老婆叫婆姨。有修养的人称老婆叫太太。普通人称老婆叫老婆。年轻人称老婆叫媳妇。老头子称老婆叫老伴。情人被称作"爱人"。

在古代，诸侯一级的配偶才叫夫人。而现在，用"夫人"这词，是对对方的敬语，但是像"夫人""阁下""殿下"这样的尊称，只能由对方来说，不能用于自己，假如说"这是我夫人"，是一种自大、不自谦的表现。

相应地，对于对丈夫的称呼也有不少问题，最常见的是"老公"。在《红楼梦》第83回曾写道："门上的人进来回说：'有两个内相在外，要见二位老爷。'贾赦道：'请进来。'门上的人领了老公进来。"这里的"老公"就有太监的意思。

二、问候礼仪

人们见面或相遇时有互致问候或打招呼的习惯,这是世界各国人民共有的礼仪行为。只是问候的内容、言辞和方式不同罢了。人们日复一日、不厌其烦地重复这一做法是有深刻的社会原因的。美国社会学家欧文·戈夫曼(Erving Goffman)认为,问候是交际开始的标志和认定。根据他对美国社会的观察和了解,问候体现礼貌、身份或地位,以及相互间的平等关系。英国人类学家 J. R. 弗斯(J. R. Firth)认为,问候是对交际活动可行的确认,它具有建立和延续人际关系的作用。正是由于这一点,熟人相见,不论是什么地点或场合,都要互致问候。即使是走在路上,或者停下来,或者边走边打招呼,或者挥手致意。人们之所以这样不约而同地遵守问候的规范,是因为他们珍视并希望保持和加强现有的或刚刚建立起来的人际关系。

问候有多种形式和方式,是礼节性较强的举动。

(一)问候形式

1. 日常问候

由于问候者的关注点不同或者方式有别,常用的问候语也不一样(见表 3-1)。

人生无穷已,
何处思月明
——问候语的
变迁

表 3-1　日常问候语

种　类	内　涵	举　例
祝愿式问候	期望对方平安无事、一切都好的良好祝愿	"您好""早安""晚安""新年快乐""见面发财"
关心式问候	表现对身体或生活、工作等方面的关心。这种问候适用于熟悉的人之间,初次见面或交情不深者则略感唐突	"你吃过饭了吗""你去哪儿""工作如何""家里人怎么样""一切都好吧"
称谓式问候	见面或相遇时只以某种方式称呼对方,而不说或省略那些正式的问候语。用于熟人之间、同事之间或同一时间多次遇到的场合	"王总""小李"
称赞式问候	人们会面时以称赞的方式向对方致意	"身材保持得真好""气色不错""衣服好漂亮"

2. 特殊问候

特殊问候是指亲友之间在不同情况下的问候。一是节日问候。在节日到来时相互之间表示关心、联络感情的一种方式。二是喜庆时的问候,如对方新婚、职位晋升等喜事时的祝愿。三是不幸时的问候和安慰,如出现家庭变故、失火、被盗等不幸,表示同情和安慰。

言之有理

还记得当年的"吃了吗"吗?

在那个吃不饱饭的年代,"吃了吗"就是全民性的问候语。随着生活水平的提高,如今的问候语就变得五花八门了,说什么的都有,每个年代的人问得也不一样。上了岁数的会问些身体相关的,年轻人就是工作、婚姻、交友情况,小朋友就多是学习方面,倒没有个统一的了。

据《史记》记载,汉代以前,人们每天只吃两顿饭。到汉代以后,有些地方才改成每天吃三顿,而大多数老百姓仍然是维持一日两顿,贫穷的甚至吃了上顿没下顿。所以,维持温饱是社会生活的基本要求,人们努力劳动,为的就是多吃一顿饭。能否吃上饭,是你过得好不好的衡量标准之一,而且是最重要的。因而,人们见面寒暄时,往往就要问对方"吃了吗?"

"吃了吗"这句问候语在当时实际上包含着很丰富的含义,可以真切地表达问候者对对方的关心:有没有饭吃,吃了没有,生活得怎么样? 能不能维持基本的温饱,是否需要帮助? 在那种饥不择食、食不果腹的年代,这一问候语显得自然、亲切又颇具人情味。

有时,这一问候语还有特别的意义。如《史记》:"廉颇老矣,尚能饭否?"赵王正是通过这一问候来试探廉颇的作战实力。

中国人向来自诩最具人情味,讲究"四海之内皆兄弟"。既然是"兄弟",就应该互相关心,更不应有什么隐私。从上面的问候语我们也能看到,关系越亲密或想要表现得亲密,问候时一定是比较具体的。相反,如果只是问"你好",倒反而显得冷淡、生疏。但一定要注意,这句问候具有鲜明的地域性。

(二)旅游活动中问候的禁忌

(1)问候语具有非常鲜明的民俗性、地域性。如北京人爱问别人"吃过饭了吗?"其实质就是"您好!"你要是答以"还没吃",意思就不大对劲了。若以之问候外国人,常会被理解为"要请我吃饭""讽刺我不具有自食其力的能力""多管闲事""没话找话"等,从而引起误会。

(2)在旅游活动中,问候他人时不要牵涉个人私生活、个人禁忌等方面的话语。例如,一见面就问候人家"跟女朋友吹了吗""现在还吃不吃药"等,都会令对方反感至极。

(三)问候的礼序

问候的礼序应遵循以下规则:主人应先问候宾客;职位低者先问候职位高者;晚辈先问候长辈;男士先问候女士。在向多人问候时,按惯例可以按"由近到远"或"由尊到卑"

的顺序依次进行;人数众多时,还可以"一并问候"。若对方首先向自己进行问候,则应立刻回应。

第二节 致意和介绍礼仪

一、致意礼仪

致意,是指向他人表达问候、尊重、敬意的心意,通过行为举止和言谈表现出来。它通常在迎送、被别人引见、拜访时作为见面的礼节,对旅游活动的进行影响很大。礼貌的致意,会给人一种友好友善的感觉,会让对方感到旅游工作者有修养,有素质。常见的致意礼节有点头礼、挥手礼、举手礼、击掌礼、作揖拱手礼、叩头礼、握手礼、鞠躬礼、军刀礼、哈达礼、敬酒礼、注目礼、注目右手放在心脏处行礼、鞠躬右手放在心脏处行礼、合掌礼、吻手礼、拥抱礼、脱帽礼、摸头礼等。

(一)致意方式

1.点头致意

点头致意是指在公共场合用微微点头表示礼貌的一种方式。其适用于不宜交谈的场合;与相识者在同一地点多次见面或与不相识者在社交场合见面;和交往不深的人见面;比较随便的场合,如在会前、会间的休息室,在办公室的走廊上。

致意时,头微微向下一动,幅度不必太大。

与君初相识,
却似故人归
——致意中的礼仪

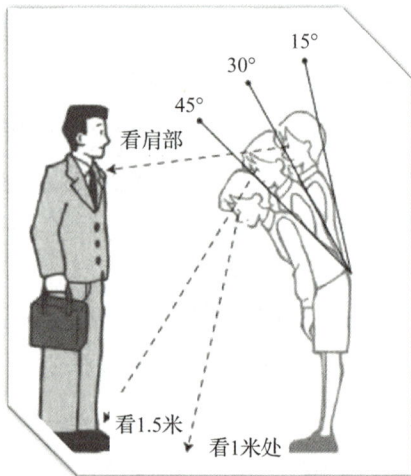

2.鞠躬致意

鞠躬一般在隆重、庄重的场合使用,表示感谢、道别。鞠躬一般要脱帽,身体直立,目光平视,身体上部适当下弯,角度不宜过大。采取鞠躬致意的场合有:

(1)讲话前后。演讲人在演讲前和结束讲话后,通常要鞠躬致意,表示对听众的感谢和致意。

(2)领受奖品。得奖人在领受奖品时,要对颁奖人鞠躬致意,感谢鼓励。

(3)道别告别。如出远门与亲人、朋友道别;遗体告别仪式或追悼会上,与逝者告别,可以行鞠躬礼。

图3-1为鞠躬要领,图3-2为鞠躬示范。

图3-1 鞠躬要领

鞠躬15°　　　　　　　鞠躬30°　　　　　　　鞠躬45°

图 3-2　男士鞠躬示范

鞠躬30°　　　　　　　鞠躬45°　　　　　　　鞠躬90°

图 3-3　女士鞠躬示范

言之有理

彭林教授讲鞠躬

　　中国自古就有鞠躬的说法。鞠躬原本不是礼节，只是以身体微微向前弯曲的方式表示自谦和敬意的肢体语言。《论语·乡党》说道，孔子"入公门，鞠躬如也"，意思是说，孔子每次走到政府的大门前，内心总会升起一种敬意，身体总是会很自然地向前屈曲。诸葛亮《出师表》中也有"鞠躬尽瘁，死而后已"的话，表示要毕生恭敬，竭尽全力，至死不变。显然，以上所说的鞠躬，都没有作为行礼对象的特定人物，因此，都只是内在心态的表露而已，并不是正式的礼节。

鞠躬成为正式礼节,是国民政府的首创。国民政府颁布的国民礼仪,用鞠躬代替磕头,晚辈见到长辈,或者下级见到上级,先要脱帽,摘除围巾、手套,双手自然下垂,或者交叉放在下腹前面,然后行鞠躬礼。鞠躬时,腰应该弯到什么程度,要看场合与对象而定,一般分为重、中、轻三等。有人用书法来打比方,最郑重的一种是90°鞠躬,一丝不苟,如同书法上的"楷书",所以称为"楷礼"。中间的一种,大约成45°鞠躬,如书法上的"章草",就是一种介于楷书与草书之间的字体,所以称为"章礼"。最轻的一种,相当于我们平常所说的"欠身",略微弯腰即可,相对随意,相当于书法上的"草书",所以称为"草礼",一般路上遇见朋友,或者长辈给晚辈回礼,多用这种礼节。

人都希望得到尊重,而对人的尊重是要表达出来的。如果表达得体,会收到意想不到的效果。当年王国维进清华,就是一个最典型的例子。1925年,清华大学决定创办研究院,也就是社会上通称的"清华国学研究院",为此要延聘天下名师。根据当时的惯例,邀请单位先寄发公函,告知诚邀之意,以及希望对方承担的课程、课时和薪酬标准,请对方考虑。如果对方复函应聘,则寄出聘书。当时负责筹建国学院的是吴宓教授,他深知王国维乃是国学领袖,才高八斗,性格刚峻,用公函的方式聘请王国维这样的大学者,有失恭敬,应该用更为郑重的礼节向他表达清华的真诚。于是,他请校长亲笔写了一封言辞恳切的邀请信,然后亲自持信前往远在城里的王府求见。吴宓教授是留洋归国的学者,西装革履,戴着金丝眼镜,王国维是比较传统的学者,所以对吴宓的第一印象并不好,以为吴宓会以西洋人的一套与他沟通。出乎意料的是,吴宓恭恭敬敬地对王国维鞠了三个躬,又双手呈上清华大学校长的亲笔信,表达了清华大学对王国维的渴慕之情。王国维大为感动,他后来回忆说,最终打动他的是吴先生亲自登门,而且"执礼甚恭",于是当即决定前往清华大学任教。王国维熟知礼仪,又择日回访吴宓,以示尊重,两人交谈款洽,遂订终生之交。此事成为学界佳话。

3. 鼓掌致意

鼓掌致意是在热烈、隆重的气氛中,表示欢迎、赞成、感谢的一种礼节。规范的鼓掌是左手手指并拢,手掌自然伸直,掌心向内或向上,拇指自然松开,右手手指并拢,用右手手指击打左手掌心。但注意不要合十鼓掌;不要五指分开鼓掌。

4. 举手致意

举手致意是向他人表示问候时使用的举止。举手致意要伸开手掌,掌心向外,面向对方,指尖向上。当看见熟人又无暇分身的时候,举手致意可以立即消除对方的被冷落感。举手致意适于向距离较远的熟人打招呼。

正确做法:一般不必出声,只将右臂伸直,掌心朝向对方,轻轻摆动一下即可。其功能因招手的高度和方式不同而有所不同。

一是高位手:右手高举过头顶,并用目光示意,往往是向远距离的人表示"我在这里";左右不停摆动,常表示"再见"。

二是中位手:右手举起与耳齐,掌心向前,面带笑容,目视对方,往往适用于与中近距离或行进中的人打招呼,表示"你好";左右摆动则表示告别。

5. 注目礼

注目礼,泛指以目注视对方的见面礼节,行礼时身体直立,眼睛注视目标。在升旗仪式时运用注目礼,双眼目不转睛地凝视着所升起的旗帜。注目礼是军礼之一,仪仗士兵接受检阅时也用注目礼,目光随检阅者的移动而移动。

6. 微笑致意

在日常交际中,与人见面时微微一笑是表达敬意和问候的最佳方式。

7. 脱帽致意

微微欠身,右手脱下帽子,同时目视对方,微笑致意,片刻即可。

(二)致意规则

1. 致意的方法

往往同时使用两种致意方式,如点头与微笑并用,欠身与脱帽并用。

在行非语言致意礼时,最好用时伴以"您好"等简洁的问候语,这样会使致意显得更生动,更具活力。

2. 致意的礼序

男士应先向女士致意;年轻者应先向年长者致意;下级应先向上级致意。

3. 致意的注意事项

(1)致意要注意文雅,一般不要在致意的同时,向对方高声叫喊,以免妨碍他人。

(2)遇到对方向自己致意,应以同样的方式向对方致意,毫无反应是失礼的。

(3)遇到身份较高者,不应立即起身去向对方致意,而应该在对方的应酬告一段落之后,再上前致意。

言之有理

作揖礼

彭 林

古人站着的时候常用的礼节是"揖",民间喜欢叫"作揖",就是拱手礼。这几年各地的孔子塑像建得很多,依据的多是唐代画家吴道子所画的孔子像,孔子两手相接,正是作揖的样子。揖包括"对揖"和"遍揖"。"对揖"是主客双方相见的礼节,彼此的身份相近,所以相对而揖。"遍揖"是一个人面对许多宾客的时候,由于无法一一与所有人揖,于是就面对宾客,分别朝左、中、右三个方向各作一对揖,表示向所有宾客都行了礼。

作揖的礼节已经消失了很久,目前似乎有复苏的趋势,比如太极拳表演中,在开始和结束的时候,表演者都要向主席台和观众作揖,连拳带揖,浑然一体,很有民族特色。"非典"期间,连外国人都觉得,西方的拥抱礼、握手礼彼此肌肤相亲,不太卫生。所以见面以后都害怕拥抱,但碍于礼貌,必须与对方握手,握完以后,心里提心吊胆的,马上又去洗手。那个时候,有人就想起了中国的作揖礼,认为既文雅,又安全,应该加以提倡。

二、介绍礼仪

介绍是人与人之间进行相互沟通的出发点,它最突出的作用就是缩短人与人之间的距离。对于旅游工作者来说,如果能正确地利用介绍,那么不仅可以广交朋友,而且也有助于进行必要的自我展示、自我宣传,并且替自己在人际交往中消除误会,减少麻烦。

1. 自我介绍

旅游工作者在工作或社交活动中,如欲结识某些人或某个人,而又无人引见,如果有可能,即可向对方自报家门,自己将自己介绍给对方。而有时出于礼貌或工作上的需要,旅游工作者往往也需要做自我介绍。

遥知不是雪,
有为暗香来
——自我介绍
的礼仪

(1)自我介绍的时机。应当何时进行自我介绍?这是最关键而又往往被人忽视的问题。通常,旅游工作者在下面的场合中,有必要进行适当的自我介绍。

①在工作中,开始对客服务或是需要和宾客沟通时,例如导游第一次接到宾客时;空乘人员进入机舱开始工作时;景区人员开始向宾客讲解时等。

②在社交场合,与不相识者相处时,或是有不相识者表现出对自己感兴趣时,或是有不相识者要求你做自我介绍时。

③在公共聚会上,与身边的陌生人组成一定的交际圈时,或是打算介入陌生人组成的交际圈时。

④初次利用大众传媒向社会公众进行自我推荐、自我宣传时。

⑤到相关单位和部门时。

⑥拜访熟人遇到不相识者挡驾,或是对方不在,而需要请不相识者代为转告时。

(2)自我介绍的态度。旅游工作者进行自我介绍时,要先向对方点头致意,待对方得到回应后再报出自己的姓名、身份、单位及其他有关情况,语调要热情友好,充满自信,眼睛要注视对方。如"您好,我是某某公司的某某。"同时递上事先准备好的名片。要自然、大方,不要扭扭捏捏。

通常情况下，人们对于自信的人会另眼相看，如果你充满信心，对方就会对你产生好感。相反，如果自我介绍时流露出羞怯心理，则会让人感到你不能把握好自己，可能会使对方对你有所保留，彼此之间的沟通便会产生障碍。

（3）自我介绍的方式。自我介绍可以有以下五种具体形式。

①应酬式自我介绍。适用于某些公共场合和一般性的社交场合，与一般接触的交往对象进行交往时使用。

②工作式自我介绍。应当包括本人姓名、供职的单位及部门、承担的职务或从事的具体工作等。

③交流式自我介绍。主要适用于社交活动中，它是一种刻意寻求与交往对象进一步交流与沟通，希望对方认识自己、了解自己、与自己建立联系的自我介绍。交流式自我介绍的内容，大体应当包括介绍者的姓名、工作、籍贯、学历、兴趣以及与交往对象的某些熟人的关系等。

④礼仪式自我介绍。适用于讲座、报告、演出、庆典、仪式等一些正规而隆重的场合。它是一种意在表示对交往对象友好、敬意的自我介绍。礼仪式自我介绍的内容，亦包含姓名、单位、职务等项，但是还应多加入一些适宜的谦辞、敬语，以示自己礼待交往对象。

⑤问答式自我介绍。一般适用于应试、应聘和公务交往。问答式的自我介绍的内容则是问什么答什么，有问必答。

（4）注意事项。

①注意时间。要抓住时机，在适当的场合进行自我介绍，不要打断别人的谈话而介绍自己，应在对方有空闲，而且情绪较好，又有兴趣时，这样就不会打扰对方。有时，为了节省时间，在做自我介绍时，还可利用名片、介绍信等加以辅助介绍。

②态度诚恳。旅游工作者在进行自我介绍时，态度一定要自然、友善、亲切、诚恳，应落落大方，彬彬有礼。既不能唯唯诺诺，又不能虚张声势。无论男女，都希望别人尊重自己，特别是希望别人敬重自己的优点和成就，因此在自我介绍时，表情一定要庄重。

③无须提醒。如果一个曾经向他介绍过自己的人，一时未记起你的姓名，这时，请不要做出任何提醒式的询问，最佳的方法是直截了当地再做一次自我介绍。

④实事求是。进行自我介绍要实事求是，真实可信，不可自吹自擂，夸大其词。

2. 介绍他人

旅游工作者在工作中，除了需要自我介绍外，有时难免也要为他人做介绍，即介绍他人。

（1）介绍他人的时机。通常，遇到下列情况时，可进行他人介绍。

①陪同上司、长者、来宾时，遇见了其不相识者，而对方又跟自己打了招呼。

②本人的接待对象遇见了其不相识的人士，而对方又跟自己打了招呼。

③在工作或其他社交场合，接待彼此不相识的宾客或是来访者。

④与家人、亲朋外出,路遇他们不相识的同事或朋友。

⑤打算推荐某人加入某一方面的交际圈。

⑥受到为他人做介绍的邀请。

(2)介绍他人的礼序。旅游工作者在介绍他人时要明确优先权原则,即介绍有先后顺序。通常以下几种情况,其介绍的先后顺序如下:

①介绍陌生男女相识。通常情况下,先把男士介绍给女士认识。这是最常见的一种方式。但是也有例外,如果男士的年纪比女士大很多时,则应将女士介绍给男士长者,以表示对长者的尊重。

②把晚辈介绍给长辈。优先考虑被介绍人双方的年龄差异,通常适用于同性之间。

③把客人介绍给主人。通常在来宾众多的场合中,尤其是主人未必与客人相识的情况下。

④把地位低者介绍给地位高者。如果在被介绍相识的两个人或几个人中,有一位地位较别人高,宜将别人先介绍给他。

⑤把个人介绍给团体。当新加入一个团体的个人初次与该团体的其他成员见面时。

以上五种方式,基本精神和共同特点是"尊者居后",即应把身份、地位较为低的一方介绍给身份、地位较为尊贵的一方,以表示对尊者的敬重之意。

在口头表达时,应先称呼受尊敬的一方,再将介绍者介绍出来。介绍的顺序已为国际所公认,颠倒和错乱顺序的后果是不会令人愉快的。

(3)注意事项。旅游工作者在介绍他人时应注意的事项如下:

①在为被介绍者介绍之前,必须充分考虑到被介绍者双方有无相识的必要或愿望,务必要征求一下被介绍双方的意见,切勿直接上前开口就讲;否则,不仅显得很唐突,也会让被介绍者感到措手不及。在为不同国籍人士做介绍时,宜先考虑两国的邦交。

②如需要介绍两位地位相近的经理或经理夫人相识时,对前者,不能按照"把职位低者介绍给职位高者"的惯例行事,因为他们的职位高低难分伯仲。对后者,也不能按照"把晚辈介绍给长辈"的规矩去做,因为女士的年龄属于个人秘密。旅游工作者如遇到这种情况,可采取"先温后火"或"先亲后疏"的办法进行介绍,即把脾气好的一方介绍给脾气欠佳的一方,或是把与自己关系密切的一方介绍给自己较为生疏的一方。一般而言,脾气好的人,与自己熟悉的人,总归好说话。

③旅游工作者如果需要把一个人介绍给其他众多的在场者时,最好能够按照一定的次序。如采取逆时针或顺时针方向,自左至右或自右至左等方式依次进行。若没有地位非常尊贵的人在场,就不该破例,否则挑三拣四地"跳跃式"进行,会很容易伤人的。

④作为介绍人,陈述的时间宜短不宜长,内容宜简不宜繁。通常的做法是连姓带名加上尊称、敬语。较为正式的话,可以说:"尊敬的某某先生/女士,请允许我把某某先生介绍给您。"比较随便一些的话,可以略去敬语与被介绍人的名字,如"吴小姐,让我来给

你介绍一下,这位是王先生。"或以手势辅助介绍,先指向一方,说"刘先生",再指向另一方,说"王先生"。不论采取怎样的方式,都不宜略去其姓而直称其名。

⑤旅游工作者在为他人做介绍时,要避免给任何一方厚此薄彼的感觉。不可以对一方介绍得面面俱到,而对另一方介绍得简略至极。也不可以对被介绍的一方冠以"这是我的好朋友"等类似话语,因为这似乎暗示另一方不是你的朋友,便显得不友善。

⑥作为介绍人,在为他人做介绍时,态度要热情友好、认认真真,不要给人以敷衍了事或油腔滑调的感觉。

做介绍时,介绍人应起立,行至被介绍人之间。在介绍一方时,应微笑着用自己的视线把另一方的注意力引导过来。手的正确姿态应是手指并拢,掌心向上,胳膊略向外伸,指向被介绍者。但绝对不要用手指去对被介绍者指指点点。

3. 接受介绍

旅游工作者在社交场合中,更多的还是以被介绍者的身份出现的。这并不意味着你的角色不重要,相反,你的言谈举止都正暴露在众人的注意力之下。

作为被介绍者的身份出现时,旅游工作者应该注意以下的态度和行为:在接受介绍时,无论是男士还是女士同样都要起立,尤其是给你介绍长辈之时,不起立,表示你的身份比对方高。但在宴会、会谈的进行中可不必起立,被介绍者只要面带微笑并欠身致意即可。彼此认识之后,可以根据具体情况微笑致意,行点头礼、握手礼或其他礼节。

第三节　握手和名片礼仪

言之有理

历史性的握手

1989 年 5 月,在戈尔巴乔夫访华前夕,邓小平曾指示外交部,他与戈尔巴乔夫会见时"只握手,不拥抱",这不仅是对外交礼节的一种示意,更是对两国未来关系的定位。尼克松总统在回忆自己首次访华在机场与周总理见面时说:"当我从飞机舷梯上走下来时,决心伸出我的手,向他走去。当我们的手握在一起时,一个时代结束了,另一个时代开始了。"据基辛格回忆,当时尼克松为了突出这个"握手"的镜头,还特意要求包括基辛格在内的所有随行人员都留在专机上,等他和周恩来完成这个"历史性的握手"后,他们才被允许走下飞机。

握手,这一如今早已遍布全球的社交礼仪,从产生到发展,内涵经历了一个不断演化和丰富的过程。它通常被视为一种友好,一种可以沟通原本隔膜的情感,一种可以加深双方理解、信任的交流,它通常用来表达一方的尊敬、景仰、祝贺、鼓励,也能传达出一些人的淡漠、敷衍、逢迎、虚假、傲慢。

与君一握手,
衣袖三年香
——握手礼仪

新的神经科学研究已经证实,握手的确可以增进人与人之间的好感。

一、握手礼仪

言之有理

握手的由来

说法一:战争期间,骑士们都穿盔甲,除两只眼睛外,全身都包裹在铁甲里,随时准备冲向敌人。如果表示友好,互相走近时就脱去右手的甲胄,伸出右手,表示没有武器,互相握手言好。后来,这种友好的表示方式流传到民间,就成了握手礼。当今行握手礼也都是不戴手套,朋友或互不相识的人初识、再见时,先脱去手套,才能施握手礼,以示对对方尊重。

说法二:握手礼来源于原始社会。早在远古时代,人们以狩猎为生,如果遇到素不相识的人,为了表示友好,就赶紧扔掉手里的打猎工具,并且摊开手掌让对方看看,示意手里没有藏东西。后来,这个动作被武士们学到了,他们为了表示友谊,不再互相争斗,就互相摸一下对方的手掌,表示手中没有武器。随着时代的变迁,这个动作就逐渐形成为现在的握手礼。

说法三:来源于原始社会。当时,原始人居住在山洞,他们经常打仗,使用的武器是棍棒。后来他们发现彼此可以消除敌意,结为朋友,而最好的表达方式是见面时先扔掉手中棍棒,然后再挥挥手。

现代握手礼通常是先打招呼,然后相互握手,同时寒暄致意。握手礼流行于许多国家,是交往时最常见的一种见面、离别、祝贺或致谢的礼节。

(一)握手礼的礼序

握手的先后次序主要是为了尊重对方的需要。其次序主要根据握手人双方所处的社会地位、身份、性别和各种条件来确定。一般遵循"尊者决定"的原则。

(1)两人之间握手的次序是:上级在先,长辈在先,女士在先,主人在先;而下级、晚辈、男士、宾客应先问候,见对方伸出手后,再伸手与他相握。在上级、长辈面前不可贸然先伸手。若两人之间身份、年龄、职务都相仿,则先伸手为礼貌。

（2）男女初次见面，女方可以不与男方握手，互致点头礼即可。若接待来宾，不论男女，女主人都要主动伸手表示欢迎，男主人也可对女宾先伸手表示欢迎。

（3）一人与多人握手时，应是先上级、后下级，先长辈、后晚辈，先主人、后宾客，先女士、后男士。

（4）若一方忽略了握手的先后次序，先伸出了手，对方应立即回握，以免发生尴尬。

（二）握手礼行使的正确姿势

标准的握手方式是：握手时，两人相距约一步，上身稍前侧，伸出右手，四指并拢，拇指张开，两人的手掌与地面垂直相握，上下轻摇，一般两三秒为宜。握手时注视对方，微笑致意或简单地用言语致意、寒暄。

握手要领（见图3-4）主要包括：①相距约一步；②有目光交流；③上身前倾；④伸出右手；⑤上下抖动三次。

（三）握手的方式

握手的具体方式主要有以下几种。

1. 谦恭式握手

谦恭式握手又称"乞讨式"握手、顺从型握手，即掌心向上或向左上的手势与对方握手。用这种方式握手的人往往性格懦弱，处于被动地位，又可能处世比较民主、谦和、平易近人，对对方比较尊重、敬仰，甚至有几分畏惧。这种人往往容易改变自己的看法，不固执，愿意受对方支配。

图 3-4　握手示范

2. 支配式握手

支配式握手又称"控制式"握手，是用掌心向下或向左下的姿势握住对方的手。以这种方式握手的人想表达自己的优势、主动、傲慢或支配地位。这种人一般来说说话干净利索、办事果断、高度自信，凡事一经决定，就很难改变观点。在交际双方社会地位差距较大时，社会地位较高的一方比较容易采用这种方式与对方握手。

3. 无力型握手

无力型握手又称"死鱼式"握手。握手时伸出一只无力度的手，给人的感觉像是握住了一条死鱼。这种人的特点如果不是生性懦弱，就是对人冷漠无情，待人接物消极傲慢。

4. 手套式握手

握手时用双手握住对方的右手，既可表示对对方更加尊重、亲切，也可表示更加感激、有求于人之意。但这种握手方式最好不要用在初见几次面的人身上，以免让对方引起误会。

5.抓指尖握手

握手时不是两手的虎口相触对握,而是有意或无意地只捏住对方的几个手指或手指尖部。女性与男性握手时,为了表示自己的矜持与稳重,常采取这种方式。如果是在工作场合,或同性别的人之间,这样握手就显得有几分冷淡与生疏。

6.施舍型握手

施舍型握手是在行握手礼的时候只伸出四个手指与他人相握,表明此人缺乏修养、傲慢、不平易近人。欧洲中世纪时期的贵妇人与绅士之间的握手除外。

(四)握手禁忌

(1)不要用左手相握,尤其是和阿拉伯人、印度人打交道时要牢记,因为在他们看来左手是不洁的,只能用于洗澡等。

(2)不要交叉握手,不要越过其他人正在相握的手同另外一个人相握。

(3)不要在握手时戴着手套或墨镜,只有女士在社交场合戴着薄纱手套握手,才是被允许的。

(4)不要在握手时另外一只手插在衣袋里或拿着东西。

(5)不要在握手时面无表情、不置一词或长篇大论、点头哈腰,过分客套;不要握手时目光左顾右盼,心不在焉。

(6)不要在握手时仅仅握住对方的手指尖,好像有意与对方保持距离。正确的做法,是要握住整个手掌。即使对异性,也可这么做。

(7)不要在握手时把对方的手拉过来、推过去,或者上下左右抖个没完。

(8)不要拒绝和别人握手,即使有手疾或汗湿、弄脏了,也要和对方说一下"对不起,我的手现在不方便",以免造成误会。

(9)不要长久地握着异性的手不放。男士与女士握手时间要短一些,用力更轻一些。

二、拱手礼

言之有理

执手礼——中国的握手礼

彭 林

握手,原本是西方人的礼节。中国古代有没有握手的礼节?严格说来是没有的。但是,有一种跟它比较相近的动作,叫作"执手"。

"执手"一词,最早见于《诗经·邶风·击鼓》,诗人说,丈夫要去打仗了,妻子"执子之手",就是握着丈夫的手,发誓要"与子偕老",你在前方作战,我在后方守望,终生不渝。需要指出的是,执手是一种情感流露时自然出现的动作,还不是正式的礼节,在生活当中并不多见。

直到辽代，执手礼成为非常重要的礼节。据《辽史》记载，但凡将帅有战功，皇帝就会亲自"执手慰劳"。如果将帅远在军旅之中，皇帝也会派遣使者前往军中，代行执手之礼，以示优遇。

除了执手之外，古代还有一种古人称为"奉手"的动作，就是双手握住对方的一只手。《礼记》中说，长辈跟小孩表示亲切，摸他的手的时候，小孩应该两只手去握长辈的手，以表示尊敬和亲密。这是不同辈分之间的礼节。今天，我们的国家领导人在逢年过节去看望老科学家、著名学者的时候，为了表示特别的敬意，往往也是用双手握持对方的手。

单手相握，一般表示双方地位相同，例如毛泽东与尼克松，会见时彼此都伸出一只手，这是表示双方地位平等。许多年轻人不明白这个道理。如今大学的毕业典礼上，校长给学生颁发学位证书，非常辛苦，与穿着学位服的学生握手后，要拨学位帽上的流苏，然后授给证书，最后与之合影。有的学校学生人数多，校长站了几个小时，最后连流苏都拨不动了。而有些学生上台的时候，还是伸出一只手与校长相握，把自己放在跟校长平起平坐的地位，非常不妥。因为无论从辈分上、学问上，还是从情感上，学生都应该用双手去握校长的手，以此表达对校长、对学校的感激之情。

拱手礼是最具中国特色的见面问候礼仪。拱手是中国古代人们见面时相互施行的礼节，大约在周朝时期已经形成规范的礼仪。《礼记·曲礼》说："遭先生于道，趋而进，正立拱手。"意思是，路上遇上长者，要快步上前，正立拱手。《论语·微子》也有子路遇丈人"拱而立"的记载。拱手礼又称为作揖礼，许慎《说文》的解释是"手箸胸曰揖"，陆游《老学庵笔记》说"古时作揖，但举手而已"。

行拱手礼时，双手要叠放在胸前，手的位置与心平齐。拱手有"尚左手"和"尚右手"的不同（见图3-5）。"尚左手"即左手覆按右手，右手微弯成拱形，是男子的常礼。"尚右手"与之相反，是丧礼和妇女所行之礼。这与当时"男左女右""左阳右阴""吉事尚左，凶事尚右"的观念有关。

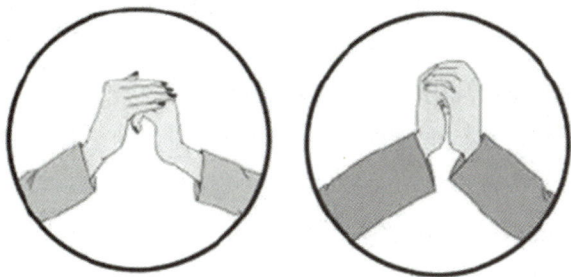

图3-5 拱手礼

拱手礼的核心动作是"拱手"。行礼时,双腿站直,上身直立(一般适于对平辈)或微俯(一般适于对尊长),双手相互握合于胸前,形成一个拱形,也可一手虚握,另一手包住,不高于颚,不低于胸,有节奏地晃动两三下,并微笑着说出问候语。用于遥祝时,手可抬高,宁高不低,不能低于胸。

拱手礼的手姿是拱形,不是抱拳,抱拳礼是武林中的礼节,是拱手礼的演化。拱手礼还有许多讲究,根据《周礼·秋官》记载,有土揖、时揖、天揖、特揖、旅揖、旁三揖之分。有人据此认为拱手礼与作揖不同,实际上只是拱手时根据双方的地位和关系,手部动作的幅度不同而已。

拱手礼只是古代见面礼的一种,如见到身份地位较高的人和长辈,就要行跪拜礼。《汉书·高帝纪》记载:郦食其求见沛公,看到沛公礼节倨傲,"郦生不拜长揖"。这里说的长揖,就是不跪拜而只是行拱手礼。美国波士顿美术馆收藏有一块汉画像石,其中刻画的"伯榆悲亲"图中,伯榆向母亲行的就是跪拜礼。

跪拜礼的内容更加复杂,依隆重的程度分为稽首、顿首、空首、振动、吉拜、凶拜、奇拜、褒拜、肃拜九种,这就是我们现在常说的"三叩九拜"。清代学者段玉裁说:"古稽首、顿首、空首、肃拜皆必拱手",因此也可以说跪拜礼是在拱手礼的基础上,加上了身姿的动作。

三、名片礼仪

名片是印有个人姓名、地址、职务、电话号码、邮箱等信息的媒介,是旅游工作者在人际交往和公务、商务等活动中的一种重要的自我介绍方式。名片被广泛用于商务答谢、邀约、馈赠、祝贺、挽悼等方面的事宜。随着现代技术的发展,名片分为很多类型,本书主要介绍最常用的传统名片(卡片式名片)的礼仪。

红笺书名姓,曾许半刺通
——名片演化简史

(一)名片的种类

1.名片的规格

现代名片的规格一般为10cm长、6cm宽或略小。世界各国名片规格不统一,中国名片的规格通常为9cm×5.5cm;英国名片的规格为7.62cm×5.08cm。制作名片的材料多种多样,有布纹纸、白卡纸、合成纸、皮纹纸以及不锈钢、黄金和光导纤维等。

2.名片的类型

(1)按照使用目的,名片可分为以下三种类型。

①商业名片。商业名片是企业进行业务活动时使用的名片。其主要特点是常使用企业标志、注册商标、业务范围等。大公司有统一的名片印刷格式,使用较高档纸张。商业名片没有私人家庭信息,主要用于商业活动。

②公用名片。公用名片是政府或社会团体在对外交往中所使用的名片,名片的使用不以营利为目的。其主要特点是:名片常使用标志,部分印有对外服务范围,没有统一的

名片印刷格式,名片印刷力求简单适用,注重个人头衔和职称。名片内没有私人家庭信息,主要用于对外交往与服务。

③个人名片。个人名片是朋友间交流感情和结识新朋友所使用的名片。其主要特点是:名片设计个性化,不使用标志,常印有个人照片、爱好、头衔和职业,按照个人喜好选择名片纸张质地。名片中含有私人家庭信息,主要用于朋友交往。

(2)按照介质来源,名片可分为以下六种类型。

①传统名片。传统名片是指将个人姓名、地址、职务、电话号码、邮箱等信息印在纸质材料上的小卡片。传统名片是目前人际交往、公务、商务活动中最常见的名片类型。

②数字名片。数字名片是在数字信息背景下应运而生的,是运用现代数字信息技术和数字多媒体合成技术将文字、图片、视频、声音等信息整合成介绍政府、企业、单位及个人的"多媒体名片"。

③手机名片。手机名片是指下载到手机上的一个名片软件,通过这个软件人们就可以把过去的纸质名片上的内容经过整理存储在手机上。手机名片交换快捷,交换后自动储存。手机名片随身携带,使用方便,绿色环保,而且个人名片信息可以自由修改,随时更新。

④光盘名片。光盘名片是运用现代化高科技手段融入视频和声音等多媒体元素,把企事业单位的文字、图片、视频、声音等宣传资料整合成一种自动播放的多媒体文件刻录到名片大小的光盘内,是名片和企业宣传画册的结合体。

光盘名片容量大,应用范围比传统纸质名片和印刷画册更广泛、便捷、直观、充分,适于政府招商引资、推介会、促销会、公司企业宣传等场合使用。

⑤二维码名片。二维码名片上没有常见的职业、职务、手机、电话、信箱、地址等信息,有形如"马赛克"的正方形花纹图案二维码,具备二维码识别功能的手机只要扫描二维码,便可立即解析整张名片的文本信息。文本信息一般包括名片人姓名、职务、电话、地址和邮箱等事先录入的内容。这些信息便于存入手机,还能作为邮件直接发送。

相对旅游工作者传统名片繁重的管理而言,只需用手机摄像头扫描名片上的二维码,便能快速、准确地将二维码名片上的姓名、电话等个人资料录入手机中,可保存,也可发送,省去了烦琐的文字录入过程。应用在商务交流中,更能体现企业的实力以及对客户的尊重,有利于彼此间沟通实效和实现移动商务的发展。

⑥数字身份证名片。数字身份证是身份认证方式的一种,指先在身份认证机构注册申请获取数字身份和密钥,并用此数字身份和密钥签发文件,别人也可在身份机构求证你签发文件的身份,在此身份认证系统建立的个人身份信息即是数字身份证名片。

数字身份证名片突破了传统光盘的圆形外观,抗磨损,信息量大,不易盗版,易保存收藏,兼具流行时尚个性、高附加值、多元化的商业特征,是 21 世纪最受欢迎的传播新媒介。

(二)名片的内容与禁忌

1.名片的内容

旅游工作者的名片作为旅游企业的一种职业独立媒体,在内容设计上讲究便于记忆和有较强的识别性。名片的主要内容包括以下几部分。

方寸见天地,
细处有乾坤
——名片内容

(1)姓名。姓名是名片中最重要的部分,通常应使用本名。如果使用笔名,为考虑签约或有关法律问题,一定要在笔名后加括号注明本名。

(2)名称。名称也是名片的重要内容。如果企业经营两种以上的行业,这些行业名称都可以印在名片上。

(3)商标或服务标志。商务场合非常注重品牌形象,因此,名片中都会印有专属自己企业的商标或标志,以增加对方的印象。

(4)业务项目或产品。名片上印有业务项目或产品,是为了增加名片持有者的业务印象,以达到业务或产品的宣传或促销目的,进而创造更多的商机。

(5)地址。公司的地址是名片必备内容。若是有分公司,还可加上分公司的地址,以显示实力强大。随着电子商务的发展,很多商务人员也会将公司的网址印于名片上。

(6)联系方式。名片中,除电话(私宅电话除外)是必备内容之外,移动电话、传真号码及电子邮箱均可作为联系方式印在名片上。

(7)头衔或职称。根据需要或所在企业的职务来印刷名片,让名片的接收者直观地多了解一些递送名片者的情况,也可印刷社会团体的头衔,如会长、顾问等。

(8)照片。在服务业或保险业中,经常有将个人照片印在名片上的方法,以期给客户留下深刻印象;演艺界或艺术界人士比较前卫的个性名片,也可将个人的写真照片印在名片上。但其他行业,个人名片不要印上照片。

(9)地图。介绍门市或店面时,为方便寻找地址,省去电话解说的不便,可以将地图印在名片的背面。

2.名片内容的禁忌

(1)忌使用虚假信息的名片。虚假信息总是会被识破的。这是对个人以及企业等组织的致命一击。

(2)忌使用内容涂改过的名片。在旅游活动中,名片是旅游工作者的门面,与宾客初次见面时,名片显得尤为重要。若是电话号码或者手机号码有所变动,一定要重新印制名片。使用涂改的名片,是失礼于对方的行为。

(3)名片上不印私宅电话。私宅电话属于个人隐私。为了个人的安全和一些不必要的麻烦,名片,尤其是商务名片上是不印私宅电话的。如果愿意提供私宅电话给对方,可以通过口头或者私下信息交换的方式完成。

(4)名片不要印有两个以上的头衔。不论是印制个人名片还是商用名片,所列职务不要太多,列一两个主要职务即可,以免给人华而不实之感。如有必要,可为自己设计几种职衔不同的名片,在公务、商务、人际交往中的不同场合,使用不同内容的名片。

（三）名片交换的礼仪

名片是一个人的尊严和价值外在显现的方式。通常,初次相识自我介绍或别人为你介绍时,或当双方谈得较融洽表示愿意建立联系时,或当双方告辞并表示愿结识对方希望能再次相见时,需要互相交换名片。

短卷写红笺,
赠君期君识
——名片交换
礼仪

在旅游活动中,旅游工作者要备好自己的名片,要懂得递接名片的礼仪,要对自己和别人的名片进行妥善保管。

1. 名片递送的礼仪

（1）递送名片的姿态。名片要事先准备好,放在易于拿出的地方,递送名片给对方时,要起立或欠身向前倾15°,面带微笑,注视对方,双臂自然伸出,四指并拢,用双手的拇指和食指分别持握住名片上端的两角递送给对方,名片正面要对着对方,便于对方接看。递送时,说一些客气话,如"这是我的名片,请您收下""很高兴认识您,这是我的名片,希望以后和您多联系"等。自己的名字如有难读或特别读法的字,在递送名片时应加以说明。

（2）递送名片的礼序。名片递送的一般原则是"尊者优先得到名片",即地位低的人应先向地位高的人递送名片,年轻者先向年长者递送名片,男士先向女士递送名片。

当对方不止一个人时,应先将名片递给职务较高或年龄较大者;如分不清职务高低和年龄大小,则先和自己对面、左侧的人交换名片,然后按顺时针方向进行交换。

2. 名片接受的礼仪

（1）接受名片的姿态。接收他人递过来的名片时,除女士、老人和残疾者,应起身或欠身,上身前倾15°,面带微笑,用双手的拇指和食指分别持握名片的下角,并说"谢谢"等。

在涉外商务等活动中,欧美人、阿拉伯人和印度人惯于用右手单手与人交换名片;日本人则喜欢用右手送自己的名片、用左手接对方的名片或者双手接递。

（2）接受名片后要认真看。接过名片后要当着对方的面,用30秒钟以上的时间,仔细把对方的名片"读"一遍,并注意语言轻重,要抑扬顿挫,重音应放在对方的职务、学衔、职称上,有不清楚的地方可以请教对方。之后,当着对方的面郑重地将他的名片放入自己携带的名片盒或名片夹之中。切不可接过对方的名片后一眼不看,拿在自己手中摆弄或随意乱放,这些都是不尊重对方的表现。

（3）接受名片后要回礼名片。接到对方递来的名片后,一定要回给对方自己的名片。如果自己没有名片或没有带名片,应先向对方表示歉意,再如实说明理由,如"很抱歉,我没有名片""对不起,今天我带的名片用完了。过几天我会亲自给您寄一张"等。如果一次同许多人交换名片,又都是初交,最好依照座次来交换名片。

（4）接受名片后要妥善保存。接受对方名片后,应该妥善保存在自己携带的名片盒或名片夹之中,不要随意乱放,以防污损。如果交换名片后需坐下来交谈,此时应将名片放在桌子上最显眼的位置,十几分钟后自然地放进名片夹,不可用别的物品压住名片或在名片上做谈话笔记。

接受的名片要妥善保管。为了查找和使用方便,宜分类收藏。对个人名片可按姓氏笔画分类,也可依据不同的交际关系分类。要注意他人职务、职业、住址、电话等情况的变动,及时记下相关的变化,以便通过名片掌握宾客或他人的实际情况。

交换名片的要领(见图3-6)主要有:①有目光交流;②面带微笑;③上身前倾;④双手递接。

图3-6　交换名片的要领

(四)索要和婉拒名片的礼仪

为了尊重别人的意愿,最好不要向他人索要名片。如果确信是对方忽略了而并非不愿意,则可用委婉的方式提醒。

名片的索要有以下几种方式:

(1)主动递上自己的名片,同时说:"您好! 很高兴认识您,这是我的名片,以后请多关照!"

(2)直接向平辈或晚辈索取名片,同时说:"我们可互赠名片吗?"或"很高兴认识您,不知能不能跟您交换一下名片?"

(3)向地位高的人、长辈索取名片,可以委婉地说:"久仰您的大名,不知以后怎么向您请教?"或"很高兴认识您! 以后向您讨教,不知如何联系?"

当别人向你索要名片而你又不想给对方时,应该用委婉的方法表达,如"对不起,我忘了带名片"或"抱歉,我的名片用完了"。

演

每次相逢都如初见般美好
——诸暨大酒店的见面礼仪

一起读诗《你的名字》

诸暨历史悠久，是浙江省最古老的县（市）之一，历来有西施故里、越国古都之称和"诸暨湖田熟，天下一餐粥"的美誉。

诸暨大酒店地处城市中心、浦阳江畔、陶朱山间，位置优越、交通便捷。酒店装修以新中式为主基调，尊崇越地文化，并植入以"城市记忆"为主题，"诸事暨成"为文化口号的在地文化元素，努力引领家乡生活体验，树立当地文化地标！酒店先后荣获浙江省金桂品质饭店、国家金树叶级绿色旅游饭店、国家五钻级酒家、浙江省金鼎特色文化主题饭店等荣誉称号。

诸暨大酒店竭力打造"宾至如归"的宾客体验，以服务彰显温度，以服务创造价值。酒店的服务礼仪培训践行"五步十步"法则：十步之内目光接触，五步之内微笑并行 15°鞠躬礼和宾客打招呼。在浙江旅游职业学院的指导下，酒店进行了历时两天、全员参与的服务礼仪培训。其中一个环节就是"五步十步"训练，要求人人参与，人人过关；并设计了对不同场景下灵活应变的分组比赛。经过一系列训练，每个酒店员工面对宾客时都能够注视、微笑、鞠躬、问好。

两天的培训不是践行"五步十步"见面礼仪的结束，而是实际工作中应用的开始。酒店要求员工将见面礼仪渗入每个人的生活，不但要对宾客打招呼，上班期间对同事也要打招呼，化被动为主动，使见面礼遇成为习惯，真正做到笑由心发，不做作，不张扬。

"五步十步"训练的目的是营造一种热情温馨的氛围，让宾客感受到家一样的温暖。在微笑和礼仪的带动下，员工彼此间的工作氛围也变得融洽、和谐。而一个有活力、亲和力的团队更能赢得宾客信任，工作效率也能得到提高。

每次见面的问候不仅是打个招呼，更是一种无声的关怀，一种热情的传递，相当于告诉宾客：我们一直在您身边，您一直在我们的关注中。《木兰花令拟古决绝词》中词句："人生若只如初见，何事秋风悲画扇。"初见是美好的，酒店要做到的就是每次和宾客相逢都如初见一般美好。纵使时光远去，宾客还会想起当年见面时的一眼热情、一脸关注、一个微笑、一声问候。

"演"之精要——见面礼仪的训练

（1）"五步十步"法则：十步之内和客人目光接触，五步之内致以微笑，行 15°鞠躬礼。

（2）训练内容：

各种见面礼节：问候礼、点头礼、注视礼、微笑礼、鞠躬礼、握手礼、名片礼；

不同场合的礼节应用：前台、电梯、餐厅、走廊等；

精准训练：五步、十步的目标范围和礼节应用，反复训练，人人过关。

诸暨大酒店的见面礼仪

练

见面礼仪情景模拟

（一）背景介绍

A先生（女士）是某公司刚上任的营销经理，将去参加某一产品研讨会，在与他人会面时，A先生（女士）应如何灵活、恰当地介绍自己（要求涉及称呼、自我介绍、递名片礼仪）？

（二）训练要求

1. 确定角色

由学生根据具体人数挑选下列角色进行扮演，要求将角色具体到姓名。

A先生（女士）——某公司新上任的营销经理；

年长的男性——某公司的副总经理；

年长的女性——某公司的总经理；

年轻的女性——某公司的业务员；

研讨会主持人——某大型公司的董事长。

2.训练内容

(1)用两种方式进行介绍。

自我介绍:自报姓名和身份,并用名片来辅助介绍。

他人介绍:请主持人为大家介绍,内容包括姓名、职位及职务。分组讨论各角色介绍的顺序和形式。扮演中本人姓氏可直接代入,单位自拟。

(2)3~4人一组,任抽一组模拟表演,其他小组记录表演中存在的问题。

(3)要在演练过程中加入称呼礼仪。

(4)教师分别对每组进行考核。

(5)观摩的学生分别讨论模拟中存在的主要问题。

(6)教师补充点评并总结。

趣

"我是"与"我叫"

韩松落

人们纪念张国荣的时候,常常会提到一件他的轶事,他来内地拍电影,向别人介绍自己的时候,通常会说"我叫张国荣",而不是"我是张国荣"。

一字之差,两种为人的态度。在陌生人面前,"我是"是一种对自己的高估,许多骇人听闻的自我评估,其实也就从面对陌生人时的"我是"开始。但"我叫"是不是好一点?那又未尝不是对自己的低估?问题在于,当事人往往不知道自己在别人心里的位置,不知道该怎么起头才好,总之是左右为难……

握手史

郭小为

握手,这一如今早已遍布全球的社交礼仪,从产生到发展,内涵经历了一个不断演化和丰富的过程。

握手虽有着"无言胜有言"的神奇力量,但在近代之前,以中国为代表的东方社会却从来没有将它作为一种社交礼仪。

在近代中国,这种习惯表现得更为剧烈。比如林语堂就极度反感和反对握手,他甚至在散文《论握手》中,特意从卫生、美感及社交角度分别进行了批判,认为……

第四章　往来礼仪

为人子者,居不主奥,坐不中席。

——《礼记·曲礼》

析:做晚辈的,从小要养成尊敬长辈的习惯,生活中要处处突出长辈的地位,如多人共处一室,要将中心座位留给长辈。

贫者不以货财为礼,老者不以筋力为礼。

——《礼记·曲礼》

析:在人际交往中,常常会接受或者赠送他人礼物。礼物只是彼此表达心意的方式。对于经济困难者,不能要求他们用钱财作为礼物;对于年老体衰者,不能要求他们用体力来表达礼意。

行不中道,立不中门。

——《礼记·曲礼》

析:不要在道路中间行走,那样会妨碍他人行走。在大门当中长久站立,既影响别人进出,又显得狂妄。我们现在提倡在公共场所的扶梯上靠右站立,也是为了不妨碍他人。现代文明的一个主要品质就是给他人以方便,尊重他人。

热情、有礼的态度是表现"我承认你的重要性"的一种方式。

——铃木健二

放纵自己的欲望是最大的祸害,谈论别人的隐私是最大的罪恶,不知自己过失是最大的病痛。

——亚里士多德

赠送礼物和接受礼物同样需要头脑。

——塞万提斯

真正的礼物是自己的一部分……诗人应献出他的诗作;牧羊人应献出他的羊羔;农民应献出他的五谷;采矿人应献出钻石;水手应带来珊瑚和贝壳;画家应拿出他的画;姑娘的礼物应是她自己亲手缝制的手绢。

——爱默生

学

第一节　位次礼仪

位次礼仪是指在重要的场合对出席者按一定的原则和惯例进行排序的行为规范。礼宾次序常常因为活动场合、性质等条件不同而改变,需要在把握排序原则的基础上,按照不同类型区别对待。

在旅游活动和旅游工作中,位次的排列往往备受人们关注。因为位次是否规范,是否合乎礼仪的要求,既反映了旅游工作者自身的素养、阅历和见识,又反映了对交往对象的尊重和友善程度。周到细致、统筹兼顾的安排可以拉近距离、增进友谊、融洽气氛、促进工作。

一、尊位确定

在一定的场所开展的活动,如会议室、签字厅、开业庆典现场等场所中如何安排好参与此项活动的每个人静态的位置和动态的活动次序是非常重要的,它反映了主办方对参与此项活动各方的利益和地位的确认与排序,是使此项活动能够有序、友好地开展的基本保证。要合理地安排这些位置和次序,首先要确定在一个此项活动场所中最重要、最尊贵的位置,我们称为尊位。尊位确定后,这项活动的行进方向和顺序安排就能够迎刃而解。

(一)尊位确定的原则

在不同的活动场所,尊位的确定可以遵循以下几个原则。

(1)尊位要居于众星捧月的位置,如商务会见时的尊位(见图4-1)。

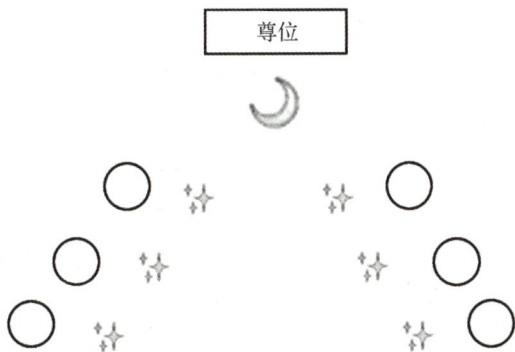

图4-1　尊位的确定

（2）尊位要具有最佳视野,如会议或庆典时主席台上的尊位。

（3）尊位要具有行动上最便利的条件,如乘车时的尊位。

这厢有礼

历史上的尊位

1993年"汪辜会"签署协议时,历史的镜头显示汪辜二人交换第一本文书之后还互相轮换了座位,使两人都轮坐右边位,互换左右后再交换第二本文书,以达到两边对等的效果。

2008年"陈江会"上,海协会会长陈云林与海基会董事长江丙坤签署协议时,本来应该由陈云林和江丙坤两人交换座位而分别签两项协议,但陈云林建议,就由江先生一直坐在右边好了——江丙坤也因此一直坐在上首。

（二）尊位的确定方法

人们在社交活动中往往特别注重空间方位的含义,从某种意义上说,方位选择具有体现人际关系状况、尊重交际对象、彰显自身文化涵养的重要作用。

在一些由主客双方共同参与的商务活动中,在安排座位和排定位置时,通常需要确定左边和右边哪边的位次更高,即决定以左为尊或以右为尊。在不同的文化背景下,究竟是左尊还是右尊,有不同的说法,也有不同的礼仪操作实践。

长幼有序、尊卑有伦——尊位确定方法

1.“以左为尊”及应用

在我国的历史长河中,传统的一般做法是讲究"以左为尊"。

《礼记》中说:"左为阳,阳,青也,右为阴,阴,丧所尚也。"左主吉,右主凶。《史记·魏公子列传》中说:"公子于是乃置酒大会宾客。坐定,公子从车骑,虚左,自迎夷门侯生。"虚左,就是空出左边尊位,以示敬让,成语"虚左以待"即缘此而产生。唐宋也是以左为上。如唐太宗的两位名相合称"房谋杜断",房玄龄在前而杜如晦在后,房玄龄之尚书左仆射显然尊于杜如晦之尚书右仆射;南宋文天祥被任命为右丞相兼枢密使,都督诸路军马,其地位也次于当时担任左丞相兼枢密使、都督诸路军马的吴坚。明朝余继登在《典故纪闻》卷中记载:"国初习元旧,俱尚右,至正元年十月,太祖令百官礼仪俱尚左,改右相国为左相国,余官如之。"这就是说,元朝时官职以右为上,明朝建立后则以左为上。

至于在军队中,一般也都是以左为上的。如《赤壁之战》中,孙权"以周瑜程普为左右督,将兵与备并力逆操",同为都督,周瑜就尊于程普。

在《红楼梦》中也有关于位次的描述,如在林黛玉进贾府中的安排:贾母正面上独坐

两边四张空椅,王熙凤拉了黛玉在左边第一张椅上坐了,黛玉十分推让。贾母笑道:"你舅母你嫂子们不在这里吃饭,你是客,原应如此坐的。"……迎春姊妹三个告了座,方上来,迎春便坐右手第一,探春左第二,惜春右第二。黛玉在左边第一张椅上坐了……

言之有理

"面南"为尊还是"面东"为尊
——谈谈古人堂室座位的尊卑

要搞清楚这个问题,先要了解古代房屋的"堂"和"室"的位置。古代的房屋通常是坐北面南的,入门首先是"堂",然后才是"室",所谓登"堂"入"室",就说明了古代房屋的建筑位置。

古代的"堂"是不住人的,通常是行吉凶大礼的地方。"堂"上座位最尊的是坐北面南。所以古代的帝王召见群臣议事时,照例是坐在坐北朝南的尊位上。因此有"南面称王""南面称孤"等说法。"'南面"也就成了帝王的代称。《易经》上说:"圣人南面而听天下。"意思是说:"帝王坐在面向南方的尊位上听取朝政。"同样,过去官府的官吏在"公堂"办事,例应坐北面。因此说"堂"上的座位应是以面向南方为尊。

但是,在"堂"后面的"室"内的位次,却不是以面向南方为尊,而是以面向东方为尊。这也是有古籍上的记载为证的。《鸿门宴》中有段描写位次的文字:"项王、项伯东向坐,亚父南向坐。……沛公北向坐,张良西向侍。"说明当时宾主之间以向东为尊,次为向南,再次向北,末位向西。按当时礼节,项羽既然"留沛公与饮",理当请刘邦"东向坐",以尽宾主之礼。可他却一反常礼,自己傲然居于"东向"的尊位,于此可见项羽骄横的神态,也揭示出项羽政治上迟钝的弱点。说明了古人室内的位次东比南尊。

综上所述,古代在堂上(包括"朝堂"和"公堂")的座位是以面向南方为尊,次为西向,再次为东向。

在室内的座位是以面向东方为尊(即坐西朝东),其次是"南向"座,然后是"北向座",最后是"西向"座。顾炎武认为:"古人之坐,以东向为尊。"这指的是"室"内设宴的座礼。

古人视东方为上、为主、为首。皇后和妃子们的住处分为东宫、西宫,东宫为大为正,西宫为次为从;供奉祖宗牌位的太庙,要建在皇宫的东侧。因为东为主位,所以东引申出主人之义,比如现代汉语中有股东、房东、东家、东道主、做东等说法。

在礼仪实践中,我国的政务场合遵循"以左为尊"的做法,政府机关和国有企业召开会议、布置会场、安排主席台座位一般参照这一做法。在有些地方民间的场合,也是遵循"以左为尊"。

2."以右为尊"及应用

西方的传统是"以右为尊",其起源之一是基督教义。在新约的《马太福音》中,记载着"万民受审"的典故:众神降临人间,坐于荣耀的宝座上。万民聚集于神前,接受神的审判。神让善人站在右边,让恶人站在左边。站在右边的善人进了天堂,获得永生,而站在左边的恶人则下了地狱,饱受煎熬。所以,在基督教国家里,祝福和画十字都是用右手进行:基督教里的人物常常是右手向上指,那里是天堂,代表永生,而左手则指向地下,代表的是地狱和煎熬。

还有一种说法是,因为古代君主为防暗杀而不许近臣带刀,但君主本人腰间佩剑。由于佩剑的手柄都向右,因此,君主为了安全,总将自己最信任的人安排在自己的右手边,这样就产生了"以右为尊"的习俗。

在国际交往中一般遵循"以右为尊"的原则,随着国际交往的密切程度加大,现在我国国内的大多数商务活动中,也都适用这种国际惯例。

3.尊位确定方法

在商务礼仪和涉外礼仪中广泛遵循的尊位确定方法:绝大多数情况都是以右为上(遵循国际惯例)、以居中为上(中央高于两侧)、以前排为上(适用所有场合)、以远为上(远离房门为上)、以面门为上(良好视野为上)。旅游工作属于商务活动,很多情况下属于涉外场合,因此也遵循以上方法。

二、位次排序的方法和原则

(一)位次的含义及意义

位次是指参与商务活动各方人员座位的排序和出场的顺序,在英文中称为"The order of precedence",这种次序和顺序是一种优先权的获得和体现,即位次高的人比位次低的人、先出场的人比后出场的人具有各方面的优先权。位次排序是一个比较严肃,技术性较强,而且很敏感的问题。在政务活动和商务活动中,位次排序是反映和平衡各方利益关系的重要手段。如果处理不当,特别容易引发一些不必要的纠纷和矛盾,这在国际交往关系中尤为敏感。

贝联珠贯、鱼尾雁行——位次排序原则

言之有理

座位决定地位

1946年5月,远东国际军事法庭审判以东条英机为首的28名日本甲级战犯,10

个参与国的法官们因排定座次而展开了异常激烈的争论。中国法官理应排在庭长左边的第二把椅子,可是由于中国国力不强,而被各强权国否定。在这种情况下,唯一出庭的中国法官梅汝璈,与列强展开了一场机智的舌战。他首先从正面阐明:排座位应按日本投降时各受降国的签字顺序排列,这是唯一正确的原则。接着他微微一笑说:"当然,如果各位同仁不赞成这一方法,我们不妨找个体重器来,依体重的大小排座,体重者居中,体轻者居旁。"各国法官听了,忍俊不禁。庭长笑着说:"您的建议很好,但它只适用拳击比赛。"梅法官接着回答说:"若不以受降国签字顺序排座,那就按体重排座。这样纵使我置末座而心安理得,并且对我的国家也有所交代,一旦他们认为我坐在边上不合适,可以换另一名比我胖的来。"这一回答引得法官们大笑起来,梅法官终于坐到了应坐的位子上。

商务活动中的位次排序反映了参与商务活动各方的利益和综合影响力,具体表现在参与商务活动各方经济实力、拥有的资源状况、社会影响力与社会地位,被东道主的认可程度,与参与活动各方利益的关联程度等方面,人员的位次越靠前,说明该人士所代表的组织或企业在此次商务活动中越受到重视,越有分量。

(二)位次排序的方法

当商务活动只有主客双方参加时,主客双方的位次排序主要有交叉排列和平行排列两种方法。

交叉排列是指在安排座位时,主方和客方人员交叉而坐。这种情形一般适用于商务宴请等场合,便于主客双方沟通交流(见图4-2)。

平行排列是指主方和客方按照取位次序相对而坐。一般在商务谈判、商务会见时采用这种座位排序方法(见图4-3)。

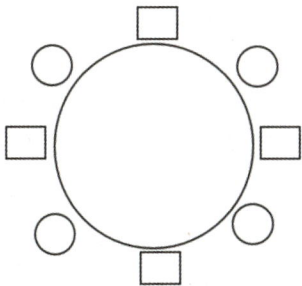

图 4-2　交叉排列　　　　　　图 4-3　平行排列

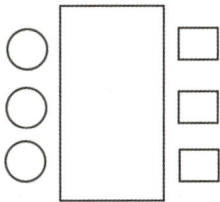

(三)位次排序的原则

1. 主客双方对等原则

在商务活动中,主方和客方人员按照职位高低对等排序,即总经理与总经理在一个位次平台,部门经理和部门经理在一个位次平台。主客双方对等原则从形式上来看,表现为相同或相似职位上的主客双方在商务活动中的礼仪位次是平等的;从实用上来看,这种排序实际上也是为了方便信息沟通与交流。因为相同或相似职位的主客双方,其掌握的信息是对称的,所以他们有共同语言,可以在同一个位次平台上进行交流。因此,这种排序也为同一决策层面的人提供了一个有共同语言的信息沟通平台。

2.职位排序原则

职位排序原则是指按照出席人员职位的高低来排定座位和次序的原则。在排定出场顺序时,按照职位高低排序,职位高的人优先出场;在商务会见等场合排定位次时,按照职位高低,以尊位为基点,由近及远,职位由高到低排列(见图4-4)。

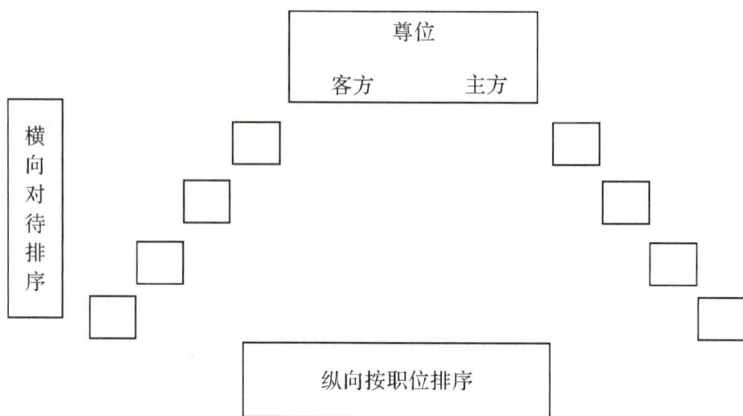

图4-4 职位排序原则

在具体的礼仪实践中,由于各企业内部机构设置不同,所以不容易把握客方人员的职位顺序。遇到这种情况时,最好的办法是提前让对方拟出一个按照职位排序的名单,再照此排序就可以避免出现问题。

3.利益排序原则

现代商务活动不仅仅是主客双方一对一的简单交往,许多商务活动是多边活动,涉及不同企业、政府部门、金融机构、新闻媒体等相关组织,在这些复杂的多边活动中,不能简单地参照职位的高低来安排位次,主方在安排各方的位次时往往需要考虑按利益关系进行排序。

利益排序原则是指为保证商务活动顺利进行,主方在位次排序上将利益权重较大的部门或机构代表放在靠前的位置。这样,在整个活动中,有可能某个职位较低的年轻人,由于其代表的单位与这一项目能否成功关系密切,因此,他的位次就可能排在很多人的前面,这就是利益排序的一个重要体现。

4.荣誉特例原则

荣誉特例原则是指在商务活动中,如果有政治家、艺术家、社会名流等出席活动的情况下,为了表示对其社会地位的尊重,将他们的座次或出场顺序超前排列,作为荣誉特例。

5.其他常用原则

如果淡化尊与次尊的区分,则可选择参加活动的国家、组织或个人的名称或姓名的字母组合、姓氏笔画、到会先后顺序等进行排序。

言之有理

北京奥运会开幕式入场顺序

历届奥运会都是以举办国家的字母表顺序确定开幕式入场顺序的。1988年首尔奥运会时也是按照韩语字母表顺序入场,首先入场的是希腊,之后依次是加纳和加蓬。在2008年4月举行的"国家和地区奥委会协会"(ANOC)全体会议上,北京奥组委表示,将按照汉语拼音字母表顺序制定入场顺序。但由于汉字是表意文字,不存在字母顺序,因此只能按汉字笔画制定顺序。

北京奥运会开幕式,首次按照各代表团第一个汉字的笔画顺序安排入场。因此,除了按惯例第一个出场的希腊代表团和最后一个出场的东道主中国代表团次序不变外,其他代表团大多有了与往届奥运会开幕式不同的出场顺序。

三、会议座次的安排

(一)主席式大会

主席式大会嘉宾应位列主席台,前排高于后排。国际性的盛会应遵循国际惯例,针对主席台就座的当事人而言,居中为上,以右为尊,即单数时居中为尊,其右手侧为次尊,双数时,嘉宾的中间偏右侧为尊,左侧为次尊。政务、公务中的全体工作会议比较特殊,由于政务的严肃庄重性,此类会议的权威性和影响力较大,应遵循中华传统位次中的以左为大。

排兵布阵、秩序井然——重要会议位次

(二)办公会

办公会是由相关负责人组织召开的需要安排部署、贯彻落实、处理解决工作事务的会议。这类会议由于参会人员职级明确,研究的内容较为重要和正式,有的甚至涉及重大紧急应对突发事件的,因此也具有庄重性和严肃性的应该由尊者坐在会议室最里边,面门而坐且离门较远。如果为长条桌,尊者应坐在距门较远的一端,次尊者坐在尊者的右手位置。办公会座次如图4-5所示。

(三)座谈会

座谈会、研讨会或主客双方的见面会等一般安排在小型会议室,会议桌是长条形或椭圆形,主方和客方相向而坐。如果会议桌长的一边朝向门,尊方可就座于面门的一侧(见图4-6);如果会议桌短的一边朝向门,以门外为参照物,则尊方应坐在右侧(见图4-7)。有时,如果是团队内部的议会,为了增强民主、轻松、积极的氛围,减少正式、等级性,以便参会者畅所欲言,可选择圆桌就座,尊者可略为随意就座。

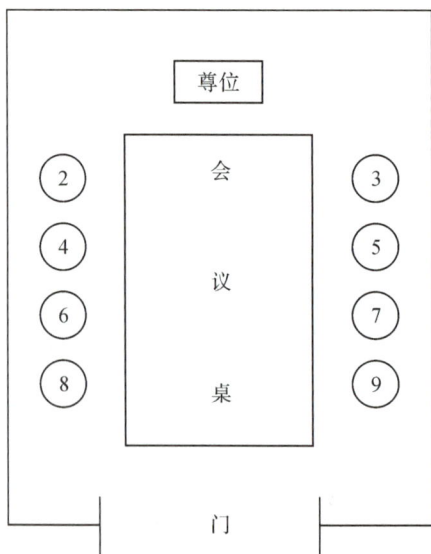

图4-5 办公会座次

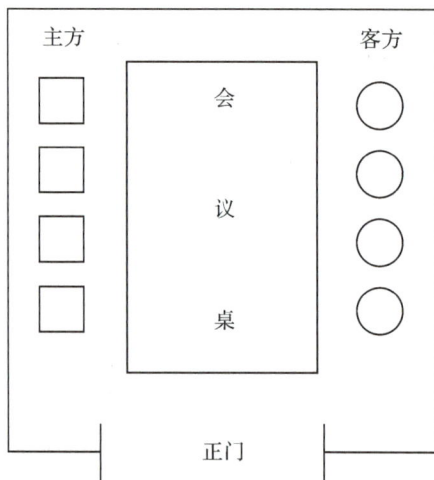

图4-6 座谈会座次(1)

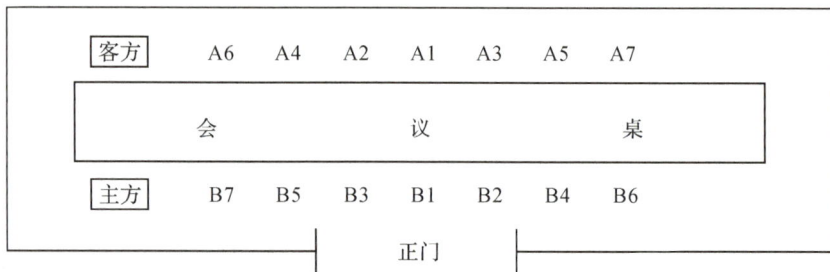

图4-7 座谈会座次(2)

(四)会客室

会客时,宾、主分坐两边,客人坐在主人的右侧,若双方不止一人时,双方的其他人员可各自分别在主人或主宾的一侧按身份高低依次就座(见图4-8)。当双方地位悬殊时,可采用居中式,即尊者在中间就座。当会见时各方由于场地、人员、主题内容等原因不分主次时,可自由就座。

(五)签字仪式

签字仪式上,一般按照国际惯例,双方签字人就座于签字桌前,对于当事人而言,

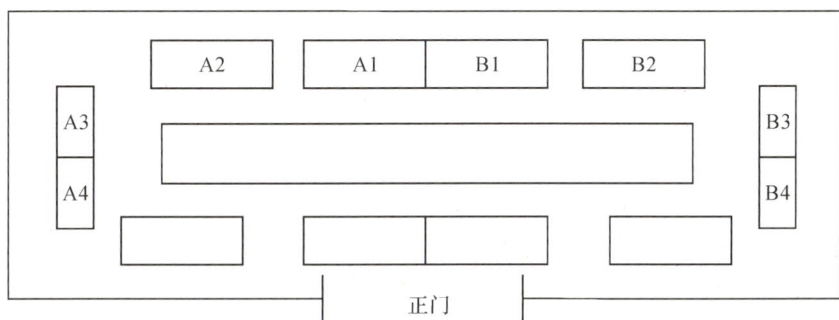

图 4-8　会客室座次

主人坐在左侧,客人坐在主人的右手边。双方参加仪式的其他人员,按身份顺序排列于各自签字人员的座位之后,助签员分别站在各自签字人员外侧。签字仪式座次如图4-9 所示。

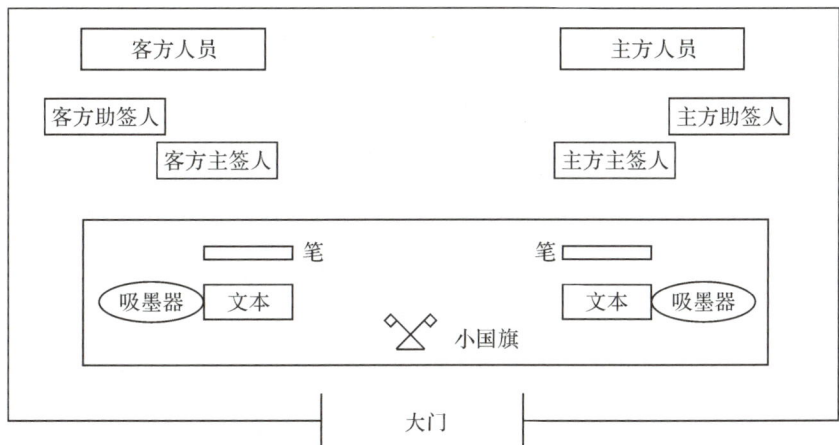

图 4-9　签字仪式座次

四、接待位次的安排

在大型或正式的商务、公务交往中,迎送客人的接待人员,应本着主宾双方身份对等、人数相仿、专业对口、职位相似的基本原则来加以确定。

(一)乘车

1.乘车位次

根据车型和驾车人员不同,乘车的位次礼仪也是不同的。

车辆为双排五座的一般轿车,专职司机驾车时,其座次由尊而卑依次应为:后排右座、后排左座、后排中座、副驾驶座;当主人驾车时,则其座次由尊而卑依次应为:副驾驶座、后排右座、后排左座、后排中座。双排五座轿车位次如图4-10所示。

排兵布阵、秩序盎然——接待位次安排

图 4-10 双排五座轿车位次

如果尊者自行选择后排左手,则应主随客便或悉听尊便。

言之有理

提问:如果是乘坐出租车,位次应该如何安排? A 同学的回答是如下图方案,是否正确?

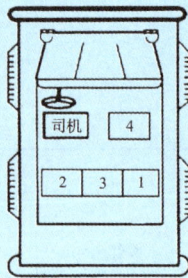

解答:A 同学的回答是错的。应注意到一点,一般情况下,出于安全因素,正规出租车的后排左边门是不能打开的。2 号位客人要通过 1 号位和 3 号位落座,很不方便。因此,正确的位次如下图。

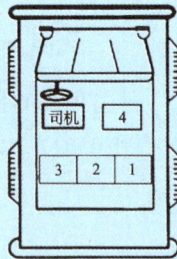

车辆为三排七座商务车,由专职司机驾车时,其座次由尊而卑依次应为:中排右座、中排左座、后排右座、后排左座、后排中座、副驾驶座;由主人驾车时,则其座次由尊而卑依次应为:副驾驶座、中排右座、中排左座、后排右座、后排左座、后排中座。三排七座轿

车位次如图4-11所示。

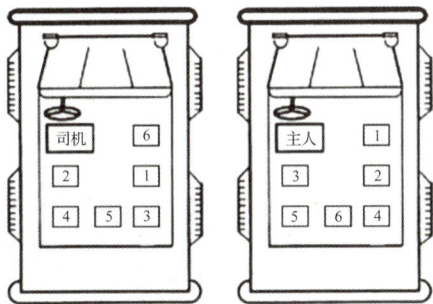

图4-11　三排七座轿车位次

当车辆为吉普车时,因为车底盘高,安全性优于一般轿车,视野好,所以不论由谁驾驶,吉普车上座次由尊而卑依次是:副驾驶座、后排右座、后排左座。

当车辆为多排座轿车,即四排以及四排以上座位的大中型轿车,不论何人驾驶,车内位次排序整体遵循的原则是前排为上,后排为下;并以距离前门的远近来排定其具体座次的尊卑。一排座位当中,左、中、右哪个位置为尊?参考标准是"靠窗为尊""以右为尊",也可以离走廊近的"便利为尊",还可以按照"以中为尊"。鉴于此,一排不再细分高下,而是依据就座者个人的兴趣和偏好而定。吉普车和多排车位次如图4-12所示。

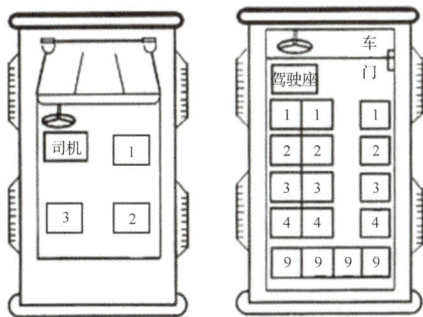

图4-12　吉普车和多排车位次

2.上下车的次序

主人亲自驾车时,通常情况主人应后上车,先下车。专职司机驾车时,同坐于后一排者,应请尊长、女士、来宾从右侧车门先上车,再从车后绕到左侧车门后上车;下车时,则应先从左侧下车,再从车后绕过来帮忙他人。如左侧车门不宜开启,应当里座先上,外座后上;下车时,则应外座先下,里座后下,总之,以方便易行为宜。

乘三排七座车时,通常情况下,位低者先上车、后下车;位高者后上车、先下车。乘多排座轿车时,以距离车门远近为序,上车时,距车门最远者先上,其他人随后由远而近依次而上。

(二)参观

重要客人或首长的陪同参观,东道主单位的职务最高者应亲自到场,并承担行进引导任务。应在重要客人左前方一米左右的距离带路,前行过程中,身体正身侧向重要客人,以左手掌心向上伸直指示方向(见图 4-13)。如果重要客人已清楚前进方向,则应保持重要客人处于最前面,东道主在其身后约一个身位随行。

图 4-13　引领位次

(三)合影

合影时,宾主一般均应站立,人数较多时,可安排前排人员就座,后排人员呈梯级站立,居前为上。正式的合影,可用印有嘉宾姓名的标签张挂于座椅上。国内政务场合的合影,出席者前排为单数时,居中为尊,以左为尊;若出席者为双数时,规则也一样,最后一位落在哪里就是哪里。

以左为尊时双数来宾合影位次如图 4-14 所示,以左为尊时单数来宾合影位次如图 4-15 所示。

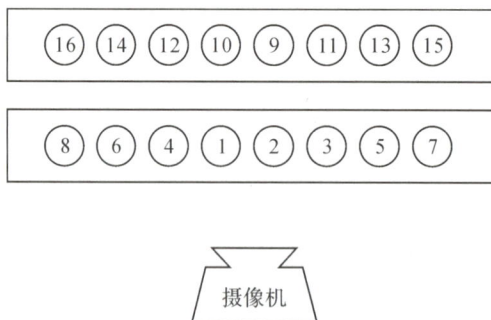

图 4-14　以左为尊时双数来宾合影位次

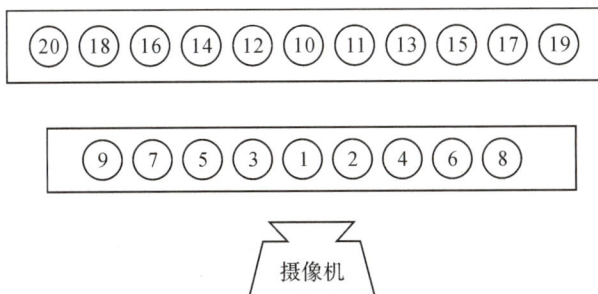

⑳ ⑱ ⑯ ⑭ ⑫ ⑩ ⑪ ⑬ ⑮ ⑰ ⑲

⑨ ⑦ ⑤ ③ ① ② ④ ⑥ ⑧

摄像机

图 4-15　以左为尊时单数来宾合影位次

涉外场合的合影,则应以右为尊,通常以主左客右分坐两侧(见图 4-16)。

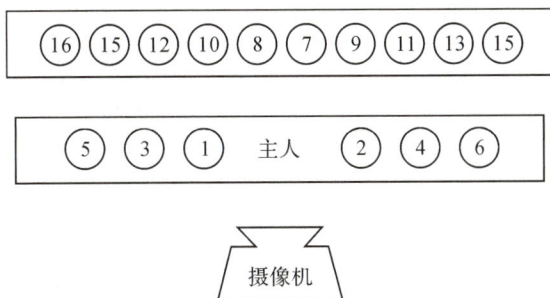

⑯ ⑮ ⑫ ⑩ ⑧ ⑦ ⑨ ⑪ ⑬ ⑮

⑤ ③ ① 主人 ② ④ ⑥

摄像机

图 4-16　涉外来宾合影位次

(四)宴请

宴请时,一般主人应面门居中,第一主宾就坐于主人右侧的较佳座位。第一主宾右侧为第二主陪,第一主陪的左手边为第二主宾。很多时候,情况较为特殊。如果主陪方由于特殊原因,第一主陪的职级、资历、重要程度等明显低于第一主宾,应请主宾坐在面门的中央。在我国有的地区,第一主宾永远坐在面门中央的位置,有的地区第一主宾永远是坐在第一主陪的左手边。按照礼仪的原则,这些都应以当地的习俗为准。除了主宾和主陪,其他人员应按照职级、资历、熟识程度、业务对口等原则主客穿插就座。自助式工作餐,就座时一般不必区分主次,自由就座。不同的座次排列见第六章商务餐饮礼仪中详述。一般宴请位次如图4-17所示。

主人 □　　　　客人 ○

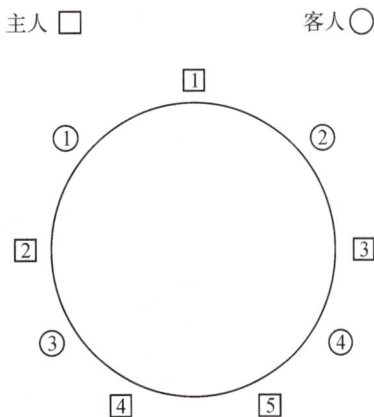

图 4-17　一般宴请位次

(五)电梯或楼梯

进入有人管理的电梯时,接待人员应请客人先进先出。进入无人管理的电梯时,接待人员应先进后出,并负责按动电梯。尊者或客人应站在电梯中央较为宽松的位置以便先出,如果电梯内人数较多,出电梯时接待人员又堵住门口,则接待人员可首先出去。

上楼梯时,为了防止尊者出现摔倒等特殊情况,便于在其身后及时察觉且用手搀扶,应请尊者走在前面。下楼梯时,为了防止尊者摔倒而滚下楼梯,应请尊者走在后面,以便次尊者用身体在前面及时抵挡。上下楼梯位次如图4-18所示。

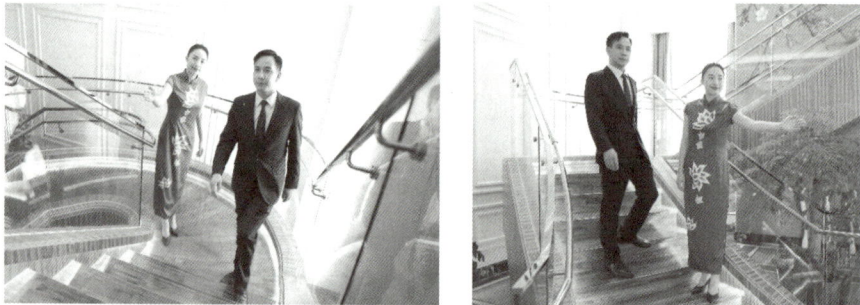

图4-18　上下楼梯位次

搭乘自动扶梯时,"右侧站立,左侧急行",是与国际大都市的文明规则接轨,是城市文明程度的象征。上车站、机场等公共交通场所的自动人行道时,看清"靠左行走,靠右站立"的提示,尽量靠近梯级右侧,留出左侧空间作急行通道,以备有急事的乘客通行(见图4-19)。

图4-19　自动扶梯位次

(六)进出门

如果办公楼的大门是开着的或远红外控制的,应请客人走在最前面;如果是转门或者门关着,应由接待人员将门打开,请客人入内。

会客室、写字间或休息室的房间门,如果向外开,接待人员应先把门拉开,请客人先行入内。假如门向内开,则接待人员应首先推门入内,并拉住门,然后再请客人入内。

进出门位次如图 4-20 所示。

内推门　　　　　　　　　　　　　　外拉门

图 4-20　进出门位次

总而言之,各种位次礼仪纷繁复杂,除了上述典型常用的情境外还有很多特例,只要按照位次礼仪的三个原则来把握,尤其是遵循"以尊为本"的兜底原则,就一定能做出让各方感到得体、满意的安排。

第二节　接待礼仪

接待是旅游工作者一项重要的工作内容。在旅游活动中,迎来送往是交往中最基本的形式和重要环节,是表达主人情谊、体现礼貌素养的重要方面,通过热情、得体、规范的接待感染来访者,尽地主之谊,为客人提供方便,热情相待,让客人高兴而来,满意而归,是密切往来、增进感情的有力保障,也是事业蓬勃、人情练达的标志。

接待是指旅游活动中迎来送往的一系列招待活动。接待有两种情况:一种是日常接待,也就是不需要在人力、物力上做特殊准备的接待工作,这种接待随时都有。另一种是隆重接待。这种接待需要物质上做准备,人员上做调配。但不论哪种接待,都是希望来访者能乘兴而来,高兴而归。为达到这个效果,在接待过程中就要遵守平等、热情、友善、礼貌的基本接待工作礼仪规范。

一、接待的准备

旅游工作者要做好各项接待工作,就要做好环境准备、物质准备和心理准备、形象准备。接待工作必须细致周到,达到宾至如归的理想境界。

(一)接待环境准备

接待室的环境可以分为硬环境和软环境。硬环境包括:室内空气、光线、颜色、办公室及室内布置等外在的客观条件;软环境包括:接待室的工作气氛和接待人员的个人素养。接待室要保持清洁、明亮、整齐、美观,让人进入后感觉有条不紊,充满生机。接待人员要随时将接待室整理妥当。接待室的环境好坏,对人的行为和心理都有影响。室内通风与空调设备对提高接待工作的质量也很重要。室内照明要柔和明亮,要保持肃静安宁。

白饭供客,青草喂马——接待的准备

(二)接待室的物资准备

接待室应该准备好座位、茶水和电话,方便客人休息和对外联络。为了使接待室生机盎然,接待场所的用品要精心准备,要求坚固耐用、美观大方实用。

(三)接待人员的心理准备

接待人员要进行正确的接待工作,做好适当的心理准备。接待的基本要素是要有诚心、诚意的态度,待人接物应热情开朗、温存有礼、和蔼可亲且举止大方。只要站在对方的立场上,有一颗诚挚的心,才能在接待中将心比心,表现出优雅、感人的礼仪。

(四)接待人员的形象准备

接待人员代表了企业的形象,应塑造自身的良好形象,关注自己的仪容、仪表、仪态。还要注意个人气质的培养和个人修养的提高。良好的工作形象是由内而外的综合表现,并且要经过长时间的训练,因此,平时就要练就一身真功夫,这样才能应对自如、得体。

二、接待的礼仪规范

(一)日常接待

1.迎客礼仪

迎客首先是迎接客人的到来。迎接是给客人良好第一印象的最重要的日常接待工作。给对方留下好的第一印象,就为下一步深入接触打下了基础。迎接客人做到以下几个"S"。

以礼相待,地主之谊——接待的过程

S:Standing,站立,起身迎接客人;

S:Stop,停下手头的工作;

S:See,目中有人,聚精会神,正视客人,让客人感觉自己受到重视;

S:Smile,面带微笑,微笑是世界上最好的沟通方式;

S:Speak,主动和客人打招呼,称呼对方,并询问客人有什么需求。

接待过程中,如果需要引领客人到会客室,则应告知客人所去之地,再引领客人前往。在引领的过程中须遵循本章第一节中的行进间的位次礼仪。把客人引领到会客室之后,把客人引导至上座,请客人入座,告诉客人:"领导马上就到,请您稍等片刻",随后离开。离开前要向客人礼貌地说:"对不起,我先失陪了。"鞠躬致意后方可离去。

引导人员离开后要迅速告诉相关领导,有客人来访,以免客人久等。

接待人员在接待客人时,要根据情况以礼相待,要认真倾听客人的叙述,尽量让他们把话讲完,并认真倾听。

对客人的意见和观点不要轻率表态,应思考后再作答复。对不能马上答复或超出自己职权范围的,要约定一个时间再做答复。对能够马上答复或立即可办理的事,应当场答复,迅速办理,不要让客人无谓地等待。对客人的无理要求或不当意见,要有礼貌地拒绝,没有必要刺激客人,使其尴尬。

2.待客礼仪

一般的来访,特别是有言在先的来访,敬茶是最起码的礼貌,如果有选择余地,应告诉客人都有哪些茶,征询他们的意见。

倒茶的时候,要掌握好水的位置,民间有"浅茶满酒""茶洒欺人,酒满敬人"的说法,一般茶水倒入杯中七八分满就可以了。

端茶要注意,要双手给客人端茶。对有杯耳的杯子,通常是右手抓住杯耳,另一只手托住杯底,从客人的右后方送上茶水。站到客人右后方的时候说:"对不起,打扰一下",放下茶后说"请用茶"或"请您用茶"。

倒茶的顺序坚持客人优先。如果是多位客人,就要依职位高低顺序,依次上茶。自己公司的成员也按职位高低,先后上茶。

续水时,如果是带盖的杯子,则要用左手的食指和拇指拿着茶杯盖子,右手倒茶。如果要将盖子放在茶几上,则要将盖口朝上。如果茶杯上有图案,则要将图案朝向客人一侧,茶杯盖上的图案要与茶杯的图案方向一致。如果使用一次性的杯子,最好同时使用杯托,对重要客人要使用有盖子的瓷杯,同一批客人都要用同一种杯子。

招待茶点时,最好把茶点放在托盘里,再送到客人面前或客人左前方。

3.送客礼仪

如果要结束接待,可以婉言提出借口。例如,"对不起,我要参加一个会议,今天只能到这里了。"也可用起身的身体语言告诉对方,就此结束这次接待谈话。

客人告辞,一般应婉言相留。客人要走应等客人起身后,自己再起身相送。根据与客人的关系,将客人送到门口或电梯口。

当送客至门外时,要向对方表示感谢,说:"我就不远送了。谢谢您的来访。"

河梁携手,顾念之礼——送客的礼仪

当送客至电梯口前,客人进入电梯后电梯门开始闭合时,微微鞠躬,表示道别,直至电梯门完全合上。

当送客至上车时,客人上车前,再次寒暄鞠躬。客人离去时,要目送对方直至远去。

言之有理

周恩来发脾气

1962年，周恩来总理到西郊机场为西哈努克亲王和夫人送行。亲王的飞机刚起飞，我国参加欢送的人群便散开了，各自找车准备返回，而周恩来这时却依然笔直地站在原地未动，并要工作人员立即让那些上车的同志回来。

这次周总理发了脾气，他严厉起来了，狠狠地批评："你们怎么搞的，没有一点礼貌！各国外交使节还在那里，飞机还没有飞远，客人还没有走，你们倒先走了。大国这样对小国客人不是搞大国主义吗？"当天下午，周总理就把外交部礼宾司和国务院机关事务管理局的负责同志找去，要他们立即在《礼宾工作事例》上加上一条，即今后到机场为贵宾送行，须等到飞机起飞，绕场一周，双翼摆动三次表示谢意后，送行者方可离开。

（二）重要接待

1. 准备工作

（1）了解来访情况。要了解来访者的人数（包括男女人数）、身份、所搭乘的交通工具、到达的具体时间，甚至还包括饮食习惯、宗教信仰。这样就方便安排接待、住宿、用餐。也可以在一定程度上规避忌讳，防止不必要的冲突发生。

（2）安排接待人员。负责接待的人员要仪表大方、举止得体、口齿清晰、文化素养高，最好受过专门的礼仪训练。

（3）选择住宿地。选择住宿地时，既要考虑客人的身份，又要符合客人单位的具体规定和国家的政策。还要考虑住宿地的交通、环境、卫生、饮食、气温、朝向等因素。另外，还要考虑客人有无特殊信仰或生活习惯。如是外宾，应先考虑安排他们入住国际连锁酒店，这样在环境、语言、饮食上更符合他们自己的习惯。

（4）接待的具体事项准备。要明白此次接待所讨论的问题，对客人谈什么、怎么谈、承诺什么、怎么承诺、问询什么、怎么问询等问题要做到心中有数，这样才能迅速规范地做出反应。

如果要张贴欢迎海报、悬挂欢迎横幅，要张贴、悬挂在显眼的地方，还可适当准备些水果、饮料等。

如果安排献花，则必须用鲜花，安排年轻的女员工或根据客人的具体情况而定，一般以接待者身份与来访者身份对等即可。

2. 安排接待规则

接待规格主要有以下三种：高规格接待，同等接待，低规格接待。接待规格要事先确定,安排好接待人员,对所有来访者都要一视同仁,平等对待。

3. 现场接待

要掌握客人到达的时间,保证提前在迎接地点等候。接站时最好准备一块迎接牌,上书"欢迎×××",同时在出口处高举迎接牌,这样既便于让客人看到,又能给客人良好的第一印象。

接到客人后,应致以问候和欢迎,同时做自我介绍。问候语要得体适当,可说:"路上辛苦了,欢迎您来××地"等。问候寒暄之后,要主动帮助客人提取、装卸行李。拿行李的时候不要拿客人的公文包或手提包。

上车的时候要让客人先上。打开车门用手示意,等客人坐稳后自己再上车。如果客人由领导陪同,就请领导坐在客人旁,自己坐在前排司机旁边。如果只有客人时,在客人入座后,不要从同一车门随后而入,而应关好门从车的车尾到另一侧车门入座。

在客人去酒店的途中,要注意询问客人逗留期间有无私人活动需要代为安排。可以在路上把日程安排、活动安排介绍给客人,如果还有时间而客人又有兴趣,可以介绍一下沿途的景致,如果感觉客人很疲倦,在简明的介绍过后,就不要再打扰了。

下车的时候,自己先下,为领导或客人打开车门,请他们下车。在住宿过程中,如果需要共同合住双人间,应把情况向客人说清楚,并由其自由组合。

把客人送到酒店房间后,接待人员应记下客人的联系方式、房间号及房间电话。如多位客人同行,记下一位联络人的电话即可。

4. 安排探望

接待人员应及时把客人的情况包括姓名、职务、房间号、电话号码等信息提供给有关人员。在客人稍事休息后,相关人员应择时前来探望,一般在客人入住后探望比较合适。安排探望应事先让客人知道,让客人心中有数。

5. 送客礼仪

送客礼仪是接待工作的最后一个环节,客人要离开的时候,可以再礼貌地进行挽留。送行的时候,最好有已经同客人熟悉的人士送。可以是同级别的,也可以是身份低一点的。

送别时应说"慢走""走好""再见""欢迎下次再来""合作愉快""祝一路平安""万事如意"等道别的话。

如果送客送到车站、码头,就要等车、船开动后消失在视线以外再离开;如果送到机场,要等客人通过安检之后再离开。

三、接待礼仪的注意事项

一般的客人在办公室接待。谈话时应少说多听为佳,切忌隔着办公桌与来访者交谈。

(1)切忌让客人坐冷板凳。假如有事暂不能接待,要安排有关人员接待来客。切忌在与客人交谈时,不着边际胡吹乱侃。

（2）敬茶时，切忌捧着滚烫的茶具，匆忙地放在客人面前，使得双方都有不安和惊吓。切忌茶具不洁。

（3）如果是在办公室，当客人提出告辞时，主人要等客人起身后再站起来相送。切忌自己先于客人起身。

（4）当客人要告辞时，主人千万不要硬拉着，也不可大喊大叫挽留客人，更不能只忙自己的事甚至连眼神都没有转到客人身上。

（5）主人千万不能在客人刚出门时，就"砰"的一声将门关上。

（6）如果到车站、码头、机场送别时，不可表现得心神不宁或频频看表，以免使客人理解为催他赶快离开。

言之有理

我国古代迎宾礼仪

拂席：擦去坐席上的灰尘，请客人就座，以示敬意。

扫榻：拂去榻上的尘垢，表示对客人的欢迎。

倒屣：因急于迎接客人，以致把鞋子都穿倒了。

拥彗：古人迎接尊贵的客人时，常拿着扫帚。意思是屋子扫得干净以招待客人，表示敬意。

虚左：空出车上左边的位子，迎接客人（古代乘车以左位为尊）。

却行：向后退着走，以表示对客人的尊敬。

侧行：侧着身子前行，以表示对客人的尊敬。

避席：离开座位站起来，以表示对客人的敬意。

第三节　拜访礼仪

拜访是重要的商务社交活动，它可以联络感情、交流工作和增进友谊。同时拜访又是一种礼节性很强的社会活动，如有违礼节，就会影响企业之间或人与人之间的关系。

拜访能起到加强联系、促进交流、沟通思想和增进感情的作用。拜访一般有事务性拜访、礼节性拜访和私人拜访三种。事务性拜访又包括洽谈性拜访和专题交流性拜访；按拜访地点分，可分为到客人家拜访、到客人居住宾馆拜访、到客人工作单位拜访。无论何种拜访，要做一个受欢迎的拜访者，都必须遵循一定的礼仪规范和要求。

一、拜访前的准备

（一）事先预约

拜访客人，不管是熟悉的还是不熟悉的，提前预约是起码的礼节，以便对方安排日程。突然拜访客人，可能打乱别人正常的工作和生活秩序，给别人带来诸多不便。

预约是指在拜访前应通过电话等方式把拜访的相关事宜告诉对方。预约要注意以下事项。

登门造访，谈笑往来——拜访的准备

1. 预约时间

拜访之前必须提前预约，这是最基本的礼仪。一般情况下，应提前三天给拜访者打电话，简单说明拜访的原因和目的，确定拜访时间，经过对方同意以后才能前往。

要约定在双方特别是对方合适和方便的时候，并协商决定具体的拜访时间和大概持续的时间。如果由自己提议见面时间，也必须考虑对方的时间安排，并提供几种时间段供对方选择。尽量在对方比较方便和容易接受的时间拜访，而不能将自己的主观意愿强加于对方。拜访前一天应致电对方，确认是否有变更，如果需要更改时间，则应尽快联络对方，表达歉意并另约时间。

2. 预约地点

拜会的地点可以是拜会对象的住所、工作地点、下榻之处，也可以在环境幽雅安静的咖啡厅、茶座等。预约时要确认如何到达目的地及所需时间。

3. 约定人数

在预约的时候，宾主双方都要事先了解并回避对方不喜欢甚至极为反感的人。做客一方要特别注意，切勿在没有告知主人的情况下，随意增加拜会的人员，以避免给主人已有安排造成不必要的干扰，影响拜访的效果。

4. 准时赴约

拜访要严格遵守约定的时间，一般提前 10 分钟到达目的地，稍事准备，准时出现。不要提前太早，否则会让对方措手不及，出现令双方尴尬的局面。如果确实发现特殊情况不能准时到达或需要推迟拜会，应及时通知对方并表示歉意。

（二）做好准备

1. 准备相关材料

拜访必须明确目的，出发前对此次拜访要解决的问题应做到心中有数。为了使所要表达的内容准确全面，事先应该列一个提纲，还要准备好建议书、协议备忘录、单位介绍信等书面资料。也要了解查询对方公司情况，了解其经营理念、交易历史等，以做到心中有数。准备充足的书面材料，能够说明诚意，也能在拜访中有条有理，主旨分明，给对方留下良好的印象。

2.备好名片

拜访中第一次见面时,所有的交流都是从交换名片开始的。拜访他人时,必须准备足够的名片并放在容易取出的地方,通常是放在名片夹里随身携带。

3.注意仪表服饰

拜访前要对自己的仪表服饰做好准备。男士最规范的是穿西装,女士最规范的是穿套装。要以干净、端庄、文雅的形象,给对方留下好印象。

二、不同场合的拜访礼仪

(一)到办公室拜访的礼仪

到对方单位办公室进行拜访的基本礼仪包括以下几个方面。

1.准时拜访

按约定的时间准时拜访,万一因故不能准时到达,务必及时通知对方并在到达时郑重向对方致歉。

如期而至,举止有度——拜访的过程

2.礼貌登门

办公室门不论是关着或开着,进门前都要敲门,一般轻轻敲三下,经允许后方可进入。如果办公室的门是关着的,进来后应轻轻把门关上。

3.问候及自我介绍

如果初次拜访,进门后应问候"您好""各位好",或点头致意。然后自我介绍或向主人递名片,主人办公室还有其他客人,主人若没有向你介绍其他客人,不要随便打听其他客人的情况,也不要主动与其他客人攀谈。

4.谢座

向对方说明身份及来意后,对方让座,来访者应道声"谢谢",然后大方、稳重地坐下。主人若还没有说请坐,客人最好站着,不要急于就座;也不要自己寻找座位,要坐在主人指定的座位上,坐姿要端正。如果主人是位年长者或者身份高者,应待主人坐下方可坐下。对主人委派的人送上茶水时,应从座位上站起欠身,双手相接,并致谢。主人递烟时,如果不会吸烟或者不想吸烟,应致谢。如果主人没有递烟,不要主动要求吸烟,吸烟者应尽量克制。抽烟时,应先征得主人和在场的女士的同意,并注意不要随地弹烟灰。

5.交谈技巧

入座简单寒暄后,要主动开始谈话,珍惜会见的时间。在交谈过程中,谈吐要清晰,用词要准确,既要表达自己的观点,又要认真倾听对方谈话的内容,观察对方情绪的变化,并注意应对,不要急于出示随身所带的资料,只有在对方感兴趣时方可出示。遇到对方交谈资历比较浅,学识比较低的情况时,要格外留心自我优越感的外露。为了避免对方自愧不如,在交谈中切忌出现说教口气。还要注意,如果来访者较多,应掌握好谈话时间,不可让其他客人久等。

6.适时告辞

到办公室拜访一般都是在工作时间,所以拜访时间不宜过长,一般在 15 分钟至半小

时之间即可。应适时起身告辞,特别是如果遇到以下几种情况,应及时告辞:一是与对方话不投机,或是与你谈话时主人反应冷淡;二是主人有反复看钟表的动作;三是主人心不在焉或时有长吁短叹,有急事心情肯定烦躁;四是主人将双手抬起,双手支撑于椅子的扶手;五是被拜访者把谈话做了小结,并说出以后再继续交流的话;六是快到就餐或休息时间。

7. 礼貌辞行

不管是否达到拜访目的,都应礼貌辞行。告辞之前不要显得急不可耐,应先讲一段带有告别之意的话,或是双方对话告一段落,新的话题没有开始之前提出告辞,即使主人有意挽留,也要态度坚决,行动果断,切不可犹豫不决,迟迟不走。辞行时,应向主人和在场人士一一挥手道别或点头致意。应对主人的款待表示谢意。出门后应主动请主人留步,礼谢远送。出门一段距离后,应回首再向送行的主人致意,不可匆匆离去。

(二)到宾馆拜访的礼节

如果外地客人到达本地,住在宾馆里,前去进行礼节性的拜访;或酒店工作人员去拜访住店客人时,应注意以下几方面礼节。

1. 按事前预约时间拜访

拜访时间的约定,多由对方确定,预约前要问清宾馆的位置、楼层、房号及联系电话。

2. 讲究仪容仪表

到星级宾馆拜访客人,若穿着不得体,被阻拦,也会招来人们冷峻的眼光,这样也是对客人的不尊重。

3. 进入宾馆要行为有礼

进入宾馆要步态稳健,精神饱满,举止礼貌;遇到提供帮助的服务人员,应以微笑点头致意,表示感谢。

4. 注意谈话场所

首选宾馆公共区域,如大堂吧、咖啡厅、商务中心会谈室等,避免进入客人房间。当双方关系较近,并由客人提议时,才能把约见地点选在客房。

5. 进入客人房间应事先通报

进入宾馆后应向总台服务员说明来意,给房间客人打个电话,经客人允许后,才能去房间。进客房前,看清房间号再敲门,待客人开门后进行自我介绍,客人说"请进",方可进入房间。

(三)到私人住所的拜会

私人拜访主要是在私人领域,会面的目的是以加深友谊与联系洽谈工作以外的事为主。住宅是私人领地,应该特别注意交际礼节,这样才能收到很好的效果。

1. 遵守时间

首先应和主人约定一个合适的时间,到住宅拜访时间不宜太早或太晚,最好下午或晚饭后,要尽量避开吃饭和休息时间,准时到达,以免主人久等。如发生了特殊情况而不能前往或者需要改变日期和时间,应提前通知对方,并表示歉意。拜访时,穿戴要整洁大方,对仪容仪表适当做些修饰,显示尊重主人。

2. 先声入门

到达对方住所后,如无人迎候,可以按响门铃或轻轻敲门,门铃不要反复或长时间按,敲门的声音也不要太大,轻轻用手指敲门两三下,切不可用掌拍门或以拳击门。如果主人来迎门并询问"谁呀",除了经常见面的熟人,主人能辨别出你的声音外,必须通报自己的姓名和单位,而不应简单地回答"是我"。在按响门铃或敲门后,应该退后两步,等待主人开门。

言之有理

有人问你:"你是谁?"你应该报出自己的名字。如果说"是我",那么别人仍然不知道你是谁。引申出来的意思就是说:做人说话,要把事情讲得清清楚楚,让听者听明白。不要以自我为中心来看待事物和考虑问题,如此易导致很多的误解,增加了交流的障碍,进而人为地妨碍了事情的进展。

3. 礼品选择

初次到别人家做客,最好适当带些礼品,如主人家有老人或小孩,所带礼品应尽量适合他们所需。熟客一般不必带礼物,但遇有重要节日或特殊约会,则不妨带些大家受欢迎的礼品。

4. 入门有礼

进门时,要在门口先换上主人备用的拖鞋,然后再向主人行见面礼,如握手和问安。对主人家的其他成员,应按长幼有序的原则,亲切称呼问好。如果携带礼品而来,要将礼物恭敬地交给主人。落座之前,要将外衣和帽子脱下,连同携带的手提包等物,放在主人指定的地方。

在主人未让座之前,不要急着坐下。如果拜访的主人是长辈,或者第一次来拜访,更应彬彬有礼。如果拜访关系密切,则可稍微随便些。

当主人上茶时,应欠身双手相接,并致谢。一般不要在主人家吸烟。如果主人招待的是饮料、水果、点心,已启开瓶口的饮料可以全喝完,但水果点心只能稍稍品尝。

在主人家要尊重主人的私密性,克制自己的好奇心,主人没有邀请参观其房间或设施,不应主动提出参观,更不能未经允许到处走动或随意翻动主人的物品和书籍。

可以对主人家的布置和陈设进行夸赞,以引起主人的好感和兴奋,使拜访的气氛温馨而愉快,切忌挑剔主人家的不足,说这里不和谐,那里俗气等,这样做会伤害主人的自尊心,甚至大家不欢而散,自己则变成一个不受欢迎的人,拜访的目的也无法达到。

在与主人交谈时,应注意礼貌,姿势要端正自然,语气要温和可亲,要注意倾听主人的谈话,要把握交谈的技巧。

拜访时间不宜过长,特别是晚上,第一次拜访应以 30 分钟左右为好,以免影响主人和家人休息。

当有新客人来临时,也应遵循"前客让后客"的原则尽快告辞,把时间让给新来的客人。

当宾主谈完该谈的事情,就应适时告辞。要学会察言观色,把握告别的时机。决定告辞时,应恭敬地对主人说"时候不早了,我要告辞了"。告别时,注意向主人及家庭主要成员道别,并诚意邀请他们到自己家做客。

三、拜访礼仪的注意事项

(1)忌贸然上门拜访。对拜访者来说,会让主人感到突兀、为难,对接待者来说,会导致行为仓促而难以让来客满意。

(2)登门拜访前,有明确目的。登门拜访说没事,随便看看,对方会多少有点莫名其妙。因为没有目的,对方摸不着头脑,招待的同时始终会猜测访客的真实想法和要求,导致"心累"。

(3)忌约定拜会不考虑对方是否方便,这往往让对方无法兼顾,同时还会认为你自私、强硬、自以为是。

(4)预约拜访不提前确认。对方可能会因为事务繁忙或记性不好而忘记了约定,或者因为临时有事做了其他安排。应提前确认落实,让对方放心。

(5)忌拜访不控制时间。拜访别人时逗留时间过长,会让对方厌恶甚至害怕,没有人会觉得这样是礼貌。同时拜访时间太短,没过5分钟就走,这也是不合礼仪的。

(6)忌拜访不问候对方家人。访友时不问候对方家人,其实就是对朋友的不敬,同样拜访结束,告辞时只和主人告别,忽略他的家人,显然是不礼貌的。

(7)忌拜访中提出不合理要求。做客时,不要因为自己是客人,就提出不合理的要求,再大度的主人也不会认可这种方式。

(8)忌按照自己的喜好评判主人的房间布置,忌随便串主人房间,这都是不雅之举。

(9)忌做客后不向主人致谢。主人送客后不礼让,都是不礼貌的。

言之有理

拜访六宜

事先预约,不做不速之客。

如期而至,不做失约之客。

彬彬有礼,不做冒失之客。

衣冠整洁,不做邋遢之客。

举止文雅,谈吐得体,不做粗俗之客。

惜时如金,适时告辞,不做难辞之客。

第四节　馈赠礼仪

在交流活动中,礼物是友情使者,是文化符号,为了联络感情,加深印象,沟通信息,根据情况接受或赠送礼物,是一种常见的礼节。礼尚往来能够创造出一种良好的人际环境,增进与社会各界的友谊与合作。如何做到礼物的赠送恰到好处,让旅游工作者交往更加顺畅,为交往营造一个和谐的氛围,是馈赠礼仪的重要内容。

一、馈赠礼品的选择

馈赠礼品的方式多种多样,目的不尽相同,但均要把握好度,要做到赠受有度,注重情义,因人而异,入乡随俗。

选择礼品,主要考虑两方面的因素:一是考虑受赠者的文化、习俗、爱好、性别、身份、年龄;二是考虑礼品本身的思想性、实用性、艺术性。具体要注意以下几点。

桃李春风,礼恰人情——礼品的选择

(一)考虑受赠方的爱好

每个人都有自己的爱好和兴趣,同样一件礼品,送给不同的对象,效果往往相差甚远。所以,选择礼品要注意因人而异、因事而异。因人而异是指不同职业、不同宗教信仰、不同国家的人有不同的习惯和文化爱好,无论是以企业名义还是以个人名义送礼,都应事先对受礼者的身份、年龄、性格、兴趣、习惯等情况有所了解。因事而异是指馈赠者要根据给什么人送礼、想表达什么样的情感等因素来确定礼品,而且要符合人们的习惯和当地风俗,只要经过精心选择,既满足馈赠者心理要求,又让受赠者感到馈赠者的心意和真诚。

(二)具有鲜明的特色

馈赠礼品最好是受礼者所在的地区所没有或极少有的,又是馈赠者所在地区最有特色的物品。精心构思、独具匠心、富有创意的礼品最有价值,也最受对方的喜爱,这样的礼品能给人留下深刻的印象,取得独到的效果,如远道而来的特色物品,都会使对方喜出望外。

(三)重在纪念意义

礼品是情感的载体,任何礼物都表达送礼人的一片心意,或祝贺,或酬谢,或关爱,或敬重等。因此,礼品应既能被受礼者喜爱,又能融进送礼者的情感。如对方轻易买不到又非常需要的礼品,寓意深刻的特色物品等,一定会让对方见物生情,倍加珍爱。选择礼品时,勿忘一个"情"字,应挑选价廉物美,具有一定纪念意义,或具有某些艺术价值,或为受礼人所喜爱的艺术品为佳。选择礼品的价格要适当。送礼要与受礼者的经济状况相适应。所以送礼不能显得吝啬，也不要过于慷慨，让人觉得不自量力或追求虚荣，超过承受能力的礼品，对方接受了也会于心不忍，之后又想着回礼，就更麻烦了，等于强迫别人消费。

（四）注意携带方便，符合当地的风俗习惯

礼品须使对方便于携带，至少不应赠送易损坏或给对方增添不必要麻烦的礼品。同时应当了解对方所在地的风俗习惯，避免馈赠对方认为属于伤风败俗或不吉的物品，这样才表明尊重。

言之有理

馈赠指南

对家贫者，以实惠为佳；

对富裕者，以精巧为佳；

对恋人、爱人、情人，以纪念性为佳；

对朋友，以趣味性为佳；

对老人，以实用为佳；

对孩子，以启智新颖为佳；

对外宾，以特色为佳。

二、赠送礼品的礼仪

（一）选择送礼的时机

在适当的时机馈赠适当的礼品，就显得自然、亲切，可以增进双方的感情。在交往活动中，送礼都有一些适宜的场合与时机：若道喜道贺，通常在双方见面之初相赠；出席宴会时向主人赠送礼品；起身辞行时相赠；作为东道主接待客人时赠送；客人向自己赠送礼品之后回赠；也可以在客人临行前一天，前往下榻之处相赠。送的礼品外观要精，具有艺术性和观赏性，既可提高馈赠者的身份，又能体现馈赠者的审美观、艺术修养以及对受礼者的敬意和心意。

（二）赠送的方式

1. 谁送

一般来说，旅游工作者自己送是最好的方式。随着社会节奏的加快，寄或托别人代送的做法也普及了。如果是两个机构会见的场合，则由双方职位最高者作为代表互赠礼品。

2.说什么和怎么说

送礼时,面对受赠的人,可先对礼物本身进行解释,告诉对方怎样使用,有什么价值和特殊意义,并说明礼物代表的心愿,从而让对方感到馈赠方的真诚。

3.地点选择

公务交往的礼品一般应该在办公地点送,以示郑重;私人交往的礼品要在私人交往的地方送,以示友好。如果礼品是一本书、一束鲜花等礼物,在办公室赠送比较适合,在向受礼者表达心意的同时,也可以向受礼者的同事展示受礼者的高雅、清廉,使受礼者在感觉受到尊重的同时,产生一种精神上的圣洁感与崇高感。如果礼品是食品或生活用品,即使送给特别亲密的人,也不适合在公开场合相赠,否则会让同事产生反感或误解,有损受礼者的形象。

4.顺序和赠法

如果要给几个人送礼,最好选择他们同时在场的时机,按职位从高到低依次赠送。赠礼时,要神态自然,面带微笑,双手捧上。送上礼品的同时要伴有礼节性的语言,真诚地表达自己对受赠人的情感。

三、接受和拒绝礼品的礼仪

(一)接受礼品时的礼仪

当他人宣布有礼品相送时,不管正在做什么事,都应当站起身面向对方做好接受的准备。对方取出礼品,准备赠送时,要保持风度,既要神态关注对方,又要稳重大方。递上礼品时,要用双手去接,面带微笑,两眼注视对方。接过对方礼品的同时,应当恭敬、认真地向对方道谢,也可以与对方握一下手,表示感谢。接受礼品后,最好在一周之内写信或打电话向对方再次致谢,不仅可以对礼品本身表示感谢,也可以对礼品传达的内在含义或送礼人对自己爱好的关心表示感谢。以后有机会再与送礼人相见时,不妨在适当的时候再次向对方表示自己的谢意。

山川异域,风月同天——接受和婉拒

言之有理

赠礼时的"台词"

人们在交往中有时会互相赠礼,表达敬意。赠送礼物时,双方都要说几句客气话。说客气话的原则是"自谦而敬人",无论对方赠送的礼物自己是否喜欢,也不论价值高低,都要赞扬。例如可以说:"敬谢厚贶!"贶(kuàng)是赐予,厚贶就是厚赐的意思。"如此大礼,愧不敢当!"这句话是说自己微不足道,岂敢当此大礼。"受之有愧,却之不恭!"意思是说,若是收下对方的礼物,自己深感惭愧,实在不配;若是退还对方礼物，又显得不恭敬，实在是左右为难，非常矛盾。

相反，自己赠送给对方的礼物再好，再漂亮，也要自家贬抑，谦称礼品微薄，不好意思拿出手，唯恐对方见笑，所以说"恳请笑纳"；再好的礼品都不足以表达内心的敬意，所以说是"区区微物，不成敬意"；古人用得比较多的还有"聊表芹献，万望哂纳！"芹菜生长能力旺盛，水地、旱地都能生长，最为普通。"芹献"是谦称赠人的礼品菲薄。

（二）拒收礼物时的礼仪

同行同事、亲戚朋友之间赠送的礼物，只要是诚心诚意，一般都不应拒绝。如果礼品的价值过高，超过了一般朋友之间的情感和友谊时，就应当认真考虑一下为什么送这份礼，收下后需要承担什么样的责任。

一般而言，以下几类物品不宜接受：不熟悉的人送的极其昂贵的礼品；隐含着发生违法乱纪行为的礼品；接受后或许会受到对方控制的礼品。

拒收礼品时可选择以下方法。

1. 言明理由

坦率地向送礼的人说明不能接受礼品的原因，尤其适用于公务交往中拒收礼品。运用这种方法时，态度要和蔼，语言要坚定，把握好分寸。

2. 婉言拒绝

采用委婉的方式，不失礼貌地拒绝对方，找一个适当的借口，既让对方觉得确实不能收，又不能让对方觉得没面子，拒绝的理由完全在于自己，而不是对方。

3. 事后退还

有时当场拒收礼品会使对方很尴尬，所以先将礼品收下，事后尽快将礼品退还。事后退还礼品也需要向赠送者说清楚理由，并致以谢意。

（三）礼尚往来

收到他人的礼物，在适当的时机要有所回报，这才合乎礼仪规范。

1. 把握还礼的时间

根据不同情况灵活对待，如果客人在刚进门时送礼，可以在客人临走时回赠。有些也可以在接受礼物之后一段时间，登门回拜，带些礼品赠送。也可以在节日、喜庆之日送上适宜的礼物，表示感谢。

2. 选择回赠的礼物

在回赠礼物的选择上，不要与对方赠送的礼品同类，价格大体与对方的礼品的价格相当。有时也可以口头上或事后以书面形式向对方表示感谢,同样可增进相互之间的感情和友谊。

这厢有礼

馈赠之忌

(1)不送现金、信用卡和有价证券。

(2)不送价格过高的奢侈品。

(3)不送不合时尚、不利健康之物。

(4)不送易使异性产生误解之物。

(5)不送触犯受赠对象个人禁忌之物。

(6)不送涉及国家机密之物。

(7)不送其他有违国家法律、法规之物。

(8)不送不道德的物品。

四、馈赠礼仪的注意事项

(1)忌送礼没有合适的理由,让受礼人无法接受礼物。

(2)忌送礼不重档次,送礼不重档次就无法让礼品起到传情达意的作用,使送礼失去意义。

(3)忌送广告礼品给别人,这是对他人的不尊重。

(4)忌送过时的礼品给别人,否则对方会认为不重视对方的关系,虚伪做作。

(5)忌送华而不实的礼物。这样的礼物,只能让受礼者对礼物感到为难,而不能感受到真心祝福。

(6)忌送礼千篇一律。这样会让人看来是虚伪和走形式的表现,而不是真情流露。

(7)忌送礼不讲场合,送礼不成反而惹出麻烦。

(8)忌当着几个人的面给一个人送礼,会让受礼人感到尴尬,不利于其他人关系的进展。

(9)忌收到礼品后很快送给别人,礼品代表了尊重和牵挂,而转手将礼物送给别人就是对送礼人情谊的亵渎。

(10)忌受礼后不回礼。受礼而不回礼,是对送礼者礼貌的无动于衷,也是对自己声誉和形象不负责任。

第五节　出行礼仪

旅游工作者在工作中会乘坐各种公共交通工具，入住酒店宾馆。这个过程中，安全应放在首位，当然礼仪也不可忽视。

一、乘坐公交和地铁的礼仪

公共汽车和地铁既是许多人上下班出行的重要交通工具，也是最能反映一个人的文明程度和礼仪修养的公共场所。

（一）排队上车

乘客应在站台候车，汽车进入公交车站停稳后，上车乘客应当自觉排队在前门上车。如果等候的人较多，应当按照先来后到的顺序，不可蜂拥而上。年轻人应主动让老人或怀抱婴儿的乘客先上车，不要凭借身强力壮加塞插队。车辆启动后，不要拦车、扒车。地铁列车班次多且准点，灯闪铃响时请止步于黄线以外，勿抢上抢下，不做"扒门"乘客，耐心等候下班列车。

（二）主动买票

按照目的地自觉买票，不逃票、不使用废票；如果是无人售票公交车，应主动足额投币或刷卡，不使用假币，最好能提前准备好零钱。买票后，主动向车厢的后部走去，不要拥堵在车厢的前门处，以免影响其他的乘客上车。

（三）文明礼让

尊重司乘人员，不与其他乘客争抢座位。对于行动不便的老幼、病、残、孕乘客要积极帮助，并主动让座。对于别人给自己让座，要真诚地表示感谢。最好不要坐设有"老、弱、病、残、孕专席"的座位；遇到人多拥挤时，要抓牢扶手，免得前摇后晃。冲撞他人时，要诚恳地说声"对不起"；当别人触碰自己时，只要对方不是故意的，就应当宽容大度，不必针锋相对地反击。随身携带的物品应当放在合适的位置，不占座、不挡道、不妨碍别人。看管好个人物品，不要给小偷留下可乘之机。不要依靠扶杆，或在吊环拉手上悬挂随身物品，为他人留一个安全扶手。车厢内乘客较多时，携带双肩包的乘客请将双肩包取下拎在手中，以便多留些乘车空间，也可避免对他人造成不适。

（四）遵守规则

不要在车厢内吸烟。严禁携带易燃、易爆及危险品乘车。不准在车内编针织品，不要躺卧或脚踩座椅，不要自行开关车门，擅自动投币箱、刷卡机、监视器、监视探头等。不要在站台及车厢内饮食，避免食物异味影响他人。

（五）维护形象

公交地铁属于公共场合，要维护自己文明有礼的形象，仪容仪表都要自律。不能衣冠不整，也不能举止粗鲁。经常能看到夏天的时候很多乘客都会穿凉鞋和拖鞋抠脚和跷脚；或者就座时把脚伸向过道，给其他站立的乘客造成不便；还有的随意卧躺及将物品摆放在座位上，这些都是很不懂礼仪的表现。还要避免在乘车时化妆，克制在车站及车厢内的私密、亲昵行为。

（六）保持安静

在车站及车厢内不要打闹嬉戏，不要高声谈笑，也不要大声打电话。说话注意轻言细语，收听观看电子产品时请使用耳机，接听手机时尽量压低音量，这样既顾及个人隐私，又尊重他人感受，也不会产生噪声影响了乘车环境。

（七）遵守公德

垃圾不要随手乱扔，要放到车上的垃圾桶内，或者下车时顺手带走，保持车厢内的卫生。遇到自己咳嗽打喷嚏时，要用手帕或纸巾捂住口鼻，防止吐沫四溅。雨天乘车，应把雨伞收好，以免沾湿他人衣服。天热时不要打赤膊或在车厢内脱鞋。到达目的地后，应当待车停稳后从后门按顺序下车，不可争抢，以免因拥挤而发生危险。

言之有理

如此"大爷"

浙江海宁一位大爷在公交车上大声放音乐，还抠脚，司机提醒大爷小声一点，注意文明，结果被大爷吼了一路："我天天坐公交，没有驾驶员像你这样说我！呸！我不要你说！"这事引起了同车其他乘客的不满，于是有人把此事发到了网络上。网友们纷纷跟帖，批评这种不道德的行为。

社会文明需要大家共同维护，尤其是在公交车上这样比较特殊的公共场所，每个乘客更应该自觉履行自己的社会责任与义务。然而，这位浙江海宁大爷却是"老虎屁股摸不得"。公交司机仅仅是小声劝说和提醒，他却反而不依不饶辱骂司机。面对这样的不文明行为，如果劝说行不通，那就必须诉诸法律才能约束他的不文明行为。

二、乘坐火车的礼仪

铁路网四通八达，尤其是随着高铁的开通，为旅游工作者提供了安全便利的交通方式。乘坐高铁时应遵循如下礼仪规则：

(一)排队检票上车

买好车票后，一定记住车次和时间。提前赶到火车站候车室，看到大型彩色电子显示屏的通知，或听到服务员广播本车次检票的通知，随即准备好车票和身份证，安检后到指定的检票口排队检票进入站台，找到车票上对应的车厢。

(二)对号入座

上车后尽快找到自己的座位，将自己随身携带的行李物品整齐地摆放到行李架上，既要安放稳固，防止掉下来，又要尽可能地少占用空间，为别的乘客预留放行李的地方。免费携带的物品重量为：成人20千克，小孩10千克，携带物品的长、宽、高相加的总和，不许超过160厘米，超过规定数量应当办理托运手续，在托运的物品中不能夹带货币、证券、贵重文物、金银珠宝、危险品等。如果有老人或女士需要帮忙，应主动搭把手，体现热情与友好。

(三)注意风度与修养

火车开行后，男士要有风度，坐姿要端正，不要把鞋脱下来，更不要把脚伸到过道上或放在前面的座位靠背上；女士应体现出高雅的仪态，尤其是穿裙子的女性，不要跷二郎腿或把两腿分开，半躺、半卧也都是有失礼仪不雅观的。

(四)文明礼让

不要在车厢内吸烟。在车上吃东西或喝水时，声音不要太大。保持车内卫生，不要乱扔垃圾，自觉地把食物包装袋、果皮、饮料瓶等收拾好放到垃圾箱内。列车员查验车票时，要主动出示自己的车票，配合列车员的工作。当列车服务员推着餐车或整理车厢卫生经过身边时，要主动提供方便；要与邻座友好相处，坐在里面座位想要外出时，应当和外座的人说声"麻烦你了"或者"对不起，我要出去下"，等其让道，回来时别忘了说声"谢谢"。和邻座的人处好关系，可以互相照应，看管好彼此的行李物品。如果双方都有谈话的欲望时，可以聊天，但是要注意礼貌和分寸，不要寻根问底，也不要轻易泄露自己的重要信息。如果对方无意交谈，不要没话找话，自讨没趣。

(五)注意公共道德

在火车上使用卫生间时，要注意冲洗干净，也不要长时间占用卫生间，这样会给其他人带来不便。用电子设备玩游戏、看电影的声音不要太大，最好使用耳机，以免影响其他乘客休息。自觉接受安检，不携带任何违禁物品。乘坐卧铺火车时，上、下床铺动作要轻。躺下后，头部最好朝向过道，不要把脚伸到过道，影响他人通行。在卧铺休息时，不要只穿内衣，因为卧铺车厢也是大庭广众的公共场所。

(六)顺序下车

列车到达目的地时，检查和携带好自己的物品和车票，礼貌地与邻座的人道别。火车停稳后不要拥挤，顺序下车，持车票出站，开始愉快的旅行。

三、乘坐飞机的礼仪

飞机是目前世界上最快捷、最安全的交通工具,乘坐飞机尤其是国际航班,应当熟悉有关的流程和礼仪规范。

(一)凭证购票

乘坐国内或国际民航客机,应凭身份证或其他有效证件(如护照),到民航售票处、各代售点或通过网络购买机票。

(二)提前赶到机场

乘坐国内航班应提前 90 分钟到达机场,乘国际航班则需要提前 2 小时到达机场,以便有足够的时间办理行李托运和换取登机牌。国内航班免费托运的行李一般在 20 千克以内,随身携带的物品重量一般为 5 千克。国际航班经济舱的乘客,免费托运的箱包尺寸为长、宽、高之和不超过 157 厘米(62 英寸),重量不超过 23 千克(50 磅)。超过重量要支付比较高的费用。许多乘客在托运时发现超重,只好临时把超重的物品扔掉了。商务舱和头等舱的托运行李可以多一些。国际航班可以随身携带一个小箱子,称为登机箱,箱子的长、宽、高之和不超过 113 厘米(45 英寸),重量不超过 8 千克(17.5 磅)。另外,还可带一个双肩包或电脑包。

(三)安检出关

安检前学习机场违禁物品的相关规定,不要把违禁物品放入行李,否则都要被扔掉,然后再次安检。乘坐国际航班,护照要多次使用,最好放在带有拉链的口袋里。

(四)登机

找到对应航空公司的登机口,准备上飞机。工作人员检查登机牌、护照、签证。乘客进出舱门时,应对热情迎送的空乘人员点头致意或说"你好"。

(五)对号入座

找到自己座位后,尽快将自己携带的行李物品放入座位上方的行李柜并关好门,空乘人员也会进行检查,防止物品滑落。双肩包可以放在座位底下,不要把东西放在安全门前或出入通道上。放好行李后应立即坐下来系好安全带,不要站在通道上堵塞和影响其他乘客入舱。

(六)遵守规定、服从指挥

飞机起飞前,空姐会用汉语、外语广播提醒乘客关闭手机、平板等干扰无线电的设备。乘客要服从指挥,自觉把手机调到"飞行模式",飞机上请勿使用手机,尤其在起飞和降落阶段。飞机上还禁止使用的电子设备包括对讲机、遥控玩具、录放机、音频播放机、电子游戏机。不要随意触动紧急出口等安全措施,以免影响飞行安全,不要和机组人员、其他旅客、朋友开关于安全的玩笑,这有可能引起飞机立刻返航或就近做紧急降落,带来很大的麻烦。

（七）注重文明礼仪

飞机起飞、降落时不能使用卫生间；如果晕机呕吐，一定要吐在塑胶袋里（塑胶袋放在前座背后的网兜里），要顾及别人的感受；不要随地吐痰；遇到其他乘客的不文明行为，应当保持宽容和大度，或者向空乘人员反映、处理，不能在飞机上争吵或动手。飞机进入飞行状态后，可以戴上耳机，用前座背后上的小屏幕观看电影、听音乐。如果是长途旅行，可以换上提前准备好的干净舒适的拖鞋，袜子自然应当是新的，把脱下的鞋整齐放在座位底下。

（八）不贪图小便宜

长时间飞行的航班，在用餐时间会提供免费的饮料和食物。空乘人员会征求乘客的意见，你可以根据自己的爱好选择，并将前座背后的小桌板取出来吃饭，用毕收起。廉价航空公司的经济舱不为乘客提供免费的酒水。食物和饮料不要浪费，不要乱丢垃圾。有的国际航空公司，会赠送给乘客一个礼品袋，里面有眼罩、耳塞、厚袜子，可以带走。此外，飞机上的救生衣、毯子、餐具、书刊等不可以带走，这是非常失礼的行为，有损人格、国格。

（九）从容入关

国际航班降落前，空乘人员会让乘客填写"入境登记表"，包括姓名、性别、出生年月日、国籍、护照号、航班号以及部分选择题。题目和内容很简单，但要如实填写。"入境登记表"是要交给机场海关的，所以也可以下飞机后填写。

飞机降落停稳后，带上个人物品有序地走出机舱。接受目的地国家海关对护照、签证和"入境登记表"的检查。检查完毕没有问题后，取出托运的行李，就算进入异国他乡了。需要注意的是，在出机场之前，海关人员有可能抽查行李，检查是否携带有违禁品。

言之有理

上黑名单的女博士

楚天都市报2017年6月2日消息：昨日上午9时49分，武汉某名牌大学在读女博士张某一行三人到达武汉天河国际机场值机柜台，欲乘坐武汉飞往巴黎的AF139航班。柜台值机员解释9时35分已停止办理登机，建议其改签或退票，并积极与航空公司协调。张某自称要出国参加重要会议，执意要乘坐该航班。多次协调未果后，10时23分，张某冲进值机柜台的工作区域，用手连续打工作人员两巴掌，引起了现场大量旅客的围观。机场公安局根据《中华人民共和国治安管理处罚法》的规定，依法对其处以行政拘留10日的处罚。随后，法航迅速作出决定：将打人的女博士列入黑名单，即该旅客在全球范围内将无法再乘坐法航航班。机场公安局提醒广大旅客：良好的公共秩序需要大家去维护，"文明乘机"是每个旅客需要严格遵守的标准。

根据《民航旅客不文明行为记录管理办法（试行）》，至 2017 年 5 月 10 日，已经有一百多名旅客因为乘机不文明行为被记录而上了中航协的"黑名单"。这些乘客有的因为谎称炸弹或携带管制刀具；有的因为扔砸充电宝、拒不配合工作人员检查，与工作人员发生口角乃至肢体冲突的；有的在飞机上坚持使用手机不听劝阻，扰乱客舱安全秩序的；有的因为强行冲入控制区、擅自进入停机坪；有的因为擅自打开或欲打开飞机安全门；等等。一旦进入中航协的"黑名单"，乘坐国内各航空公司的航班，将受到严格的限制，甚至在国内无法再坐飞机了。冲动是魔鬼，遇事应当理智、文明地反映自己的诉求。

四、入住酒店的礼仪

酒店是差旅客人在他乡的一个"家"，可是总有一些人不爱惜这个"家"。某连锁酒店客房部主管王女士无奈地说，一楼大堂有擦皮鞋的机器，却经常发现旅客用客房的毛巾擦皮鞋；有的客人染发后直接接触床单、枕巾，这些贴身用品一旦染上颜色很难清洗；有的客人干脆把毛巾放在卫生间的地板上垫脚；一些客人在房间内吃水果，分明有垃圾桶，果皮却丢得满地都是；房间有烟灰缸，有的客人却把烟灰、烟蒂扔到地毯上，甚至放到喝水的玻璃杯中。

李先生从事境外导游工作有十多年了，他说，每次带团到韩国，总会发现一些酒店在大厅、走廊等地方，用中文写着"请勿大声喧哗"等类似的提示语，这让他感到非常羞愧。刘备"勿以恶小而为之，勿以善小而不为。唯贤唯德，能服于人"的话虽然时过境迁，但依然对我们有警示意义。

（一）预订酒店

为了使行程从容顺利，并合理利用出差经费，需要及早进行客房预订。需要了解酒店的准确位置、客房价格、折扣、房内设施、客房数量、入住时间等。在与酒店服务人员联系的过程中，要真诚地尊重对方，多使用礼貌用语，如"请问、麻烦您了、谢谢、再见"等。即使最终决定不入住该酒店，也要彬彬有礼，切忌傲慢无礼。

（二）登记入住

进入酒店大堂，首先应到前台办理登记手续。如果随团体入住，则应排队有序、依次逐个办理，不要都拥堵在服务台前。按照酒店的规定出示身份证或其他有效证件，在国外用护照即可，并耐心回答服务台工作人员的询问。如果带有贵重物品，可在前台办理寄存手续。服务员帮忙搬运行李时，要表示感谢。

（三）入住客房

进入客房后，自觉关闭好房门。保存好房卡，不要丢失。客房虽是私密场所，但是同样要遵守社会公德,讲究礼仪礼节。

1. 保持安静

不要在房间内欢歌笑语、大声喧哗;电视、音响的声音不要震天动地,自己能听清楚就可以;打牌、打麻将不要高声吆喝,不得从事赌博活动;在客房会见客人时不要太晚,未经前台登记,不得留下他人住宿。总之,不要妨碍周围房间客人的休息。

2. 注意卫生

早晨起床后,应当把床上的被子、枕头简单整理一下,显得井然有序,不要胡乱堆放成一团。不要在房间内乱扔衣服或其他物品,可以把衣服挂起来或放在箱子里,重要东西最好锁起来。果皮、包装袋等垃圾要放到垃圾桶内,不要随意扔到地上。如果在房间内用餐,吃完后打电话请服务员把餐具收走,不要把杯盘随意放在门口的地毯上。

3. 爱护客房内设施

正确使用客房内的设施,如冰箱、空调、电视、电脑、电热壶、吹风机等,搞不清楚的应向服务员询问。毛巾、浴巾是用来擦脸、擦身体的,不要用来擦皮鞋和垫脚。玻璃杯是用来喝水的,不要用来盛烟灰。床是用来睡觉的,不要在床上乱蹦乱跳。卫生间的马桶是坐着用的,不要站在马桶上方便。

4. 节约水电

当离开房间外出时,自觉关闭空调、电视等电器;水龙头不要长流水。浪费不一定是犯罪,但是缺乏公德。节约资源是现代人的素质,是有教养的表现。在客房卫生间淋浴时,应拉上防水帘或关好淋浴屏的拉门,以免弄湿卫生间的地面。

5. 注重形象

大厅、走廊是酒店的公共场所。穿着睡衣、浴衣、拖鞋在走廊和大厅走来逛去有损个人的形象,是不文明的表现。

6. 尊重他人

服务员送水、打扫客房卫生、更换床单与被罩时要提供方便,并且真诚地感谢。"好言一句寒冬暖",对服务员的问候,要热情地回应。友好的态度,能让彼此的心情都变得轻松愉悦,不要居高临下地把自己当"上帝"。冰冷、生硬的态度,并不能获得对方的敬畏,以感恩的心,对待别人的服务,才能获得对方的尊重和细致的服务。如果在酒店住的时间较长,遵循绿色环保原则,可以告诉服务员,床单、被罩等不需要每天更换,以减少洗涤污染,会受到真诚的欢迎和更多的微笑。

7. 不占小便宜

客房摆放的部分物品,如迷你吧或小冰箱里的食品饮料,有些是需要另外收费的。部分酒店的无线网络也不是免费的,或者免费的无线网速慢,而收费的无线网络快。在食用自助早餐时,能吃多少就取多少,不能浪费食物,也不能打包带走。酒店的物品,如毛巾、浴巾等,不要带走,以免难堪;不小心弄坏东西,不隐瞒抵赖,主动承担责任并进行赔偿。是否需要给服务员小费,应当具体问题具体分析,入乡随俗就好。根据当地习惯、服务员的服务水准,把适量零钱放在房间的床头柜上或枕头边,服务员更换床单、被罩时会取走。

(四)退房离店

离开酒店时,到前台办理退房手续。待服务员检查完客房后,结账离开。有的酒店本着信任原则,开设了免查房退房服务。作为客人,旅游工作者更要珍惜这份信任,离开酒店时,使酒店物品完好无损,并尽可能简单整理床上用品,使房间整洁有序,同时向酒店的服务人员表示感谢。如果能恪守礼仪,离开酒店的时候,留下的不仅仅是背影,还有自己的文明与教养,以及美好的记忆。

言之有理

告别六小件

上海市文旅局发布实施意见称,《上海市生活垃圾管理条例》于 2019 年 7 月 1 日起施行,上海市旅游住宿业将不主动提供牙刷、梳子、浴擦、剃须刀、指甲锉、鞋擦这些一次性日用品。违者将依法处罚。以后住酒店,需要自备这些物品。

演

微小彰显魅力
——新侨饭店的接待艺术

新侨饭店矗立在美丽的西子湖畔,是一家有着 30 余年历史的酒店。近年来,饭店通过梳理,将"关爱、分享、品质、创新"确立为自己的核心价值观,将"微笑、微小"工作标准化、常态化,用微笑彰显待客之道,用细节勾勒服务真情。

一起读诗《馈赠》

客人进入酒店,位于大堂入口处的宾客关系经理会给到宾客亲切的笑容、热情的问候。这种被饭店行业称为 First Care 的仪式感,总能给到您一种宾至如归的温馨。

不管您是提前预订的客人还是上门散客,入住手续都是相当的便捷。酒店大堂有应季的欢迎茶,像夏天柠檬薄荷水、莲子茶,冬天的九曲红梅茶或柚子茶,代表的都是这座城市的问候。遇到有特殊的宾客,饭店服务管家团队就会在大堂为其呈送仪式感强的"欢迎茶"。

如果有行李,礼宾司会送您的行李到房间,沿途还不忘给您介绍饭店的健身中心、十楼的观景露台、沿湖骑行线路,还有饭店为宾客精心设计的"百步图"——让客人知道离饭店百步之内,有哪些好吃好喝和好玩的。

对于回头客,客房里总会有精美的欢迎水果和温馨的总经理欢迎信——"西湖边的新侨欢迎您!"饭店的总经理喜欢亲切地把自己的员工尊称为"大使",也希望大使们能始终传递给宾客各种友好与关爱。

作为一家本土品牌酒店,饭店是如何持续赢得市场口碑的呢?除了以上这些人性化的服务外,饭店还有一项服务制胜的法宝——定制化服务。宾客体验经理和前台的大使发现入住的客人带有小孩的,会第一时间通知管家部,管家部就会在客房里悄悄布置儿童拖鞋、儿童毛巾和儿童牙具;如果赶上小朋友生日或特殊节日的,饭店行政管家还会亲自为小朋友送上酒店的吉祥物小熊——侨侨。若是遇到宾客生日的,饭店会送上精美的生日蛋糕,当然也不会落下饭店大使联署的祝福卡片。

微笑、微小,这是饭店服务团队秉持多年的服务理念,也是新侨大使用以体现饭店人殷勤好客的独有方式。在接待过程中,您能体会到的是新侨大使们无微不至的关爱与友好。我们的目标是:感动宾客,感动在新侨!

"演"之精要——对客交往礼仪的应用

1. 对不同类型客人见面的礼仪应用:老客与新客;老人与孩童;男士与女士;健康人与残障人士等;

2. 不同见面地点的礼仪应用:酒店门口、大堂、走廊、餐厅、客房、其他区域等;

3. 不同场合下见面礼仪的载体:不同季节大茶水、欢迎信、小礼物等。

如图 4-21 所示为新侨饭店的接待艺术。

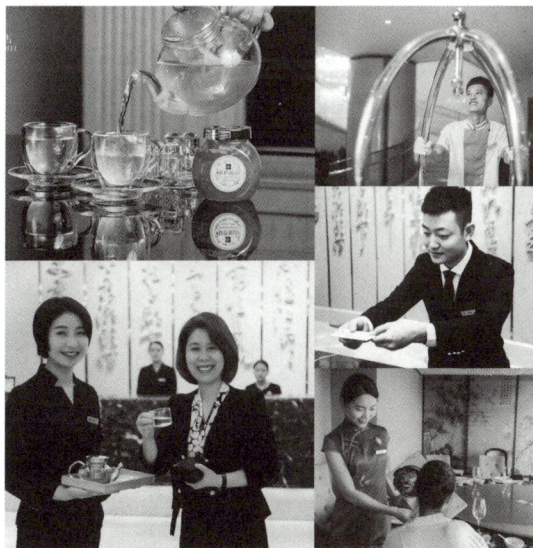

图 4-21　新侨饭店的接待艺术

练

一、接待和拜访情景模拟

(一)背景介绍

李明和张燕是大学同学,毕业后分别进入 A、B 两家公司。李明是 A 公司的销售部经理,明天将陪同公司总经理应总来 B 公司拜访。王燕是 B 公司的行政经理,负责接待应总一行。

(二)规则和程序

(1)演练场地为教室,分成 4 组进行比赛。

(2)每组选出 6 位同学,其中 5 位分别表演 A 公司李明、应总、B 公司王燕、王燕下属的行政部前台接待小陈、B 公司总经理徐总,另一位负责旁白。

(3)每位同学都按照任务内容设计演练的情节和台词,可以有不同的剧情发展。

(4)时间控制在 20 分钟左右。

(5)分别对每组同学的综合表现进行打分,考核表现见二维码。

二、座次礼仪情景模拟

在上一场景中,分别模拟如下不同场合的座次。

趣

前排和后排
童孟侯

一辆轿车,其座位也就是前排和后排两种,很简单,选择余地少,不坐前排就坐后排,总不见得坐到后盖箱里去。可是,简单的前排后排,细究起来还很有趣……

各就各位
马步升

有一则故事说,一位富裕的犹太商人,在儿子新婚之际准备大宴宾客,儿子却不知道该如何安排客人的座位,他向父亲请示说,今天是我的好日子,若按传统的方式,富人坐在首席,穷人坐在靠门的地方,这并非我的主意,就让我把荣誉让给那些穷人吧。父亲想了想说……

涉外会谈时,译员的位置在哪儿

你知道译员和记录员的位置在哪儿吗?许多国家是把他们的位置安排在主要会谈人员的后面就座的。唯独我国例外,把译员安排在主要谈判人员的右侧就座。原来……

第五章　沟通礼仪

修

言语之美，穆穆皇皇。穆穆者，敬之和；皇皇者，正而美。

——《礼记·仪礼》

析：对人说话要尊敬、和气，谈吐文雅。

凡奉者当心，提者当带。

——《礼记·曲礼》

析：向别人赠送礼物或者从长者手中接受礼物、证书等，都必须用双手接持，捧持的高度要大致与心相平，以表示郑重。

君子慎言语矣，毋先己而后人，择言出之，令口如耳。

——刘向

为人处世中，距离是一种艺术，一种调和剂，一条架设在彼此心灵之间的美丽桥梁。

——古龙

在造就一个有修养的人的教育中，有一种训练必不可少，那就是优美、高雅的谈吐。

——伊立特

该赞扬的就不妨恭维几句。这种赞美必须是诚心的，这是对别人的一种承认，对你也是一种感情投资。

——丰特奈尔

一个人皱一下眉头会牵动30块肌肉紧缩，但笑一下则会牵动13块肌肉舒展，再说，送给别人微笑，别人也自然报以你微笑。既然如此，亲爱的人们，笑吧！

——隆涅

手势具有独特的表现风格，自信者往往使用它来传达自己的心理状态，使人感到坦然自若，还会赋予使用者胆量和权威。

——乔治·布什

就像我们从小就知道要给长者让路一样，在网络中我们也应该遵守某种准则。

——费尔南多·费尔南德斯

学

第一节 沟通概述

英国文豪萧伯纳说过："假如你有一个苹果,我也有一个苹果,而我们彼此交换这个苹果,那么,你我仍然是各有一个苹果;如果你有一种思想,我也有一种思想,而你我彼此交换这种思想,那么,我们每个人将各有两种思想。"这段话生动地说明了沟通的作用。

身无彩凤双飞翼,心有灵犀一点通——了解沟通

一、什么是沟通

"横看成岭侧成峰,远近高低各不同。"究竟什么是沟通? 可以说众说纷纭,莫衷一是。据统计,有关沟通的定义竟达 100 多种。

(一)沟通的定义

《大英百科全书》认为,沟通就是"用任何方法,彼此交换信息,即指一个人与另一个人之间用视觉、符号、电话、电报、收音机、电视或其他工具为媒介,所从事交换消息的方法"。

斯蒂芬·P.罗宾斯认为,"沟通是意义的传递和理解。"在英文中,沟通(communication)既可以译作沟通,也可以译作交流、交际、交往、通信、交通、传达、传播等。这些词在中文中的使用尽管会有些略微差异,但它们本质上都涉及了信息交流或交换,其基本含义是"与他人分离共同的信息"。

这里我们综合各种有关沟通的定义,从一般意义上把沟通定义为:沟通就是人们在互动过程中,发送者凭借一定渠道(亦称媒介或通道或某种途径或方式),将一定的信息(信息、思想、情感、观点、态度)发送给(或传递给)既定对象(接收者),并寻求反馈,达到对某特定信息的相同理解的过程。

沟通的原始意义是使相通的意思。沟通的目的是让对方清楚自己的思想,取得共识,或找出异同点,或发现问题、解决问题,也就是在"沟"之后实现"通"的效果。

(二)沟通要素

沟通是指人与人之间的信息互动,同一时刻有信息发出者和接收者之分,信息发出者的行为称为表达,信息接收者的行为称为倾听。一般而言,沟通包括以下几个要素。

1.目标

目标(why to communicate)是指通过沟通期望达到的效果。

2.发送者(信息源)

发送者(who)主要是指拥有信息并试图进行沟通的人,是沟通过程中信息发送的源头,没有发送者,也就无所谓接收者,显然,发送者是沟通中的重要因素之一。

3.接收者(受众)

接收者(whom)是对发送者传递的信息进行解码并加以理解的人,他(她)与发送者相辅相成、相互制约。

4.信息

信息(what)主要是指发送者(信息源)试图传递给接收者的观念和情感等沟通的内容,它们必须被转化为各种可以被别人觉察的信号,这些信号包括语词的和非语词的。

5.渠道(管道、媒介、通道)

渠道(how to deliver)主要是指沟通信息的传送方式,是指由发送者选择的用于传递信息的媒介物,借由传递信息的工具或手段。如面对面交谈、书面通知、电话、互联网等。

渠道的选择直接关系到信息传递和反馈的效果。不同的信息内容要求不同的渠道。例如,《政府工作报告》就不宜通过口头形式,而应采用正式文件作为媒介;企业会议则有必要使用备忘录;朋友之间的谈心以面谈为好。

在各种方式中,影响力最大的,仍然是面对面的沟通方式。面对面沟通时,除了词语本身的信息外,还有沟通者整体心理状态的信息。这些信息使得发送者和接收者可以发生情绪上的相互感染。所以,即使是在通信技术高度发达的美国,在总统大选时,候选人也总是不辞辛苦地四处奔波去演讲。

有时人们可以使用两种或两种以上的传递渠道,例如,双方可先口头达成一个协议,然后再予以书面认可。由于各种渠道都各有利弊,因此正确选用恰当的通道对有效的沟通十分重要。

6.沟通背景

沟通背景(where and when)主要是指沟通发生的情境。沟通总是在一定背景中发生的,它是影响沟通过程、沟通效果的重要因素。在沟通过程中,背景可以提供许多信息,也可以改变或强化语词、非语词本身的意义。所以,在不同的沟通背景下,即使是完全相同的沟通信息,也有可能获得截然不同的沟通效果。

一般认为,对沟通过程发生影响的背景因素包括心理背景、物理背景、社会背景、文化背景等方面(见图5-1)。

7.反馈(正向、负向、中立)

沟通过程是一个交互作用的过程,沟通双方不断地将自己对接收到的信息的反应提供给对方,使对方了解自己所发送的信息引起的作用,了解对方是否接受了信息,是否理解了信息,他们接收信息后的心理状态是怎样的,从而根据对方的反应调整自己的信息发送过程,以便达到预期的沟通目的。这个过程就是反馈(how to be understood)。

二、沟通的方式

沟通的方式是指信息传递的形式,即用什么样的信息媒介将信息内容传递出去并使接收者理解。从不同的角度,可以对沟通的方式进行分类,如按照是否面对面,可以分为

心理背景	·指沟通双方的情绪和态度。包含两个方面:其一是沟通者的心情、情绪。其二是沟通者对对方的态度
物理背景	·指沟通发生的时空场所背景。特定的物理背景往往造成特定的沟通气氛。在一个千人礼堂演讲与在自己办公室里慷慨陈词,其气氛和沟通过程是大相径庭的
社会背景	·其一指沟通双方的社会角色关系。不同的社会角色关系,有着不同的沟通模式。如上下级之间。其二指沟通情境中对沟通发生影响但不直接参加沟通的其他人。例如配偶在场与否,人们与异性沟通的方式是不一样的
文化背景	·指沟通者长期的文化积淀,也是沟通者较稳定的价值取向、思维模式、心理结构的总和。例如,由于文化背景的不同,东西方在沟通方式上存在着较大的差异

图 5-1　影响沟通的背景因素

直接沟通和间接沟通;按沟通的组织程度,可以分为正式沟通和非正式沟通;按沟通信息的反馈,可以分为单向沟通和双向沟通;按照语言的运用形式,可以分为语言沟通和非语言沟通(见图 5-2)。本章主要是从语言运用形式的角度谈沟通礼仪。

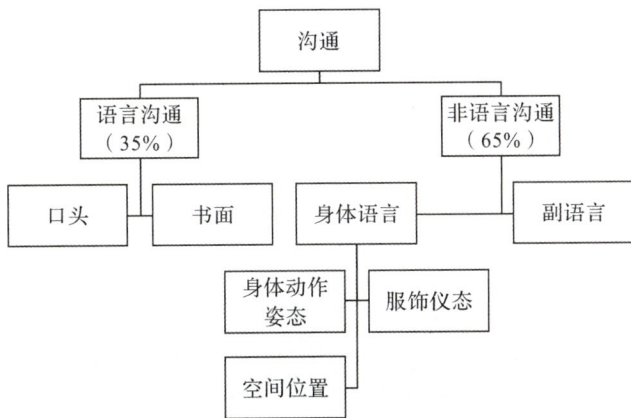

图 5-2　语言沟通与非语言沟通

三、沟通对旅游工作的作用

(一)沟通是旅游工作者人际关系的基础

人们通过沟通与周围的社会环境相联系,而社会是由人们互相沟通所维持的关系组成的网络。沟通就像血液流经人的心血管系统一样流过社会系统,为社会这个有机整体服务。在社会网络中,沟通是一种自然而然的、必需的、无所不在的活动。旅游工作是和人打交道的工作,具有很强的社会性,需要通过有效的沟通来建立良好的人际关系。

(二)沟通贯穿于旅游活动的所有领域

人的绝大多数活动都是通过沟通进行的,无论是说服或拒绝、协调关系,还是分享快乐、共同谋求发展和披露信息。良好的沟通是工作和相互关系取得成功的关键。在旅游活动中,无论是作为旅游服务人员,还是作为旅游活动计划的组织和实施者;无论是对待宾客,还是对待同行同事,都离不开沟通。

(三)沟通是旅游工作者获取知识和信息的重要途径

据专家分析,在人们所掌握的知识中,20%来源于直接学习,80%来源于社会学习。社会知识可以从与朋友、同行、老师的聊天、讨论和聚会中获得,也可以通过演讲、上课等形式获得,这些都是沟通的重要形式。旅游业是包罗万象的行业,涉及各类旅游资源、相关产业、生态环境、公共服务、体制机制、政策法规、文明素质等内容,旅游工作者需要通过沟通开阔视野、互通信息、获取知识与技能。

(四)沟通能力是衡量旅游工作者情商水平的重要尺度

沟通是衔接智商和情商的重要手段,是人们以智商为基础,迈向成功的桥梁。良好、有效的沟通对于个体素质的全面提高、人际关系的协调、自身潜力的发挥和事业的成功影响甚大。美国普林斯顿大学曾对1万份人事档案进行分析,"专业技术和经验"只占成功的25%,其余75%取决于良好的人际沟通;哈佛大学就业指导小组调查结果显示,在500名被解职的男女中,因人际沟通不良而导致工作不称职者占82%。可见,良好的沟通能力在人们的一生中具有多么重要的意义。旅游工作者在工作者可能遇到各种各样的客人、所料未及的场景,需要较高的情商处理工作中遇到的各种问题。

所以,如果在沟通的过程中遵守沟通礼仪,不但能给对方可亲可敬、可合作可交往的信任感,还会使合作过程更加和谐顺利,达到事半功倍。

言之有理

日本企业之神、松下电器公司创始人松下幸之助有句名言:"伟大的事业需要一颗真诚的心与人沟通。"松下幸之助就是凭借其良好的人际沟通艺术,赢得了他人的信赖、尊重和敬仰,并使松下电器成为全球电器行业的巨星。

第二节　语言沟通礼仪之交谈礼仪

语言沟通就是指用语言符号(说、写的字词)系统进行的信息传递交流的方式,包括口头形式和书面形式。语言沟通是人类最广泛、最基本的沟通方式。

传统语言沟通的形式分为两大类，即书面语言沟通（简称书面沟通）和口头语言沟通（简称口头沟通）。但是，高科技高度发达的今天，语言沟通的形式又增加了一类——电子媒介沟通。

相见两望无杂言，推杯把酒话桑麻——交谈礼仪

本书选取几种比较典型的语言沟通方式，即口头语言沟通中的交谈、书面语言沟通中的文书、电子媒介沟通中的电话和微信等，探讨语言沟通的礼仪。

美国著名语言心理学家多罗西·萨尔诺夫曾说过："说话艺术最重要的应用，就是与人交谈。"从广泛意义上来讲，交谈是人们交流思想、沟通感情、建立联系、消除隔阂、协调关系、促进合作的重要渠道。交谈是旅游工作者在各项旅游活动中为增进彼此间的交流和合作而采用的沟通方式。成功的交谈有赖于一定的礼仪规范。在现实人际交往中，交谈礼仪主要体现在以下几个方面。

一、交谈的主题

交谈的主题，是交谈的中心内容，既反映了交谈者的见识和水平，也是决定双方是否契合的重要因素。谈话谈得投机，往往可以成就后面的商务活动；谈得不和谐，也可能直接导致后面商务活动的失败。

（一）交谈宜选的主题

1. 既定的主题

既定的主题是交谈中最直接、最为简洁的谈话主题。双方见面后，经过简单的寒暄，直接进入商务活动的主题进行交流，这样既省时又省力。如双方约定见面是为了签订某项合同，见面时，做简单介绍后，直接进入谈判阶段，不谈别的话题。

2. 高雅的主题

旅游工作者在交谈的时候应该选择一些能体现自己的水平、风格和修养的话题作为自己谈话的主题。高雅的主题，即内容文明、优雅，格调高尚、脱俗的话题。例如，文学、艺术、哲学、历史、地理、建筑等，都属于高雅的主题。它适用于各类交谈，但要求面对知音，忌讳不懂装懂，或班门弄斧。

3. 轻松的主题

当旅游工作者对高雅的主题感到难以驾驭，或有厚重、压抑的感觉时，可以尝试谈一些轻松愉快的话题，如电影、旅游、休闲娱乐、小吃等。这样的话题每个人都有不同经历和感受，人人都有话说，可以使人身心放松，心情愉快。

4. 擅长的主题

所谓"闻道有先后，术业有专攻"，在旅游商务和交流活动中，还可以事先了解对方所长，谈论对方所擅长的话题，让对方获得一个展示自己的机会，从而营造一个良好的商谈

氛围,这样在接下来的活动中往往会有事半功倍的效果。

5.时尚的主题

在不能确定对方的专长、爱好和擅长的话题时,选择时下流行的话题作为谈话的主题应该说是一个非常明智、聪明的选择。如一场体育比赛、某位明星的演唱会、热播的电视剧等,都是比较好的谈话主题。

(二)交谈忌选的主题

1.不以国家秘密与行业秘密为题

国家安全法、国家保密法所规定的违法内容及泄密内容是不能谈论的。因此,在谈话中不能涉及国家秘密与行业秘密。在交谈中不得非议国家、党和政府,爱国守法是每个公民应尽的社会责任。

2.不以交往对象的缺陷为题

在旅游活动当中,应充分尊重交往对象,每个人都有优缺点,不能聚焦对方的缺点或缺陷,当面使对方出丑、尴尬、露怯。

3.不以背后议论领导、同事与同行为题

不能在背后议论领导、同事与同行。在外人面前议论领导、同事和同行,会让别人对自己个人的人格信誉产生怀疑,哪怕是关乎自己的晋级或竞争也不能如此。

4.不以格调不高之事为题

旅游工作者不仅处处体现出个人的修养和魅力,还在一定程度上代表着企业的形象。如果从嘴里说出来的尽是些家长里短、小道消息、男女关系等,就会贻笑大方,令人感觉素质不高,有失教养,因此敬而远之。

5.不以个人隐私之事为题

关心别人值得提倡,但关心应该有度。要尊重隐私,不能随便讨论隐私问题。在交谈时,尤其是与外国客人交谈时,尤其应回避个人隐私。具体包括下列"五不问":不问收入、不问年龄、不问婚否、不问健康、不问个人经历。

这厢有礼

小心避免的话题

(1)不要对你不知道的事情冒充内行;

(2)不要向陌生人夸耀你的成绩,诸如个人成就、富有程度等;

(3)不要在公共场合去议论朋友的失败、缺陷和隐私;

(4)不要谈容易引起争执的话题;

(5)不要到处诉苦和发牢骚。

二、交谈时的礼仪表现

(一)尊重对方,谅解对方,接受对方

在交谈活动中,只有尊重对方,谅解对方,接受对方,才能赢得与对方感情上的接近,从而获得对方的尊重和信任,使交谈在和谐、愉悦的气氛中进行。具体来说,应该做到以下四点。

1. 不打断对方

一个真正有教养的人当对方说话时是不会打断对方的。

2. 不补充对方

自己有说话的权利,对方也有说话的权利,补充对方就有显示自己比对方懂得多之嫌,所以不是特别需要一般不补充对方。

3. 不纠正对方

如果不是原则问题,没有必要对别人说的话随便进行是非判断。自己有发表个人感慨的权利,对方也有发表个人意见的权利,所以通常情况下不纠正对方。

4. 不质疑对方

不对对方谈话表示质疑,如果表示出对对方的质疑,会使双方的谈话失去信任的基础。

(二)语速平稳,语调平和,音量适中

在交谈中,语速、语调和音量对意思的表达有比较大的影响。交谈中陈述意见要尽量做到平稳中速。在特定的场合下,可以通过改变语速来引起对方的注意,加强表达的效果。一般问题的阐述应使用正常的语调,保持能让对方清晰听见而不引起反感的高低适中的音量。此外,在交谈时应该说普通话。

(三)态度和气,言语得体,神态专注

谈话时表情要自然,语气要和气亲切,语言表达要得体。说话时可适当做些手势,但动作不要过大,不要手舞足蹈,更不要用手指指人,与人谈话时距离要适当,不宜与对方离得太远,但也不要离得过近。不要拉拉扯扯,拍拍打打。谈话时不要唾沫四溅。还应该养成说话时运用眼神与对方交流的习惯。

(四)赞同对方,肯定对方,鼓励对方

在交谈过程中,当双方的观点出现类似或基本一致的情况时,应迅速抓住时机,肯定对方,赞同对方。在可能的情况下,引导、鼓励对方畅所欲言,将交谈推向高潮,使整个交谈气氛变得活跃、和谐起来,进而逐步地将心理距离拉近。当然,赞同时要态度诚恳,肯定时要恰如其分,不要给人以虚伪、不诚实的印象。

当得到对方赞同或肯定时,应以动作语言,如点头、微笑等进行反馈交流,易于双方谈判人员感情融通,从而为达成一致协议奠定良好基础。

（五）双向沟通，兼顾他人，少说多听

交谈时要与交谈对象进行必要的互动。不要自己唱独角戏，有智慧的人都是少说多听的。自己讲话时要给别人发表意见的机会；别人说话时，自己也应适时发表个人看法。一般不提与谈话内容无关的问题，如果对方谈到一些不便谈论的问题，不对此轻易表态，可转移话题。

谈话现场超过三人时，应不时地与在场的所有人攀谈几句。不要只与一两个人说话，而不理会在场的其他人；也不要与个别人只谈两个人知道的事而冷落第三者。如所谈问题不便让旁人知道，则应另找场合。

男士一般不参与妇女圈内的议论，也不要与妇女无休止地攀谈，以免引起旁人的反感侧目。与妇女谈话更要谦让、谨慎，不与之开玩笑，争论问题要有节制。

言之有理

这样的交谈最不受欢迎

人们在人际交往中离不开交谈，但谈话千万别招人烦。

1. 一人独唱主角

许多朋友在与人交谈中，总将自己放在主要位置，自始至终一人独唱主角，喋喋不休地推销自己，滔滔不绝地诉说自己的故事。有位名人说过，漫无边际地喋喋不休无疑是在打自己付费的长途电话。这样不但不能表现自己的口才，反而令人生厌。要知道池蛙长鸣，不为人注意；而雄鸡晨鸣，则一鸣惊人。这就说明过多的"说单口相声"不能交流思想，不能增进感情。交谈时应谈论共同的话题，长话短说，让每个人都充分发表意见，留心别人的反应，这样才能气氛融洽，众情相悦。

2. 做无谓的争辩

言谈交际中有时免不了争辩，但善意、友好的争辩更能促进彼此间的了解，活跃交际环境，起到调节气氛的作用。有时，一场精彩的争辩会令人荡气回肠，齐声喝彩。但是尖酸刻薄、烽烟四起的争辩会伤害人，导致心情不爽、敬而远之。如果在言谈中出现四面楚歌、群起攻之的局面，自己的处境就可想而知了。

3. 总是喜欢诉说辛酸，以获同情

在生活中，每个人都会遇到挫折和苦难，但每个人的对待方式不同，有的人迎难而上，有的人知难而退，有的人却将苦难带来的愁苦传染给别人，在众人面前诉说辛酸，以获同情。因此，交际中一味地诉苦会失去别人的尊重。

4. 表现得无事不通

言谈中，谈话的内容往往涉及天文、地理、历史、哲学等古今中外的话题。如果在交谈中表现成"万事通"或"耍大牌"，到时定会打自己的嘴巴，砸自己的脚。因为

交谈是相互了解、相互交流的方式，而不是表现学识渊博、见识广泛的舞台，更何况老子曾说过："言者不知，知者不言。"交谈中什么都说的人其实什么都不知道。

5.得理不饶人

说话是一门艺术。所谓"良言一句三冬暖，恶语伤人六月寒"，说的正是这个道理。有很多人，说话的立足点和出发点本来是不错的，但由于不注意说话艺术，往往导致无谓的误解和争端，甚至影响团结。一个团队中有职位的高低、分工的不同，但绝对没有人格的贵贱，彼此都需要别人的理解和尊重。

三、常用的交谈技巧

（一）增进了解

想向对方了解的内容，自己率先提起。

直接表达好感。直接表明想多了解对方，如果对方恰好是较开朗的人，就会对直爽有趣的人产生好感。切记在了解对方的时候要抛开成见，不戴有色眼镜，尤其是自己不甚了解的领域更要虚心倾听。

对方发起的询问，尽量具体回答。

要尽量避免刨根问底，不要在无趣的问题上执着太久。避免涉及隐私问题，如收入、学历、婚姻、家庭、背景；女性的年龄、身材、孕史等问题；对方如说"有事"，不要主动探寻是什么事，除非对方有主动告诉你的意愿；一些女性还会反感被人询问自己身上物品的价格，品牌可以问，但除非对方主动提及，最好不谈价格。

（二）称赞对方

（1）对不太熟悉的人，可先从称赞对方的"品位""审美""气质""谈吐"等显而易见的地方开始。而对方的"涵养""家族""工作""人生阅历""性格"等，达到一定熟悉程度之后再夸为妙。

（2）与其称赞对方身上的物品，或对方令人艳羡的工作，不如称赞对方能够选得美丽的物品的好眼光和一番事业背后的努力。仔细观察，认真倾听，去夸奖对方光鲜表面背后的品位与付出，这才是真正动人的称赞。

（3）抓住对方的某一两点真诚夸赞，远比将对方的全身上下乱夸一气要好，后者反而会给人以"世故"之感。

（4）将对方的称赞说给第三个人，借别人之口传达善意。不要向对方提起别人对他的负面评价，虽然这负面评价并非出自你口，但由你说出就等于冒犯了对方的尊严。

（三）接受称赞

（1）只需笑着回答："谢谢，我会继续努力。"并且不要立刻回夸对方"你也很棒"之类的话,效果并不好。

(2)被上司或前辈夸奖,要说"谢谢,多亏您的指教"。

(3)被近来工作不顺的同事夸奖自己的不错业绩时,考虑到对方复杂的心情,最好不要过于谦虚,直接回复"谢谢,我也很开心"就好。

(4)不要草率回答。对方夸你的裙子好看,你却说:"是吗?很多年前买的旧裙子了,正想着要不要扔了呢……"有时这种回答令人扫兴。

(5)"没有的事""差远了"等过分自谦的措辞也不太合适,不如说:"其实没您说得那么好,不过被您这么一夸,感觉自信多了!"这样对方听着也会开心。

(6)勿忘幽默。"包包好漂亮!这么贵,你还真敢买呢。""和我很配吧?快说它和我很配!""衬衫真不错,很贵吧?""不是很贵,是超级贵!"

(7)借别人的称赞内容引入新话题,既回复了赞美,也开始了新的聊天话题,一举两得。

(四)邀请别人

(1)给对方拒绝的余地。比如约别人时加上一句:"如果你有空的话……""如果你感兴趣的话……"

(2)个别情况强势邀请。很想约对方时,可直接说:"下次一起去吧!""下周你哪天有时间?一起去吧!"还可补充一句"真想和你一起去啊"或"能和你一起去的话一定很开心"。

(3)牢记"4W1H"原则,约人时应向对方传达这些信息:What,When,Where,Who,How much。

(五)有事相求

(1)职场中的"80%"原则:对上司或是同事有事相求时,请务必表示出自己已做了80%的尝试和努力,但仍有一部分无法做到,因此需要帮助。

(2)请求上司或同事帮忙的关键词是"信赖"和"尊敬",要向对方传达出"因为相信您有实力帮这个忙,所以才想拜托您"。

(3)对友人的关键词是"特别"。"这件事本不想跟别人说的,但因为是你,所以……"令对方感到自己对你来说是"特别"的存在。

(4)当对方说"有什么不懂的地方可以问我"时,不要迅速回答"没关系,我可以",即使不需要帮助也应先说"谢谢,有问题会请教您";对方说"今天我请客吧"时不要立即回绝"不用",而是先说"谢谢你的好意,不过……"并非刻意示弱,而是用令对方更有面子的方式婉言拒绝。

(六)鼓舞别人

(1)尽量引导对方说出烦恼,并顺其意说话。但要避免再触及对方痛处,更不要试图让对方在此时反省思过,等对方从低落中走出自会开始反省。

（2）分享自己的痛苦经验安慰对方。

（3）善用沉默的力量,比如给对方一个安慰的拥抱。

（4）对不算特别亲密的友人,应避免使用过激言语。

（七）转移话题

（1）转移话题的关键是要"不动声色"。

（2）关键词转换。利用对方刚才提过的某个关键词巧妙转换。

（3）动作转换。如猛一拍手、突然翻包、上厕所。

（八）提前离场

（1）实话实说。当有合理的原因时,实话实说是最佳方法。

（2）开始使用过去时措辞,如"今天过得真开心""今天多谢您了",更高明的是开始与对方约定下次见面的时间、地点等。

（3）先体贴地问对方:"有点晚了,不要紧吧?""聊得太开心都没发现已经到现在这个时间了呢,没耽误您接下来的安排吧?"

（4）手机提前设置定时闹铃,手机一响就装作接到紧急电话,告诉对方自己不得不先回去。

（5）先离场时,记得向留下的人表示歉意。

（九）体面道别

（1）道别时尽量表达一下当天的感受,如"那家店的甜品真好吃"。

（2）挂电话时,等待对方先挂断。

（3）从自家送走客人时,尽量别让出去的客人听到你在身后关门的声音。

（4）微露不舍之情。如在临别时说:"下次什么时候才能见到呢""要保持联络哦"……

（十）拒绝邀约

（1）不必盲目道歉。当没有义务参加对方邀请的活动时,无须道歉,只表示遗憾即可。这种情况如果道歉,反而有可能令对方不舒服。

（2）不论如何拒绝,首先应感谢对方的邀请。

（3）温柔细致地叙述拒绝理由,慢慢给对方一个被拒绝的心理过渡。

（4）拒绝工作委托时可说:"这个委托我如果接受了,可能会给您添麻烦。""有没有别的我真的能帮得上忙的事呢?""这方面实在不擅长,真的不好意思接受您的委托。"总之要体现出:拒绝是为了对方着想。

（5）提出第二方案。比如对方邀请某件事不能去,可向对方提议下周末去。

（6）措辞暧昧,如"目前是没什么安排,不过到时会不会突然有什么事也说不准……"

（十一）发生争执

（1）先退一步海阔天空,例如向对方表示:"如果刚才的话令您误会,十分抱歉。""抱歉是我言辞不当,其实……"

(2)忌用命令式。即使是对方的错,即使再生气,也别在人前对对方发火,始终记得给双方都留一些尊严。

(3)重点应是向对方传达"希望你下次能……""希望你能改善目前的局面"。意气用事之前,先做深呼吸。

(4)若跟熟人争执,不要太过严肃,穿插一些幽默效果更好。

四、倾听的智慧

说是一种能力,听是一种智慧。沟通是双向的,不是单纯地向别人灌输自己的思想,还应该学会积极倾听,懂得倾听的人更容易获得别人的好感。

凝情徘徊倾听久,一片冰心在玉壶——倾听礼仪

(一)倾听的重要性

倾听是探知他人内心世界的一把钥匙,是获得朋友信任、拓展人脉的一种手段。倾听是一种与人为善、心平气和、谦虚谨慎的姿态。这种姿态,能倾听到最真实的话语,接触到最现实的答案。

(1)在倾听的过程中摸清别人内心的意图,才能想到合适的办法应对不同的人、不同的事,无论是善意的还是恶意的;

(2)多听少说,可以避免流言,不伤害自己也不会伤害别人;

(3)认真倾听他人言语,不随意插嘴打断,代表了对他人的尊重;

(4)通过倾听,可以学习到很多东西,取他人之长,补自己之短;

(5)倾听别人的意见,懂得反思才能更好地提高自己,喜爱夸夸其谈、听不进别人意见的人是不会进步的。

> **言之有理**
>
> 18世纪前,没有麻醉剂,外科手术是件很可怕的事情。一次,莫顿偶然听化学家杰克逊说,他在做实验时不慎吸入氮气而中毒。为了解毒,他当时又吸了几口乙醚,顿时觉得异常轻松,然后就失去了知觉……言者无心,听者有意。莫顿认真地倾听并思索,从杰克逊的言谈中,悟到了乙醚的功能,于是研制成功了乙醚麻醉。

(二)如何倾听

倾听不是简单地用耳朵来听,它也是一门艺术。倾听不仅仅是要用耳朵来听说话者的言辞,还需要一个人全身心地去感受对方在谈话过程中表达的言语信息和非言语信息。狭义的倾听是指凭助听觉器官接受言语信息,进而通过思维活动达到认知、理解的全过程;广义的倾听包括文字交流等方式。其主体者是听者,而倾诉的主体者是诉说者,两者一唱一和有排解矛盾或者宣泄感情等优点。

1. 倾听的要点

(1)克服自我中心:不要总是谈论自己。

(2)克服自以为是:不要总想占主导地位。

(3)尊重对方:不要打断对方,要让对方把话说完。不能去深究那些不重要或不相关的细节而打断对方。

(4)不要激动:不要匆忙下结论,不要急于评价对方的观点,不要急切地表达建议,不要因为与对方不同的见解而产生激烈的争执。要仔细地听对方说些什么,不要把精力放在思考怎样反驳对方所说的某一个具体的小的观点上。

(5)尽量不要边听边琢磨他下面将会说什么。

(6)问自己是不是有偏见或成见,它们很容易影响你去听别人说。

(7)不要使你的思维跳跃得比说话者还快,不要试图理解对方还没有说出来的意思。

(8)在倾听的过程中,适时加上自己的见解,以使给予和吸收两个方面平衡。

(9)注重一些细节:身体前倾,表示对谈话感兴趣;不要了解自己不应该知道的东西,不要做小动作,不要走神,不必介意别人讲话的特点;以头部动作和丰富的面部表情回应说话者。

言之有理

有一次,美国知名主持人林克莱特访问一名小朋友,问他说:"你长大后想要当什么呀?"小朋友天真地回答:"嗯,我要当飞机驾驶员!"林克莱特接着问:"如果有一天,你的飞机飞到太平洋上空,所有引擎都熄火了,你会怎么办?"小朋友想了想:"我会先告诉坐在飞机上的人绑好安全带,然后我挂上我的降落伞先跳出去。"当现场的观众笑得东倒西歪时,林克莱特继续注视着这孩子,想看他是不是自作聪明的家伙。

没想到,接着孩子的两行热泪夺眶而出,这才使得林克莱特发觉这孩子的悲悯之情远非笔墨所能形容。于是林克莱特问他:"为什么要这么做?"小孩的回答透露出一个孩子真挚的想法:"我要去拿燃料,我还要回来!我还要回来!"

这个故事说明,沟通是双向的。我们并不是单纯地向别人灌输自己的思想,我们还应该学会积极倾听。

---

2. 倾听禁忌

(1)对谈话内容漠不关心;

(2)只听内容,忽略感觉;

(3)无故打断对方的谈话。

3. 如何倾听

(1)专注有礼。交谈时,应该正视对方以示专注倾听,利用自己的肢体语言表现出对说话者的尊重和礼貌,如身体向前倾,保持目光接触,赞许的点头或手势,表示在认真的倾听,集中注意力,不要让自己因外界干扰而分心。这些动作和态度会鼓励说话人"无拘无束地畅谈"。一般情况下,人们都会希望自己说的能得到他人的注意,所以专注的倾听是十分必要的。

（2）察言观色。以获得信息为目的进行每一次交谈,接受并理解别人向你传递的信息。交谈结束时,问问自己:"这个人或这些人到底打算告诉我什么内容?"

在当下复杂的社会环境和人际交往中,很多人口中所道并非肺腑之言,人们说的时候往往会将所处环境和说话对象考虑到他们所说的内容中,他们的真实想法往往隐藏起来,所以我们在听话时就需要注意琢磨对方话中的微妙感情,细细咀嚼品味,以便弄清其真正意图。若体会到说话者也许有所隐藏,切记不可当场揭穿,这样是非常不礼貌的。可以事后或是在更加私密的条件下,用适当的方式提出。

（3）有所收获。倾听是捕捉信息、处理信息、反馈信息的需要。一个好的倾听者应当善于通过交谈捕捉信息。听比说快,听者在聆听的空隙时间里,应思索、回味、分析对方的话,从中得到有效的信息。若是处于一种特定的收集信息的环境下,可随身准备纸笔,这样可以帮助我们记录有效的信息。

（4）有所反应。强调听人说话要专心静听,但并不是完全被动地、静止地听。最基本的,就是要和对方有眼神的交流,在对话时直视对方的眼睛是礼貌的一种表现,同时还可以不时地通过表情、手势、点头,向对方表示你在认真地倾听。若能适时插入一两句话,效果更好。

言之有理

苏格拉底非常善于演说,以教人讲话为职。有一个青年前来请他教导演说,并说明演说如何重要云云。苏格拉底等他说了半天以后,向他索要两倍的学费,青年问为什么。苏格拉底说:"因为我除了要教你讲话以外,还要教你如何不讲话。"

第三节　语言沟通礼仪之文书礼仪

文书的写作是现代企业办公室人员和秘书人员必备的能力,文书写作的成功与否直接影响业内人士对本企业的评价,文书在旅游工作者的业务往来中占据着举足轻重的地位。

一、公务信函的一般礼仪要求

信函，是书信的正式称呼。在人际交往中，信函是一种应用极为广泛的书面交流形式。对于广大基层旅游工作者而言，信函在实际工作中扮演着举足轻重的角色。因此，每一位旅游工作者都必须熟练掌握信函的书写和使用规范。

云中谁寄锦书来，习语暖心总关情——书信礼仪

这厢有礼

书信在古代的叫法

书简。在纸张发明之前，古人用竹片或木片作为书写材料，称作"简"——竹简或木简。木简又称"牍"。在古代，束、简通用，故书简亦称书束。

尺牍。信件的代称，因木牍的规格多长一尺左右。

尺素。汉乐府民歌《饮马长城窟行》："客从远方来，遗我双鲤鱼。呼儿烹鲤鱼，中有尺素书。"素，白绢。用一尺长的白绢（或绸）写成的书信称为尺素。在古代，由于非纸张类书写材料的规格多为一尺。因此，除了用白绢做书写材料的书信称"尺素"外，书信还有尺牍、尺函、尺鲤、尺笺、尺翰、尺书等称谓。

笺。便笺即便信，锦笺、华笺是书信的美称。

函。函原指信的封套。古代寄信用木匣子邮递，这种匣子叫函。后来就称信件为函，如信函、公函等。

札。《古诗十九首》："客从远方来，遗我一书札。"现在人们仍然用"信札"一词称谓书信。

鸿雁。典出《汉书·苏武传》："言天子射上林中，得雁，足有系帛书，言武等在某泽中。"鸿雁从此也成了书信的代称。

双鲤。以双鲤或鲤鱼代称书信，典出上引《饮马长城窟行》诗。双鲤鱼，指藏书信的函，就是刻成鲤鱼形的两块木板，一底一盖，把书信夹在里面。一说将上面写着书信的绢结成鱼形。

八行书，也是信札的代称。"八行书，千里梦，雁南飞。"（温庭筠）因旧时信件每页八行，故称为八行书。

（一）遵守"六 C"法则

旅游工作者在书写信函时应注意言辞礼貌、表达清晰、内容完整、格式正确、行文简洁六大要点。因为在英文里，礼貌（Courteous）、清晰（Clearness）、完整（Completeness）、正确（Correctness）、简洁（Conciseness）、体谅（Consideration）几个单词皆以字母 C 打头，故这六大要点亦称作商务和公务信函写作的"六 C"法则。

(二)注意五个要点

写作信函时,一定要对信函的内容与格式斟酌再三。以下五个具体问题,尤须认真对待。

(1)抬头。一般的公务信函均由抬头、正文、结尾三部分构成。作为一封公务信函的开端,抬头绝非可有可无,而是应当认真推敲。抬头的基本内容包括称谓语与提称语,两者均应根据具体对象具体对待,力求恰如其分。

①称谓语准确。在写作信函抬头时,应以称谓语称呼收信之人。在称呼收信者时,下列四点必须注意。

其一,姓名与头衔必须正确无误。在任何公务信函中,写错收信者的姓名与头衔都是绝不允许的。称呼收信者,有时可以只称其姓,略去其名,但不宜直呼其名,或者无姓无名。

其二,允许以直接致信的有关单位或部门作为抬头中的称谓语。在许多时候,以有关单位或部门直接作为收信者在礼仪上是许可的。

其三,可以使用中性名词称呼收信者。当不清楚收信者的性别时,以董事长、经理、主任、首席代表等无须辨别性的中性称呼去称呼对方是比较稳妥的。

其四,切忌滥用称呼。初次致信他人时,千万不要滥用称呼。诸如先生、小姐一类的称呼,在不清楚收信者性别时不宜采用。不能图省事,以先生或小姐去称呼收信者。不要乱用"阁下""老板""有关人士"这一类专用性称呼。

②提称语到位。在称谓语之前,有时需要使用提称语。提称语,即提高称谓语的词语。在公务信函里使用提称语,关键是要到位。在一般情况下,信函里最标准的提称语是尊敬的。平常的信函,不使用提称语亦可。在社交场合所使用的"尊鉴""台鉴""钧鉴"等古典式提称语,和在涉外场合所使用的"Dear""My"等西洋式提称语,在普通的公务信函中一般均不宜使用。

(2)正文。在信函里,正文是核心内容。写作正文时,一定要注意主题明确、合乎逻辑、层次清晰、语句通畅、文字正确、言简意赅。以下几处要点,在写作信函的正文时尤须注意。

一是注意人称使用。写作者所使用的人称颇为讲究。若为了表示亲切、自然,宜采用第一人称。若意在表示公事公办、严肃正规,则可以采用第三人称。

二是主要内容前置。一封标准信函的内容,应当像一座倒置的金字塔,越是重要的内容越应当置于前面。因此,在正文的开端,应直言自己认为最应当告诉收信者的信息以及收信者最希望了解的信息。

三是篇幅删繁就简。在任何情况下,一封拖沓冗长的公务信函都会使人感到无比乏味,所以在写作公务信函时,一定要注意控制其篇幅,力求简明扼要。一般而言,篇幅短、段落短、句子短、词汇短"四短",是写作信函时所必须恪守的铁律。

四是一信只议一事。为了确保公务信函发挥功效,并且尽量缩短其篇幅,最好一信只议一事。这样一来,不但可以突出主题,而且可以限制其篇幅。

五是语言平易近人。尽管公务信函使用的是书面语言,写作者亦应尽量使之生动、活泼、亲切、自然,既不应过于粗俗,也不应曲高和寡。

六是信息正确无误。信函所传递的信息,应确保正确无误。为此应做到:避免写错字、用错标点符号;防止滥用成语、典故、外语;过于生僻的词语或易于产生歧义的举例,也不宜采用。

七是书面干净整洁。一般来说,正式的公务信函最好打印,而不是手写,这样可确保书面的干净整洁。即使需要手写时,亦应避免随意涂抹、填补。另外,不要有行、格之外写字,不要掉字,不要以汉语拼音代替生字。

八是防止泄露机密。普通的公务信函,不应在其字里行间直接或间接地涉及商业秘密。若打算将其邮寄或快递时,尤须注意此点。

(3)结尾。在公务信函里,作为最后一部分的结尾,写作上的基本要求是全面而具体的。大体上说,信函的结尾又由下述六个具体部分所构成。

一是祝颂语。它是写信者对收信者所进行的例行祝福,其内容大多约定俗成,可酌情使用,但不宜空缺。

二是附问语。它是指写信者附带问候收信者周围人士,或请收信者代替自己向其周围人士问候。附问语可用可不用。

三是补述语。它是正文写完后,尚需补充的内容,故又称附言。一般的公务信函,最好不用补述语。如需使用补述语时应注意三点:单字不成行;单行不成页;字数不宜多。

四是署名。署名宜为写信者全名。必要时,亦可同时署上其行政职务与职称、学衔。若为打印信函,最好由署名者本人在信上亲笔签名。

五是日期。在署名之后,应注明写信的具体日期。为郑重其事,所署日期越具体越好。至少要写明某年某月某日,必要时还应注明某年某月某日某时。

六是附件。在一些信函的结尾,往往附有其他有关文件。附件通常应置于公务信函之后,但其具体件数、页数、名称均应在信中一一注明,以便收信者核对查阅。

(4)封文。交封邮寄、快递的公务信函均应书写封文。在写作封文时,不仅应当认真,而且必须遵守其基本规范。以下五点尤应重视。

一是地址详尽。写作封文时,为了保证收信者及时收到信函,或者信函退回时不致丢失,一定要将收信者与寄信者双方的具体地址仔细写明。不仅要写上省、市、区、街道、门牌号码,而且还应写上单位、部门。

二是姓名正确。在封文上,收信者与寄信者的姓名均应书写正确。以单位、部门作为收寄者时,亦应注明其正确的全称。

三是慎用雅语。正式信函的封文上,往往要使用一些雅语。它们皆有一定之规,不可滥用。它具体包括:其一,邮递员对收信者的称呼。它们写在收信者姓名之后,如"小姐""先生""老师"等。它并非写信者对收信者的称呼,故此不宜使用"大人""贤侄"之类。其二,启封词。它是敬请收信者拆启信封的礼貌语,如"启""钧启""收启"等,通常写在收信者姓名与邮递员对其称呼之后。其三,缄封词。它表示寄信者封闭信函时的恭敬之意,如缄、谨缄等。缄封词均应写在寄信者姓名之后。凡不封口的信函,没有必要多此一举。

四是邮编勿缺。正式交付邮寄的公务信函,一定要正确注明收信地址与寄信地址的邮政编码。缺少邮编或邮编不正确的公务信函,有可能晚到甚至丢失。

五是格式标准。封文写作,通常都有一定的格式可依。横式信封有横式信封的写法,竖式信封有竖式信封的写法;国内信函有国内信函的封文格式,国际信函有国际信函的封文格式。写作信函的封文时,必须认真照此办理。

(5)工具。写作公务信函,尤其是手写信函时,必须借助于一些必要的工具。使用这些工具时,应符合基本的礼仪规范。下面,着重介绍一些手写信函对其所用工具的基本要求。

一是信笺。信笺又叫信纸。公务信函所使用的信笺,应当规格统一,纸质上乘,美观大方,统一印制。通常不宜使用外单位信笺写作公务信函,也不要使用本单位信笺写作私信。

二是信封。公务信函所使用的信封,可以是市场上出售的标准信封,也可以是本单位统一印制的专用信封。不宜自制信封寄发公务信函,或是利用其他单位用过的信封寄发本单位的公务信函。公务信函信封的大小,宜与其容量相称。它的纸质、色彩,最好与信笺相匹配。

三是笔具。手写公务信函时,通常应使用钢笔或毛笔。如果以铅笔、圆珠笔来写,往往会令人感觉不够正式。

四是墨水。用毛笔写信,宜用黑色墨汁;用钢笔写信,则宜用黑色或蓝黑色墨水。纯蓝色的墨水因其字迹难以持久保存,故不应使用。使用其他彩色墨水,则有哗众取宠之嫌,亦不可取。

言之有理

传统书信礼仪:自谦而敬人

中华民族是礼仪之邦,人们相互通信来往,既讲究修辞、文法,又讲究礼仪。

书信中以敬称称呼对方表明尊重。可以用古代的爵称,君、公等,也可在称谓前加敬字。比如对于一些我们非常敬仰的有一定学术地位的长者,一般都称为某公。

书信中绝对不能出现我、你、他字样,如果非要用就需要用一些词代替。比如"你"可以称为某某仁兄、某某砚兄或阁下。在信中称自己应该为在下、小弟。信中的"他"应该用"渠"来代替。

古人"自谦而敬人"的做人原则在书信中表现为对别人用敬称的同时自己用谦称。比如称自己给别人的东西应该用"菲""芹""寸""薄"。比如薄酒一杯,聊表芹献。请人家吃饭叫作"略具菲酌"。

信的正文中,在称谓自己的亲属时应使用谦称。过去有"家大舍小令外人"的七字诀,也就是如何称呼别人以及自己。例如,对别人称谓比自己辈分高或年纪大的亲属时可冠以"家"字。称自己的父亲为"家父""家严",称自己的母亲为"家母""家慈"。"舍小"就是当着别人称呼比自己辈分小或年龄小的家里人的谦称。如"舍弟""舍妹"等。而愚、鄙、敝、拙也常用于自称,如"愚兄""鄙人""敝姓""拙见"。

敬词则用在称呼对方及和对方有关的人和事上。对尊辈、平辈或晚辈可用"贤"字,如称对方为贤家、贤弟;敬称别人的亲属或事物则用"高"字。如高堂、高就、高论。称老人的年龄(多指六十岁以上)为高龄,而高寿则用于问老人的年纪,高足用于称呼别人的学生;用于对方对待自己的行动则可用"雅"或者"惠"。如称对方的指教为雅教、雅正。称别人的光临为惠顾,而称别人的赠送则说惠赐、惠赠。称别人写来的书信为惠音。人家的指点则是惠示或惠教。

书信结尾时,要用"即颂近安""祝你进步"之类祝词对收信人表示祝愿。比如对文人学士,用"道安""撰安""文安"等,取其文以载道、著述日丰之意;对医可用"诊安""壶安"等;对政界使用"政安""勋安""升安"等,取其功勋卓著、升阶晋爵之意。

资料来源:葛奇峰.中国传统书信礼仪[J].寻根,2015(6).

二、应用信函的写作礼仪

在现代旅游交往活动中,尽管手机、电话、传真、电子邮件逐渐普及,并以其快捷方便的特点发展迅速,但书信作为几个世纪来人们最普遍的通信工具,仍有其不可取代的优势。

书信包括用于私人往来的一般书信和用于公事往来的专用书信。

(一)一般书信

一般书信主要是指个人之间,特别是亲朋好友之间为了相互祝贺、表达感情、托事关照而写的书信。

一般书信有信文和封文两部分,函信时两者是分开的,明信时两者是合一的。

1.信文的格式

信文一般由称谓、正文、敬语、落款及日期等构成。

(1)称谓。应在第一行顶格写,后加冒号,以示尊敬,称谓应遵循长幼有序、礼貌待人的原则,选择得体的称呼。

(2)正文。正文是书信的主体,一般由四部分内容构成。

第一,问候语。单独成行,以示礼貌。典型的是"您好!""节日好!"

第二，询问对方的事情要另起一段。主要是收到来信，询问对方近况等。

第三，回答对方的问题或要对方帮助的事情等，这是信文的主体。一般一个问题应单列一段，回答要有针对性，写自己的事要简洁，要求帮助之事要明确。

第四，希望或再联系之事，要简短、自然。

（3）敬语。敬语是虔诚地向对方祝愿或祈祷的话。它依据对象、内容、场合等具体情形选择词语。多用"此致""即颂""顺祝"等词紧接着正文末尾，在下一行的顶格处，用"敬礼""近安""安康"等词与前面呼应。

（4）落款及时间。信文最后要写发信人姓名和写信日期。署名应写在敬语后另起一行靠右边位置。给亲朋好友的信，可只写名而不写姓；给组织或不太熟悉人的信，要署上全名，以示庄重、严肃。署名后可酌情加启词，对长辈用"奉""拜上"，对同辈用"谨上"，对晚辈用"字""白"等词。

署名之下写日期，可以写上年月日，也可以写月日或只写日，还可以加具体时辰和写信地点，如 8 月 6 日晚 7 时于花城。

2. 封文的写法

封文主要有横式和竖式两种，现以横式为主。横式封文书写是从上至下，竖式封文书写是从右到左。先写收信人邮编、地址、姓名，后写寄信人的地址、邮编。

（1）邮编。写在最前边。

（2）收信人地址。写在邮编下，不要与邮编靠得太近。一般按省、县、乡、村或所在单位的顺序写，要详细、具体、清晰。发给机关、团体的信，要先写地址再写名称。

（3）收信人姓名。写在信封中间。根据收信人情况，姓名后写"同志""先生"等称呼。称呼后可加"收""启"或"亲启"等。

（4）寄信人地址和邮编。写在信封右下方，同时，最好写上寄信人姓名，或只署上姓，在姓名或姓之后，可以写一个"缄"字。

若托人转交的信，信封一般不封口或由受委托人封口，以示礼貌，如捎信人熟悉收信人的地址，信封上就不用再写地址，只写"烦交""面交""送交""呈交"即可；如果不熟悉，应把详细地址写上。信封中间写收信人姓名，信封右下角写"××拜托"。

言之有理

信纸的折叠

一般信纸的折叠法是文字向外，最好能让收信人拆信后，抽出信笺看见自己的名字。文字向内的折法，一般是凶信折法，写文言文书信、寄给谙熟古人礼仪的人时切忌这一折法。寄往欧美国家的信函，信纸折叠的方式为一分为三地横折，将对方姓名留存外面，以便收信人拆信后，抽出信笺便看见自己的姓名。

（二）专用书信

专用书信是用于某种特定场合,针对某种特定事务或特殊需要的具有专门用途的书信。专用书信包括贺信、感谢信、慰问信、致歉信、邀请信等。

1. 贺信

贺信是对机关、团体、单位或个人喜庆之事,如各类庆典、开业、成功召开重大会议、升迁等表示祝贺,或是对做出突出贡献、取得重大成就的机关、团体或个人表示庆祝而写的信件,称之为贺信。

写贺信,要感情真挚、浓烈,给人以鼓舞;评价要适当而有新意,避免陈词滥调;行文应规范,称谓要合体;文字简练,语言朴素。以个人名义书写的贺信一般用手写,以表示亲切之意,以单位名义书写的贺信一般打印在粉红色的质地厚一些的纸上。

贺信的格式一般包括标题、称谓、正文、落款等部分。

（1）标题,一般需要在版面第一行的中间写上"贺信"两字,字可较正文偏大一号。

（2）称谓,即对致信接受者的称呼。顶格写接受贺信的单位或个人名称,后面加冒号。

（3）正文,即贺信的具体内容,紧接称呼之后,另起一行,空两格写。

（4）落款,署名及标明写信日期。

言之有理

英国浙江大学校友会致母校 113 周年华诞贺信

浙江大学校友总会:

　　5 月 21 日母校浙江大学将迎来百十三载华诞。在此普天下求是人共同庆贺的日子,英国校友会谨代表全体在英工作学习的校友,向母校师生致以我们最诚挚的问候和最美好的祝愿。

　　5 月份的杭州一定已经鲜花盛开,暖风徐徐;今年适逢 2010 世博会在上海召开,相信杭州一定格外的热闹。虽然我们无法回到浙大校园去体会校庆的热烈气氛,但我们始终心系母校,始终不忘母校的培育之情。我们会时刻牢记母校"求是创新"的教诲,培养"海纳江河"的胸襟,肩负"树我邦国"的使命。我们将继续秉承浙大人的求是精神,做好本职工作,用自己的行动为母校增光添彩。

　　最后,衷心祝愿母校继往开来,各项事业蒸蒸日上。

英国浙江大学校友会

2010 年 5 月 20 日

2. 感谢信

感谢信是对某个单位或个人的关怀、支持、帮助等表示感谢的专用书信。感谢信可分为给集体的感谢信和给个人的感谢信。

感谢信具有感谢和表扬的双重作用。它可以直接送给对方,也可以在对方所在地的公共场所张贴,还可以通过新闻媒介刊播。

写感谢信,在叙述对方对自己或本单位的帮助时,要把人物、时间、地点、原因、结果和经过写清楚;感谢信的行文要真挚热烈,文字要精练,叙事要概括。感谢信的格式与普通书信基本相同,一般包括标题、称谓、正文、敬语和落款等部分。

(1)标题。在第一行正中写"感谢信",有时可以写"致×的感谢信"或"×××致××的感谢信",字体要大一些。

(2)称谓。另起一行,顶格写对方单位名称或个人姓名全称,后面加上冒号。

(3)正文。在称谓下,前空两格写正文。正文一般分三个层次:

①感谢事由。先陈述事实,写清楚对方在什么时间、地点,由于什么原因,对自己或单位有什么支持和帮助.

②意义评点。指出对方的关心、支持、帮助对整个事件成功的重要性以及他们所体现的可贵精神,所产生的影响。

③诚恳表示谢意和向对方学习的态度、决心。

(4)结尾。在正文之后,另起一行,前空两格写,"此致"换一行顶格写"敬礼"。

(5)落款。在文末署名并标明日期。

言之有理

感谢信

尊敬的马可波罗假日酒店总经理:

入住贵酒店二晚,对酒店先进的硬件及优秀的软件深有感悟,特此向您表示感谢!

我是来自北京的商务客人,因昨晚身体不适未能外出,后贵店楼层服务员进来送报纸时发现我躺在床上,便亲切地询问,于是我把不适的情况向她进行了说明。服务员马上给我倒了一杯温水,帮助我喝了下去。过了一会儿,又送来一碗粥和两样小菜,告知我一些该注意及可能引起身体不适的因素,并安排好我躺下后才轻轻离开!

在此,我向总经理先生表示致谢!并也请转告我对那位女服务员的感谢!我相信也许下月又会再次入住酒店,祝酒店事业腾达!

此致
敬礼!

李林
2018 年 5 月 16 日

3.慰问信

慰问信是以组织或个人的名义,向有关单位或个人表示安慰、问候、关怀、致意的专用书信。

慰问信有三种类型:第一种是对取得重大成绩的集体或个人表示慰勉;第二种是对由于某种原因而遭到暂时困难和严重损失的集体或个人表示同情、安慰;第三种是在节日之际对有贡献的集体或个人表示慰问。

写慰问信首先要明确对象,根据不同的对象确定慰问内容和重点。慰问信的语言要亲切、生动,感情要充沛、真挚。

慰问信可以公开刊登于传媒或张贴于布告栏中,单位内部的某些慰问信,可以直接寄到被慰问者家中。慰问信的格式与感谢信基本一致,只是缺少敬语部分。

4.致歉信

商务交往中的不周全以及自己行为上的不注意,往往会引起另一方的不满,甚至会导致恶劣影响。除了立即解决问题外,常需要向对方去函致歉,有时还需公开在媒体上致歉。

致歉信是向收信人表示歉意的信件,包括说明为何事而致歉、解释造成过失或不能履约的原因、再次致歉或提出解决方案三个部分。

致歉信必须写得坦诚,表达出真心的歉意。当然在信纸、信封和邮寄方式的选择上也要特别用心,务必让对方体会到你的郑重和诚恳。

致歉信在格式上一般包括标题、称谓、正文、落款四部分。

5.邀请信

(1)邀请信。它是为郑重邀请有关人员参加重大会议、重要庆典活动及纪念性活动而发出的书面通知,又称邀请书、邀请函。

邀请信的内容一般较简单,除注重礼节外,还要热情诚恳,把邀请的细节(包括邀请对象、活动时间、地点等)交代清楚。

邀请信在格式上一般包括标题、称呼、正文、敬语、落款五部分。

①标题。在第一行当中写"邀请信"就可以了,有时加上事由如"关于出席亚太经济发展会议的邀请信"。

②称呼。一定要用尊称,顶格写,有时可加上"尊敬的"之类的定语。

③正文。先寒暄或向对方致以简短的问候;说明邀请对方参加什么活动及邀请原因,说明活动安排的细节;如有必要,请被邀请一方回复。

④敬语。在文末写上礼节性问候或恭敬语,如"敬请光临""此致,敬礼""顺致节日问候"等。

⑤落款。在邀请单位、个人之后可加上"谨邀"两字,表示敬意。以单位名义的邀请信须加盖公章。

言之有理

杭州马可波罗假日酒店开业20周年庆典邀请信

尊敬的李宏教授：

您好！

2019年5月8日，酒店将迎来开业20周年纪念日。20年来，酒店全体员工躬耕不辍，励精图治，多次被评为"杭州十佳酒店""品质卓越酒店"等殊荣。

酒店取得的成绩离不开各界人士的关心与帮助。为表示感谢，我们将在2019年5月8日上午八点，在酒店举行盛大的庆典仪式，届时，恭候您的光临。

顺致
崇高敬意！

杭州马可波罗假日酒店(章)谨邀

2019年4月18日

（2）请柬。请柬是邀请他人参加某种会议、宴席、聚会活动的书面邀请书。

与一般邀请信不同，请柬是一种正规的邀请信。请柬的格式严谨而固定，一般适用于喜庆活动。一般邀请信通常适用于一些平常事情的邀请，是小范围或个别朋友之间的邀约，语气亲切、友好，邀请人同被邀请人之间又很熟悉。

请柬一般有两种样式：一种是单面的，直接由标题、称谓、正文、敬语、落款构成。一种是双面的，即折叠式：一为封面，写"请柬"二字；一为封里，写称谓、正文、敬语、落款等。

凡属比较隆重的喜庆活动，邀请客人均以请柬为准，切忌随便口头招呼，顾此失彼。请柬书写要简洁明确、文雅庄重、热情得体。

各种请柬内容不同，形式各有区别，但都必须将举办活动的名称、时间、地点、主办人、被邀请人写明白。

（三）其他常用商务文书礼仪

1. 聘书礼仪

聘书是聘请有关人员参加某种活动或担任某项工作的凭证(见图5-3)。

聘书通常由标题、称谓、正文、结语和落款五部分构成。

（1）标题在内页首行的中间位置书写，字体较正文稍大一些，写上"聘书"、"聘请书"或"聘约"这样的字样。

（2）称谓位于标题下一行，顶格写起，写受聘人的姓名，必要时附上职务、职称及学衔等。

（3）正文一般包括聘请缘由、被聘人承担的具体职务、职责、权限、待遇、聘期起止时

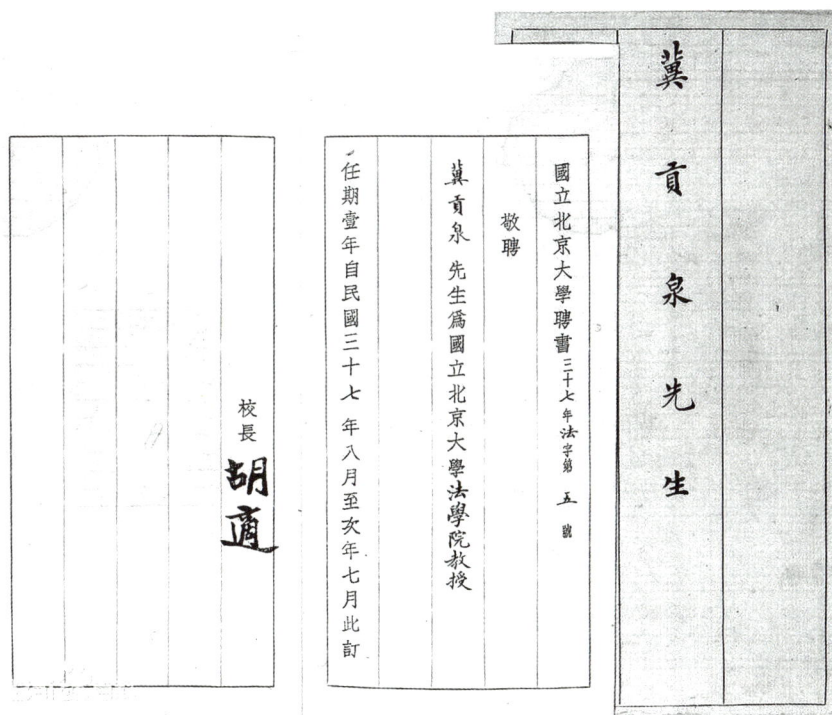

图 5-3 北京大学聘书

间,以及对被聘任人的要求或希望等,可以分条列项书写。

(4)结语应用"此聘""特聘""特授予此证"等敬语,另起一行空两格书写。

(5)落款要在正文下面靠右侧,写聘请单位名称或单位负责人姓名,并加盖公章及个人签名或盖章,然后另起一行写发出日期。

(6)写聘书时应注意语气要谦恭、得体,用词要简练、准确。

言之有理

聘请书

为提高服务品质,杭州马可波罗假日酒店特成立酒店品质管理小组。特聘请李宏教授为指导专家,参与本酒店品质管理工作,对酒店的品质予以监督和指导。

此致

敬礼!

杭州马可波罗假日酒店(盖章)

2018 年 2 月 18 日

2. 启事礼仪

启事是指在需要向大家公开说明某事或希望大家协助办理某事时所写的简短文字稿,它一般采用广播、电视、报刊或张贴于公共场合等形式进行宣告。它的对象就是社会大众,极为广泛。其目的是既求广,又求快,因而要通过多种传播媒体来达成要求。

(1)启事的特点。启事是一种较独特的社交礼仪文书,其特点主要有以下两个方面。

①知晓性强。启事是用最大限度的传播媒体、最广的范围与传播空间、最快的时间来尽可能地将所启之事公告于社会大众,以使社会各界人士在尽量短的时间里知晓启事内容,尽快解决有关事项。

②简洁明晰。启事内容要求时间紧、事项少,必须让人一看就明了有关事项。语言应简短有力,使公众一看或一听就明确所启之事。启事的用词要简洁、鲜明、清晰,内容简明扼要,文字精练,适用范围广而明确。

(2)启事的种类。启事适用范围广,涉及内容多,根据不同标准、不同角度,可分为多种类别。

①按所涉及的事务分,启事有公务启事和私务启事两大类。

公务启事一般是机关、企事业单位、人民团体向部分公众宣布或告知有关事宜时使用。比如招聘启事、租房启事、迁址启事、开业启事、征稿启事、征询意见启事等;私务启事一般是个人向公众声明、要求、征询有关问题时使用,比如寻人启事、寻物启物、征婚启事、家教启事等。

②按启事涉及事项的性质分,启事有征召类启事、寻找类启事和声明类启事三种。

征招类启事主要是征求某些对象做某事或招收某些人员的启事,比如征文启事、招工启事、招生启事、招标启事、征订启事、征集启事等;寻找类启事主要是寻人或寻物启事;声明类启事主要是声明某证件作废,辨别真伪,告知地址迁移、名称改变、提前或延期、开业或停业等情况的启事。

此外,还有不同目的与内容的其他启事,诸如道歉类、鸣谢类、辞行类、陈情类、喜庆类、丧祭类等礼仪色彩特别浓重的启事。

(3)启事的格式。其由标题、正文、落款三部分组成。

①标题。标题一般应写清楚启事的性质或主题,如"更正启事""寻物启事"等。

②正文。正文就是启事的主体,主要写所启之事及该事的旨意。正文要求直截了当地把写作者所要求之事的具体内容、想法、意图明确地告知社会公众。

为了便于联系,正文中的时间、地点、事物名称(人物姓名)、年龄、职业、要求或征询事项要写得明确、具体而简洁。

③落款。落款要写明启事人姓名、单位名称及启事的确切时间。在正文之后空一行右下方位置落款。若报刊上的启事,可不写时间。

④启事的写作要求。

第一,标题要简短醒目。启事标题要尽量简短,一般用简称,像"寻人启事"可用"寻人"，"招聘启事"可用"招聘"等。为了醒目，其字体较正文的字体要大得多。

第二，内容要突出重点。启事一般应一事一启，讲求一文一个中心思想，使人一看就知道要做什么或怎样做某事。

第三，陈述要简明扼要。启事一般用说明来表达主题，要求行文简短、明确，文字精练、准确，措辞郑重、严谨，不用比喻、夸张等修辞手法。切忌文字冗赘、语言晦涩。

第四，行文要礼貌得体。启事是让社会各界了解有关事情、帮助做有关事情，或征求意见等，在行文上讲究一定的体式，用语上力求文明礼貌、得体、恰当，期望以彬彬有礼的方式引起社会公众的普遍理解或同情。

第四节　语言沟通礼仪之电子通信礼仪

通信是指人们利用一定的电信设备来进行信息的传递。被传递的信息，既可以是文字、符号，也可以是表格、图像。在日常生活里，旅游工作者接触最多的通信手段，当前主要有电话、手机、电子邮件、微信等。通信礼仪是指在利用上述各种通信手段时，所应遵守的礼仪规范。

一、电话礼仪

电话不仅仅是一种传递信息、获取信息、保持联络的寻常工具，也是旅游工作者所在单位或个人形象的一个载体。在旅游活动交往中的接打电话，实际上是在为通话者所在的单位、为通话者本人绘制一幅给人以深刻印象的电话形象。电话形象，即人们在通电话的整个过程之中的语言、声调、内容、表情、态度、时间感等的集合。它能够真实地体现出个人的素质、待人接物的态度以及通话者所在单位的整体水平。正是因为电话形象在现代社会中无处不在，因此凡是重视维护自身形象的单位，无不对电话的使用给予了高度的关注。

（一）拨打电话

1.要选择对方方便的时间

（1）公务电话应尽量打到对方单位，最好避开临近下班的时间，因为这时打电话，对方往往急于下班，很可能得不到满意的答复。

（2）打国际长途要了解时差。

（3）谈公事不要占用他人的私人时间，尤其是节假日时间。

（4）社交电话最好不要在工作时间打，以免影响他人工作。

（5）不要在他人的休息时间之内打电话，若确有必要往对方家里打电话时，应注意避开吃饭或睡觉时间；早晨8点钟以前，晚上10点钟以后不宜打电话到他人家里。

2. 要注意控制时间

每个人上班都要处理大量公务,单位里的电话是用来处理公务的,所以主叫方应当自觉地、有意识地将每次通话的时间限定在 3 分钟之内,尽量不要超过。为了节约他人和自己的时间,应做到以下几点:

(1)事先准备。通话之前,最好把对方的姓名、电话号码、通话要点等通话内容列出一张清单,这样可以避免发生现说现想、缺少条理、丢三落四的情况。

(2)简明扼要。电话内容应言简意赅,切忌长时间占用电话聊天。办公室的电话用于办公,最好不要在上班时间打私人电话;商务通话,最忌讳说话吞吞吐吐,含糊不清,东拉西扯;寒暄后,就应直言主题,不要讲空话、废话,不要无话找话、短话长说。

(3)适可而止。要讲的话已说完,就应果断地终止通话。有人觉得,别人都还要挂电话,自己先挂好像不礼貌,所以有的公司规定要对方挂了之后自己才能挂;按照电话礼仪,一般应该由通话双方中地位高者终止通话。如果双方地位平等,那么作为主叫方应该先挂。

3. 要注意礼貌

电话接通后,除首先问候对方外,别忘记自报单位、职务、姓名。必要时,应询问对方是否方便,在对方方便的情况下,再开始交谈。开口就打听自己需要了解的事情、咄咄逼人的态度是令人反感的。请人转接电话,要向对方致谢,由于某种原因,电话中断了,要由打电话的人重新拨打。通话完毕时应道"再见",然后轻轻放下电话。

4. 将笑容融入声音

当打电话给某单位,若一接通,就能听到对方亲切、优美的应答声,心里一定会很愉快,使双方对话能顺利展开,对该单位也有了较好的印象。打电话时虽然相互看不见,但说话声音的大小,对待对方的态度,包括语调和心情这些看不见的风度表现,都通过电话传给了对方。旅游工作者应该用声调表达出诚恳和热情,声音悦耳,音量适中,这是最简单、最起码的礼貌,如果要使自己电话里的声音好听,可以试一试带着微笑说:"你好,××公司。"给对方留下好的印象。因此要记住,接电话时,应有"我代表单位形象"的意识。

(二)接听电话

1. 接听及时

电话铃声响起后,应尽快接听,最好响三下后拿起话筒,不要让铃声响过五下。电话铃声响一声大约 3 秒钟,若长时间无人接电话,或让对方久等是很不礼貌的。

电话铃响了许久才接电话,要在通话之初向对方表示歉意;不要在铃声才响过一次就接电话,这样会令对方觉得突然。

2. 了解来电话的目的

上班时间打来的电话几乎都与工作有关,公司的每个电话都十分重要,不可敷衍,即使对方要找的人不在,切忌只说"不在"就把电话挂了。接电话时也要尽可能问清事由,避免误事。首先应了解对方来电的目的,如本人无法处理,也应认真记录下来,之后寻求其他人员或其他部门的协助以解决问题。

3. 礼貌应答

拿起话筒后,首先向对方问好,然后自报家门:"您好,这里是公司××部。"电话用语应文明、礼貌,态度应热情、谦和、诚恳,语调应平和,音量要适中。切忌拿起电话劈头就问:"喂!找谁?"也一定不能用很生硬的口气说"他不在""打错了""没这人""不知道"等。

(1)接电话时,对对方的谈话可作必要的重复,重要的内容应简明扼要地记录下来,如时间、地点、联系事宜、需解决的问题等。

(2)电话交谈完毕时,应尽量让对方结束对话,若需自己来结束,应解释、致歉。

(3)通话完毕后,要向对方道"再见",等对方放下话筒后,再轻轻地放下电话,以示尊重。

(4)接到误拨的电话,应礼貌相待,不能恶狠狠地说"打错了!"然后用力把电话挂上。

(5)会议期间如有人打来电话,可向其说明原因,并表示歉意,会后联系。

(6)接听电话时,又有电话打来,千万不能不接,可对正在通话的一方说明原因,然后接听另一个电话,请对方稍后再拨,然后继续方才的电话。

4. 调整状态

接听电话过程中不能吸烟、喝茶、吃零食。弯着腰躺在椅子上和坐姿端正,对方是能够通过声音感受到的。因此打电话时,即使看不见对方,也不能表现出懒散、无精打采的状态,也要当对方就在眼前,尽可能注意自己的姿势。

(三)代接电话

1. 以礼相待,尊重隐私

当来电要找的人不在时,不能过分追问对方情况。例如,你找他有什么事,你是他什么人等。这都是非常失礼的表现。而应说:"请稍等!"如果没有看见对方要找的人,要立即告之:"抱歉,他不在,需要(方便)我转告什么吗?""对不起,他刚好出去,您需要留话吗?"

2. 把握分寸,妥善处理

若熟人找领导且领导在的话,就立即转告,让领导接电话,在把电话转给领导时,先要清楚表达"××公司××先生打来的电话",并要把从对方得到的消息,简洁、迅速地传给领导,以免对方再重复一次,同时让领导有思想准备。若是领导不愿接的电话,则应灵活应对。可以这样说:"对不起,先生,领导刚离开办公室"或"我不知何时能找到他"。

若领导正忙或已出差无法接电话时,可让对方留话,表示会主动联系。

3. 记忆准确,做好记录

若对方要找的人不在时,应温和地转告对方,并可主动提出是否需要帮助,绝不要简单地答"他不在",这样会显得鲁莽而无礼。要是对方有留言,必须确实记住以下留言内容:何时何人来的电话?有何要事?需要回电话吗?回电话的对象是谁,如何称呼?是否再打过来？对方电话号码是多少？等等。记完后要复述一遍,并告知其请放心,一定转告。

4.及时传达,不可误事

当见到对方所要找的人时,应立刻将电话内容告知对方;或把留言条放到留言对象的桌上,以便他回来时立刻能看到。

千万不要小看这些电话的细节,如果能够很好地运用这些电话礼仪,就能让客人觉得员工训练有素,值得信赖。如果公司的每一个员工都有正确得体的电话礼仪,其效果无异于塑造了一个电话里的公司形象。

二、手机礼仪

(一)手机放置的常规位置

在一切公共场合,手机在没有使用时,都要放在合乎礼仪的常规位置上,不要在并没使用的时候放在手里或是挂在上衣口袋外。

放手机的常规位置:一是随身携带的公文包里,这种位置最正规;二是上衣的内袋里,也可以放在不起眼的地方,如手边、背后、手袋里,但不要放在桌子上,特别是不要对着对面正在聊天的客人。

(二)注意场合

(1)不要做声音污染源。在公共场合接电话时要注意控制自己的音量,避免影响到周围的人,如大声通话,开着喇叭玩游戏或看电影。在要求"保持安静"的公共场所,如音乐厅、美术馆、影剧院等处参观展览或观看演出时,应关闭手机,或将手机设置为静音状态。

(2)不宜在排队办理业务时长时间接电话,否则会影响业务人员的工作时间和其他排队的客户。

(3)在艺术展或其他展览会场不要拍摄、标记和分享未取得他人同意的照片及影片。

(4)不宜在会客、会议或聚会等社交场合时沉溺于翻看手机,以免给别人留下用心不专、不懂礼貌的坏形象。

(5)给别人去电注意时间,中午休息时间、晚上 10 点以后勿给他人打电话,以免影响他人休息。

(三)安全使用手机

(1)行车时,不要使用手机通话或查看信息,以免分散注意力,造成交通事故。

(2)使用手机时,会产生电磁波,不要在加油站、面粉厂、油库等处使用手机,免得手机所发出的电磁波引起火灾、爆炸。

(3)不要在病房内使用手机,以免手机信号干扰医疗仪器的正常运行,或者影响病人休息。

（4）不要边走路边打电话或发短信,看手机资讯。

（5）不要在飞机飞行期间使用手机,以免给航班带来危险。

（6）最好不要在手机中谈论商业秘密或国家安全事项等机密事件,因为手机容易出现信息外漏,产生不良后果。

（7）特别注意周围有无禁止无线电发射的标志。

（四）注意通话方式

在人员较多的场合,如地铁、公交车等,切忌旁若无人地面对众人大声通话。正确的做法是应该侧身通话,或找个僻静的场所交谈。在大街或其他公共场合通话时,最好不要边走边谈。

（五）选择适合的铃声

由于网络技术的进步与发展,铃声变化多样,乐曲、歌声、仿人声、仿动物叫声应有尽有。但是彩铃是给打电话的人听的,旅游工作者最好不要用怪异、夸张或格调低下的彩铃,会给人以不成熟、不稳重之感。

（六）尊重他人隐私

手机是个人隐私的重要组成部分,为了尊重他人,体现自己的涵养,不要翻看他人手机中的任何信息,包括通讯录、短信、通话记录等;一般情况下,不要借用他人的手机打电话,万不得已需要借用他人手机打电话时,请不要走出机主的视线,并且尽量做到长话短说,用毕要表示感谢。

三、电子邮件礼仪

发送电子邮件时需要注意以下几点。

（一）主题要明确

主题是接收者了解邮件的第一信息,因此要提纲挈领,使用有意义的主题,切忌使用含义不清的标题。这样可以让收件人迅速了解邮件内容,并判断其重要性;不可空白标题,文字要简短,不宜冗长,一封信尽可能只针对一个主题,以利于对方阅读和收藏。回复对方邮件的主题可以根据回复内容需要更改标题,不要"RERE"一大串,可适当使用大写字母或特殊字符(如"＊!"等)来突出标题,引起收件人注意,但应适度,特别是不要随便使用"紧急"之类的字眼。

（二）语言要流畅

行文要通顺流畅,多用简单词汇和短句,准确清晰地表达,尽量不用生僻字、异体字,不用长句和晦涩语言,引用数据、资料时,则最好标明出处,以便收件人核对。

（三）内容要简洁

电子邮件内容应当简明扼要,短小精炼,应选择便于阅读的字号和字体,加快阅读文稿的速度,为对方节约时间,但仍需要注意必要的信文格式和相应的礼貌。

(四)不滥发电子邮件

目前,有不少网民时常因为自己的电子信箱中堆满了无数无聊的电子邮件,甚至是陌生人的电子邮件而烦心不堪,对其进行处理,不仅会浪费时间和精力,还有可能耽搁正事。

(五)合理使用附件

(1)如果邮件带有附件,应在正文里面提示收件人查看附件。

(2)附件文件应按有意义的名字命名,不可以用看不懂的文件名。

(3)正文中应对附件内容作简要说明,特别是带有多个附件时。

(4)附件数目不宜超过4个,数目较多时应打包压缩成一个文件。

(5)如果附件是特殊格式文件,应在正文中说明打开方式,以免影响使用。

(6)如果附件过大(不宜超过2MB),应分割成几个小文件分别发送。

(7)尊重对方的习惯,不主动发英文邮件。如果对方与你的邮件往来是采用中文,请不要自作聪明地发送英文邮件给他;如果对方发英文邮件给你,也应用英文回复。

(8)恰当签名。签名档可包括姓名、职务、公司、电话、传真、地址等信息,但信息不宜行数过多,一般不超过4行。

(9)及时回复E-mail。收到重要电子邮件后,即刻回复对方,这是对他人的尊重,理想的回复时间是2小时内,特别是对一些紧急重要的邮件。

(10)要就同一问题多次回复讨论,不要"盖高楼"。如果收发双方就同一问题的交流回复超过3次,说明交流不畅,没有说清楚,此时应采用电话等其他方式进行交流沟通后再做判断。电子邮件有时并不是最好的交流方式,对于较为复杂的问题,多个收件人频繁回复、发表看法,把邮件越"RE"越高,这将导致邮件过于冗长笨拙而不可阅读,此时应及时对之前讨论的结果进行小结,删减瘦身,突出有用信息。

(11)要区分reply(单独回复)和reply all(回复全体)。如果只需要单独一个人知道的事,单独回复即可;如果对发件人提出的要求做出结论响应,应该replay all,让大家都知道发件者的看法。

四、微信礼仪

微信(WeChat)是一款快速发送文字、照片、视频,支持多人语音对讲的手机聊天软件。无论是社交、生活还是工作,现在人们越来越离不开微信。这样一种全新的社交方式,也就意味着全新的礼仪规则。

(一)名称要规范

很多人认为,微信起名可以随心所欲。有些微信用户用外国政要人名来命名;有些把丑当美,视低俗为高尚;有些名称则难记难懂,如用一长串英文字母和数字起名,用看不懂的似汉字非汉字的字当名字等。微信名虽说是网名,但对于商务人士来说,应本着利于交往、利于记忆的目的,起一个规范、高雅的微信名,而不能随波逐流、标新立异、哗众取宠。对于某些要求比较高的行业和岗位,微信名称最好是真实姓名或者包含真实姓名,因为真实姓名更可以增加人的真诚度和可信度。

（二）头像要美观

如果仅作为非正式的社交使用,那么可以选择搞笑的头像等。如果在工作中使用,就要选择些个性、美观并可信的照片,避免奇怪的动物头像或荒谬的场景头像等。另外如风景、花朵、艺术等也是可以的。

（三）加友要礼貌

添加他人为好友,要在备注栏里作自我介绍。即使微信名是自己的真实名字,为体现对被添加人的尊重,作自我介绍也是必要的。添加微信通讯录中的好友入微信群时,要事先征得当事人的同意。

（四）沟通要对等

沟通对等,一方面体现在沟通方式的对等上。沟通信息时,一般采用文字,尽量不用语音。文字表述直观,语音很多时候不方便听取,有时甚至会因为发音不标准或不清晰而让人产生歧义或误解。一方采用文字,另一方为图省事而进行语音回复,本身就是沟通上的不平等,会使人感觉缺乏修养。表情符号作为一种"非语言的表达方式",在一定情境下比文字更简练、更形象、更传神、更富有表达力,但是作为旅游工作者,回复客人或同事仅仅使用表情符号是不妥的,表情符号并未设定明确含义,每个人的用法可能不同,在不同情境下含义也可能不同,文化环境的差异也会使得同一个表情符号有不同的理解。而且仅用表情符号,会令人有敷衍之感,因此采用文字加表情符号比较好。

尽量避免在微信群组里发送语音信息。群组聊天时,不要只跟一个人聊天,好像群里只有两个人一样。这种情况最好添加对方为好友,单独聊天。

（五）发"圈"要慎重

朋友圈是个人生活、工作、兴趣的写照,因为发朋友圈的内容要符合旅游工作者在微信中的形象定位。礼仪出于约定俗成的规范,微信礼仪中,获得比较多的共识有:不传播法律法规禁止的信息。不发暴力、色情、反动等违法内容和图片;不发"八卦消息";每天发帖数量保持在10条以内,避免刷屏打扰朋友圈;避免发布比朋友圈大多数人生活质量高出一大截的炫富帖;不要加入转发链,如"新年转了将走大运、发大财,不转将会如何"的内容;宣传本公司产品及转发客户软文,每周不超过3篇;尽量避免在朋友圈骂人,宣泄不良情绪等。

（六）点赞要恰当

微信朋友圈的生命力在于互动性。在实践中,常会发现一些不等距、不正常的现象:

有的人不看内容先点赞,哪怕是发的令人悲痛的事情,标题看都不看就直接点赞,这种点赞只能引起他人的愤怒,不如不赞;有的人只给领导点赞,其他人一概不点赞,溜须拍马的形象在众人面前表现得淋漓尽致;有的人希望别人多关注,多点赞自己发的内容,但对他人所发的内容不点赞、不评论;有的人点赞先看人,例如同为一个办公室的同事,只为甲点赞,从不为乙点赞,丝毫不顾及别人感受,人为制造人际关系矛盾。

第五节 非语言沟通礼仪

非语言沟通是相对于语言沟通而言的,主要是指以形体语言或非语言符号为媒介的沟通行为,加以表情、身体动作、衣着、外形、气质等作为工具进行沟通。虽然在人际沟通与交流中它只起到辅助作用,但它的沟通效果却是极其明显甚至是不能替代的。沟通是双向的,人们不仅可以利用他人的肢体语言观察了解对方,也可以利用自己的肢体语言向对方表达自己的意图,轻而易举地搭建友谊之桥。心理学家通过研究发现:仅是人的脸部,就能做出大约25万种不同表情,再加上由于文化、性别、职业、时代等造成的差异,要想对此驾轻就熟不是简单的事。作为旅游工作者,掌握一些最重要的非语言符号,在服务和交往中大为有利。

言之有理

非语言沟通的禁忌

1.头部

盲目地摇头晃脑。

经常性地挤眉弄眼。

两眼死盯住别人不放或闭眼听人讲话。

用眼睛四处搜寻别人的房间。

板着面孔斜眼看人。

冲人龇牙咧嘴,嗤鼻瞪眼。

抽鼻子,吧嗒嘴,流鼻涕,流口水。

未说话先咳嗽清嗓子,倒吸气,说话时向别人脸上溅唾沫星子。

看书报时张着嘴或沾唾沫翻书页。

冲着别人打哈欠、打喷嚏。

无论对方心情如何都对人家傻笑。

吸烟时吐烟圈或从鼻子向外喷烟。

2.手足

情绪一激动就手舞足蹈，忘乎所以。

把手指掰得嗒嗒响。

数钱用手蘸唾沫，甚至用舌头舔手指。

把手放在嘴里咬指甲。

在大庭广众下伸手到裤中去搔痒。

夏天把手伸到衣服里去揩汗或握汗泥。

随便用手剔牙。

擦完鼻子往衣服上揩拭。

握手时过分用力或者"死鱼手"（即毫不用力）。

说话时用手指点对方。

坐长椅时跷起二郎腿或把腿颤动不止。

把腿、脚搭到桌子上或伸到前边座位上去。

女性在交谈时将双腿叉开。

跟上级或长辈说话时双手叉腰或两腿叉开。

走路时东倒西歪，摇摇晃晃。

一、非语言沟通的类型

非语言沟通是指用除了语言外的其他媒介方式来进行的信息传递、交流的方式，即通过副语言、人的肢体动作、面部表情、仪表服饰、空间距离等方式来进行的信息交往。

非语言沟通是最古老的沟通形式，是言语沟通的补充形式。非语言沟通在人际沟通中同样具有极重要意义。有关资料显示，在面对面的沟通过程中，那些来自语言文字的社交意义不会超过35%，而65%是以非语言方式传达的。美国心理学家艾伯特·梅拉比安经过研究认为：在人们沟通中所发送的全部信息界仅有7%是由言语来表达的，而93%的信息是由非语言来表达的。

言之有理

心理学的研究表明，副语言在沟通中起重要作用，一句话的意义有时并不决定于其言语内容，而常常取决于承载言语的形式。交相闪烁的红绿灯、慷慨激昂的语调都属于此类。著名教育家苏霍姆林斯基说过，当我不会用十几种语调说"请到这边来时"，我还不认为自己是个教育家。

非语言沟通可进一步区分为动态非语言和静态非语言两种。

(一)静态非语言

静态非语言包括容貌、体态、衣着、服饰以及仪表等礼仪细节。

(二)动态非语言

动态非语言分为四类。

(1)动觉系统:手势、行为举止、表情体态语言等。

(2)超语言:说话的语气、音调、音质、音量、停顿、快慢、沉默等。

(3)时空语言:时间、空间、朝向、距离等。

(4)视觉沟通系统:眼神、眼色等礼仪细节。

下面主要探讨距离、眼神、微笑、手势这几种非语言沟通的礼仪。

二、界域礼仪

(一)界域的概念

界域,也称"空间语言"或"人际距离",指交往中的相互距离。界域语是交际者之间以空间距离所传递的信息,它是人际交往中一种特殊的无声语言。

坐看南北与西东,远近无非礼义中——界域礼仪

作为人们活动交往中所需空间的个人界域之大小,与民族、文化、场合、对象、性别、年龄、性格、城乡等因素有关。如性格内向者的空间需求比性格外向者的空间需求要大,北美人比南美人的空间范围要大,中国人则比欧洲人要小很多。

每个人都有一个属于自己的有形或无形的空间,而且会尽量地维持这个空间,一旦有人靠得太近就会觉得不舒服或不安全,甚至会恼怒。在工作和交往中,一个人是否受欢迎,主要看一个人如何尊重他人的空间,以及对属于个人空间的处置方法。

(二)位置界域

位置界域是指交往者所处位置的角度及所体现的情感意义,具体可分为以下四种。

(1)友好位置适合于两人之间的谈心,体现一种亲密与信任,显示出双方的亲密、平等关系,往往在夫妻间及亲朋好友间使用,亦用于员工谈心、征求公众意见等。

(2)社交位置体现的是一种友好、诚挚的氛围,多用于与客户谈生意、找领导汇报工作等。因为该位置利于观察对方的体语变化,易于调整话题。

(3)竞争位置表现的是一种防范性的氛围。一般适合双方的正式交谈,特别是双方的谈判,不可在商讨、讨论或商议性质的会议上使用。

(4)公共位置是双方无沟通需要、彼此独立的位置,一般可体现在公共场所等。

言之有理

位置界域测试

如果你是甲，请判断图 5-4 中的乙 1、乙 2、乙 3、乙 4 分别代表了和你是怎样关系的朋友？

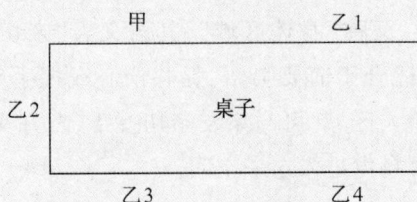

```
            甲              乙1
        ┌──────────────────────┐
   乙2  │        桌子           │
        └──────────────────────┘
            乙3             乙4
```

图 5-4　位置界域

答案：如果甲是你自己，则乙 1 是友好位置、乙 2 是社交位置、乙 3 是竞争位置、乙 4 是公共位置。

言之有理

正面谈判，侧面签约
刘　墉

有位商界的朋友对我说，当他跟人谈生意的时候，一定要面对面坐。因为那样可以看见彼此的脸，便于察言观色；面对面也比较冷静，适合讨价还价。

但是，只要谈成了，签字的那天，就算在同一张桌子，他也一定改坐到侧面，因为这样比较亲近。一份份要签字的文件，不像面对面坐要递过去，而是轻轻地挪给对方。

更耐人寻味的是，他说如果要签字了，他还面对面坐的话，很奇怪，对方可能临时又提出一些问题，比较起来，相邻而坐，问题少得多。大概因为面对面的感觉比较硬，侧坐感觉比较软，有些枝节问题，侧坐的时候，对方话到嘴边就吞回去了。

（三）界域区域

界域区域是指交际者之间的空间长度及所体现的意义。一般而言，人与人之间的亲密程度与双方的空间距离成正比。美国人类学家和心理学家爱德华·T.霍尔通过大量实例分析得出，身体范围和人际交往亲密程度分为四个区域，这就是社交中的界域语。

1. 亲密区域

亲密区域（0～46cm），又称"亲密空间"，其语义为"亲切、热烈、亲密"，只有关系亲密的人才可能进入这一空间，如夫妻、父母、子女、恋人、亲友等。亲密区域又可分为两个区间，其中 0～15cm 为近位亲密距离，常用于恋人或者夫妻之间，表达亲密无间的感情色彩；15～46cm 为远位亲密距离，是父母与子女之间、兄弟间、姐妹间以及非常亲密的朋友间的交往距离，是一个可以肩并肩、手挽手、说悄悄话的空间。

2. 个人区域

个人区域（46～120cm），又称"身体区域"，其语义为"亲切、友好"，属于一般熟人交往的空间，在社交场合往往适合于简要会晤、促膝谈心或握手等。个人区域可以分为两个区间，46～75cm 为近位个人区域，可与亲友亲切握手，友好交谈；75～120cm 为远位个人区域，任何朋友、熟人都可自由进入这一空间。

3. 社交区域

社交区域（120～360cm），其语义为"严肃、庄重"。这个距离已超出了亲友和熟人的范畴，是一种理解性的社交关系距离。社交区域可以分为两个区间，120～210cm 为近位社交区域，适合于社交活动和办公环境中处理业务等；210～360cm 为远位社交区域，适合于比较正式、庄重、严肃的社交活动，如在谈判、会见客人、工作招聘时的面谈等。

4. 公共区域

公共区域（360cm 以上），又称"大众界域"，其语义为"自由、开放"，是人们在较大的公共场所保持的距离，是一切人都可以自由出入的空间距离。公共区域适合于大型报告会、讲会、迎接旅客、小型活动等。

三、手势的礼仪

手势是最有表现力的一种体态语言，俗话说："心有所思，手有所指"。如果说眼睛是心灵的"窗户"，那么手就是心灵的"触角"，是人的"第二双眼睛"。在商务活动中，恰当地使用手势，有助于语言表达，为交际形象增辉。

每一个手势都向外界传递着一个信息。例如，一个觉得自己的肚腩太大的男士会下意识摸肚腩，意在遮盖自己的大腹便便；一个认为自己大腿过粗的女士会不断整理自己的下装；一个需要别人爱怜的女士会时时抚摸自己的头发；等等。在商务场合，手势宜少不宜多，点到为止即可。

(一)手势的使用原则

使用手势的原则是准确、规范和适度。

1. 手势要准确

手势语能反映出复杂的内心世界，人们常用手势来传递各种信息和感情。为避免手势的混乱和歧义，应尽量准确地使用手势，使对方能够明晰、准确、完整地理解自己的用意。

（1）持物手势要点。

①递送、接受物品时要用双手。

②等对方拿稳了再接。

③递接带尖、带刃等物品，应把尖或刃一面朝向自己，同时提醒对方。

（2）展示物品手势要点。

①无论什么样的展示，角度一定要方便对方观看。

②把物品捧到对方面前展示的时候，一般是双手捧住物品，高度在对方胸前的位置。应离对方有一定的距离，动作要平稳缓慢。

2. 手势要规范

在一定的社会背景下，每一个手势如鼓掌的手势、介绍的手势、请的手势等，都有其约定俗成的规范，不能乱加使用，以免产生误解。如鼓掌时，右手掌心向下，有节奏地拍击掌心向上的左掌，反过来，则成"鼓倒掌"。

当指向人或指引方向时，常用的有如下三种手势。

（1）高位手位：当示意的位置高于人的高度时，比如要示意注意天花板坠物，手掌的位置略高于头部。

（2）中位手位：即手掌自然伸直，掌心向斜上方，手掌与地面成45°，手指并拢，拇指微收，手掌指向指示的方向，手腕伸直，使手与小臂成一直线，肘关节自然弯曲，大小臂的弯曲以135°左右为宜，一般低于肩部。身体随着手指的方向自然转动，目光看着所指的方向，配合表情等其他姿态。当指示的方向在身体左边时，伸出左手进行指引；反之，伸出右手进行指引。

（3）低位手位：当要示意的位置低于人的下半身高度时，比如要示意注意地面湿滑以及请他人入座时，手掌大致位于髋关节的位置。

如图5-5所示为指引手势和请坐手势，其要点是：①有目光交流；②上身前倾；③手与前臂成一条直线；④四指伸直并拢，拇指略内收；⑤指尖朝向目标方向。

图5-5　请坐手势、指引手势、递物手势

3.手势要适度

（1）与别人交谈的时候：手势不宜单调重复，也不能做得太多、过大。要给人一种优雅、含蓄和彬彬有礼的感觉。

（2）谈到自己的时候：不要用大拇指指自己的鼻头，应用右手按自己的左胸，那样才会显得端庄、大方、可信。

（3）谈到别人的时候：不要用手指指点他人，因此在清点人数时，应采用掌心向上的方式用右手掌来数。

（4）请别人做某事的时候，应掌心向上，手指自然并拢，以肘关节为轴指示目标，同时上身稍向前倾，以示敬重，切忌伸出食指来指点。

（5）掌心向上的手势有一种诚恳、恭敬的意义；掌心向下则意味着命令、安排和指标。

（6）招手、欢呼、鼓掌都属于手势的范围，应根据不同场合和目的恰当运用。

（二）常见的几种手势含义

如图5-6所示为常见的几种手势含义。

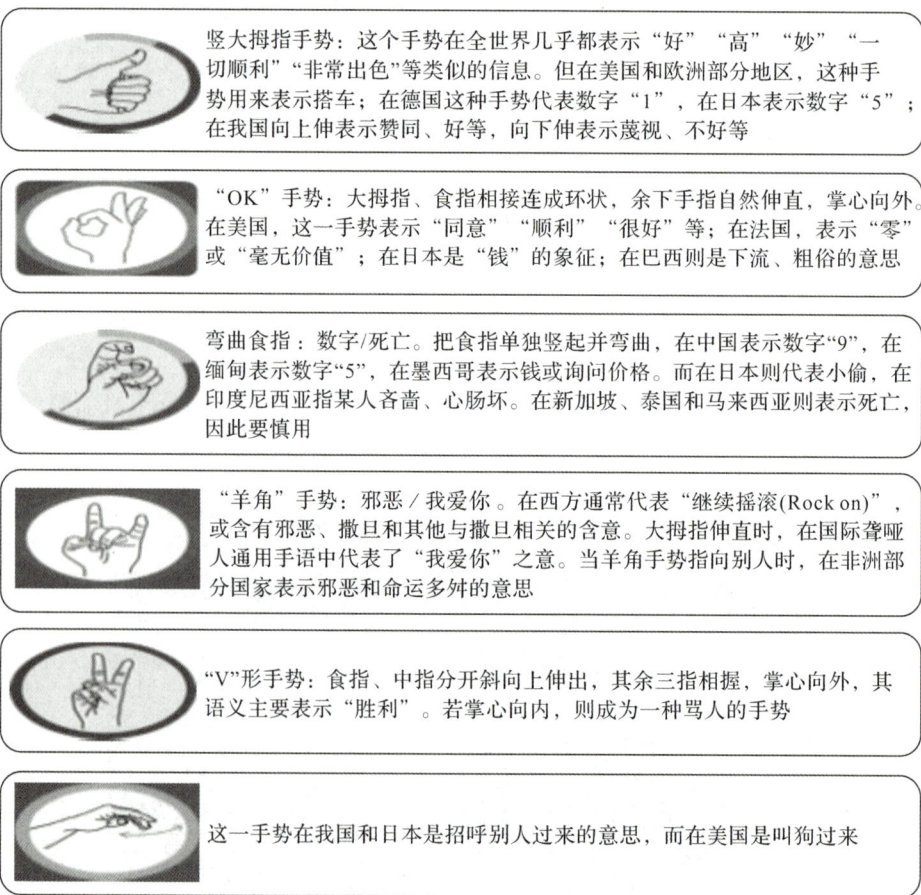

竖大拇指手势：这个手势在全世界几乎都表示"好""高""妙""一切顺利""非常出色"等类似的信息。但在美国和欧洲部分地区，这种手势用来表示搭车；在德国这种手势代表数字"1"，在日本表示数字"5"；在我国向上伸表示赞同、好等，向下伸表示蔑视、不好等

"OK"手势：大拇指、食指相接连成环状，余下手指自然伸直，掌心向外。在美国，这一手势表示"同意""顺利""很好"等；在法国，表示"零"或"毫无价值"；在日本是"钱"的象征；在巴西则是下流、粗俗的意思

弯曲食指：数字/死亡。把食指单独竖起并弯曲，在中国表示数字"9"，在缅甸表示数字"5"，在墨西哥表示钱或询问价格。而在日本则代表小偷，在印度尼西亚指某人吝啬、心肠坏。在新加坡、泰国和马来西亚则表示死亡，因此要慎用

"羊角"手势：邪恶／我爱你。在西方通常代表"继续摇滚(Rock on)"，或含有邪恶、撒旦和其他与撒旦相关的含意。大拇指伸直时，在国际聋哑人通用手语中代表了"我爱你"之意。当羊角手势指向别人时，在非洲部分国家表示邪恶和命运多舛的意思

"V"形手势：食指、中指分开斜向上伸出，其余三指相握，掌心向外，其语义主要表示"胜利"。若掌心向内，则成为一种骂人的手势

这一手势在我国和日本是招呼别人过来的意思，而在美国是叫狗过来

图5-6　常见的几种手势含义

(三) 手势的主要禁忌

由于各国文化习俗的不同,同一手势表达的含义可能会大相径庭。因此,在涉外的旅游活动中,忌不懂风俗乱用手势而产生不必要的误解。

1. 不敬的手势

掌心向下挥动手臂,勾动食指或除拇指以外的其他四指招呼别人,或伸出手指指点,或手持物品指示方向等,这些都是失敬于人的手势。

2. 不雅的手势

当众挠头皮、抓耳挠腮、掏耳朵、抠鼻子、剔牙、咬指甲、抹眼屎、搓泥垢、用手指在桌子上乱写乱画等,既不卫生,也不雅观,会给人留下粗俗、缺乏教养的印象。

3. 过度的手势

手势不宜过多,幅度不宜过大。手舞足蹈,动作夸张,会引起别人的反感。

4. 不稳重的手势

在大庭广众之下,双手乱动、乱摸、乱举,或是折衣角、抬胳膊等动作,既不礼貌,又不稳重。

四、表情的礼仪

表情是仅次于语言的一种交际手段。表情是通过面部的眉、眼、嘴、鼻的动作和脸色的变化表达出来的内心思想感情。认真的眼神、真诚的微笑,会让人觉得和蔼可亲,值得信赖。

(一) 目光管理——眼神透露了你的内心世界

俗话说:"眼睛是心灵的窗户。"印度诗人泰戈尔说:"一旦学会了眼睛的语言,表情的变化将是无穷无尽的。"可见眼睛的表现力是极强的。在我们和别人边交流边相视时,有人会带给我们舒适的感觉,有人会令我们不安;有人让我们有愉快的感受,有人则令我们难受;有人令我们产生信赖感,有人令我们产生反感。这些感觉的产生都是从眼神开始的。

1. 目光注视的时间

旅游工作者在交往中,一般与对方目光接触的时间应是和对方相处全部时间的1/3。对于熟人、故交或对交往对象表示友好、正视,注视对方的时间应长一些,约占彼此相处时间的1/3~2/3。对于不太熟悉的人,不可长时间盯着对方的眼睛,以免引起对方的恐惧和不安。一般而言,每次注视别人眼睛的时间为3秒左右,会让人觉得比较舒服和自然。

当然,注视的时间长短还要考虑文化背景和地方习惯。比如对南欧人,注视对方过久可能会造成冒犯。

2. 目光注视的角度

仰视:头微微抬起,视线向上与对方进行目光接触,表示景仰对方。

俯视:下巴微微低下,视线向下与别人进行目光接触,这是一种轻视对方的表现,会令对方产生不被信任和不被重视的感受。

正视:头摆正,目光平视,面带微笑。这种目光透露出的是坦诚和信任,平等和尊重,既不会令人产生压迫感,也不会令人对你产生怀疑,而且还能树立起自己的专业形象。

3. 目光注视的区域

由于场合的不同、交往对象的不同,目光所及之处和注视区域是有差别的。

公务注视区域:即额头至两眼之间的部位。通常是在洽谈业务、磋商问题和贸易谈判时所使用的一种凝视。洽谈业务时,如果注视这个区域,会显得郑重、严肃、认真,且容易把握住谈话的主动权和控制权。

社交注视区域:即以两眼为上线、嘴为顶角所形成的倒三角区,也就是双眼和嘴之间,这通常是在社交场合使用的一种凝视。在社交场合中,如果注视这个部位,会令人感到舒服,产生一种平等而轻松的感觉,从而营造一种良好的社交气氛。这种目光主要用于茶话会、舞会和各种类型友谊聚会。

亲密注视区域:即双眼到胸部之间的区域。只有亲密的人或伴侣关系方可以看这一区域。

在商务场合,尤其是初次见面,应看对方的肩部以上,而不是进行全方位的扫描。

4. 目光注视技巧和注视禁区

注视技巧:"散点柔视",即应将目光柔和地照在别人的整个脸上,而不是聚焦于对方的眼睛。

注视的禁区:对方的头顶、胸部、腹部、臀部、大腿、脚部、手部。尤其当对方是异性时,要避免注视这些禁区。

(二)微笑——世界共通语言

微笑是温馨、亲切的表情,是旅游工作者的常规表情。真诚友好的微笑,更是旅游工作者面部表情的基本要求。它不仅在外表上能给人以美感,而且可以真实地表达出热情和友善。因此,微笑常常被比作人际交往的润滑剂。

笑时犹带岭梅香,此心安处是吾乡——微笑礼仪

1. 微笑的根源

《礼记·祭义》中说:"孝子之有深爱者必有和气,有和气者必有愉色,有愉色者必有婉容。"这句话的意思是有爱才能有发自内心的、让人愉悦的微笑。所以说现实生活中无论何时、无论何地、不管发生什么,一个人只要对他人充满爱、关心和理解,都能展现出动人的微笑。

2. 微笑的作用

笑是"因感喜悦而开怀"。微笑是一个人精神状态的最佳写照,是人与人之间的最短距离。表情中最吸引人的就是亲和的笑容。行动比语言更具说服力,一个亲切的微笑正

告诉别人我喜欢你,你使我愉快,我见到你真高兴。

给对方一个笑容就是给自己一个好心情。

(1)两人初次见面,微笑可以拉近双方的心理距离,同事间见面点头微笑,显得和谐、融洽。

(2)旅游工作者对客人微微一笑,表现的是服务态度的热情和主动;在业务洽谈中的微笑,显得潇洒大方,不卑不亢。

(3)当遇到别人与自己争执的时候,微笑既能缓解对方的紧逼势头,又能为寻找应对办法赢得时间。

(4)当遇到一些不好回答的问题时,轻轻一笑不作回复,这是微笑特殊的功能。

言之有理

活动表情肌的联系

(1)嘴张开,发出"啊"声,嘴开口度要容下三根并排着的手指。

(2)有意识地注意运动自己嘴边的肌肉,发"a,o,e,u"音,反复数次。

(3)闭上嘴,鼓起腮帮子,嘴左右移动。

(4)闭上嘴,将两颊向内吸,嘴角扁平再变尖,这样反复数次。

(5)嘴半开,下颚努力地左右移动数次。

(6)鼻子使劲上下运动数次。

3.微笑的原则

(1)微笑真诚。真正的微笑应是发自内心,渗透着自己的情感。只有表里如一、真诚友善的微笑,才能营造明朗而富有人情味的气氛。发自内心的真诚笑容应是笑到、口到、眼到、心到、意到、神到、情到。

(2)微笑适度。微笑虽然是人们交往中最有吸引力、最有价值的面部表情,但也不能随心所欲,想怎么笑就怎么笑,不加节制。笑得得体,笑得适度,才能充分表达友善、诚信、和蔼、融洽等美好的感情。

(3)微笑适宜。微笑是"世界通用语言",但微笑也要讲究场合。赞美别人时,应该微笑,而批评别人时,则不宜微笑;喜庆的场合,应当微笑,而特别严肃的场合,则不宜微笑。总之,微笑要适宜。

4.微笑的要点

(1)额外肌肉进行收缩,使眉位提高,眉毛略微弯曲成弯月形。

(2)两侧面颊上的笑肌进行收缩,并稍微向下拉伸,使面部肌肤看上去出现笑意。

(3)唇部肌肉进行配合,唇形弯曲,嘴角上提,牙齿微露。服务业从业人员以露出上齿的 6~8 颗牙齿为宜,更显亲切热情。

（4）自觉地控制发声系统，一般不应发出笑声。

图 5-7 向我们展示了微笑的要点：①要有目光交流；②眉眼弯，嘴角翘；③热情友好；④自信谦恭。

■ HISENBO的含义 MEANING
H—欢乐 Happy
I—主动 Initiative
S—微笑 Smile
E—真诚 Earnest
N—友善 Nice
B—感谢 Be Grateful
O—出色 Outstanding

图 5-7　令人温暖的微笑

言之有理

价值百万美元的笑容

世界著名的保险业精英、日本的原一平先生对微笑有非常深刻的认识，他用自己 50 年的经验总结了笑的十大好处。

（1）笑能把你的友善与关怀有效地传达给准客户。

（2）笑能拆除你与准客户之间的"篱笆"，散开双方的心扉。

（3）笑使你的外表更迷人。

（4）笑可以消除双方的戒心与不安，以打开僵局。

（5）笑能消除自卑感。

（6）你的笑能感染对方也笑，创造出和谐的交谈基础。

（7）笑能建立准客户对你的信赖感。

（8）笑能除去自己的哀伤，迅速地重建信心。

（9）笑是表达爱意的捷径。

（10）笑会增进活力，有益健康。

原一平先生经常苦练微笑，经过刻苦训练，他的笑达到了炉火纯青的地步。他的笑被誉为"价值百万美元的笑容"，因为他的年薪就是 100 万美元。他的笑能散发出无比诱人的魅力。

演

"HISENBO"　举手投足都是礼
——开元森泊度假乐园的对客沟通之道

一起读诗《笑》

开元森泊度假乐园是开元旅业集团在三十年酒店开发和运营的基础上，结合当下中国游客度假需求而创新研发的"酒店＋乐园"全天候一站式休闲度假综合体。

森泊项目均选址于风景秀美、自然资源丰富的城市周边地块，秉承可持续性发展理念，以"大自然"为灵感，创新衍生出"精品度假"与"奇趣游乐"两大核心板块，并以"简约出行""探趣自然""四季畅玩""寓教于乐""巧思美食""老少皆宜"等特点，充分满足都市家庭亲子及团队会晤的出游需求。充满新奇与冒险的户外探索游乐、地道的巧思美食，寓教于乐的自然学院，以及超百项丰富多彩的休闲活动及课程，让每一位游客在自然的神奇因子与"开元关怀"式的优质服务中，远离都市喧嚣，尽情释放压力，和家人，朋友在每一次妙趣互动中轻松度过精彩而欢乐的度假时光。

目前已开业的有位于杭州湘湖的杭州开元森泊度假乐园和位于浙江湖州的莫干山开元森泊度假乐园。

与此同时，森泊也将开元品牌高星级酒店精细的服务延续到了乐园的运营中，独创了一套森泊服务文化体系，其中包含"HISENBO"服务礼仪，设计了不同的场景下的十三大礼仪。在和宾客沟通的过程中，通过有声语言、无声语言（动作、表情、眼神），把森泊对宾客的礼仪，通过饱含温度的、富有生活气息的方式表达出来。

■ HISENBO的含义 MEANING

H — 欢乐 Happy
I — 主动 Initiative
S — 微笑 Smile
E — 真诚 Earnest
N — 友善 Nice
B — 感谢 Be Grateful
O — 出色 Outstanding

图 5-7　HISENBO 的含义

语言中的礼仪

是有智-巧思、有趣-幽默、有品-质感、有爱-关爱、有责-责任的概括；是"HISENBO""祝您开心愉快"的热情，是"请问还有什么可以帮您"的温度……

■ "十三大"常用服务用语 COMMON SERVICE

迎接宾客时—HISENBO!
欢送宾客时—再见！See You!
结束服务时—祝您开心愉快
表示感谢时—谢谢！
回复感谢时—这是我们应该做的
提供帮助时—您好，需要帮助吗？
造成不便时—不好意思！

回应需求时—好的马上
要求等待时—请您稍等
等待结束时—不好意思让您久等了
赞美儿童时—你真棒，赞一个
祝贺生日时—生日快乐
祝贺玩家时—恭喜恭喜

图 5-8　十三大服务用语

动作中的礼仪

是提前预测宾客的需求并及时做出反应,例如面对小朋友时蹲下来讲话的温暖;是面对老年人时慢声细语的温度;是面对家庭出行宾客的主动提供帮助……

是与十三大礼仪相对应的标准动作。例如见面招呼时,若工作人员与客人距离较远时,工作人员会高举双手问候一声"HISENBO"!

■ 标准手势解读 STANDARD GESTURE
四指并拢,
大拇指与并拢的四指成60°
招呼手势呼应森泊LOGO
左手代表"水中的鱼儿"
右手代表"飞翔的鸟儿"

HISENBO

图 5-9　森泊标准手势解读

图 5-10　见面问候礼

若工作人员与客人距离较近时,工作人员会将双手放置和耳朵齐平,问候一声"HISENBO"!增强近距离相处时的亲切感。

图 5-11　服务结束问候礼

表情中的礼仪

把服务理念放在心中并取得认同，就会对宾客的喜怒哀乐感同身受：面对宾客焦急忧虑时的将心比心；到宾客皱眉头时的担心；是看到宾客嘴角上扬时的满足……

眼神中的礼仪

时刻铭记"八项准则"，就会体现在森泊人行动中，反映在森泊人眼神里：明亮的眼神中，看得到细节；善良的眼神中，看得到帮助；思考的眼神中，看得到本质与执行……

森泊共有 2000 多名员工，所处 200 多个不同岗位，却以相同的语言、动作、表情、眼神，让身处其中的人们感受到了美好的森泊时光。所以，有宾客留言："HISENBO"！时间，以快乐的模样，让走过的每一分钟都变得如此闪亮。

■ 森泊服务理念（3S）SERVICE CONCEPT

- 始终保持真诚态度 STAY SINCERE
  心存善意　诚实守信　以客为尊　知行合一
- 始终保持欢乐传递 STAY JOYFUL
  热情好客　有趣体验　创造惊喜　点亮美好
- 始终保持全情投入 STAY PASSIONATE
  捕捉需求　真挚关爱　超越期待　追求卓越

图 5-12　森泊服务理念

■ 森泊服务「八项准则」EIGHT CRITERIA

热情招呼宾客	正确执行森泊十三大服务礼仪
特别关注儿童	为亲子家庭创造更多欢乐体验
主动提供服务	努力让宾客感受到我们的用心
尊重宾客需求	全力满足必要时寻求支持帮助
注重服务效率	尽一切可能缩短宾客等待时间
当宾客不满时	善意理解并提供合理解决方案
记得感谢宾客	在服务结束时做好深情地道别
森泊以客为尊	杜绝说"不"，禁止推诿以及争辩

图 5-13　森泊服务"八项准则"

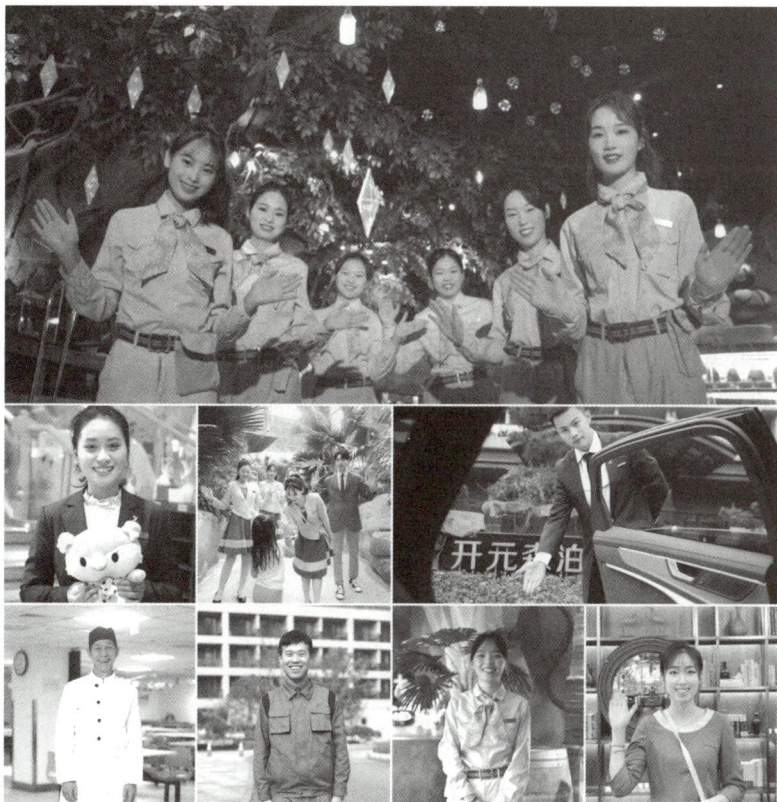

图 5-14　杭州开元森泊度假乐园的服务礼仪

"演"之精要——服务礼仪中的对客沟通训练

1.对客沟通的渠道:有声语言、无声语言(动作、表情、眼神),每个渠道都可以体现对宾客之礼;

2.对客沟通的方式的设计:首先好的服务礼仪一定是经过精心的设计,才能达到良好的沟通效果,展示对宾客的关爱;其次,设计一定是基于酒店的特点和客情。例如森泊中的高位挥手礼,是因为乐园面积大,来玩游客多,环境比较嘈杂,客人可能听不清有声语言的问候,却能看到向其挥动的手。而在一般的商务酒店中,室内用高位挥手礼就未必适合。

3.对客沟通的训练:首先是为顾客创造美好体验的追求;其次是同理心、换位思考的四维方式;第三是察言观色的技巧、换位思考的胸襟、关注需求的能力、解决问题的行动。

练

一、电话礼仪情景模拟

(一)案例阅读

被解雇的陈小姐

利达旅游工艺品公司销售部文员刘小姐要结婚了,为了不影响公司的工作,在征得上司的同意后,她请自己最好的朋友陈小姐暂时代理自己的工作,时间为一个月。陈小姐大专刚毕业,比较单纯。刘小姐把工作交代给她,并鼓励她努力干,准备在蜜月回来后推荐陈小姐顶替自己。某一天,经理外出了,陈小姐正在公司打字,电话铃声响了……

(二)小组讨论

1.请找出陈小姐在电话中出现的礼仪错误。

2.假设你是经验丰富的刘小姐,请为这个来电设计恰当的应答内容和方式。

二、眼神与微笑训练

学生分组设计不同场景,训练不同场合下的眼神与微笑。

电话是有表情的

子 沫

我评判一个人好坏,主要是看他对待家人的态度,这绝对可以把一个人看个八九不离十。在饭局或公共场合,看到一些人接到家人的电话,口气非常不耐烦:"不正忙着吗,吃完就回。"未说两句,就匆匆挂掉。忙什么呢?忙着喝酒说些无关紧要的话,却没有耐心听家人多说两句……

该不该"嗯"

近日,有网友发帖称:自己微信回复了老板一个"嗯",结果被老板批评:"和领导、和客户都不要回复'嗯',这是微信的基本礼仪。"

该网友表示"不能理解""无法接受",感觉"得不到尊重",月底准备辞职。

那么回复老板的微信用"嗯"是否合适呢?网友们是这么说的……

微信聊天时你喜欢用"嗯"还是"嗯嗯"

微信聊天中"嗯"和"嗯嗯"的区别

微信聊天中"嗯"和"嗯嗯"的有什么区别呢?武汉大学心理学老师专门写了一篇文章,能嗯嗯尽量嗯嗯,能哦哦尽量哦哦。为什么呢?

第六章　宴请礼仪

修

夫礼之初,始诸饮食。

——《论语·乡党》

析:礼仪制度和风俗习惯始于饮食活动之源。

侍饮于长者,酒进则起,拜饮于尊所。

——《礼记·曲礼》

析:晚辈在长辈面前饮酒,叫侍饮,通常要先行跪拜礼,然后坐入次席。长辈命晚辈饮酒,晚辈才可举杯;长辈酒杯中的酒尚未饮完,晚辈也不能先饮尽。

大夫士相见,虽贵贱不敌,主人敬客则先拜客。

——《礼记·曲礼》

析:主客第一次相见,即使有年龄、尊卑的差别,一定是主人先向客人行礼,感谢他屈尊前来。如果不是第一次相见,就要看双方谁为尊,客尊则主人先行礼,主尊则客人先行礼。

当食不叹。

——《礼记·曲礼》

析:到别人家做客,不可在饭桌上叹气,那样会破坏宴会的气氛。

以乡食燕之礼,亲四方之宾客。

——《周礼·春官·大宗伯》

析:用备好丰盛宴席的礼节,亲切地接待来自各方的客人。

让处不知谁首席,坐时只觉可添宾。

——袁枚

以食为天一日三餐谁能少,因客而酒七碟八碗我不多。

——河南内乡县县衙的膳房对联

在宴席上最让人开胃的就是主人的礼节。

——莎士比亚

有问题的不是桌上的食物,而是椅子上的人。

——W.S.吉尔伯特

学

第一节　认知宴请礼仪

在各类旅游活动和交往中,宴请是人们表示欢迎、庆贺、答谢、钱行等以增进友情和融洽气氛的重要手段,是一种常见的礼仪招待活动,是最高层次的社交活动之一。不同形式的宴请对礼仪规范和个人行为举止都有不同的要求。在宴请餐饮过程中,一动一静,关乎礼仪,礼仪不仅是个人的事情,也关系到企业的形象。

一、宴请的种类与形式

宴请可以根据不同的标准具体划分为多种形式,每种形式的宴请在菜肴、人数、时间、着装等方面也有许多不同的要求。国际上的宴请主要分为宴会、招待会、茶会和工作餐四种形式。主办方要根据活动的目的、邀请的对象、人数、地点和经费开支等因素决定采取何种宴请形式。一般来说,对于规格较高、内容较正式的宴请活动,应选择宴会的形式;对于庆祝性、纪念性的活动,为是气氛轻松活泼,可以选择酒会。如果宴请的规格不高或虽然较高,但出席人员身份复杂,人数众多,则可以选择冷餐会,如果是以商谈某项具体事宜为目的,而时间又比较紧张,则可以选择工作餐。

(一)宴会

宴会是最正式、隆重的宴请。按照举办时间,可分为早宴、午宴、晚宴,其中,以晚宴档次最高;按餐别划分,可分为中餐宴会、西餐宴会、中西合餐宴会;按性质划分,可分为工作宴会、欢迎宴会、节庆宴会;按礼宾规格划分,可分为国宴、正式宴会、家宴、便宴。

1. 国宴

国宴是国家元首或政府首脑为国家庆典或欢迎外国元首、政府首脑而举行的规格最高的正式宴会,属国家级宴会。宴会厅内要悬挂国旗,并由乐队演奏国歌和席间乐。国宴的请柬、席卡、餐单上印有国徽。国宴由国家元首或政府首脑主持,席间由主人和主宾致辞、祝酒。国宴的礼仪要求最为严格,使用讲究的餐具,对菜肴的数量有严格的要求;参加国宴者必须着正装,座次按礼宾次序排列。

2. 正式宴会

正式宴会是一种隆重而正规的宴会,它往往是为宴请专人而精心安排在比较高档的饭店或其他特定地点举行、讲究排场及气氛的大型聚餐活动。其规格仅次于国宴,除了不挂国旗、不奏国歌以外,其余的安排大体与国宴相同。对于到场人数、穿着打扮、席位排列、服务人员、餐具准备、菜肴数目、音乐演奏、宾主致辞等,往往都有十分严格的要求。

3. 非正式宴会

(1)便宴。便宴不属于正式宴会,气氛比较亲切、随意,更适合于日常友好的交往。

便宴形式简便,偏重人际交往,不拘泥于规模和档次,便宴只安排相关人员参加,不要求配偶。可以不安排座次,不发表正式讲话、致辞,菜肴的规格和数量亦可酌情增减。有时可以以自助餐形式,自由取餐。

（2）家宴。家宴严格地讲是便宴的一种形式,即在家中设宴招待客人,往往由主妇亲自下厨烹调,一家人共同招待客人,让客人产生"宾至如归"的感觉。西方人士常用这种方式以示友好、融洽。

（二）招待会

招待会是一种较为灵活的宴请方式。招待会通常准备食品、酒水和饮料,由客人根据自己的口味选择自己喜欢的食物和饮品。招待会一般不安排座次,客人或站或坐,也可以与他人一起或独自一人用餐。常见的招待会有冷餐会、酒会等。

1.冷餐会

冷餐会,又叫自助餐,是一种非常流行、方便、灵活的宴请形式。根据主客双方的身份,冷餐会的规格可高可低,冷餐会的时间一般在中午 12 时至下午 2 时、下午 5 时至 7 时举办,招待会开始后,可自行用餐。菜肴以冷食为主,也备有热菜,酒水陈放在桌子上,供客人自选自取。食品、饮料应按量取食,不可浪费。冷餐会可安排在室内或室外的花园里举行,可不设桌椅,也可准备桌椅由客人自由入座

2.酒会

酒会也称作鸡尾酒会,适用于各种节日、庆典、仪式及招待性演出前后。酒会的形式灵活,便于宾客之间广泛接触和交流。酒会以酒水为主,配以各种小吃、果汁、三明治、小香肠等。不用或少用烈性酒,不设刀叉,多以牙签取食,食品和酒水由服务人员用托盘端送,或部分放置在小桌由客人自选自用。

酒会一般采用站立形式,不设座椅,以便客人随意走动、广泛交流,只设小桌或茶几若干,便于客人休息之用。酒会举办的时间比较灵活,请柬上往往会注明整个活动延续的时间,客人可在席间任何时候到达或退席,不受时间的约束。

（三）工作餐

工作餐是现代生活中一种常见的非正式宴请形式,是利用进餐的时间和形式,边吃边谈工作。此类活动不请配偶和与工作无关的人员参加,工作进餐一般不排座次,大家边吃边谈,不必过分拘束,形式较为灵活。在国外,工作进餐通常实行 AA 制,由参加者各自付费。

（四）茶会

茶会是一种简便的接待形式,通常安排在上午 10 时或下午 4 时左右。茶会一般在客厅举行,内设茶几、座椅,备有茶、点心或部分小吃,请客人边吃边谈。茶会一般不排座次,来宾可以随意就座,若是为贵宾举行的茶会,入座时应有意识地将主宾与主人安排在一起,其余人员可随意就座。茶会对茶叶的品种、沏茶的用水和水温以及茶具都颇有讲

究。茶叶的选择要照顾到客人的嗜好和习惯,茶具要选用陶瓷器皿,不要用玻璃杯,也不要用热水瓶代替茶壶。欧洲人一般喜欢红茶,日本人喜欢乌龙茶,有外国宾客参加的茶会还可以准备咖啡和冷饮。

二、邀请赴宴

(一)确定宴会宴请的对象、目的、形式

1.宴请的对象

确认主宾名单时一定要考虑周全,包括主宾的身份、国籍、习俗、爱好等,切记遗漏,以便确认宴会的规格、主陪人餐式等。如果无法确认拟请的客人名单,最好的办法是先拟出一个大名单,送领导圈定。在确认客人名单后,还应确定陪同人员名单,要遵循两个原则:一是考虑双方级别和人数的对等;二是考虑与宴请主题的相关性,与宴请无关或对宴请目的帮助不大的人不宜出席。

2.宴请的目的

设宴的目的有很多种,既可以是促进合作、洽谈业务、签订合同、择日开张、扩大销售、加强联系等,也可以是庆祝节日、纪念庆典、开幕闭幕;可以用公司部门等单位名义设宴,也可以用经理等个人名义设宴,总之,设宴的目的不同,宴会的规格、内容、形式也就不同。所以设宴的目的必须明确,不但举办人要清楚,还应尽可能让应邀者和具体承办者明了,以便彼此配合,达到宴请的目的,实现预期效果。

3.宴请的形式

宴会是商业交往中一种重要的社交活动,正式的宴会形式一般选用晚宴,通常在酒店举行。国际上的大型宴请活动通常采用鸡尾酒会形式,当然根据情况也可采用茶会形式。具体采用哪种宴会形式要根据主办方举办活动的目的而定,有助于达到宴请目的的形式才是最合适的。

(二)选择宴请时间和地点

1.确定时间

应考虑主、宾双方的具体情况,要使所确定的时间令主、宾双方都能接受,一般不应选择在重大节日、假日,也不应安排在双方的禁忌日。如宴请西方客人一般不应选择 13 日和星期五;伊斯兰教徒在斋月内白天禁食,宴请宜在日落后举行。港澳同胞禁忌数字 4,认为它是一个不吉利的数字。选择宴会时间要与主宾进行协商,征求客人的意见,主宾同意后,确认时间,再发出邀请。

2.选择地点

用餐地点的选择也非常重要,应注重以下三点:

(1)优雅的环境。宴请不仅仅是为了"吃东西",也要"品文化"。要是用餐地点档次过低,环境不好,即使菜肴再有特色,也会使宴请效果大打折扣。在可能的情况下,一定要争取选择清净、优雅的地点用餐。

（2）良好的卫生。在确定聚餐的地点时，一定要看卫生状况是否良好，如果用餐地点过脏、过乱，不仅卫生问题让人担心，而且会破坏用餐者的食欲。

（3）方便的交通。要充分考虑到聚餐者来去交通是不是方便，有没有公共交通线路通过，有没有停车场，是不是要为聚餐者预备交通工具等一系列的具体问题，以及该地点的设施是否完善。

总之，宴请活动的地点，要根据宴请活动本身的目的、性质、规格、形式以及主人意愿和实际状态，进行恰当的选择，既不能"装穷"，也不能"摆阔"，要讲究"一切从实际出发"。适当的地点能使主人和来宾都感到光彩和舒适。

（三）邀请礼仪

1.邀请名义

以谁的名义出面邀请最为恰当，即为邀请名义。邀请者与宴会的具体主持者是有区别的。一般来说，邀请者应与被邀请者的主要宾客，在身份、职别、专业等方面尽量对等对口，邀请名义既可以单位名义，也可以个人名义，即使以单位名义邀请，也应签注主要领导人的姓名，以示庄重。

2.邀请形式

邀请形式一般分为发送请柬、电话邀请和当面邀请。

（1）发送请柬。发送请柬是较常用的邀请形式。一般是在举办较为隆重的宴请，被邀请者也比较多的情况下采用。即使近在咫尺，也需要送请柬，它既表示对客人的尊重，也表明邀请者对此事的心意和态度

请柬可以用市场统一印制的通用型，也可以用本单位特别印制的专用型，格式大同小异，内页要写明宴请目的、被邀请人的姓名、宴请的类型、地点和时间、主办者。行文中所提到的人名、单位名称、节庆名称都应用全称；行文中不用标点符号；落款处写清主人的姓名。请柬可以印刷也可以手写，手写更为郑重和正式。若是涉外宴请，还应有中外文对照或直接用客人所在国文字印刷请柬。请柬应视主、宾之间的地理位置远近和通信联系的方便程度，至少提前一周发出，有些地方甚至须提前一个月发出，一方面在时间上给宾客留有余地，以便他们能安排好自己的工作；另一方面也可防止投递延误而误期。

正式宴会的请柬在制作和发送时，还应注意：如果事先已口头（或电话）预约过、通知过对方，仍应在宴会前发送一份请柬，以示正式和真诚；如能确定对方"一定会来"，可在请柬上注明客人的桌号，以便客人赴宴时落座不乱。同时为了表达主人的真诚，也为了减少活动的失误，宴请者在宴请前夕，还要确认被邀请者是否收到请柬，并对是否能够出席宴会予以确认。

（2）电话邀请。电话邀请可提前 2~3 天打电话通知对方，电话邀请要从语音语调上让对方感受到诚挚、亲切。

（3）当面邀请。非正式的宴会通常只需口头打个招呼，而在得到对方明确首肯后进行口头邀请时语言表述要清楚，语气要恳切，一般至少要提前 1 天邀请。

三、宴会中主人的礼仪

（一）宴席座次

1. 座位的礼仪

一般的宴会,除自助餐、茶会及酒会外,主人必须安排客人的席次,不能以随便坐的方式,引起主客及其他客人的不满。尤其在有外交使团的场合,大使及代表之间,前后有序,绝不相让。

2. 桌次的顺序

如果宴会设在酒店或礼堂,圆桌两桌或两桌以上时,则必须定其大小。其定位的原则,以背对饭厅或礼堂为正位,以右旁为大,左旁为小,如果场地排有三桌,则以中间为大,右旁次之,左旁为小。

3. 席次的安排

（1）以右为尊,席次的安排也遵守这一原则,以右为尊,左为卑。如男女主人并坐,则男左女右,以右为大。如席设两桌,男女主人分开主持,则以右桌为大。宾客席次的安排亦然,即以男女主人右侧为大,左侧为小。

（2）中式宴会女士以夫为贵,其排名的秩序,与其丈夫相同,即在众多宾客中,男主宾排第一位,其夫人排第二位。西式宴请则以女主人为第一主人。

（3）要把主宾和主宾夫人安排在最尊贵显眼的位置上,中座为尊,三人一同就座用餐,坐在中间的人在位次上高于两侧的人;面门为上,用餐的时候,按照礼仪惯例,面对正门者是上座,背对正门者是下座;以右为尊,主人右手边的位置是最主要的位置。

（4）主人方面的陪客,应尽可能插在客人之间坐,以便同客人接触交谈。中式宴会与西式宴会座次排列在第二节和第三节中有具体阐述。

（二）席间礼仪

主人在宴会开始之前,便要准备妥当,并随即站立于门前迎接宾客,照例是作为晚辈或下级的主人,站在最前面,长辈或上级居后。

对每一个来宾,主人都得分别依次招呼,不可疏忽。在客人大部分到齐时,主人就要回到会场中来,但仍要留一两个招待在门前,分头跟客人应酬。同时在这时候,场内也要有几个主方的人负责跟众多宾客周旋,做介绍、招待、照顾等项工作。

主人对各宾客的态度,必须热诚恳切,一视同仁,不可只顾应酬一两个上宾或主要客人。当主人正和某一个客人应酬着,恰巧有另一些客人进来,不能分身时,可先对原来的客人道歉,再前去接待。不可因为忙乱,怠慢了若干来宾,一旦发觉有些来宾孤单无伴,就要找朋友为他们介绍认识,以免冷落了来宾。

客人入座之后,主人应首先起立,举杯向客人敬酒,碰杯先后以座次顺序为序,由主到次进行,如安排有正式讲话,一般应在冷菜上完之后,先由主人发言,然后请客人讲话。

宴会结束后,主宾告辞,主人迎送至门口,热情道别,并与其他客人一一握手话道别,表示欢送之意。

四、宴会中客人的礼仪

(一)回复邀请

接到宴会邀请,能否出席应尽早答复对方,以便主人做出安排。接受邀请以后不要随意改动,万一遇到不得已的特殊情况不能出席时,尤其是作为主宾,要尽早向主人解释、道歉,甚至亲自登门表示歉意。应邀出席一项活动之前,要核实宴请的主人,活动举办的时间、地点,是否邀请配偶以及主人对服装的要求。

(二)装扮得体

无论是在国内还是在国外,赴宴都被视为一种重要的社交活动。所以,在出席宴会前,最好稍作梳洗打扮,容光焕发地赴宴,这会使整个宴会形成一种比较隆重的气氛。通常,正式宴会的请柬上都注有对衣着的要求,赴宴时应按照要求穿着。如果请柬上没有注明着装要求,赴宴时应按照宴会性质和当地习俗,选定例行服装,做到干净整洁,高雅得体。女宾应认真修饰,适度化妆。男宾应理发、修面,手要洗净,修剪指甲,给人以庄重高雅的印象。

(三)按时赴宴

抵达宴会时间的早晚、逗留时间的长短,在一定程度上反映对主人的尊重,迟到、早退、逗留时间过短被视为失礼或有意冷落。长者、尊者、身份高者可略晚些到达,一般客人宜略早些到达。一般情况下,可根据和主人关系的远近亲疏,提前十五分钟至五分钟到达请柬上注明的时间。留一些时间和主人或其他宾客寒暄,以及对号入座,不影响宴会准时开始。

(四)热情问候

到达宴请地点后,赴宴者由服务人员引导,先到衣帽间寄存外衣或帽子,然后去迎宾处,主动趋前向主人问好致意。如带有礼物(花束、花篮等),可恭敬献上,然后和先到的客人相互致意,对不认识的客人,也要微笑点头示意或握手问好;对长者要主动起立,让座问安;对女宾举止庄重,彬彬有礼。如果是参加庆祝活动,还可以按当地习惯以及主宾关系,赠送花束或花篮;参加家庭宴会可酌情给女主人赠送少量鲜花或适量随手礼。

(五)按位入席

进入宴会厅前,要事先了解自己的桌次和座次,按指定座位就座。如果没有明确排定座位,可以遵从主人的安排,并注意与其他人谦让。就座时,应等主人夫妇与主宾夫妇就座后,再入座。一般应从自己行进方向的左侧入座,落座后,椅子与餐桌之间不要过远或过近,距离最好为20厘米左右。双手不宜放在邻座的椅背或餐桌上,更不要两肘托腮撑在餐桌上。不要把玩桌上的酒杯碗盆等餐具,更不可用餐巾擦拭餐具。也不要眼睛直盯盘中菜肴,显出迫不及待的样子;可以和同席客人简单交谈。

（六）用餐文雅

用餐时应该着正装,不要脱外衣,更不要中途脱外衣。一般是主人示意开始后再进行。就餐的动作要文雅,夹菜动作要轻,而且要把菜先放到自己的小盘里,然后再用筷子夹起放进嘴;送食物进嘴时,要小口进食,两肘向外靠,不要向两边张开,以免碰到邻座。不要在吃饭、喝饮料、喝汤时发出声响。用餐时,如要用摆在同桌其他客人面前的调味品,先向别人打个招呼再拿;如果太远,要客气地请人代劳。

（七）饮酒适量

喝酒的时候,一味地给别人劝酒、灌酒,特别是给不胜酒力的人劝酒、灌酒,都是失礼的表现。更加不能自己贪杯,喝得烂醉失态。宴会中,主人应向来宾敬酒,客人也应回敬主人。敬酒时,不一定个个都碰杯,离得较远时,可举杯用眼神示意,不要交叉碰杯。

（八）礼貌离席

如果宴会没有结束,但已用好餐,不要随意离席,要等主人和主宾餐毕先起身离席,其他客人才能依次离席。席间,确实有事需提前退席,应向主人说明后悄悄离去,也可以事前打招呼,届时离席。宴会结束退席时,应向主人致谢,对宴会的组织及菜肴的丰盛精美进行称赞。

总而言之,以上规则可以概括为五个方面:Meeting,即会见;Media,即环境;Money,即费用;Menu,即菜单;Manner,即举止。5M 原则是在旅游工作和交往中安排宴会时五个要考虑的重点。

第二节　中餐宴请礼仪

中华饮食,源远流长。据文献记载可知,至少在周代,饮食礼仪已形成一套相当完善的制度,特别是经曾任鲁国祭酒的孔子的推崇称赞,而成为历朝历代表现大国之貌、礼仪之邦、文明之所的重要方面。

一、中餐座次礼仪

（一）一般座次

1. 居右为高

当两人一同并排就座时,通常以右为上座,以左为下座。这是因为中餐上菜时多以顺时针为上菜方向,居右者因此比居左者优先受到照顾。

2. 中座为尊

三人一同就餐时,居中坐者在位次上要高于在其两侧就座之人。

3. 面门为上

依照礼仪惯例,座次应以面对正门为上坐,背对正门为下座。

4. 观景为佳

在一些高档餐厅用餐时,其室内外往往有优美的景致或高雅的演出,供参观者观赏,此时应以观赏角度最佳处为上座。

5. 临墙为好

在某些中低档餐厅用餐时,为了避免服务人员和食客来往的干扰,通常以靠墙之位为上座,靠过道之位为下座。

新酒客来方宴饮,旧堂主在重欢娱——宴请原则

(二)宴会座次

举办中餐宴会一般用圆桌。每张餐桌上的具体位次有主次尊卑之分。

(1)宴会的主人应坐在主桌上,而对正门就座;同一张桌上位次的尊卑,根据距离主人的远近而定。以近为上,以远为下;同一张桌上距离主人相同的位次,排列顺序讲究以右为尊,以左为卑。

(2)在举行多桌宴会时,各桌之上均应有一位主桌主人的代表,作为各桌的生人,其位置一般应以主桌主人同向就座,有时也可以面向主桌主人就座。每张餐桌上的就餐人数一般应限制在 10 个人之内,并且为双数。

(3)在每张餐桌位次的具体安排上,还可以分为三种情况。

第一种是每张桌上一个主位的排座法。每张餐桌上只有一个主人,主宾在其右首就座,形成一个谈话中心,如图 6-1 所示。

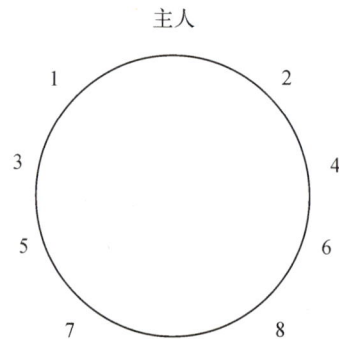

图 6-1 一个主位的座次

第二种是每张桌上有两个主位的排座法。如主人夫妇就坐于同一桌,以男主人为第一主人,女主人为第二主人,主宾和主宾夫人别坐在男女主人右侧,桌上形成了两个谈话中心,如图 6-2 所示。

第三种是当主宾的身份高于主人时,为表示对他的尊重,可安排主宾在主人位次上就座,而主人则坐在主宾的位置上,如图 6-3 所示。

主人

1　　　3

5　　　7

8　　　6

4　　　2

女主人

主人

1　　　2

5　　　6

8　　　7

4　　　3

女主人

5　　1　　主人　　3　　7

9　　　　　　　　　　　　10

8　　4　　女主人　　2　　6

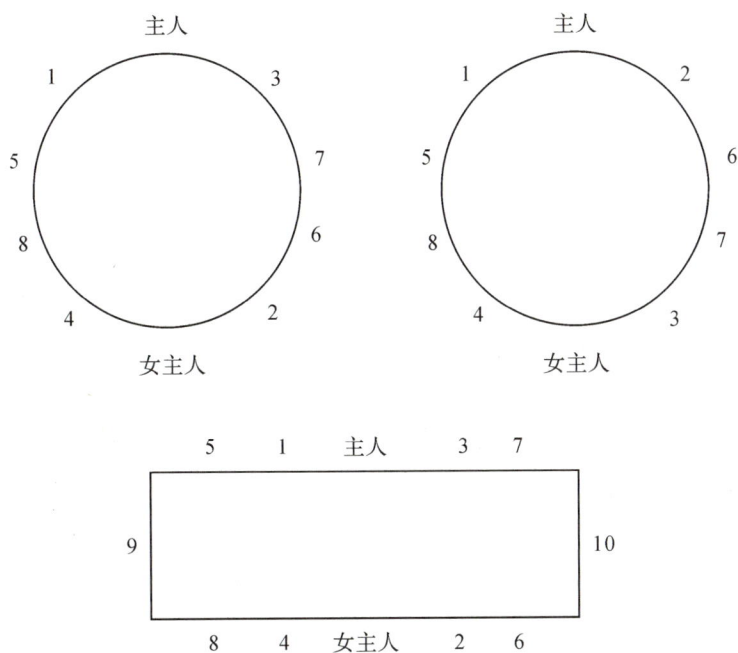

图 6-2　两个主位的座次

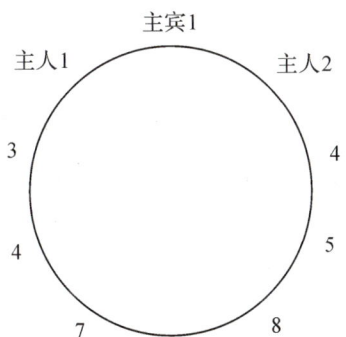

主宾1

主人1　　　主人2

3　　　4

4　　　5

7　　　8

图 6-3　主宾的身份高于主人时座次

二、中餐点菜礼仪

商务宴请一方的相关人员应提前到达宴请地点,查看菜单,以便点菜时不铺张浪费,花费控制在预算内。一般可以点套餐或包桌,这种做法能使菜肴的档次相对固定,也比较省事。也可以根据预算,在用餐时现场临时点菜。

如果是现场点菜,宴请一方常常会出于礼貌让被请者点菜。被请者在点菜时,可以告诉对方自己没有特殊要求,请宴请方随便点。这种做法会很受宴请方欢迎;也可以认真地点上一个不太贵,又不是大家忌口的菜。再请别人点菜。对别人点的菜,不能说三道四。点菜一般由宴请方主要工作人员经办,或请酒店根据宴请预算和规格排菜。

点菜时应该注意以下几方面。

(一)三个规则

1. 看人员组成

一般来说,人均一菜是比较通用的规则。如果是男士较多的餐会可适当加量。

2. 看菜肴组合

一桌菜最好是有荤有素,有冷有热,尽量做到全面。如果桌上男士多,可多点些荤食,如果女士较多,则可多点几道清淡的蔬菜。

3. 看宴请的重要程度

若是普通的商务宴请,平均一道菜在 50～80 元可以接受。如果这次宴请的对象是比较关键人物,那么则要点上几个够分量的菜,例如龙虾、刀鱼、鲥鱼,再要上规格一点,则是鲍鱼、翅粉等。

还有一点需要注意的是,点菜时不应该问服务员菜肴的价格,或是讨价还价。

(二)优先考虑的菜肴

1. 有中餐特色的菜肴

宴请外宾的时候,这一条更要重视。像炸春卷、煮元宵、蒸饺子、狮子头、宫保鸡丁等,并不是佳肴美味,但因为具有鲜明的中国特色,所以受到很多外国人的推崇。

2. 有本地特色的菜肴

比如西安的羊肉泡馍,湖南的毛家红烧肉,上海的红烧狮子头,北京的涮羊肉,在当地宴请外地客人时,上这些特色菜,恐怕要比千篇一律的生猛海鲜更受好评。

3. 本餐馆的特色菜

很多餐馆都有自己的特色菜。上一份本餐馆的特色菜,能说明主人的细心和对被请者的尊重。

4. 主人的拿手菜

举办家宴时,主人一定要当众露上一手,做几个自己的拿手菜。所谓的拿手菜不一定要十全十美。只要主人亲自动手,仅凭这一条,足以让对方感觉到主人的尊重和友好。

(三)点菜的禁忌

1. 健康原因

对于某些食品,也要有所禁忌。比如,肝炎病人忌吃羊肉和甲鱼,胃肠炎、胃溃疡等消化系统疾病的人也不合适吃甲鱼,高血压、高胆固醇患者,要少喝鸡汤等。

2. 地区差异

不同地区,人们的饮食偏好往往不同。对于这一点,在安排菜单时要兼顾。比如,湖南人普遍喜欢吃辛辣食物,少吃甜食。英美国家的客人通常不吃稀有动物、动物内脏、动物的头部和脚爪。另外,宴请外宾时,尽量少点生硬需啃食的菜肴,外宾在用餐中一般不会将咬到嘴中的食物再吐出来,这也需要顾及。

3. 职业要求

有些职业在餐饮方面往往也有各自不同的特殊禁忌。例如,公务员在执行公务时不准吃请,在公务宴请时不准大吃大喝,不准超过国家规定的标准用餐,不准喝烈性酒。又例如,驾驶员工作期间不得喝酒。要是忽略了这一点,还有可能使对方犯错误。旅游工作者也要注意在餐饮中依照企业标准用餐,工作场合不宜饮酒,用餐仪态文明,举止有度。

三、中餐餐具使用礼仪

(一)筷子

"筷子"又称"箸",是用竹、木、金属等材质制作的夹饭菜或其他东西的细长棍。《史记·宋微子世家》中记载"纣始为象箸"。用象牙做箸,是富贵的标志。"筷子"的称谓始自明代,明代船家怕船抛锚停住,"箸"和"住"同音,因此,改称"箸"为"快儿",意为让船快行。筷子乃竹木所制,久而久之,后人就把"快"加了个竹字头,称作"筷子"。

唐代,箸传入日本,如今日本依旧把筷子叫作"箸"。日本是世界上生产筷子最多的国家,平均年产 130 亿双筷子,其中 90% 是只用一次的"剖箸"。日本人把每年的 8 月 1 日定为"筷子节"。

做筷子的材料有很多种,考究的有金筷、银筷、象牙筷,一般的有骨筷、竹筷、塑料筷。湖南的筷子最长,有的长达两尺左右。日本的筷子短而尖,这是因为吃鱼片等片状食物之故。

正确使用筷子的方法是:用右手执筷,大拇指和食指捏住筷子的上端,另外三个手指自然弯曲扶住筷子,并且筷子的两端一定要对齐。

用餐前,筷子一定要整齐地码放在饭碗的右侧;宴请上菜时,应等主人邀请。主宾动筷子后,其他人才能动筷子;用餐后,要把筷子整齐地竖回码放在饭碗的正中。

中餐筷子的使用有以下忌讳。

1. 三长两短

忌讳在用餐前或用餐过程中,将筷子长短不齐地放在桌上。棺材的组成部分是前后两块短木板,两旁加底部共三块长木板。五块木板合在一起做成的棺材正好是三长两短。因此,"三长两短"和"长短"皆意为"死亡",极不吉利。

2. 仙人指路

忌讳用大拇指和中指、无名指、小指捏住筷子,而食指伸出。这在中国人眼里叫"骂

餐叉器具必干洁,果酒肴蔬必序列——餐具礼仪

大街"。当人们伸出食指指向他人时,大多带有指责的意思。所以,吃饭用筷子时用手指人时,无异于在指责别人。

3. 品箸留声

忌讳用餐时将筷子的一端含在嘴里,用嘴来回去嘬,并不时地发出咝咝的声响,被视为无礼和缺少家教的行为。

4. 击盏敲盅

忌讳吃饭时用筷子敲击盘碗,因为过去只有要饭的人才用筷子击打要饭盆。其发出的声响再配上嘴里的哀告,使行人注意并给予施舍。

5. 执箸巡城

忌讳用餐时旁若无人地用筷子来回地在菜盘里寻找或者扒拉,这是目中无人和缺乏教养的行为。

6. 泪箸遗珠

忌讳用筷子往自己盘子里夹菜时,将菜汤流落到其他菜里或桌上。

7. 颠倒乾坤

忌讳用餐时将筷子颠倒使用,这种做法显得饥不择食,不顾脸面。

8. 定海神针

忌讳用餐时用一支筷子去插盘子里的菜品。吃饭时做出这种举动,类似在欧洲当众对人伸出中指的意思,这被认为是对同桌用餐者的一种羞辱。

9. 当众上香

忌讳将一副筷子插在一碗饭中递给对方,这会被人视为大不敬。因为传统文化中为逝者上香祭祀时才会这样做。

10. 交叉十字

忌讳用餐时将筷子随便交叉放在桌上,这是对同桌其他人的否定,也是对自己的不尊敬,因为过去吃官司画供才打叉。

(二)勺子(调羹、汤匙)

勺子的主要作用是舀取汤、菜肴、食物。有时用筷子取食时,也可以用勺子来辅助。用勺子取食物时,不要过满,免得溢出来弄脏餐桌或自己的衣服。在舀取食物后,可以在原处"暂停"片刻,汤汁不会再往下流时,再移回自己的碗盘中。

暂时不用勺子时,应放在自己的碟子上,不要把它直接放在餐桌上,或是让它在食物中"立正"。如果取用的食物太烫,不要用嘴对着吹,也不可用勺子舀来舀去以求快点晾凉。用汤匙喝汤时,不要全部放入口中。不要把汤匙塞到嘴里,或者反复吮吸、舔食。

言之有理

公筷母匙

"公筷"就是在聚餐时预留出一双备用的筷子,在给别人或者自己夹菜时使用公用的筷子;"母匙"就是在盛带有汤之类的菜品或者喝汤时备用一个大的勺子,用大勺子将汤菜或者汤盛在自己的碗中,再用自己的小勺子来喝。民国时曾一度推行"用餐公筷制度",其实中国古时就有公筷,比一般筷子长,不仅做公用,也和勺子配成"公筷母勺",筷子直,代表男子,勺圆,代表女性。可见"公筷母匙"这个习俗由来已久。

"公筷母匙"不但可以让大家一起吃饭的时候唾液不会交互感染,确保卫生健康,还保留了亲友之间一起吃一桌饭菜的乐趣,是一种健康的、值得推广的好习惯。

(三)碗

中餐的碗可以用来盛饭、盛汤。进餐时,可以手捧饭碗就餐。拿碗时,用左手的四个手指支撑碗的底部,拇指放在碗端。吃饭时,饭碗的高度大致和下巴保持一致。

旅游工作者在正式场合用餐时,用碗主要注意以下几点:

一是不要端起碗来直接食用碗中的食物,应该以筷、匙加以辅助。

二是碗内若有食物剩余时,不可将其直接倒入口中,也不可能用舌头伸进去乱舔。

三是暂且不用的碗不宜乱装东西,更不能把碗倒扣过来放在餐桌上。

(四)盘子(碟子)

稍小点的盘子就是味碟,主要用来盛放食物的调料。比较考究的餐厅,会有骨碟和食碟两个碟子。骨碟供客人放置用餐过程中产生的垃圾,如鱼刺、螃蟹壳等。食碟用来盛放从公用菜盘里取来的菜肴,食碟里不要取放过多的菜肴,不要将多种菜肴堆放在一起,原因:一是菜肴会相互"窜味",二是会给人留下贪婪、失礼的印象。一般的饭店,只有骨碟,用餐的时候,不吃的残渣、骨、刺不要吐在地上、桌上,应轻放在食碟前端。放的时候不能直接从嘴里吐在食碟上,要用筷子夹放到食碟边。如果食碟放满了,可以让服务人员撤换。

(五)汤盅

汤盅是用来盛放汤类食物的餐具。用餐时,将汤勺取出放在垫盘上,并把盅盖反转平放在汤盅上,表示汤已经喝完。汤盅可以撤走了。

(六)水杯

水杯主要是用来盛放清水、汽水、果汁、可乐等软饮料时使用的盛器。不要用它来装酒,也不要倒扣水杯。喝进嘴里的东西不能再吐回水杯。

(七)餐巾

中餐桌上的餐巾分为餐巾、擦手毛巾、湿纸巾、餐巾纸等,用途不一。

按国际惯例,餐巾"取左不取右",因此不要拿错邻座的餐巾。不同花型、高度、颜色的餐巾显示了宾主的位置,特殊的、显眼的餐巾处就是主位。正式宴请的,主位之人拿起餐巾,其他人才可以拿起餐巾,摊放在自己的腿上。

餐巾最主要的用途就是擦嘴、擦手,不能当作抹布擦拭餐具。用餐巾擦嘴的正确方法是:用餐巾的末端顺嘴唇轻按几下,并将弄脏的部分向内侧卷起。擦嘴时可以稍稍低头,但不要弯腰埋脸擦嘴,这会显得很不雅。

比较讲究的宴请,餐前会有服务人员为每位用餐者送上一块用来擦手的热毛巾,就餐的过程中,服务人员会更换新的毛巾,只能用来擦嘴,却不能擦脸、抹汗。

(八)牙签

牙签是中餐桌上的必备之物。它主要是用于扎取食物和剔牙。用餐时尽量不要当众剔牙。若是剔,也一定要用另一只手掩住口部。不要当众观赏剔出之物,也不要随手乱弹,随口乱吐。剔牙后,不要长时间叼着牙签,更不要再用此牙签扎取食物。

四、中餐用餐礼仪

1.尊重传统习俗

中餐有许多传统习俗和寓意。例如,鱼表示"年年有余";渔家、海员、驾驶员吃鱼时,忌讳把鱼翻身,因为有"翻船""翻车"之意。

2.举止文雅

正式宴请场合用餐时,主人或位尊者动筷说:"请"之后,其他人才能动筷用餐。用餐时,应遵循"不马食、不牛饮、不虎咽、不鲸吞,嚼食物不出声,嘴唇边不留痕,骨与籽莫乱扔"的规矩。否则,既影响自己的形象,也败坏他人的食欲。

取菜时,不要左顾右盼,在公用的菜盘内挑挑拣拣,夹起来又放回去,缺乏教养。多人一桌用餐,取菜要相互礼让,依次而行,取用适量。夹不到的菜,可以请人帮助,不要起身或离座去取。

用餐时,不要比划、当众修饰等。如有清嗓子、抹鼻涕、梳头发、化妆补妆、脱袜鞋等之需,应及时去洗手间或化妆室。

3.注重宗教禁忌

用餐时,要特别注重宗教禁忌。如佛教禁食荤、印度教禁食牛肉、犹太教禁食无鳞的鱼等。

4.尊重外宾的饮食习惯

在有外宾的中餐宴请场合,要尊重外宾的饮食习惯。应主动询问外宾是否会用或者喜欢用筷子,是否需要另配刀叉进餐。许多中国人用餐前习惯用餐巾纸或餐巾擦拭餐具,但这会使外宾认为餐具不洁,没有经过消毒处理,进而影响外宾的进餐情绪。

招待外宾不要说"没有什么菜""招待不周"之类的客套话。这种中国式的谦虚会被外宾误认为对他们重视不够。正确的说法应该是:"今天的菜肴是我们精心为你们准备的,希望你们吃得开心。"

五、中餐酒水礼仪

(一)宴请的饮酒礼仪

中餐饮酒,一般选用白酒、红酒、黄酒等。而啤酒则通常只在吃便餐时才选用。酒的度数越高,酒具就越小。

1.顺序斟酒,礼貌拒酒

按照位高者先、年长者先、远道而来者先的顺序为宾客斟酒,客人一般不亲自斟酒。斟酒时应站在客人的右侧,酒杯放在桌上,酒瓶口不要与酒杯相碰,酒不要斟得太满。

当主人斟酒时,接受者应起身或微笑致意,并作扶杯状或欲扶杯状,以示感谢或谦恭。拒绝斟酒时,应礼貌示意,并说明缘由,以茶代酒。无法拒绝时,不可藏杯或将杯子反扣在桌子上,可让主人少斟一点酒,留着不喝即可。对于拒绝斟酒者,主人也不应固执坚持,以免让彼此难堪。

按照国际惯例,不可让客人用同一个杯子饮两种酒。

2.得体敬酒,控制饮量

宴会开始后,宾客不能"喧宾夺主"。主人先向宾客敬酒,以示欢迎、祝福等。如果主人双手持杯,那么客人也要双手持杯,待主人饮时,客人才可跟饮。

在主人向来宾敬酒和主宾回敬过主人后,来宾之间就可以按照职位高低、年龄大小、宾主身份顺序依次敬酒。

敬酒给对方时,应将酒杯杯沿举至与眼睛同高的高度。如果对方是尊者,应自觉地在碰杯时将酒杯举得比对方稍低,被敬酒者饮酒时,敬酒者才能饮酒。敬酒时,要避免交叉碰杯的情形出现。

正式场合的干杯,可将杯中的酒饮去一半,然后双方再对视一下,之后饮尽。敬酒方应向被敬方道一声"谢谢",如被敬方已起立,应说声"请坐",示意对方坐下后再离开。席间的干杯或共同敬酒一般以一次为宜。敬酒要适度,不可勉强别人,尤其不能勉强女士饮酒。

饮酒要有度,最好不要超过自己酒量的 1/3,以免醉酒失态、失礼。如果不会喝酒或不打算喝酒,可以明确表示自己不宜饮酒,但最好还是以茶水、果汁之类的饮料奉陪感谢对方。

在正式场合饮酒,最好不要猜拳、行令和吃喝。

3.尊重习俗,应对自如

酒能助兴,也能败兴。在饮酒时,不论是主人还是客人都要尊重对方,避免引起宗教、习俗等方面的误会。宴会敬酒中，当邀请方积极调动席间气氛时，客人也要积极回应，尽量使彼此之间的沟通更顺畅和关系更融洽，从而更利于宾主关系的发展。

言之有理

中国古代吃饭的规矩

在我国古代，对人吃饭饮食的礼节要求是十分严格的。它被看作是一个人身份、地位、品格的象征，并通过其来进行地位等级的区别。

共食不饱：即同别人一起进食，不能吃得过饱，要注意谦让，另外吃得太饱对身体也不好。

共饭不择手：指同器食饭时，不可用手。食饭本来一般也是用匙，用手既不卫生也不文明。

毋抟饭：吃饭时不可抟饭成大团，大口大口地吃，这样有争饱之嫌，而且吃相不雅观。

毋放饭：要入口的饭，不能再放回饭器中，别人会感到不卫生。

毋流歠：不要长饮大嚼，让人觉得你是怕别人抢菜，想快吃多吃，好像家里穷从来没吃过这些东西似的。

毋啮骨：不要专意去啮骨头，这样容易发出不中听且令人不快的声响，而且像狗一样啮骨头给人以粗俗、没教养的不好影响。

毋固获：不要老吃自己喜欢吃的那一道菜，或者和别人争着抢着去吃，有贪吃之嫌。

毋扬饭：不要为了能吃得快些，就用食具扬起饭粒以散去热气，万一把热气吹到主人脸上，对主人是不敬的。

毋刺齿：进食时不要随意不加掩饰地大剔牙齿，如齿塞，一定要等到饭后再剔。

当食不叹：吃饭的时候不要唉声叹气，打搅其他人的兴致。

唯食忘忧：吃饭就是吃饭，把一切烦恼忧愁统统抛开，专心食用饭菜，吃饱了才能有精力操劳其他事情。

第三节　西餐宴请礼仪

西餐，顾名思义是西方国家的餐食。西方国家，是相对于东亚而言的欧洲白人世界文化圈，西餐的准确称呼应为欧洲美食，或欧式餐饮。其菜式料理与中国菜不同，一般使用橄榄油、黄油、番茄酱、沙拉酱等调味料。不同的主食相同的都是搭配上一些蔬菜，如番茄、西兰花等。东方人通常所说的西餐主要包括西欧国家的饮食菜肴，当然同时还包括东欧各国、地中海沿岸等国和一些拉丁美洲如墨西哥等国的菜肴。

西餐的主要特点是主料突出，形色美观，口味鲜美，营养丰富，供应方便等。正规西菜包括了餐汤、前菜、主菜、餐后甜品及饮品。西餐大致可分为法式、英式、意式、俄式、美式、地中海等多种不同风格的菜肴。不同的民族习俗和用餐规格有所不同，但其基本要领还是一致的。

葡萄美酒夜光杯，匠成殊品掩朱扉——西餐礼仪

一、座次的排列

在西餐用餐时，人们对于座次的问题十分关注。越是正式的场合，这一点就显得越是重要。与中餐相比，西餐的座次排列既有不少相同之处，也有许多不同之处。下面将对此略作介绍。

（一）排列的规则

在绝大多数情况下，西餐的座次问题，更多地表现为位次问题。桌次问题，除非是极其隆重的盛宴，一般涉及较少。因此，以下将主要讨论的是西餐的位次问题。

排列西餐的位次，一般应依照一些约定俗成、人所共知的常规进行。了解了这些基本规则，就可以轻而易举地处理位次排列问题。

1. 恭敬主宾

在西餐中，主宾极受尊重。即使用餐的来宾中有人在地位、身份、年纪方面高于主宾，但主宾仍是主人关注的中心。在排定位次时，应请男、女主宾分别紧靠着女主人和男主人就座，以便进一步受到照顾。

2. 女士优先

在西餐礼仪里，女士处处备受尊重。在排定用餐位次时，主位一般应请女主人就座，而男主人则须退居第二主位。

3. 以右为尊

在排定位次时，以右为尊依旧是基本方针。就某一特定位置而言，其右位高于其左位。例如，应安排男主宾坐在女主人右侧，应安排女主宾坐在男主人右侧。

4. 面门为上

有时又叫迎门为上。它所指的是，面对餐厅正门的位子，通常在序列上要高于背对餐厅正门的位子。

5. 距离定位

一般来说，西餐桌上位次的尊卑，往往与其距离主位的远近密切相关。在通常情况下，离主位近的位子高于距主位远的位子。

6. 交叉排列

用中餐时，用餐者经常有可能与熟人，尤其是与其恋人、配偶在一起就座，但在用西

餐时,这种情景便不复存在了。正式的西餐宴会,在排列位次时,要遵守交叉排列的原则。依照这一原则,男女应当交叉排列,生人与熟人也应当交叉排列。因此,一个用餐者的对面和两侧,往往是异性,而且还有可能与其不熟悉。这样做,最大的好处是可以广交朋友。不过,这也要求用餐者最好是双数,并且男女人数各半。

(二)座次排列的方法

在西餐用餐时,人们所用的餐桌有长桌、方桌和圆桌。有时,还会以之拼成其他各种图案。不过,最常见、最正规的西餐桌当属长桌。

1.长桌

以长桌排位,主要有以下两种方式。

(1)法式就座方式:主人位置在中间,男女主人对坐,女主人右边是男主宾,左边是男次宾,男主人右边是女主客,左边是女次客,陪客则尽量往旁边坐(见图6-4)。

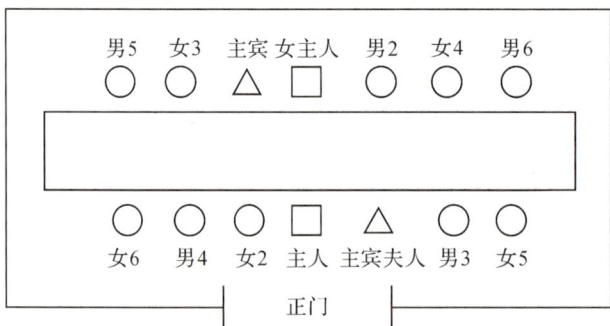

图6-4 法式就座方式

(2)英美式就座方式:桌子两端是男女主人(见图6-5)。若夫妇一起受邀,则男士坐在女主人的右手边,女士坐在男主人的右手边,左边则是次客的位置,陪客则尽量往中间坐(见图6-6)。

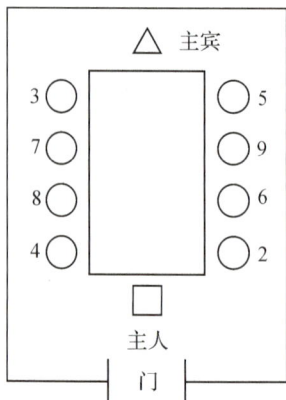

图6-5 英美式就座方式

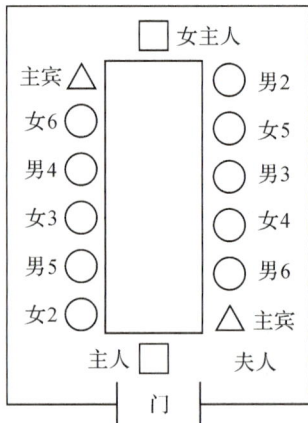

图6-6 英美式就座方式(偕夫人时)

在隆重的场合，如果餐桌安排在一个单独的房间里，在女主人邀请入座之前，不应当擅自进入设有餐桌的房间。如果都是朋友，大家可以自由入座；在其他场合，客人要按女主人的指点入座。客人要服从主人的安排，其礼貌的做法是，在女主人和其他女士坐下之后方可坐下。一般来说，宴会应由女主人主持。如果女主人说："祝你们胃口好"，这就意味着客人可以吃了。如果女主人还没有发话，勺子就进了嘴，那是非常不礼貌的。

某些时候，如用餐者人数较多时，还可以参照以上办法，以长桌拼成其他图案，以便安排大家一道用餐。

2. 方桌

以方桌排列位次时，就座于餐桌四面的人数应相等。在一般情况下，一桌共坐 8 人，每侧各坐两人的情况比较多见。在进行排列时，应使男、女主人与男、女主宾对面而坐，所有人均各自与自己的恋人或配偶坐成斜对角。

3. 圆桌

在西餐中，使用圆桌排位的情况并不多见。在隆重而正式的宴会里，则尤为罕见。其具体排列，基本上是各项规则的综合运用。

二、点菜及上菜顺序

(一) 点菜

西餐菜单主要有开胃菜、汤、沙拉、海鲜、肉类、点心等几类。应先决定主菜，主菜如果是鱼类，开胃菜就选择肉类，在口味上就比较富有变化。除了食量特别大的外，其实不必从菜单上的单品菜内配出全餐，只要开胃菜和主菜各一道，再加一份甜点就够了。可以不要汤，或者省去开胃菜，这也是很理想的组合。

(二) 上菜顺序

正式的全套餐点上菜顺序如下：

1. 头盘

西餐的第一道菜是头盘，也称为开胃品。开胃品的内容一般有冷头盘和热头盘之分，常见的品种有鱼子酱、鹅肝酱、熏鲤鱼、鸡尾杯、奶油鸡酥盒、煽蜗牛等。因为是要开胃，所以开胃菜一般都有特色风味，它多以各种调味汁凉拌而成，色彩悦目，口味宜人。味道以咸和酸为主，而且数量少，质量较高。

2. 汤

和中餐不同的是，西餐的第二道菜就是汤。西餐的汤大致可分为蔬菜汤、清汤、奶油汤和冷汤等四类。品种有各式奶油汤、牛尾清汤、海鲜汤、意式蔬菜汤、俄式罗宋汤、美式蛤蜊汤、法式洋葱汤。冷汤的品种较少，有俄式冷汤、德式冷汤等。

西餐中的汤，大多口感芬芳浓郁，具有很好的开胃作用。按照传统说法，汤是西餐的

"开路先锋"。只有开始喝汤时,才算正式开始吃西餐了。

3. 副菜

鱼类菜肴一般作为西餐的第三道菜,也称为副菜。品种包括各种淡、海水鱼类和贝类及软体动物类。通常水产类菜肴与面包类、蛋类、酥盒菜肴品都称为副菜。因为鱼类等菜肴的肉质鲜嫩,比较容易消化,所以放在肉类菜肴的前面,叫法上也和肉类菜肴主菜有区别。西餐吃鱼类菜肴讲究使用专用的调味汁,品种有荷兰汁、鞑靼汁、酒店汁、大主教汁、白奶油汁、美国汁和水手鱼汁等。

4. 主菜

肉、禽类菜肴是西餐的第四道菜,也称为主菜。肉类菜肴的原料取自牛、羊、猪、小牛仔等各个部位的肉,其中最有代表性的是牛肉或牛排。牛排按其部位又可分为沙朗牛排(也称西冷牛排)、"T"骨型牛排、菲利牛排、薄牛排等。其烹调方法常用烤、煎、铁扒等。肉类菜肴配用的调味汁主要有西班牙汁、浓烧汁精、蘑菇汁、白尼斯汁等。

禽类菜肴的原料取自鸡、鸭、鹅,通常将兔肉和鹿肉等野味也归入禽类菜肴。禽类菜肴品种最多的是鸡,有火鸡、山鸡、竹鸡,可煮、炸、烤、焖,主要的调味汁有咖喱汁、奶油汁、黄肉汁等。

5. 蔬菜类菜肴

蔬菜类菜肴可以安排在肉类菜肴之后,也可以和肉类菜肴同时上桌,所以可以算为一道菜,或称为一种配菜。蔬菜类菜肴在西餐中称为沙拉。和主菜同时服务的沙拉,称为生蔬菜沙拉,一般用生菜、西红柿、黄瓜、芦笋等制作。沙拉的主要调味汁有法国汁、醋油汁、奶酪沙拉汁、千岛汁等。

沙拉除了蔬菜之外,还有一类是用鱼、肉、蛋类制作的,这类沙拉一般不加味汁,在进餐顺序上可以作为头盘。

还有一些蔬菜是熟的,如炸土豆条、花椰菜、煮菠菜等。熟食的蔬菜通常和主菜的肉禽类菜肴一同摆放在餐盘中上桌,称为配菜。

6. 甜品

西餐的甜品是主菜后食用的,可以算作是第六道菜。从真正意义上讲,它包括所有主菜后的食物,如布丁、煎饼、冰激凌、奶酪、水果等。

7. 果品

接下来,用餐者还须在力所能及的情况下,酌情享用干、鲜果品。常用的干果有核桃、杏仁、榛子、开心果、腰果等。菠萝、草莓、香蕉、苹果、葡萄、橙子等,则是在西餐桌上最常见的鲜果。

8. 热饮

在用餐结束之前,应当为用餐者提供热饮,以此作为"压轴戏"。最正规的热饮,是红茶或什么都不加的黑咖啡。两者只能选择其一,而不同时享用。它们的作用,主要是帮助消化。西餐的热饮,可以在餐桌上喝,也可以换一个地方,离开餐桌去客厅或休息厅喝。

三、便餐的菜序

在一般情况下,出于金钱和时间方面的考虑,人们并不是都吃西餐全餐。通常,西餐便餐的标准菜序方便、从简,很受欢迎。西餐便餐可以只要开胃菜、汤、主菜和甜品,有的时候可以不要汤或甜品。一般顺序是:开胃菜作为第一道菜,汤主要分清汤和奶油浓汤两种,主菜有鱼、猪肉、牛肉、鸡等,甜品常有冰激凌、布丁等,水果可上可不上。

四、西餐餐具的使用

使用刀叉进餐是西餐最重要的特征之一。除了刀叉,西餐的主要餐具还有餐匙、餐巾等。以下将分别对它们进行系统介绍。至于西餐桌上出现的盘、碟、杯、水盂、牙签等餐具,其用法与中餐大同小异,在此不再赘述。

(一)餐具的摆法

垫盘放在餐席的正中心,盘上放折叠整齐的餐巾或餐纸(也有把餐巾或餐纸折成花蕊状放在玻璃杯内的)。两侧的刀、叉、匙排成整齐的平行线,如有席位卡,则放在垫盘的前方。所有的餐刀放在餐盘的右侧,刀刃朝向垫盘。各种匙类放在餐刀右边,匙心朝上,餐叉则放在垫盘的左边,叉齿朝上。一个坐席一般只摆放三副刀叉。面包碟摆放在客人的左手边,上置面包刀(即黄油刀,供抹奶油、果酱用,而不是用来切面包)一把,各类酒杯和水杯则放在右前方。如有面食,吃面食的匙、叉则横放在前方。两种西餐餐具的摆放如图6-7和图6-8所示。

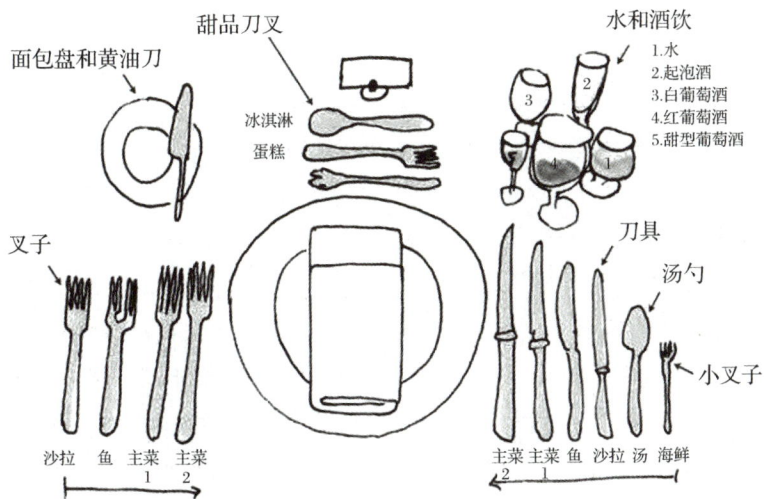

图6-7　西餐餐具摆放1(较多情况下黄油刀刀刃向下横放)

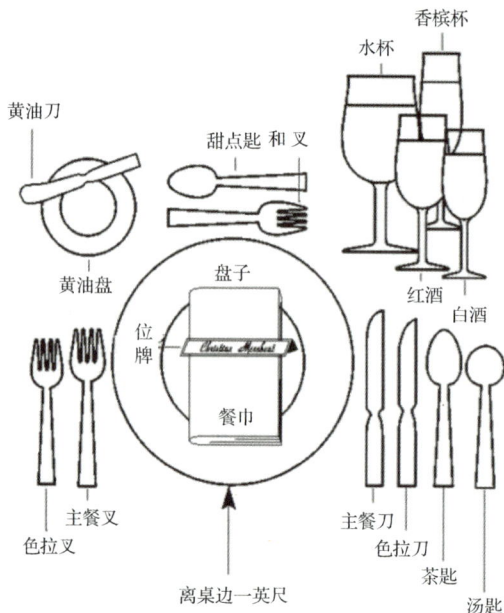

图 6-8　西餐餐具摆放 2

（二）餐具的用法

1. 刀叉

东方人进餐时的主要工具是筷子,而西方人进餐时则要用刀叉。刀叉是对餐刀、餐叉两种餐具的统称。两者既可以配合使用,也可以单独使用。不过,在更多的情况下,刀叉是同时配合使用的,因此,人们在提到西餐餐具时,喜欢将两者相提并论。

言之有理

刀叉的演化史

中世纪的欧洲充满了危机与活力,饱受饥荒与战争的困扰,从野蛮走向文明,文艺复兴的光芒渐渐开始笼罩这片大地,人类文明逐渐开化。叉子在欧洲的普及过程,不是一帆风顺的,它对当时欧洲人的文化冲击可谓不小,受到来自各方面的压力及阻挠。11 世纪,用作进食的叉子出现在意大利富人区塔斯卡地区,然而,由于信仰和宗教的问题,神职人员认为餐具的创造是受到了撒旦路西法的蛊惑,用工具进食是对上帝恩赐的食物的不尊重,因此坚持以手取食,而非使用当时的两齿叉。

叉子于 12 世纪正式引入欧洲,英国主教将刀叉普及给王国的子民,但贵族却爱将其用作武器决斗,而非用于食物切割。法国革命战争爆发后,四齿叉成为当时贵族的新宠,象征着阶级、地位、品位与奢华。贵族出行时,一般会随身携带专人定制的折叠式华丽餐具,其通常有珊瑚、象牙等精美雕刻的手柄。一方面作为进食工具,另一方面则作为互相攀比炫耀的奢侈品和身份象征，而后渐渐演变成必备的用餐工具。叉子引入欧洲后，人们一直视叉子为舶来品，直到 14 世纪后，餐叉才被整个欧洲人民普遍接受和使用。

餐刀的历史可追溯到石器时代，在之后人类生活中占有重要的位置。它除了满足原始人作食用工具外，还有防身的作用。只有地位尊贵的首领，才能拥有不同的餐刀。餐刀最初的刀尖并不是如今的圆润的椭圆形，而是有着尖锐的刀锋。在当时，许多法国的官员，除了把餐刀当切肉工具外，还在餐后当牙签使用。到了 17 世纪，法国国王路易十三正式宣布将餐刀的刀尖改为圆形。

（1）刀叉的区别。西餐用的刀、叉各有其用，不能替代或混用。

刀：刀是用来切割食物的，不要用刀挑起食物往嘴里送。切记：右手拿刀。如果用餐时，有三种不同规格的刀同时出现，一般正确的用法是：带小小锯齿的那一把用来切肉制食品；中等大小的用来将大片的蔬菜切成小片；而那种小巧的、刀尖是圆头的、顶部有些上翘的小刀，则是用来切开小面包，然后用它挑些果酱、奶油涂在面包上面。

叉：要左手拿叉，叉起食物往嘴里送时，动作要轻。同时，牙齿只碰到食物，不要咬叉，也不要让刀叉在齿上或盘中发出声响。

（2）刀叉的放置。在正规的西餐宴会上，通常都讲究吃一道菜要换一副刀叉，即在吃每道菜时，都要使用专门的刀叉。既不可以胡拿乱用，也不可以从头至尾只用一副刀叉。

一般情况下，享用西餐正餐时，出现在每位用餐者面前的餐桌上的刀叉主要有：吃鱼所用的刀叉，吃肉所用的刀叉，吃黄油所用的餐刀，吃甜品所用的刀叉等。它们不但形状各异，更重要的是摆放的具体位置各不相同。掌握好这一点，对于正确地区分它们尤为重要。

吃鱼所用的刀叉和吃肉所用的刀叉，应当餐刀在右、餐叉在左地分别纵向摆放在用餐者面前的餐盘两侧。餐叉的具体位置，应处于吃黄油所用餐刀的正下方。有时，在餐盘左右两侧分别摆放的刀叉会有三副之多。要想不把它们拿错，一点儿也不困难。关键是要记住，应当依次分别从两边由外侧向内侧取用。

吃黄油所用的餐刀，没有与之相匹配的餐叉。它的正确位置是横放在用餐者左手的正前方。

吃甜品所用的刀叉，应于最后使用。它们一般被横向放置在用餐者正前方。

（3）刀叉的使用。使用刀叉，一般有两种常规方法可供借鉴。

英国式：它要求在进餐时，始终右手持刀，左手持叉，一边切割，一边叉而食之。通常认为，此种方式较为文雅。

美国式：它的具体做法是，先右刀左叉，一口气把餐盘里要吃的东西全部切割好，然后把右手中的餐刀斜放在餐盘前方，将左手中的餐叉换到右手，再用右手大吃一气。这种方式的好处是比较省事。

美国式（左）和英国式（右）刀叉的使用方法如图6-9所示。

图6-9　美国式（左）和英国式（右）刀叉的使用方法

另外需要说明一点的是，吃饭时，利用叉子的背面舀食物虽然没有违反餐桌的礼仪，不过看起来是不够雅观的。吃米饭时，可以很自然地将叉子转到正面舀起食用，因为叉子正面的凹下部位正是为此用法而设计的。这时候，也可利用刀子在一旁辅助用餐动作。将餐盘上的料理舀起时，利用刀子挡着以免料理散落到盘子外面，如此一来就可以很利落地将盘内食物舀起。

当盘子内的细碎食物聚集时，可利用刀子挡着，再以叉子靠近舀起。利用汤匙代替刀子也是可以的。以叉子将料理聚集到汤匙上，再以汤匙将食物送入口中。

（4）刀叉的暗示。有些人很纳闷，为什么吃西餐时，很多时候只是听见刀叉的声音，却很少见到客人呼叫服务员。的确，在大多数情况下是不需要多费口舌的，因为作为客人，在桌子上进餐时的一举一动都在告诉服务人员其意图，受过训练的服务员会根据客人的愿望为其服务，去满足要求，也就是说，有声的语言在这里已经是多余的了。使用刀叉，可以向服务员暗示用餐者是否吃好了某一道菜肴。

进餐中途需要休息时，可以放下刀叉，并摆成"八"字形状，放在盘子中间，表示没吃完，还要继续吃［见图6-10（a）］。

每吃完一道菜，将刀叉并排放在盘中，表示已经吃完了，可以将这道菜和盘子拿走［见图6-10（b）］。同样，汤勺横放在汤盆内，匙心向上，也表示用汤餐具可以收走。如图6-11所示为坐等第二份、如评、差评的摆放方式。

需要注意的是，此时在刀叉的摆放方式上，英式的摆放方法一直是餐叉尖齿朝下，美式的则是餐叉尖齿朝上。

用餐时还需注意，谈话时可以拿着刀叉，不用放下来，但不要挥舞；不用刀时，可用右手拿叉，但需要做手势时，应放下刀叉，千万不要拿着刀叉在空中挥舞摇晃；不要一手拿刀和叉，另一只手拿餐巾擦嘴，也不要一手拿酒杯，另一只手拿叉取菜；任何时候，都不要将刀叉的一端放在盘上，另一端放在桌上。

(a) 中场休息　　　　　　　(b) 用餐完毕

图 6-10　刀叉暗示 1

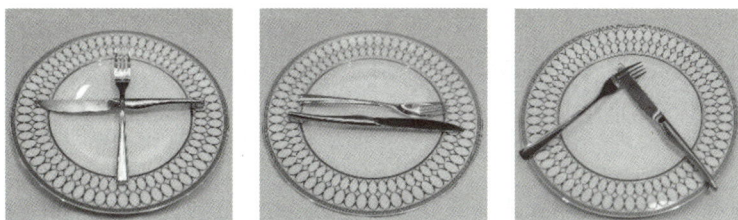

(a) 坐等第二份　　　(b) 好评　　　(c) 差评

图 6-11　刀叉暗示 2

2. 餐匙

餐匙有时也叫调羹。品尝西餐时,餐匙是一种不可或缺的餐具。旅游工作者应该掌握其区别和用法。

言之有理

汤匙的历史

汤匙的历史可追溯到旧石器时代的亚洲地区。古埃及墓中曾挖掘出各种简易材料的勺子,如木头和石制品,而后古罗马人用贝壳舀汤,历史学家认为这是西方勺子的雏形。早期用于食用的圆形勺子,也逐渐演变为椭圆形。在 15 世纪的意大利,当地居民为刚出生的婴儿举行洗礼仪式,通常会将汤勺作为礼物送给他们,汤勺手柄则雕刻着各个不同的天使。

(1)餐匙的区别。在西餐的正餐里,一般会至少出现两把餐匙,即汤匙和甜品匙。它们形状不同、用途不一,摆放的位置也有各自的既定之处。

相对而言,个头较大的餐匙为汤匙,通常它与餐刀并列纵放在用餐者右侧的最外端。另一把个头较小的餐匙则为甜品匙,在通常情况下,它应当被横向摆放在吃甜品所用刀叉的正上方,并与其并列。如果不吃甜品,用不上甜品匙的话,有时,它也会被个头同样大小的茶匙所取代。

汤匙和甜品匙各有各的用途,不可相互替代。只有了解了这一点,才不至于闹出笑话来。

(2)餐匙的用法。在使用餐匙时,以下四点必须予以高度重视:

①使用餐匙取食时,动作应干净利索,切勿在甜品、汤之中搅来搅去。另外,还要适可而止,不要过量,而且一旦入口,就要一次将其用完。不要把一餐匙里的食品,反复品尝好几次。餐匙入口时,应以其前端入口,而不是将它全部塞进嘴里。

②使用餐匙时,要尽量保持其周身的干净清洁,不要动不动就把它搞得"色彩缤纷""浑身挂彩"。

③餐匙可以饮汤、吃甜品,但绝对不可直接舀取其他任何主食、菜肴等。

④使用过的餐匙,切不可再放回原处,也不可将其插入菜肴、主食,或是令其"直立"于甜品、汤盘或红茶杯之中。

3. 餐巾

在西餐餐具里,餐巾可以发挥多重作用。

言之有理

餐巾的历史

在古代,希腊和罗马人因一直有以手取食的习惯,所以他们会在用餐后准备一条毛巾擦手。更甚者,会在擦手之后用水盆中的水来洗手,水中还会视情况撒上各种花瓣,如玫瑰、肉桂等。到17世纪,餐巾的观赏价值被人逐步挖掘。1680年,意大利已有20多种餐巾的折法,特色各异,十分精致有趣。餐巾逐渐成为当今西餐餐具中必不可少的一部分。

西餐里所用的餐巾,通常会被叠成一定的图案,如皇冠形、扇形、扇贝形等,餐巾的颜色和造型变幻不定,往往与整个就餐环境相得益彰。它们一般放置于用餐者右前方的水杯里,或是直接被平放于用餐者右侧的桌面上。

在使用餐巾时应注意以下几点:

(1)取餐巾要看时机

当主人宣布开始用餐时,客人方可取下餐巾,否则会被误解为有些迫不及待。

(2)放位置要准确

从餐桌上拿起餐巾,先对折,再将褶线朝向自己,餐巾应被平铺于自己并拢的大腿上,其主要目的是防止进餐时掉落下来的菜肴、汁汤弄脏衣服。绝不能把餐巾抖开,如围兜般围在身上,或塞在领口。而把餐巾的一角塞进口、眼或腰带里,也是错误的方法。假如衣服的质地较滑,餐巾容易滑落,那应该以较不醒目的方法,将餐巾的两端塞在大腿下。

（3）说话之前要擦嘴

用餐期间与人交谈之前,应先用餐巾揩一下满是油渍的嘴巴。擦拭嘴巴时,拿起餐巾的末端顺着嘴唇轻轻压一下即可,弄脏的部分为了不让人看见,可往内侧卷起。

女士进餐前,也可用餐巾轻印一下口部,以除去唇膏,避免留下唇印。以餐巾擦嘴时,其部位应大体固定,最好只用其内侧。

通常,不应以餐巾擦汗、擦脸,擦手也要尽量避免。特别要注意,不可用餐巾来擦餐具。一方面不雅观,另一方面会被主人会认为你嫌弃其餐具不干净。

（4）必要动作要遮羞

在进餐时,尽量不要当众剔牙,万一非剔不可时,应以左手拿起餐巾挡住口部,然后以右手去剔牙。将鱼骨头或水果的种子吐出时,可利用餐巾遮住嘴后,用手指拿出来后再放在餐盘上。也可以直接吐在餐巾内,再将餐巾向内侧折起。通常服务员会注意到并换上一条新的餐巾。但倘若这些过程没有遮掩,是颇为失态的。

（5）弄脏餐巾不失礼

主人提供餐巾就是希望客人来享用,所以作为客人,大大方方地使用,将其弄脏并无大碍。如果不用或是不愿将餐巾弄脏,反而拿出自己的手帕或面纸等来用的话,这不仅是违反用餐礼仪的,而且对主人来说,也是很尴尬的。

（6）中途离席放置好

宴席中最好避免中途离席。非暂时离席不可时,理想的方式应是用盘子或刀子压住餐巾的一角,让它从桌沿垂下,脏的那一面朝内侧比较雅观。也可以把餐巾叠放在椅子上。

（7）餐毕无须太整齐

用餐完毕要站起来,首先将腿上的餐巾拿起,随意叠好,再把餐巾放在餐桌的左侧,然后起身离座。如果站起来后才甩动或折叠餐巾,就不合乎礼节了。餐巾用完后无须折叠得过于整齐,但也不能随便搓成一团。如有主宾或长辈在座,一定要等他们拿起餐巾折叠时才能跟着动作。

五、西餐菜肴的食用

西餐菜肴的食用方法与中餐相比,有更多的礼仪讲究,商务人士对此应有详细的了解。

（一）面包和黄油

进餐时,如有专用放面包的盘子,那么就理所当然地把面包放在盘里。在食用面包时,可以用手将面包掰开,大小应正好能放入口中,切勿用刀去切或者用牙去咬。吃土司（面包片）时,一般把黄油抹在面包上食用,也可加上些盐和胡椒等,这时可以用刀子把土司切成块状来吃。注意不要用面包来蘸盘子里的汤(特别是有身份或讲究的商界女士更应避免此种举动)。

如果面包屑掉在桌子上,不必用手或刀叉来捡起,服务员过后会用专业的清扫器具来清理。

黄油应与面包一同食用,正确的吃法是,在一小块面包上抹上少许黄油即可。但需注意的是,不可把黄油直接放入口中。另外,一定要用黄油来抹面包,而不要用面包去蘸黄油。有时,黄油是放在一个公用的黄油盘里,配有公用小刀,每人可用刀取出少许放入自己的盘内。讲究的餐厅有时把黄油摆在桌上时,底下配有冷却的冰块以保其温度,有时也将黄油的造型做得灵巧可爱,不但实用,而且具有一定的欣赏性。

(二)沙拉

很多人以为只是清一色的绿色生菜。其实不然,沙拉的种类繁多。可以是绿颜色的沙拉,也可以是混合青菜沙拉,也可以是配有鱼、肉和蘑菇等的海鲜沙拉和肉类沙拉。

西餐中,沙拉往往出现在这样的场合里:作为主菜的配菜,比如蔬菜沙拉,这是常见的;作为间隔菜,比如在主菜和甜点之间;作为第一道菜,比如鸡肉沙拉。

如果沙拉是一大盘,就可使用沙拉叉;如果沙拉是和主菜放在一起的,则要使用主菜叉来吃。

如果沙拉是间隔菜,通常要和奶酪、炸玉米片等一起食用。先取一两片面包放在你的沙拉盘上,再取两三片玉米片。奶酪和沙拉要用叉子吃,而玉米片可以用手拿着吃。

如果主菜沙拉配有沙拉酱,可以先把沙拉酱浇在一部分沙拉上,吃完这部分后再加酱。直到加到碗底的生菜叶部分,这样浇汁就容易了。需要注意的是,有时仅有一种沙拉酱,但有时也会准备有多种供客人自己选择,这时,在食用时,一盘沙拉一般以放一种汁为宜,不可多种混杂,否则味道不伦不类。

沙拉习惯的吃法应该是:将大片的生菜叶用刀子切成小块,如果不好切,可以刀叉并用。一次只切一块,吃完再切。

(三)鱼

西餐中很大一部分的鱼类餐是鱼片、鱼块或鱼条。因为这样对于食用者来讲非常省事方便。在西方国家,很多人看到带有鱼刺的鱼时,都下意识地带有敬而远之的心理。因为从嘴里把鱼刺吐出来不是件容易的事。尽管如此,西餐里还是有许多名菜是整条鱼端上饭桌的,如汤汁鱼、香煎鱼等。

在餐厅进餐时,作为客人,可以要求服务员把整条鱼做成鱼片。也可以自己动手,自得其乐。这时,作为放鱼皮、鱼鳍和鱼刺等剩物的容器一定要在用餐之前准备就绪。具体来讲有以下两个步骤:

(1)左手拿叉,用叉按住整条鱼,右手握刀把鱼鳍取下,放入剩物盘。用鱼刀把鱼皮从头部到鱼尾取下,然后用鱼刀把头部和尾部轻轻切一下,注意不可让头部和尾部脱离整个鱼。取下上面的整片鱼肉,放在盘中。有时放在同一个盘里,有时放在另一个盘里,这要根据需要和当时情况。

（2）鱼刺取下，与头部和尾部一同放入剩物盘里。用刀把下面的鱼肉向旁边推开，用此方法把鱼皮和鱼肉剥离。鱼皮放入剩物盘，鱼肉放在刚才取下的那片鱼肉旁边，以待享用。有些人还取下鱼鳃旁边的一小块鱼肉，认为这是最有价值的一块鱼肉。另外需要提示的是：与许多东方人不同，西方人通常情况下不吃鱼皮。

（3）鱼子吃法。鱼子在所有的菜肴里属于价格最昂贵的，有红鱼子、黑鱼子两种。黑鱼子要贵于红鱼子。吃鱼子时，必备的餐具除鱼子勺以外，普通刀叉也应预备。

食用这道菜应采取"少而精"的原则。通常，一小盘或一小盒的鱼子是被放在碎冰上，客人可以用鱼子勺将其取出抹在面包上食用。配餐面包常用一种荞麦面制成的小饼片，同酸奶油汁一同食用。还可加上煮鸡蛋、鸡蛋黄或熟鸡蛋清等切成的小块，分开放入小碗里，与之作为辅料来食用。另外，还可备些柠檬块、洋葱末、黄油、吐司等。

（四）龙虾

龙虾经常在套餐里客串主角，它不但属于稀有贵重菜肴，而且颜色漂亮美观。

龙虾的烹饪方式很多，摆在盘里的一般是整只或半只，有时也事先将壳剥去，仅用虾肉。当然，如果只是虾肉的话，用刀叉来进餐还是很省事的，但如果是带壳的话，那吃起来可没有那么省事了，因此，龙虾被称为"好看不易吃"。不过，享用这道美食可以得到一种额外的乐趣，那就是打破龙虾壳取出虾肉的过程。

如果端上来的龙虾，它的壳没有被彻底敲裂，这时，餐桌上便会摆上一把胡桃钳或尖核针。胡桃钳可用来夹裂龙虾壳，小叉子则可用来挖取狭窄难取之处的虾肉。

用左手握住虾头将龙虾固定在盘中，右手用力拔下龙虾的大螯。用虾钳顺边把壳剪开，可剪开一边，另一边用手剥开即可。把虾肉轻轻取出，如有虾肉还在里面的话，可用叉子取出。

龙虾卵是龙虾胃腔内称作玉米馅饼的绿色物质，龙虾卵只在雌虾体内才有，是十分美味的佳肴。用叉子叉起它，分切成数块，再依照个人喜好蘸酱调味。

通常餐宴主人或餐馆应该提供大碗或大盘子，让客人放置龙虾壳。吃过龙虾，还要给客人送上洗手盅。

这厢有礼

1896 年，李鸿章代表清政府出使八个欧美国家。

李鸿章访德期间，曾应宰相俾斯麦之邀前往赴宴，由于不懂西餐礼仪，把吃水果后上的洗手盅（见图 6-13）里面的水喝了。俾斯麦为不使客人丢丑，也将洗手水端起来一饮而尽。见此情形，其他文武百官也只得忍笑奉陪。

图 6-13　洗手盅

(五)洋蓟

在食用这道菜时，基本上都是用手来吃的。用左手握住整个洋蓟(见图 6-14)，右手一片一片取下，底部的肉处蘸过汁后，直接放入口中，用嘴把肉挤出后即可食用。剩下的叶子放入废物盘中。特别要注意的是，用嘴嗑出洋蓟肉时，尽量不要出声音。所有的叶片吃过后，要清洗一下双手，以便使用刀叉。用刀叉把底部的须子切下之后，洋蓟用刀叉食用即可。这道菜一般配有调味汁，可用奶油类的汁，如蛋黄酱；也可用清汁，如酸酱油、辣酱油。

图 6-14　洋蓟

(六)生蚝或生蛤蜊

布置在碎冰块上的生蚝或生蛤蜊，是一道昂贵的佳肴。以左手手指抓紧剩下的那一片壳，以右手持小生蚝叉，将生蚝或蛤蜊壳整个挖取出来。如果还有任何部分仍然附在壳上，利用叉子将它都挖出来。然后把生蚝或蛤蜊放到盘子中央的酱碟里蘸一番。有些人则只在生蚝或蛤蜊上滴几滴柠檬汁，因为他们认为辛辣、刺激的酱汁会破坏这种海产鲜美的原味。

吃完生蚝或生蛤蜊肉后，可以拿起空壳来吸吮一番，品尝余留的美叶原汁。这么做会发出嘶嘶的声响，而且动作不甚雅观，不过在这种情形下，即使是最讲究礼仪的完美主义者也不在乎举止是否雅观了。

也可以把几块小片饼放进酱碟里，再用生蚝叉挑出来吃。

(七)牡蛎

西餐里的这道菜一般是生吃。

在餐厅食用牡蛎时，是已经打开的，直接用牡蛎叉把肉取出来食用即可。这时，必须使劲连汁一起出来嗑，当然这样一来要出些声音，但这道菜属于"特赦"，准许出声。另外，用柠檬、胡椒、辣椒汁作为调味品倒在上面，味道会更鲜美。

(八)奶酪火锅

奶酪火锅是瑞士一道很著名的民族菜肴。随着人们对饮食不断广泛了解，越来越多的人也开始对这种火锅产生浓厚的兴趣。

食用奶酪火锅要使用特殊的餐具，也就是奶酪火锅叉。这种专用餐具比一般餐叉要长出很多，有三个齿。较常见的是木头叉柄，也有其他金属或烧瓷等的叉柄。

此外，除了奶酪火锅叉外，还要准备一个普通餐叉。火锅叉扎住面包后在火锅里蘸上奶酪，然后将面包同奶酪一同取出。由于火锅叉不可直接入口，因此要用餐叉把奶酪面包从火锅叉上取下，用餐叉将其送入口中。一方面，从火锅里取出的火锅叉滚烫，放入口中容易烫伤，另一方面，如将火锅叉放入口中，再用它放入火锅中去扎面包，很不卫生。

如果将面包块在放入火锅之前，在樱桃烧酒里蘸一下，味道会更加醇香。当然，这要根据各自的不同口味而自己选择。如果有人不能承受过多的刺激,那么就不要做此尝试了。

需要引起注意的是,食用奶酪火锅的面包很有讲究。面包块一定要切成大小合适的正方块,以裹上奶酪后能刚好放入口中为宜。面包块一般用(法式)白面包棍切成。

(九)意大利面

意大利面是一道广受人们喜爱的美食,所以,如搭配的调味汁美味可口,人人都会感到这道菜吃起来既亲切又愉快。

意大利面条一般是放在深盘子里食用的,欧洲人一般使用勺和叉,而美国人通常还要加上刀。意大利人的吃法是,只用叉,右手握叉,用叉尖卷起来吃。

另外一种普遍的吃法,是用叉子慢慢地卷起面条,每次只卷四五根。也可以用调羹和叉子一起吃,调羹可以帮助叉子控制滑溜溜的面条。不能直接用嘴吸,不然容易把汁溅得到处都是。

(十)水果

饭后或甜点之后食用些水果,既清凉爽口,又有助于消化。但水果的种类繁多,根据有皮无皮、形状大小、果汁多寡而在食用方法上各有讲究。

1. 苹果、梨

在宴席上,要用手拿取苹果或梨,放在盘里,可以螺旋式将其削皮。也可以把水果放在盘上,先将其切成几瓣,再去掉籽,用刀叉切成合适的块状后食用,也可用手来食用。

带皮的鳄梨需要用勺来吃,如果切成片装在盘子里或拌在色拉里,要用叉子吃。

2. 葡萄

对于无籽葡萄没什么讲究,一粒粒地吃就行。若葡萄有籽,应把葡萄放入口中嚼吸食肉汁,然后把籽吐到手中。要想容易地剥去葡萄皮,则要持其茎部放在嘴边,用大拇指和食指将肉汁挤入口中。最后把剩在手中的葡萄皮放在盘里。

3. 草莓

大草莓可以用手拿住柄部,蘸着白砂糖整个吃。然后将草莓柄放入的盘里。如果草莓是拌在奶油里的,当然要使用勺子来吃。

4. 浆果、樱桃

浆果、樱桃的吃法有很多,可以视情况而定。一般来说,吃浆果时,不管有无奶油,都要用勺子;吃樱桃要用手拿,将樱桃核文雅地吐的手中,然后放入盘子。

5. 香蕉

在宴席上吃香蕉,要先将其剥皮,然后再用刀切成段,用叉子叉着吃。

6. 柚子、橘子、橙子

吃柚子时,要先把它切成两半,然后用茶匙或尖柚子匙挖出食用。由于柚子稍带苦味,很多人喜欢撒些糖来食用。

吃橘子时,要先用手剥去皮及其里面的白色覆盖膜,然后可以直接用手拿着一片一片地吃。

剥橙子皮有两种方法,两者都要使用尖刀:一是螺旋式剥皮;二是先用刀切去两端的皮,再竖直将皮一片片切掉。剥皮后,可以把橙肉掰下来。如果掰下的部分不大,可一口吃掉。如果太大,要使用甜食刀叉先切开,后食用。如果橙子是切好的,也可以像吃柚子那样使用柚子匙或茶匙挖着吃。

7. 无花果

鲜无花果作为开胃品与五香火腿一起吃时,要用刀叉连皮一起吃下。若上面有硬秆,应用刀切下(否则会嚼不动)。作为饭后甜食吃时,要先把无花果切成四半,在橘汁或奶油中浸泡后,用刀叉食用。

8. 杧果、木瓜

整个杧果,要先用锋利的水果刀纵向切成两半,然后再切成四分之一。用叉子将每一块放入盘中,皮面朝上,并剥掉杧果皮;也可以像吃鳄梨那样用勺挖着吃,如把杧果切成两半,挖食核肉,保留皮。吃木瓜像吃鳄梨和小西瓜一样,先切成两半,抠出籽,然后用勺挖着吃。

9. 西瓜或哈密瓜

西瓜或哈密瓜如果体积较小,可以切成两半,以一半为一份食用。左手扶住瓜皮,右手握勺,从右边开始刮起。这样,避免把瓜弄得七零八落、十分狼藉而有失体面。西瓜籽用勺从口中取出,放入旁边的盘中,不要随便吐在外边。如果西瓜或哈密瓜已经切成一块一块的话,那么应使用刀叉来吃。从果盘里取出一块后,用刀先把瓜肉同瓜皮分开,然后再把瓜肉切成大小合适的块状,用叉送入口中。

另外,为避免吐籽,可以用叉在食用前把籽拨掉。

六、西餐中饮酒的礼仪

(一)西餐酒的分类

正式的西餐宴会上,酒水是主角,酒与菜的搭配也十分严格。一般来说,吃西餐时每道不同的菜肴要配搭不同的酒水。吃一道菜便要换上一种酒水,西餐宴会上所上的酒水,可以分为餐前酒、佐餐酒、餐后酒三种,它们各自又拥有许多具体种类。

(1)餐前酒别名叫开胃酒。显而易见,它是在开始正式用餐前饮用,或在吃开胃菜时与之搭配的。餐前酒有鸡尾酒、味美思和香槟酒。

(2)佐餐酒又叫餐酒。它是在正式用餐时饮用的酒水。常用的佐餐酒均为葡萄酒,而且大多数是干葡萄酒或是半干葡萄酒。有一条重要的讲究就是"白酒配白肉,红酒配红肉。"这里所说的白肉,即鱼肉、海鲜、鸡肉,吃它们时需要与白葡萄酒搭配;所说的红肉,即牛肉、羊肉、猪肉,吃它们时需要用红葡萄酒来搭配。这里所说的白酒、红酒都是葡萄酒。

(3)餐后酒指的是用餐之后,用来助消化的酒水。最常见的是利口酒,又叫香酒。最有名的餐后酒,则是有"洋酒之王"之称的白兰地酒。

不同的酒杯饮不同的酒水,在每位用餐者面前桌面上右边餐刀的上方,会摆着三四只酒水杯。可依次由外侧向内侧使用,也可"紧跟"女主人的选择,一般香槟杯、红葡萄酒杯、白葡萄酒杯以及水杯是不可缺少的。如图 6-15 所示。

图 6-15　酒杯分类(唐顿庄园)

(二)西餐的敬酒与干杯

在较为正式的场合,西餐饮用酒水颇为讲究具体的程式。常见的饮酒程式之中,斟酒、祝酒、干杯应用的最多。

1. 斟酒

通常酒水应当在饮用前斟入酒杯。除主人和服务人员外,其他宾客一般不宜自行为他人斟酒,服务人员斟酒要道谢,如果男主人亲自斟酒,宾客则应该端起酒杯致谢,必要时,还需起身站立,女士则欠身点头为礼。

2. 敬酒

敬酒也称祝酒,往往是宴会上不可缺少的程式。敬酒时,主人一般都会有祝酒词,在他人敬酒或致辞时,其他在场者应一律停止用餐或饮酒。

3. 碰杯

碰杯时,需要有人率先提议。提议者应起身站立,用右手端起或拿起酒杯,然后用左手托扶杯底,面含微笑,真诚地面对他人。在主人提议干杯后,即使你滴酒不沾,也要起身,拿起酒杯,以示对主人的尊敬。

这厢有礼

从《唐顿庄园》看西餐礼仪

2010 年推出的英国古典时代剧《唐顿庄园》(见图 6-16)在全球播出后,立刻掀起了一股新的英剧风潮。该剧以英国国王乔治五世在位时约克郡一个虚构的庄园为故事背景,讲述了庄园中由贵族至仆人的传奇故事。剧中贵族衣着装饰华丽繁复,餐桌用具精致贵重,贵族生活方式优雅含蓄,展现了20世纪初瑰丽磅礴的英国田园风情,充满了浓郁的英格兰气息。

图6-16 唐顿庄园剧照

剧中人们对饮食的讲究可谓一大亮点。餐桌上餐具的摆放、用餐的顺序,以及贵族们严格的用餐礼节,无不透露着西方特有的餐桌文化。

1. 餐桌布置

餐桌布置极其讲究,是需要用量尺一点点量出来的。唐顿庄园中的大管家卡森就有一把这样的尺。测量杯子和盘子、盘子和桌子、桌子和椅子等之间的距离。先确定一个初级刻度,然后把第一把餐刀推进去。然后按照第一个标准,把其他餐具一点点推到一个水平线上。每个餐具之间必须是等距离的、对称的。然后管家们会躬身,用量尺抵住椅子侧面,将椅子拉出来,最后看看整个一排椅子是否是一条直线。用餐的餐巾有太多的尺寸,很容易弄错。午饭时用17~20英寸的餐巾,下午茶时用12英寸的餐巾,晚饭时用26英寸的餐巾,鸡尾酒会上用6~9英寸的餐巾。还会将蜡烛长短调整一致,餐巾按场合或座次折叠。当鲜花摆放到位后,还要调整光线的明暗。只能通过量尺或者戴着手套触摸餐具,不然会在银质餐具上留下痕迹。

这样的礼仪正在随着历史慢慢消失,只有一些高档的法国餐厅还保留着这种格调。

如图6-17所示展示了《唐顿庄园》中的餐桌布置。

2. 座位安排

《唐顿庄园》中以女士为主,但传统是宾客以男—女—男—女的顺序就座(见图6-18)。已婚夫妇会被分开,因为通常认为他们待在一起的时间已够长了。订婚了的夫妇坐在一起,这样他们可以在监护人的陪伴下交谈。

3. 餐具使用

西餐的显著特点就是餐具的使用非常多样,在古时候的西方,则更繁复讲究(见图6-19)。现在普遍使用的完整西餐餐具包括"前菜刀叉、面包碟、牛油刀、汤勺、主

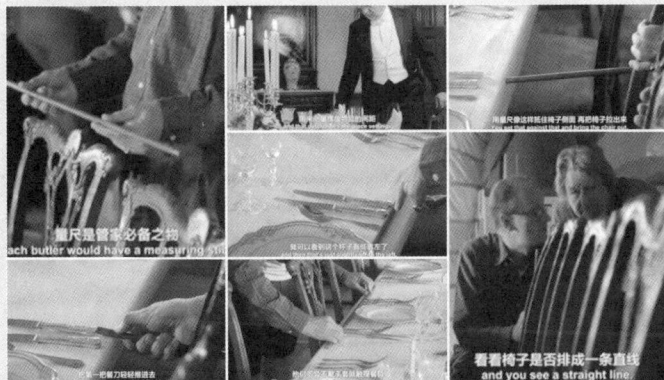

图 6-17 餐桌布置

图 6-18 座位安排

菜刀叉、甜品叉匙,白酒杯,红酒杯。摆放也有一套标准:叉左刀右,刀尖向上,刀口向内,盘前横匙,主食靠左,餐具靠右"。

图 6-19 餐具使用

4.就餐举止

（1）入座。最得体的入座方式是从左侧入座，用手轻轻拉开椅子后入座，不要用脚挪，显得粗鲁。同样离席时也从椅子左侧出去。

（2）坐姿（见图6-20）。后背不要碰到椅背。椅背只是起装饰作用，方便男仆拉椅子。必须坐直，把食物送入嘴中。无论糕点多么松脆易碎，也不要低头在盘子里吃。唯一的例外是喝汤的时候——这时你可以轻轻地低下头。不可用手托腮或将双臂肘放在桌上。塌着肩是很不礼貌的。脚应踏在本人座位下，不可随意伸出。

图 6-20　就餐的坐姿

（3）吃饭的节奏。吃完一道菜，侍者就会收走餐盘，保持餐桌干净。但是，下一道菜上菜时间是同样的，如果吃得过快，就会有尴尬的等待时间，所以进餐节奏最好与大家保持一致。大部分的晚餐都会持续两小时左右，一般在晚餐时不去洗手间，所以要适度饮食，以免中途需要去洗手间。

（4）中途离席。中途离开，将餐巾放在椅子上，表示你将继续。吃完离席，将餐巾放在桌上，表示一餐的结束。中途休息，将刀叉摆成一个八字，吃完需收盘，刀叉柄朝5点方向。同时，记得刀口向里，叉子背面朝上。侍者会从你的左侧上菜，方便你取用；从你的右侧倒酒，因为杯子在右手边（见图6-21）。小心，不要撞到他，记得致谢。

（5）交流规则。为了保持礼貌，不冷落餐桌上的人，应当和身边的人交谈。当桌上主座的女士轻轻咳嗽一声时，就应该换边和另一边的邻座交谈。这种礼仪叫作"轮流交谈"。餐桌上的谈话话题也需要注意，永远不要在餐桌上谈论金钱、工作、性、健康、政治和宗教等敏感话题。唐顿三小姐带着她的平民爱尔兰男朋友回家时，在桌上谈起政治就引起了家人的尴尬。图6-22展示了交流规则。

图 6-21　上菜规则

图 6-22　交流规则

第四节　自助餐礼仪

　　自助餐是厨师将烹制好的冷、热菜肴及点心陈列在餐厅的长条桌上，由客人自己随意取食、自我服务的一种就餐方式。自助餐之所以称为自助餐，主要是因其可以在用餐时调动用餐者的主观能动性，由其自己动手，帮助自己，自己在既定的范围之内选适量菜肴。它又被叫作冷餐会，主要是因其提供的食物以冷食为主。当然，适当地提供一些热菜，或者提供一些半成品由用餐者自己进行加工，也是允许的。

罗列珍馐千杯饮，拿取之间见文明——自助餐礼仪

这厢有礼

自助餐这种就餐形式源于8—11世纪北欧的"斯堪的纳维亚式餐前冷食"和"亨联早餐"。相传这是当时的海盗最先采用的一种进餐方式。第二次世界大战时,这种进餐形式被引入美军后方驻地的军用食堂,而后发展成主食、甜品、热汤等供挑选的就餐形式。

1958年,东京帝国酒店又首创将所有料理放在桌上,客人依据喜好进行取食的自助形式。之后,自助餐的形式由餐前冷食、早餐逐渐发展成为午餐、正餐,由便餐发展到各种主题的自助餐,如庆典自助餐、会议自助餐、商务谈判自助餐等。

今天,自助餐已经由传统的客人取食菜肴成品发展到现场烹制、现烹现食,甚至还发展为由顾客自助食物原料,自烹自食的"自制式"自助餐。

一、自助餐的特点

(一)免排座次

正规的自助餐,往往不固定用餐者的座次。这样既可免除座次排列之劳,而且还可便于用餐者自由地进行交际

(二)费用可控

自助餐可以按照主办方预算设计自助餐规格,可丰可简。各种菜式、酒水饮品都涵盖在内,用餐标准固定,客人可以在一定的范围内根据喜好选取,避免了浪费,也避免了兴之所产生的预算之外的开支,尤其是高档酒水所产生的费用。

(三)各取所需

参加自助餐时,用餐者遇到自己偏爱的菜肴,只管自行取用就是了。用餐气氛也比较轻松自如。

(四)兼顾多人

每逢需要为众多的客人提供饮食时,自助餐不失为首选。它不仅可用以款待数量较多的来宾,而且还可以较好地处理众口难调的问题。

二、安排自助餐的礼仪

安排自助餐的礼仪即自助餐的主办者在筹办自助餐时的规范性做法。一般而言,它包括备餐的时间、就餐的地点、食物的准备、客人的招待四个方面的问题。

(一)备餐的时间

在商务交往之中,依照惯例,自助餐大多被安排在各种正式的商务活动之后。作为

其附属环节之一,而极少独立出来,单独成为一项活动。也就是说,商界的自助餐,多见于各种正式活动之后,用作招待来宾的项目之一,而不宜以此作为一种正规的商务活动形式。

根据惯例,自助餐的用餐时间不必进行正式的限定。只要主人宣布用餐开始,大家即可动手就餐。在整个用餐期间,用餐者可以随到随吃。用餐者只要自己觉得吃好了,在与主人打过招呼之后,随时都可以离去。

一般来讲,主办单位如果计划以自助餐对来宾进行招待,最好事先以适当的方式对其进行通报。同时,必须注意一视同仁,即不要安排一部分来宾用自助餐,而安排另一部分来宾去参加正式的宴请。

(二)就餐的地点

按照正常的情况,自助餐安排在室内外进行皆可。通常,大多选择在主办单位所拥有的大型餐厅、露天花园进行。有时,亦可外租、外借与此相类似的场地,如酒店餐厅、俱乐部等。

在选择、布置自助餐的就餐地点时,应注意以下三点:

1.要为用餐者提供一定的活动空间

除了摆放菜肴的区域之外,在自助餐的就餐地点还应划出一块明显的用餐区域。考虑到实际就餐的人数往往具有一定的弹性、难以准确确定,所以用餐区域的面积尽量划得大一些。

2.要提供数量充足的餐桌与座椅

尽管真正的自助餐所提倡的是就餐者自由走动,立而不坐。但在实际上,有不少的就餐者,由于饮食习惯,或年老体弱,还是习惯于坐着就餐。因此,在就餐地点应当预先摆放好一定数量的桌椅,供就餐者自由使用。

3.要使就餐者感觉到就餐地点环境宜人

在选定就餐地点时,不只要注意面积、费用问题,还须兼顾安全、卫生、温湿度、噪声等问题,使就餐环境清雅宜人。

(三)食物的准备

为了满足就餐者的不同口味,应当尽可能地使食物品种丰富多样;为了方便就餐者进行选择,同一类型的食物应集中在一处摆放。不同的时间、不同的客人、不同的主题、不同的场景下,食物可在具体品种上有所侧重。有时,它以冷菜为主;有时,它以甜品为主;有时,它以茶点为上;有时,它还可以酒水为主。除此之外,还可酌情安排一些时令菜肴或特色菜肴,以及一些现场制作的当地风味小吃。

一般而言,随着灶具和保温设施的不断发展,自助餐不再仅仅局限于冷菜,可以有多种多样的形式。具体来讲,一般自助餐上所供应的菜肴大致应当包括冷菜、汤、热菜、点心、甜品、水果以及酒水等几大类型。

（四）客人的招待

招待好客人,是自助餐主办者的责任和义务。要做到这一点,必须特别注意下列环节。

1.照顾好主宾

不论在任何情况下,主宾都是主人照顾的重点。主要表现在陪同其就餐,与其进行适当的交谈,为其引见其他客人等。注意给主宾留下一点供其自由活动的时间,不要始终伴随其左右。

2.要充当引荐者

作为一种社交活动的具体形式,自助餐要求其参加者主动进行适度的交际。在自助餐进行期间,主人要尽可能地为彼此互不相识的客人多创造一些相识的机会,并且积极为其牵线搭桥,充当引荐者,介绍他们相识。

3.要安排服务者

小型的自助餐,主人往往可以一身兼二任,同时充当服务者。但是,对于大规模的自助餐,需要有专人服务,直接与就餐者进行正面接触。根据常规,自助餐上的服务人员应具备健康而敏捷的职业特性。其主要职责是:为了不使客人因频频取食而妨碍了与他人进行交谈,而主动向其提供一些辅助性的服务。比如,推着装有各类食物的餐车,或是托着装有多种酒水的托盘,在来宾之间巡回走动,由宾客各取所需。另外,负责补充供不应求的食物、饮料、餐具等。

三、享用自助餐的礼仪

享用自助餐的礼仪即就餐者参加自助餐时所需遵循的礼仪规范。

（一）排队取菜

在取菜之前,先要准备好一只食盘。轮到自己取菜时,应以公用的餐具将食物装入自己的食盘之内,然后迅速离去。即使自己随手带的餐具没用过,也不应用自己的餐具取菜。切勿在众多的食物面前犹豫再三,让身后之人久等,更不应该在取菜时挑挑拣拣,甚至直接下手或以自己的餐具取菜。

（二）循序取菜

在自助餐上,如果想要吃饱吃好,那么在具体取用菜肴时,就一定要首先了解合理的取菜顺序,然后循序渐进。按照常识,参加一般的自助餐时,取菜时标准的先后顺序应当是:冷菜、汤、热菜、点心、甜品和水果。

（三）量力而行

"饿得扶墙进,撑得扶墙出",成了不少人自助餐享用的终极目标。选取食物时,必须量力而行。切勿为了吃得过瘾,而将食物狂取一通,结果力不从心,造成浪费。浪费是一个人贪婪和不知节制的表现。在享用自助餐时,多吃是允许的,而浪费食物则绝对不允许。

这厢有礼

人民日报评自助餐"盛宴"变"剩宴"

"扶着墙进,扶着墙出",被戏称为吃自助餐的理想状态。但是,"别亏本"心态很容易导致食物浪费。日前,记者在北京走访了多家自助餐厅,发现饕餮盛宴沦为"剩宴"的现象依然严重。

近日一个晚上,在位于北京市慧忠北里的一家国际美食自助餐厅里,记者看到,在一对年轻人就座的餐桌上,光大虾就足足摆了4盘。而在烤生蚝取餐处,有人一盘不够还要添加,直到服务员劝阻"一人只能拿一盘"才罢休。

20时许,不少人已酒足饭饱,跟开始盛一盘"消灭"一盘相比,"战斗力"大大下降,桌上的剩菜也堆积起来。"您这盘不要了吧?"一眼没看见,还剩两块烧鸭的盘子,已被服务员收走,话音未落,烧鸭已被倒进泔水桶。

客人离席后,把一整盘未动的食物直接倒进泔水桶,很多服务员早已习以为常、面不改色。"怎么剩下这么多?"面对记者的询问,顾客王女士有些不好意思,"收费这么高,不多拿点觉得亏了,没想到拿多了,实在吃不下了。"而就在王女士隔壁桌上,一家四口刚刚离席,桌上赫然摆着3盘食物,有烤鸡翅、虾饺、南瓜包、肉丸、炸鱼等,还有两满杯的饮料……记者注意到,个别顾客吃不下又觉得面子过不去,悄悄将虾皮、鸡鱼骨头等废弃物,"掩盖"在未动的食物上;还有人将食物偷偷倒进汤碗里。

王女士的想法很有代表性。面对"吃自助餐为什么容易剩"的问题,很多顾客表示,吃自助餐怕"亏本",先可着海鲜、鱼虾、肉类和品牌冰激凌拿,结果容易剩下;有的是自己"手大肚小"造成浪费,有的则是"乐于助人",吃到了好吃的,就主动给桌上每个人都拿一份,结果最后拿多了……

自助餐浪费情况严重,也让很多商家头疼。大多数自助餐厅里,都在醒目位置张贴着"节约食物,人人有责""少量多次,避免浪费""浪费过多,将收取××元餐费"的"温馨提示牌",但效果十分有限。有工作人员告诉记者,为了减少争执,也怕流失"回头客",只要不是太过分,都不会加收餐费,也不愿"得罪"顾客。

一些自助餐厅采用饭前收押金、"光盘"送奖品的方式,引导顾客节约食物,效果不错。记者来到位于北京市朝阳区丰联广场的一家海鲜自助餐厅里,顾客熙熙攘攘。"为了防止浪费,我们向每位顾客收取100元押金。顾客吃完饭后,店员会检查有没有浪费,如果没有,就把押金退还顾客。"餐厅工作人员介绍。记者注意到,因为有押金限制,不少顾客在取餐时会"手下留情",即使最后吃撑了,也努力把盘子打扫干净。

"商家制定规矩很重要,但最根本的还是让人意识到'浪费可耻、节约光荣',在人内心深处形成'光盘'意识。但在这方面,还有很长的路要走。"一位专家表示。

资料来源:http://www.xinhuanet.com//politics/2017-06-11/c_1121121813.htm

（四）多次取菜

在自助餐遵守"少取"原则的同时,还有"多次"的原则。"多次"的原则,是"多次取菜"原则的简称。它的具体含义是:用餐者在自助餐上选取某一种类的菜肴,允许其再三再四地反复去取。每次应当只取一小点,待品尝之后,觉得它适合自己的话,那么还可以再次去取,直至自己感到吃好了为止。"多次"的原则,与"少取"的原则其实是同一个问题的两个不同侧面。"多次"是为了量力而行,"少取"也是为了避免造成浪费。所以,两者往往也被合称为"多次少取"的原则。

在选取菜肴时,最好每次只选取少量几种。待吃好后,再去取用其他的品种。若将多种菜肴盛在一起,导致其五味杂陈,相互窜味,则会暴殄天物。

（五）要避免外带

所有的自助餐,只许可在用餐现场里自行享用,而不可以在用餐完毕之后携带回家。

（六）要送回餐具

一般情况下,自助餐大多要求就餐者在用餐完毕之后、离开用餐现场之前,自行将餐具整理到一起,然后一并将其送回指定的位置。在庭院、花园里享用自助餐时,尤其应当这么做。不允许将餐具随手乱丢,甚至任意毁损餐具。在餐厅里就座用餐,有时可以在离去时将餐具留在餐桌之上,而由服务人员负责收拾。虽然如此,亦应在离去前对其稍加整理为好,不要弄得自己的餐桌上杯盘狼藉,不堪入目。自己取用的食物,以吃完为宜,万一有少许食物剩了下来,也不要私下里乱丢、乱倒、乱藏,而应将其放在适当之处。

（七）照顾他人

商务人士在参加自助餐时,除了对自己用餐时的举止表现要严加约束之外,还须与他人和睦相处,对他人多加照顾。不过,不可以自作主张地为对方直接代取食物。

在用餐的过程中,对于其他不相识的用餐者,应当以礼相待。在排队、取菜、寻位及行动期间,对于其他用餐者要主动谦让,不要目中无人,蛮横无理。

（八）积极交际

在参加自助餐时,要主动寻找机会,积极地进行交际活动。首先,应当找机会与主人攀谈一番;其次,应当与老朋友好好叙一叙;最后,还应当争取多结识几位新朋友。

在自助餐上,交际的主要形式是几个人聚在一起进行交谈。为了扩大自己的交际面,在此期间不妨多换几个类似的交际圈。只是在每个交际圈,多少总要停留一段时间,不能只停留一两分钟马上就走,好似蜻蜓点水一般。

介入陌生的交际圈,大体上有三种方法:其一,请求主人或圈内之人引荐;其二,寻找机会,借机加入;其三,毛遂自荐,自己介绍自己加入。

第五节　饮品礼仪

茶与咖啡是东西方的代表饮料，都经历了漫长的岁月。茶之于中国，犹如咖啡之于法国，不仅仅是一杯饮料，更是一种悠久深厚的文化。在宴请和聚会场合，茶和咖啡都是人们常见并喜爱的饮品。

雪芽双井散神仙，人间谁敢更争妍——饮茶礼仪

一、茶的礼仪

我国是茶叶的故乡，有着悠久的种茶历史，又有着严格的敬茶礼节，还有着奇特的饮茶风俗。我国饮茶，从神农时代开始，少说也有 4700 多年的历史了。茶礼有缘，古已有之。"客来敬茶"，这是我国最早重情好客的传统美德与礼节。直到现在，宾客至家，总要沏上一杯香茗；喜庆活动，也喜用茶点招待开个茶话会，既简便经济，又典雅庄重。所谓"君子之交淡如水"，也是指清香宜人的茶水。我国历来就有"客来敬茶"的民俗。古代的齐世祖、陆纳等人曾提倡以茶代酒；唐朝刘贞亮赞美"茶有十德"，认为饮茶除了可健身外，还能"以茶表敬意""以茶可雅心""以茶可行道"；唐宋时期，众多的文人雅士不仅喜爱饮茶，而且还在自己的佳作中歌颂和描写过茶叶。

在我国，饮茶不仅是一种生活习惯，更是一种源远流长的文化传统。中国人习惯以茶待客，并形成了相应的饮茶礼仪。按照我国传统文化的习俗，无论在什么场合，敬茶与饮茶的礼仪都是不可忽视的一环。

这厢有礼

古人品茶

古人品茶讲究六境：择茶、选水、候火、配具、环境和品饮者的修养，其一招一式有极严格的要求和相应的规范。

宋代品茶有一条法则，叫作"三点"：新茶、甘泉、洁器为一；天气景色宜人为一；风流儒雅、气味相投的佳客为一。

品茶有三乐，一曰：独品得神，一个人面对青山绿水或高雅的茶室。通过品茗，心驰宏宇，神交自然，物我两忘，此一乐也；二曰：对品得趣。两个知心朋友相对品茗，或无须多言即心有灵犀一点通，或推心置腹述衷肠。此亦一乐也；三曰：众品得慧。

(一)敬茶与饮茶

1.奉茶的礼仪

最基本的奉茶之道,就是客人来访马上奉茶。奉茶前应先请教客人的喜好,俗话说:酒满茶半。奉茶时应注意:茶不要太满,以八分满为宜。水不宜太烫,以免客人不小心被烫伤。同时有两位以上的访客时,端出的茶色要均匀,并要配合茶盘端出,左手捧着茶盘底部,右手扶着茶盘的边缘。

西方常以茶会作为招待宾客的一种形式,茶会通常在下午4时左右开始,设在客厅之内。准备好座椅和茶几就行了,不必安排座次。茶会上除饮茶之外,还可以上一些点心或风味小吃,国内现在有时也以茶会招待外宾。

上茶时应以右手端茶,从客人右方奉上,面带微笑,眼睛注视对方并说:"这是您的茶,请慢用!"奉茶时,应依职位的高低顺序先端给不同的客人,再依职位高低端给自己公司的接待同仁。

以咖啡或红茶待客时,杯耳和茶匙的握柄要朝着客人的右边。此外,要替每位客人准备一包砂糖和奶精,将其放在杯子旁(碟子上),方便客人自行取用。

2.饮茶者的礼仪

注视奉茶者,并诚恳地说声"谢谢!"当别人奉茶时不要以手去接,以免增加奉茶者的困扰。但若是领导或长辈亲自给你奉茶,则要起身双手恭敬地迎接。受人接待奉茶时,如无法说谢谢,要以和蔼的眼神予以奉茶者回应,绝不能视而不见,听而不闻,这是非常失礼的行为。

如需调和糖和奶精,应在调好之后将茶匙横放在碟子上,再以右手端起杯子(除非你惯用左手)。喝茶时,不用将杯垫一起端起,以单手端起茶杯,另一只手轻扶杯垫,预防杯垫掉落即可。但若坐在矮茶几旁,则必须连同杯垫一起端起,以免不慎打翻。喝茶时不可出声,尤其是喝工夫茶时,不要因怕将茶叶喝入口中而用嘴滤茶,如果发出声音,是十分不雅的。女士喝茶先用化妆纸将口红轻轻擦掉些,以免口红留在杯子上。

(二)绿茶冲泡饮用礼仪

1.绿茶简介

绿茶(见图6-23)是中国产量最多、饮用最为广泛的一种茶。绿茶是将采摘来的鲜叶

图6-23　绿茶

先经高温杀青,杀灭了各种氧化酶,保持了茶叶绿色,然后经揉捻、干燥而制成。清汤绿叶是绿茶品质的共同特点。

绿茶是中国的主要茶类,在初制茶六大茶类里产量最高。绿茶产区最广,其中以浙江、安徽、江西三省产量最高,质量最优,是我国绿茶生产的主要基地。在国际市场上,我国绿茶占国际贸易量的70%以上,销区遍及北非、西非各国及法、美、阿富汗等50多个国家和地区。

在国际市场上,绿茶销量占内销总量的1/3以上。同时,绿茶又是生产花茶的主要原料。

2.绿茶冲泡礼仪

(1)用水。水质能直接影响茶汤的品质,古人曾云:"茶性发于水,八分之茶,遇十分之水,茶亦十分矣;八分之水,遇十分之茶,茶只八分。"古人的茶书,大多论及用水。所谓"山水上,江水中,井水下"等,终不过是要求水甘而洁,活而新。纯粹从科学理论上讲,水的硬度直接影响茶汤的色泽和茶叶有效成分的溶解度,硬度高,则色黄褐而味淡,严重的会味涩以致味苦。此外,劣质水不仅无法沥出好茶,长期使用会生成严重水垢,还会损坏茶具。所以泡茶用水,应是软水或暂时硬水(暂时硬水的主要成分是碳酸氢钙和碳酸氢镁,通常一经高温煮沸,就会立即分解沉淀,使得硬水变成软水)。

一般来说,以泉水为佳,洁净的溪水、江水、河水亦可,井水则要视地下水源而论。至于雨水和雪水,以当今环境污染之重,已经不再适宜。目前来说,用瓶装矿泉水或过滤后的净水较好。

绿茶用水温度,应视茶叶质量而定。高级绿茶,特别是各种芽叶细嫩的名绿茶,以80℃左右为宜。茶叶愈嫩绿,水温愈低。水温过高,易烫熟茶叶,茶汤变黄,滋味较苦;水温过低,则香味低淡。至于中低档绿茶,则要用100℃的沸水冲泡。如水温低,则渗透性差,茶味淡薄。

此外需说明的是,高级绿茶用80℃的水温,通常是指将水烧开后再冷却至该温度;若是处理过的无菌生水,只需烧到所需温度即可。

(2)茶的用量。茶叶用量并无统一标准,视茶具大小、茶叶种类和个人喜好而定。一般来说,冲泡绿茶,茶与水的比例,大致是1∶(50~60)。严格的茶叶评审,绿茶是用150ml的水冲泡3g茶叶。茶叶用量主要影响滋味的浓淡,决定于个人的习惯。

(3)茶具。冲泡绿茶,比较讲究的可用玻璃杯或白瓷盖碗。大瓷杯和茶壶,只适于冲泡中低档绿茶。

玻璃杯比较适合于冲泡名茶,如西湖龙井、碧螺春、君山银针等细嫩绿茶,可观察到茶在水中缓缓舒展、游动、变幻。特别是一些银针类,冲泡后芽尖冲向水面,悬空直立,然后徐徐下沉,如春笋出土似金枪林立。上好的君山银针,可三起三落,极是美妙。所以一般茶艺馆,多使用玻璃杯冲泡绿茶。

(4)冲泡方法。相比于乌龙茶,绿茶的冲泡程序简单得多。根据条索的紧结程度,应分为两种。然而,无论使用何种方法,第一步均需烫杯,以利茶叶色香味的发挥,搭配梅子、芝麻、盐饮用,可以让绿茶的保健功能再提升。绿茶比起其他茶类更容易氧化,保存期限相对变短,打开包装后应该尽快喝完,或放入冰箱保存。由于高温也会破坏有益健康的成分,因此冲泡时水温不宜过高,茶叶冲泡水温约80℃,绿茶粉冲泡水温约60℃。

下面介绍各种冲泡方法。

①上投法:先一次性向茶杯(茶碗)中注足热水,待水温适度时再投放茶叶。此法多适用于细嫩炒青(如特级龙井、特级碧螺春、特级信阳毛尖、六安瓜片、老竹大方等)、细嫩烘青(如竹溪龙峰、汀溪兰香、黄山毛峰、太平猴魁、敬亭绿雪等)等细嫩度极好的绿茶。此法水温要掌握得非常准确,越是嫩度好的茶叶,水温要越低,有的茶叶可等待至70℃时再投放。因此平常品饮操作难度较大,不很方便。

②中投法:投放茶叶后,先注入三分之一热水(尤其是对于刚从冰箱内取出的茶叶),待茶叶吸足水分,舒展开来后,再注满热水。此法适用于扁干型或稍微松展的茶叶(如西湖龙井、英山云雾、竹叶青、婺源茗眉)的绿茶。

③下投法:先投放茶叶,然后一次性向茶杯(茶碗)注足热水。此法适用于细嫩度较差的一般绿茶。

④先凉后热法:投放茶叶后,先用少许可饮用的常温凉水浸泡3分钟左右,使茶叶吸足水分,充分舒展,再将热水一次注足。此时的热水温度要求可以略高些,(85～95℃),冬天水温在100℃也可以。此法适用于冲泡各级嫩度茶叶,但要掌握得恰到好处。

这厢有礼

绿茶茶艺十二道

第一道:点香 焚香除妄念

第二道:洗杯 冰心去凡尘

第三道:凉汤 玉壶养太和

第四道:投茶 清宫迎佳人

第五道:润茶 甘露润莲心

第六道:冲水 凤凰三点头

第七道:泡茶 碧玉沉清江

第八道:奉茶 观音捧玉瓶

第九道:赏茶 春波展旗枪

第十道:闻茶 慧心悟茶香

第十一道:品茶 淡中品致味

第十二道:谢茶 自斟乐无穷

以上各法冲泡的每一泡茶水,应尽快品完,或先将茶水沥出至品尝杯中之后品饮,这样边冲泡边品饮,每一泡茶汤的浓度均匀,口感会比较好。而茶叶在茶汤中浸泡时间过长,会随着茶汤温度降低,汤色和口感都会变差。

(6)注意事项。为了避免引起失眠,睡前尽量不要饮用。绿茶性凉,含有咖啡因,如果浓度越高,咖啡因含量也会增加,所以要避免空腹状态下饮用,以免伤胃。

(三)红茶冲泡饮用礼仪

1. 红茶简介

红茶(见图6-24)是在绿茶的基础上经发酵创制而成的以适宜的茶树新芽叶为原料,经萎凋、揉捻(切)、发酵、干燥等典型工艺过程精制而成,因其干茶色泽和冲泡的茶汤以红色为主调,故名红茶。

红茶创制时称为"乌茶"。红茶在加工过程中发生了以茶多酚酶促氧化为中心的化学反应,鲜叶中的化学成分变化较大,茶多酚减少90%以上,产生了茶黄素、茶红素等新成分。香气物质比鲜叶明显增加。所以红茶具有红汤、红叶和香甜味醇的特征。我国红茶品种以祁门红茶最为著名,红茶为我国第二大茶类,出口量占我国茶叶总产量的50%左右,客户遍布60多个国家和地区。其中销量最多的是埃及、苏丹、黎巴嫩、叙利亚、伊拉克、巴基斯坦、英国及爱尔兰、加拿大、智利、德国、荷兰及东欧各国。

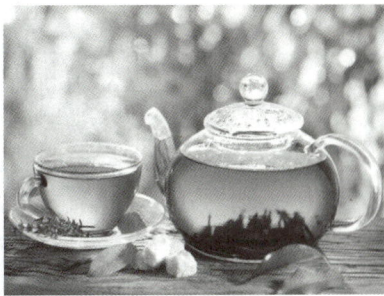

图6-24 红茶

2. 红茶冲泡礼仪

红茶饮用广泛,这与红茶的品质特点有关。如按花色品种而言,有工夫饮法和快速饮法之分;按调味方式而言,有清饮法和调饮法之分;按茶汤浸出方式而言,有冲泡法和煮饮法之分。但不论何种方法饮茶,多数都选用茶杯冲(调)饮,只有少数用壶的,如冲泡红碎茶或片沫茶。现将红茶饮法介绍如下。

(1)置具洁器。一般说来,饮红茶前,不论采用何种饮法,都得先准备好茶具,如煮水的壶,盛茶的杯或盏等。同时,还需用洁净的水,一一加以清洁,以免污染。

(2)量茶入杯。通常,结合需要,每杯只放入3~5克的红茶,或1~2包袋泡茶。若用壶煮,则另行按茶和水的比例量茶入壶。

(3)烹水沏茶。量茶入杯,然后就冲入沸水。如果是高档红茶,那么以选用白瓷杯为宜,以便观察颜色,通常冲水至八分满为止,如果用壶煮,那么应先将水煮沸,而后放茶配料。

(4)闻香观色。红茶经冲泡后,通常经3分钟后,即可先闻其香,再观察红茶的汤色这种做法。在品饮高档红茶时尤为时尚至于低档茶,一般很少有闻香观色的。

（5）品饮尝味。待茶汤冷热适口时，即可举杯品味尤其是饮高档红茶，饮茶人需在品字上下功夫，缓缓吸饮，细细品味，在徐徐体察和欣赏之中，品出红茶的醇味，领会饮红茶的真趣，获得精神的升华。

如果品饮的红茶属条形茶，一般可冲泡 2~3 次。如果是红碎茶，通常只冲泡一次；第二次再冲泡，滋味就显得淡薄了。

（四）乌龙茶冲泡饮用礼仪

1. 乌龙茶简介

乌龙茶（见图6-25）综合了绿茶和红茶的制法，其品质介于绿茶和红茶之间，既有红茶的浓鲜味，又有绿茶的清芳香，并有"绿叶红镶边"的美誉。齿颊留香、回味甘鲜的乌龙茶的药理作用，突出表现在分解脂肪、减肥健美等方面，在日本被称为"美容茶""健美茶"。

图 6-25　乌龙茶

形成乌龙茶的优异品质，首先是选择优良品种茶树鲜叶做原料，严格掌握采摘标准；其次是极其精细的制作工艺。乌龙茶因其做青的方式不同，分为"跳动做青""摇动做青""做手做青"三个种类。商业上习惯根据其产区不同分为：闽北乌龙、闽南乌龙、广东乌龙、台湾乌龙等。乌龙茶为我国特有的茶类，主要产于福建的闽北、闽南及广东、台湾等地。近年来四川、湖南等省也有少量生产现在乌龙茶除了销往广东、福建、香港，澳门等外，还主要销往日本、东南亚。

2. 乌龙茶冲泡礼仪

（1）烫杯：温壶：将沸水倾入紫砂壶、闻香杯、品茗杯中，让杯内外保持一定热度。

（2）洗茶：将茶叶放入茶壶，然后将沸水倒入壶中，又迅速倒出，这便是"洗茶"。

（3）冲泡：工夫茶的冲泡过程中水都应高出壶口，用壶盖拂去茶末儿，最后盖上壶盖，并用沸水遍浇壶身。

（4）茶泡好了，开始分杯，用茶夹将闻香杯、品茗杯分组，放在茶托上再将茶汤分别倒入闻香杯，茶斟七分满，之后才将闻香杯内的茶汤倒在茶杯里。

（5）品茶先用双手捧着闻香杯轻嗅其中的余香，然后以三指端起品茗杯，分三口慢慢饮，这样一直喝到九杯，这工夫茶才算是品完了全过程。

（五）各国饮茶礼仪

1.泰国人喝冰茶

泰国人饮茶的习惯很奇特,他们常常在一杯热茶中加入一些小冰块,这样茶很快就冰凉了。在气候炎热的泰国,饮用此茶使人倍感凉快、舒适。

2.埃及人喝甜茶

埃及人喜欢饮甜茶。他们招待客人时,常端上一杯热茶,里面放入许多白糖,同时送来一杯供稀释茶水用的生冷水,表示对客人的尊敬。

3.印度人喝奶茶

印度人喝茶时要在茶叶中加入牛奶、姜和小豆蔻,沏出的茶味与众不同。他们喝茶的方式也十分奇特,把茶斟在盘子里吸饮,可谓别具一格。

4.英国人喝什锦茶

英国人常在茶里掺入橘子、玫瑰等佐料,据说这样可减少容易伤胃的茶碱,更能发挥保健作用。

5.俄罗斯人喜欢饮红茶

他们先在茶壶里泡上浓浓的一壶红茶,喝时倒少许在茶杯里,然后冲上开水,随自己的习惯调成浓淡不一的味道。

6.南美洲人喝马黛茶

在南美洲许多国家,人们把茶叶和当地的马黛树叶混合在一起饮用。喝茶时,先把茶叶放入筒中,冲上开水,再用一根细长的吸管插入大茶杯里吸吮。

7.北非人喝薄荷茶

北非人喝茶,喜欢在绿茶里加几片新鲜的薄荷叶和一些冰糖,此茶清香醇厚,又甜又凉。有客来访,主人连敬三杯,客人须将茶喝完才算礼貌。

二、咖啡礼仪

咖啡(见图6-25)一词源自希腊语 Kaweh,意思是"力量与热情"。自从在埃塞俄比亚发现第一棵咖啡树后,咖啡就开始走进了人的日常生活。早在 17 世纪,咖啡就已风靡全欧洲。西方人对咖啡的钟爱有时候是特别夸张的,法国哲学家伏尔泰,他每天要喝超过 50 杯的咖啡;而咖啡对西方人的影响是难以想象的,咖啡在他们的世界里无处不在,最为典型的莫过于传说美国的《独立宣言》也是在一家小咖啡馆起草的。由此可见,咖啡

殷勤烘萃邀君嗯,天地冰心不二香——咖啡礼仪

已经深深渗入他们的生活和文化中。"我不在咖啡馆,就在去咖啡馆的路上。"这句话形象地说明了人们对咖啡的喜爱。在正规的西餐上,饮咖啡是压轴戏。饮咖啡可以安排在用过甜点之后,也可以离开餐桌后改在咖啡厅进行。多年来,咖啡一向在西方饮品中唱主角。不论是在隆重的宴会上还是在家中,均以咖啡待客,饮咖啡有一整套礼节。

图 6-25　咖啡

由于西餐的热饮可以不在餐桌上喝,所以最常见的地点主要有:主人的客厅、休息厅,咖啡厅,咖啡座等。

(一)咖啡豆的种类

1. 蓝山咖啡

蓝山咖啡(Blue Mountain Coffee)以山岳命名,产于西印度群岛的牙买加,种植在海拔高度为 1000～2500 米的地方。蓝山咖啡是世界上种植条件最优越的咖啡之一,也是世界上最贵的咖啡。其特征是颗粒大、品质佳、味道调和,甜、酸、苦三味自然均衡而香味十足,是世界公认的极品咖啡。

2. 哥伦比亚咖啡

哥伦比亚咖啡(Colombia Coffee)以生产国命名,产于哥伦比亚南部,栽培于安第斯山 1000 米以上的高原,年产量少,稀有珍贵,又称为"翡翠咖啡"。特征是色泽澄亮透明,豆种大小相等,形状完整,有如"翡翠"圆融通透的美感。酸、苦、甜味重且浓,色如酿好的酒。哥伦比亚是世界第二大咖啡生产国。

3. 巴西咖啡

巴西咖啡(Brazilian coffee)以生产国命名,产于南美洲,又称为"山度士",巴西是世界第一大咖啡生产国。特征是在咖啡豆胚芽甚新鲜时,以人工精制,让其自然在阴室中干燥 60～70 天,使果肉之甜份充分渗入豆内而得名,有柔和清淡的香味,品味甘醇微酸,有特征的甜味,属性温和。

4. 爪哇咖啡

爪哇咖啡(Java Coffee)以生产岛屿命名,产于印度尼西亚的爪哇岛,又称为"罗姆斯达"。特征是具有独特的麦香味,口味温和偏苦,与生俱来神秘、浓烈的气质,咖啡因含量为一般咖啡的两倍。爪哇咖啡能迅速消除疲劳,活络思考能力。

5. 摩卡咖啡

摩卡咖啡(Moka Coffee)的名字起源于位于也门的红海海边小镇摩卡。这个地方在

15 世纪时垄断了咖啡的出口贸易,对销往阿拉伯半岛区域的咖啡贸易影响特别人。摩卡港运来的美味咖啡称作"摩卡咖啡"。特征是采中火烘焙而成,具酸味的咖啡豆,冲泡后释出温和口感,口味清爽,呈温和的香味及爽朗的味道,其特色是让人感受咖啡的优雅特殊风味,属于自由派咖啡。

6.意大利咖啡

意大利咖啡(Espresso)以口味命名,创于意大利,又称为"浓缩咖啡",其用专业炭烧咖啡为基础豆。Espresso 在意大利文中是"特别快"的意思,其特征乃是利用蒸汽压力,瞬间将咖啡液抽出。所有的牛奶咖啡或花式咖啡都是以 Espresso 为基础制作出来的。所以,Espresso 是检验一杯咖啡品质好坏的关键。特征是以烘焙深为特点,采用意大利 Espresso 特性烘焙,风味精致特殊,属性强烈,是一杯不可多得的美味咖啡。

7.曼特宁咖啡

曼特宁咖啡(Mandeling Coffee)以生产地命名,产于印度尼西亚的苏门答腊岛,又称为"苏门答腊"。其特征是风味极强之香、浓、醇、苦,特性微甘,为咖啡中不带酸味之品种,具男性化特质,刚毅执着,是咖啡中最有个性的品种。

8.炭烧咖啡

炭烧咖啡以烘焙方式命名,产于日本,又称为"日本炭烧",由巴西、曼特宁混合而成。特征是苦味强,香味特殊,甘醇中有苦味、浓郁的炭烧香味。

(二)按生产环节对咖啡进行分类

从树上的果子到杯中的咖啡,大致有种植、收获、处理、烘焙、萃取五大环节,而基于不同的环节,可以对咖啡做不同的分类。

1.萃取环节的分类

萃取环节就是将咖啡豆研磨成粉之后,用水将其中的可溶性物质提取出来。常见的萃取方法有滴滤、意式、浸泡和水煮。

(1)滴滤咖啡,就是在普通大气压下,让热水通过一层咖啡粉,将咖啡粉的芳香物质萃取出来。用这种方法制作的咖啡也叫作手冲咖啡,是一种温和自然的萃取方法,能够忠实地呈现咖啡豆自身的天然味谱。因为滤纸会将咖啡的油脂成分组拦住,因此最后冲煮出的咖啡色泽非常清澈,通常会带点暗红色调。

因为器材投入低且操作简单,因而手冲是很多人在家自制咖啡的首选。手冲很讲究技巧,粉量、研磨度、水量、温度等因素都会影响最终的味道。不过,不断摸索调整各个变量的过程正是许多咖啡爱好者的乐趣所在。

美国人根据手冲咖啡的原理发明了电动滴滤壶,也就是俗称的美式咖啡机。所以,美式咖啡机做出来的不是美式咖啡,而是滴滤咖啡。

(2)意式咖啡:用意式咖啡机将热水加压到 9 个大气压强后推过极细研磨的咖啡粉,瞬间萃取出可溶解成分,这样做出来的饮品就是意式咖啡或意式浓缩(Espresso)。

如果说滴滤咖啡的特点是干净清澄,那么意式浓缩的特征就是浓郁强烈。而且,咖啡豆中的脂质成分被乳化后还会产生焦糖般的香气。除了浓郁之外,意式咖啡的另一大特点就是表面带有一层厚厚的泡沫——咖啡油脂。

咖啡油脂是二氧化碳和气压变化共同作用的结果。咖啡豆中的二氧化碳在意式咖啡机的高压作用下会大量溶解于水,但恢复到正常大气压的咖啡液是无法继续困住这些二氧化碳的。所以,无数小气泡从液体中冒出来留在表面,看起来就像浮着一层泡沫。

咖啡油脂是检验咖啡豆是否新鲜的重要标准。因为距离烘焙日期越久,咖啡豆内的二氧化碳含量就越低,咖啡液的泡沫就越少。

(3)浸泡式咖啡:与让水流通过咖啡粉的滴滤和意式不同,浸泡式器具将咖啡粉和水浸泡在一起,进而达到一致性更高的萃取。这样做出来的咖啡会保留更多油脂,口感也更厚重丰富。

(4)水煮式咖啡:需要将器材放在热源上持续加热,代表性工具是土耳其咖啡壶和摩卡壶。因为加热时水温很容易飙高,这类工具常常煮出非常浓郁、非常苦的咖啡。

2.饮用环节的分类

用上述任一方法制作出来的咖啡,都是黑咖啡。简单来说,与萃取方法无关,外观上是黑色液体的咖啡,统称为黑咖啡。

而萃取完成后,往咖啡液中加入不同材料,便可以制作出各种花式咖啡饮品。最常见的是意式基底咖啡。

顾名思义,意式基底咖啡就是在 Espresso 的基础上添加各种材料。比较常见的饮品有:美式咖啡、拿铁、卡布奇诺等。

在意大利语中,"caffè Americano"特指"美国咖啡"。据说第二次世界大战期间美军行进在意大利境内时,觉得意式浓缩咖啡太过浓郁,于是要求加入一些热水,将咖啡稀释到家乡的味道。后来这种咖啡就被称为美式,或者美式淡咖啡。

在基底咖啡里加入牛奶、糖、奶油、巧克力、冰激凌、水果、香料、坚果、酒等材料,就构成常见的各种各样的花式咖啡(见图6-27)。

(三)饮用礼仪

商务人员在喝咖啡的时候,一定要注意个人的行为举止。其主要是在饮用的数量、配料的添加、喝的方法三个方面多加注意。

1.饮用数量

喝咖啡的具体数量,在正式的场合,商务人士要注意以下两点:

(1)杯数要少。商务人士在正式场合喝咖啡,它只是作为一种交际的陪衬、手段,所以最多不要超过三杯咖啡。所谓"过犹不及",再好的东西也要"适可而止"。

(2)入口要少。喝咖啡既然不是为了充饥解渴,那么在喝的时候就不要动作粗鲁,让人发笑。端起杯子一饮而尽,或是大口吞咽,搞得响声大作,都是失礼的。

图 6-27　咖啡饮品成分

2.配料添加

有时根据需要,可自己动手往咖啡里加一些像牛奶、糖块之类的配料。这时候,一定要牢记自主和文明两项添加要求。具体应做到以下几点:

(1)如果某种配料用完,需要添加时,不要大呼大叫。另外,不要越俎代庖,给别人添加配料。替别人的咖啡添加配料纯粹是多此一举的行为。

(2)咖啡加糖时,如果是砂糖,可用汤匙舀取,直接加入杯内;如果是方糖,则应先用糖夹子把方糖夹在咖啡碟的近身一侧,再用汤匙把方糖加在杯子里。如果直接用糖夹子或手把方糖放入杯内,有时可能会使咖啡溅出,从而弄脏衣服或台布。

(3)加牛奶的时候,可直接添加,但动作要稳,不要倒得满桌都是。同时,为避免咖啡溅出,添加时位置要尽量低。

3.饮用方法

商务人士所出席的正式场合,喝咖啡时,往往都是盛进杯子,然后放在碟子上一起端上桌的。而碟子主要是用来放置咖啡匙,并接收溢出杯子的咖啡。

饮用时应注意把握以下几个问题。

(1)如何握咖啡杯。握咖啡杯的得体方法是伸出右手,用拇指和食指捏住杯把而将杯子端起。不可以双手握杯或用手托着杯底,也不可以俯身就着杯子喝。

如果坐在桌子附近喝咖啡,通常只需端杯子,而不必端碟子。如果离桌子比较远,或站立、走动时喝咖啡,没有了餐桌可以依托,则可以用左手端碟子,右手持咖啡杯耳慢慢品尝,如果坐在沙发上,也可照此办理。

(2)如何使用咖啡匙。在正式场合,咖啡匙的作用主要是加入牛奶或奶油后,用来轻轻搅动,使牛奶或奶油与咖啡相互融合。加入小糖块后,可用咖啡匙略加搅拌,以促使迅速溶化。如果咖啡太烫,也可以用咖啡匙稍加搅动。

商务人士在正式场合使用咖啡匙时应注意两点禁忌:一是不要用咖啡匙去舀咖啡来喝;二是搅过咖啡的咖啡匙,上面都会沾有咖啡,应轻轻顺着杯子的内缘,将咖啡滴流而下,绝不能拿起咖啡匙上下甩动。

(3)如何食用甜点。喝咖啡时,为了不伤肠胃,往往会同时准备一些糕点、果仁、水果之类的甜点。需要用甜点时,首先要放下咖啡杯。在喝咖啡时,手中不要同时拿着甜点品尝。更不能双手左右开弓,一边大吃,一边猛喝。

(4)如何与交往对象交谈。商务人士时时刻刻都是公务在身,喝咖啡时也不能忘了"正事",要适时地和交往对象进行交谈。这时候,务必要细声细语,不可大声喧哗,乱开玩笑,更不要和人动手动脚,追追打打。否则,会有失商务人士的身份。

另外需要注意的是,尽量不要在别人喝咖啡时,向对方提出问题,让对方说话。自己喝过咖啡要讲话以前,最好先用纸巾擦拭一下嘴巴,免得让咖啡弄脏嘴角。

演

以心之语 展国之礼
——杭州西湖国宾馆的宴会服务

杭州西湖国宾馆地处西湖西面,三面临湖、背枕丁家山,占地 36 万平方米。它的历史可追溯到 19 世纪末,距今已有一百多年的历史。她的前身是由刘庄、康庄、韩庄等几大庄园构建而成。20 世纪 50 年代,著名园林建筑设计大师戴念慈先生对西湖国宾馆进行重新设计,采用的是江南园林别墅样式设计风格,建筑楼宇间以廊、桥、路、水相连,曲廊修竹、异步一景,加之丰富的人文景观而冠居"西湖第一名园"!

一起读诗《做一束稻谷》

西湖国宾馆不仅美不胜收,而且凝结着深厚的领袖文化。曾接待过众多国内外元首,如美国前总统尼克松、南非总统曼德拉等。1972 年,在宾馆八角亭内曾发生过震惊中外的大事:《中美联合公报》草签,基辛格称这里是改变世界格局的地方。西湖国宾馆还是毛泽东在杭州最喜欢的下榻之所。他曾 20 次居住于此,并在这里起草了新中国第一部《宪法》,留下了众多伟人足迹。

2016 年 9 月,G20 杭州峰会期间,西湖国宾馆精彩圆满完成了金砖国家领导人非正式会晤、气候变化《巴黎协定》批准文书交存仪式、双边宴请和双边会见活动的服务保障。

尤其是以"和之颂"为主题的中俄宴会,收到了中外嘉宾的充分肯定和高度赞扬。

图 6-28 "和之颂"中俄宴会

"和之颂"国宴主题图案设计

中俄宴会以蓝色为基色,台布和口布都喷绘祥云图案,中间主题花器定制回字木格,简洁、经典、舒适的回字格,在中国寓意着一种吉祥的传统文化,与宴会厅窗外的苏堤遥相呼应。花器与大花蕙兰的完美组合象征着歌颂祥和,永恒不变。

"和之颂"国宴餐具设计

青花色,宁静、宽容、智慧,其在很长时期里成为中国的标准色,有着极强的中国文化记忆,与俄罗斯宫廷蓝有机结合,是宁静、宽容、智慧的象征,是千年以来的中国走向世界,与世界交流的色彩。作品上端采用中国传统的如意纹饰,寓意着吉祥如意的好兆头。周边盛开的荷花诠释了"以和为贵"的和谐要素,加之以纯金线勾勒,以此来表示尊重和迎接世界各方重要贵宾。

图 6-29 "和之颂"中俄宴会餐具

"和之颂"国宴菜单设计

注重地方特色,中西融合、充分保留传统风味,适度改良兼顾嘉宾口味,搭配宴会定制餐具,运用食材雕刻等,秉承西湖元素、杭州韵味、中国特色、世界大同的办会理念,以杭帮菜为基础,充分挖掘浙江菜的根系,并根据杭州当时的节气,气候特征设计而成,最可取得是把寻常百姓家的家常原料搬上国宴。全方位展示中国饮食文化和烹饪技艺,体现出了中国上下五千年菜肴文化的独特意蕴和时尚大气的创新。

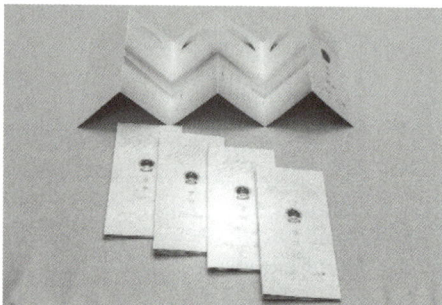

图 6-30　"和之颂"中俄宴会菜单

"和之颂"国宴服装设计

采用呈现中国元素,与餐具、场馆相吻合的"莲花装"。莲花装白底蓝色花,如意花样,有两款设计风格,旗袍款和中式裤装,根据外交礼节的需要时穿着裤装。

图 6-31　"和之颂"中俄宴会服装

"和之颂"国宴服务礼仪设计

通过迎客送客、引领指引、开门拉门、站坐走蹲、鞠躬握手、递送物品、挥手告别等宴会服务礼仪的反复练习,达到服务动作整齐优雅。如宴会或会议开始前迎宾使用腰际式站姿,宴会和会议服务中途间歇使用前腹式站姿,与客人交流对话使用交流式站姿。

每时每刻,每一项技能,每一份工作,都承载着国之礼仪,不断精修技能,创造完美,超越自己,以创新思维增活力,以极致思维提品质,进一步展现名园国宴服务品牌,从而提升宾客满意率,以心之语,展国之礼。

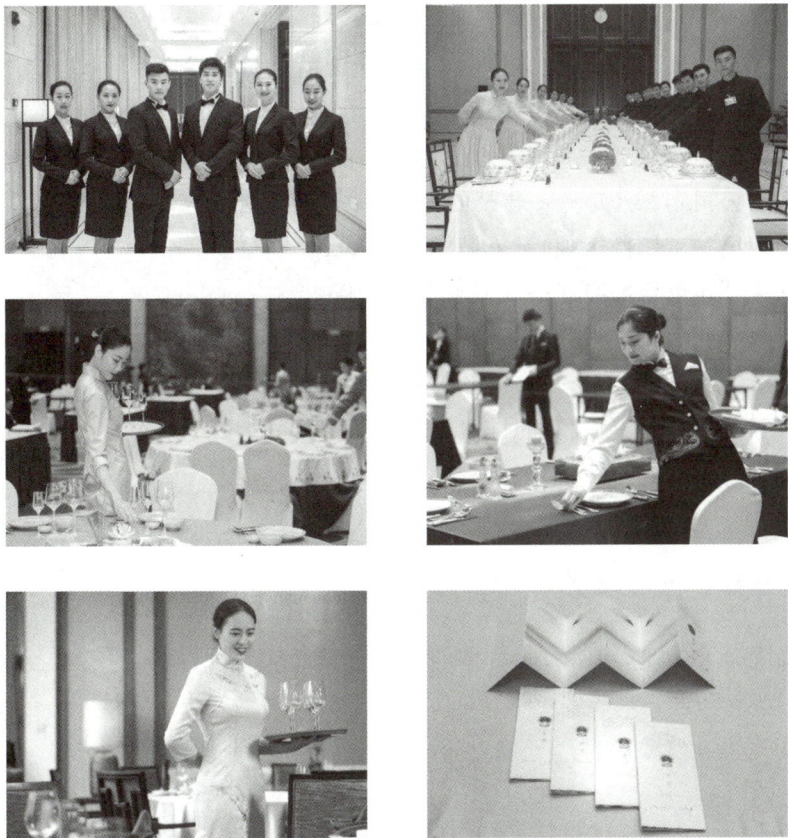

图 6-32 "和之颂"国宴服务礼仪

"演"之精要——把文化元素融入宴请的礼仪训练

1.确定宴会宴请的对象、目的、形式；

2.根据宴请的对象制定宴请的方案；

3.一次令人印象深刻的宴请，吃的不仅仅是美食，更是礼仪和文化；提炼相关的文化元素，如食材文化、历史文化、当地文化、养生文化、艺术文化等元素，融入菜肴中，可以起到画龙点睛的作用；

4.宴请的过程中，宾主都需要践行餐饮礼仪，才能成为一次完美的宴请。

练

一、中餐礼仪情景模拟

请学生运用中餐用餐礼仪知识，结合以下场景，编排一段小品，台词自拟。

地点：杭州西湖国宾馆中餐厅。

人物:销售顾问小王、总经理陈经理及洽谈客户。

经过:杭州 A 公司将以中餐接待四个来自上海的公司的客户。

角色:A.杭州 A 公司总经理——陈先生;

B.上海甲公司总经理——年长的汪先生;

C.上海乙公司副总经理——年长的王女士;

D.上海丙公司营销部经理——年轻的黄小姐;

E.上海丁公司市场部经理——中年的杨先生;

F.杭州 A 公司营销部经理——何先生;

G.杭州 A 公司销售顾问——小王。

(1)小组讨论本组角色位次的排列。

(2)中餐宴请训练。每个小组成员依照二维码的标准打分,加权平均后为小组分数。

二、西餐礼仪情景模拟

仍是上述场景,杭州 A 公司总经理如果以西餐方式来接待这批客人,该如何运用西餐礼仪。具体训练规则同上。

趣

吃相看人品

我国民间流传着这样一个故事。一个人走进饭店要了酒菜,吃罢摸摸口袋发现忘了带钱,便对店老板说:"店家,今日忘了带钱,改日送来。"店老板连声:"不碍事,不碍事。"并恭敬地把他送出了门。

这个过程被一个无赖给看到了,他也进饭店要了酒菜……

较真的餐桌文化

郭德纲

文化人活一世什么最重要? 也就吃饭是最重要的。"民以食为天",打到天边去也有道理,不管是为了吃饭而活着,还是为了活着而吃饭,反正谁也离不开吃。

既然说到吃,我就得先从筷子说起……

下 篇

旅游行业礼仪

第七章　旅游行业礼仪

学

第一节　餐饮住宿行业礼仪

一、餐饮住宿行业概述

餐饮住宿行业是指为旅游者提供餐饮、住宿及多种综合服务的行业,居于人们出行游览活动中重要的服务环节。餐饮住宿行业起源于"驿站",历经客栈时期、大饭店时期、商业饭店时期、旅游饭店时期。我国的餐饮住宿行业作为改革开放的先行者,从中外合资饭店到星级饭店标准诞生,再到连锁化、集团化的发展,随着国民经济的升级和消费需求的分化,餐饮住宿行业日趋多元化,品牌餐饮住宿企业数量逐年递增,行业服务接待标准不断提升,餐饮住宿行业成为我国旅游业的重要支柱。

二、餐饮住宿行业礼仪特点

在餐饮住宿行业中,服务接待礼仪是企业服务质量以及经营管理水平的窗口,体现着从业人员的职业素养。服务礼仪通常贯穿于餐饮住宿企业的接待全过程。通过真诚、热情、周到的服务,为客人提供宾至如归的消费体验,从而提高服务质量,传递品牌文化,增强行业竞争力,进而为企业带来更多的经济效益和社会效益。

1. 规范性

餐饮住宿服务的宗旨是顾客至上。服务员展现的"礼仪感",既能够体现对客人的尊重,也反映着服务规范要求。要求服务人员注重仪表规范、仪态规范、仪容规范、语言规范和岗位操作规范。通过规范服务人员自身行为,更有效地向宾客表达礼貌、友好和敬意,帮助员工养成以客人为中心的服务理念和习惯,向宾客展现大方得体的职业形象和过硬的专业素质,树立优质的企业服务形象。

2. 系统性

餐饮住宿行业的服务项目各异,人员众多,每一位服务人员都是酒店的礼仪大使。

为保证各环节的服务质量,需要将礼仪与服务接待标准相结合,在总台服务、礼宾服务、餐饮服务、客房服务等环节的经营管理中,灵活恰当地融入服务礼仪观念和方法,在各岗位员工中不断实践完善并发展形成独特的礼仪文化,增进服务人员与宾客之间的情感交流,提升企业从有形产品设计到无形精神认同的竞争力。

3.实用性

服务礼仪一般包括"礼仪基础"和"岗位礼仪"两大部分。对于餐饮住宿行业而言,礼仪基础着眼于礼仪常识、服务意识、职业形象的提升,涉及旅游行业从业人员必备的职业素养要求。岗位礼仪结合企业不同岗位服务接待标准,通过"三围"——围绕宾客、围绕岗位、围绕员工的大量可操作性礼仪规范训练,帮助从业人员掌握专业技能,真正做到想客人所想,把对客人的"礼"落到每一个服务环节中。

三、餐饮住宿行业礼仪规范

(一)前厅服务礼仪

前厅部是酒店重要的营业部门之一,负责销售客房、餐饮和娱乐等服务产品,组织接待并调度业务经营,沟通协调各部门,为宾客提供多项服务的综合性部门。作为酒店的"名片"和"神经中枢",宾客对酒店的第一印象和最后印象都在前厅部形成。前厅部接待人员需要格外重视形象礼仪、言语标准、服务规范,体现酒店热情优质的待客形象。

礼遇窗口,一笑归来近——门厅迎送

1.门厅迎送礼仪

门厅迎送的基本礼仪要求包括站姿礼仪、走姿礼仪、手势礼仪和引领礼仪。在此基础上应做到:

(1)主动迎宾

①主动欢迎,面带微笑问候宾客:"您好!欢迎光临!"并致15°鞠躬礼。

②对常住客人应称呼其姓氏,以示礼貌和重视。

③当客人集中到达时,通过微笑、点头示意、敬语称呼,尽可能让每位客人得到热情问候。

(2)车辆到达

①开启车门。按照座次礼仪微笑为宾客打开车门并问候。如果客人乘坐的是出租车,应等客人付账后再为客人打开车门。

②护顶。车辆停稳后,一手拉开车门,一手挡住车门上沿,防止客人头部碰伤;注意尊重客人的宗教信仰,如遇信仰佛教或伊斯兰教的宾客,不可为其护顶。

③检查有无遗落物品。宾客下车后,迅速查看车座上是否有遗留物品,并主动询问宾客是否需要行李服务。

(3)周到服务

①雨天时,撑伞迎接以防宾客被淋湿。若宾客带伞,帮助宾客将雨伞放入专设的伞

架上。

②对老人、儿童、残疾客人，应先问候，征得同意后予以必要的扶助。如果客人不愿接受特殊关照，则不必勉强。

③礼貌回答门厅过往宾客的问询，并主动、热情、认真做好日常服务工作。

（4）送客离店

①客人离店时，引导车辆到宾客易上车位置，并拉车门请客上车。看清客人已坐好且衣裙不影响关门时，轻关车门，微笑道别："谢谢光临，欢迎下次再来""再见""祝您旅途愉快"等，并挥手致意，目送离去。

②尽量当着客人的面主动引导或打电话为其联系出租车。

2. 行李服务礼仪

（1）提拿行李

①客人抵达时，应热情相迎，微笑问候，主动帮助提携行李。当客人坚持亲自提携物品时，应尊重客人意愿，不要强行接过来。

②在推车装运行李时，要轻拿轻放，切忌随地乱丢、叠放或重压。

（2）陪同客人

①陪同客人办理住宿手续时，应侍立在客人身后一米处等候，以便随时接受宾客的吩咐。

②引领客人时，要走在客人左前方二三步处，并关注客人行进速度。遇拐弯处，要微笑向客人示意。

③乘电梯时，行李员应主动为客人按电梯按钮，以手挡住电梯门框敬请客人先进入电梯。电梯内，行李员与行李的放置都应该靠边侧，以免妨碍客人通行。到达楼层时，应礼让客人先步出电梯。如果有大件行李挡住出路，则先运出行李，然后用手挡住电梯门，再请客人出电梯。

（3）运送行李

①引领客人进房时，先按门铃或敲门，停顿三秒钟后再开门。开门时，先打开过道灯，扫视一下房间无问题后，再请客人进房。

②进入客房，将行李物品按规程轻放在行李架上或按客人的吩咐将行李放好。箱子的正面要朝上，把手朝外，便于客人取用。与客人核对行李，确认无差错后，可简单介绍房内设施和使用方法。

③询问客人是否有其他要求，如客人无要求，应向客人礼貌告别，目视客人，后退一步，再转身退出房间，将门轻轻带上。

（4）离店行李服务

①行李员立于门厅附近，关注宾客动态。见到客人携带行李离店，主动上前提供服务。

②接到住店客人电话要求搬运行李。进入客房前必须按门铃或敲门，得到允许后方

安心托付，待物如待人——行李服务

可进入房间。运送行李时,应询问宾客行李件数并认真清点,及时稳妥地运送至车上。

③行李放好后,与门厅迎送人员一起向客人真诚、礼貌道别。

3.总台接待礼仪

(1)接待服务礼仪

①做好站姿、仪态礼仪。客人离总台 3 米远时,应予以目光的注视。客人到总台前,礼貌、热情问候。如客人需要住宿,询问有无预订。

②核对客人身份信息,提请出示有效证件并进行人脸识别。注意每句开头用"请"字,常用"谢谢"等敬语。了解客人姓氏后,应尽早称呼其姓氏,以示尊重。

③为客人递送表单等物品时应上身前倾,将表单文字正对着客人双手递上;递笔时,把笔套打开,笔尖对着自己,右手递上。

④根据客人要求尽可能安排好房间并办妥必备手续,将房卡、证件、客人银行卡等一起递还给客人。询问是否需要行李服务,礼貌介绍房间位置、早餐时间和地点等情况,祝客人住店愉快。

⑤如果客满或没有符合客人需求的房间,应致歉并耐心解释。此外,还可向客人推荐附近酒店,并主动帮忙联系,真诚期待客人再次光临。

⑥客人到总台提出意见或反映问题时,应礼貌接待,耐心倾听,不与客人争辩或反驳,在职责范围内尽快帮助客人解决。必要时,及时向主管或大堂副理反馈。

⑦及时完善宾客资料,做好存档工作。

(2)预订服务礼仪

①客人到总台预订,服务员应热情接待,主动询问其住房需求并推荐合适的客房,介绍设施、服务、价格等。若客人确定订房,及时填写订房单,若没有客人满意的房间或因客满无法满足其入住需求,应真诚致歉,欢迎其再次光临。

②客人电话预订时,礼貌接听,主动询问客人的住房需求并做好推荐。应认真、规范记录订房信息,并向客人复述一遍,以免出现差错。无法接受预订时,应当即表示歉意。

③提供预订服务应做到信息准确、记录清晰、手续规范、处理快速、档案完整。

(3)问询服务礼仪

①客人前来总台问询,应面带微笑注视客人,主动问好。

②倾听客人问询的内容,耐心回答,做到有问必答,用词恰当。

③遇到不确定答案的问询,应请客人稍候,请教其他同事后再作答,忌用模糊语言,如"可能""也许"应付客人。更不可推托、怠慢、不理睬客人或简单地回答"不行"不知道。

④带有敏感性的政治问题或超出业务范围不便回答的问题,这表示歉意。

⑤客人较多时,应先问先答、急问快答,尽量使不同的客人都能得到适当的接待和满意的答复。

一站体验,犹似故人归——总台接待

⑥接受客人留言时,详细记录留言内容或请客人填写留言条,按时按要求将留言转交。

⑦接听电话时有客人前来,应点头示意,请客人稍候并尽快结束通话。放下听筒后,首先应礼貌向客人致歉:"抱歉,让您久等了。"

⑧服务中多使用"您""请""谢谢""对不起""再见"等文明用语。

（4）结账服务礼仪

①客人来总台结账时,应礼貌问候,确认客人姓名、房号,核对住店日期、收款项目、结账方式等,总体要求规范操作,快速高效。

②递送账单给客人时,应将账单文字正对着客人,同时递笔,应把笔套打开,笔尖对着自己,右手递单,左手送笔。

③如结账客人较多时,应礼貌示意客人排队等候,依次快速服务。

④结账完毕,要向客人礼貌致谢,并欢迎客人再次光临。

4. 电话总机服务礼仪

请参见第五章《沟通礼仪》中的通信礼仪。

5. 大堂副理服务礼仪

（1）认真倾听。主动接待,态度诚恳,留意客人的表情,注意客人的动作,关注客人的心理。适当用缓和的语言安抚客人情绪,并让客人把话讲完。耐心了解客人投诉的问题并当面记录,以示尊重和重视。

（2）换位思考。设身处地地为客人考虑,以积极负责的态度处理客人的投诉。当客人情绪激动时,沉着冷静应对,待其平静后再做婉言解释与道歉,注意表达方式和语气,杜绝与客人再起争执。

（3）及时沟通。对客人的任何意见和投诉,应尽早了解详情,主动协商解决方案,力争在客人离店前合理解决问题。注意维护客人的自尊,同时也要维护酒店的形象和声誉,对待原则问题不能放弃立场,应机智灵活处理。达成共识后,需向客人致谢:"感谢您对酒店工作的关心"。

（二）客房服务礼仪

客房是酒店构成的主体,作为宾客的"家外之家",其营收也是酒店收入的主要来源。为了给宾客创造整洁、舒适、安全、方便的私人居停空间,客房员工不仅需要做好客房的清洁保养工作,更需要注重服务礼仪,尊重宾客需求,避免因过度服务打扰客人。以大方得体的服务仪态,礼貌热情的服务态度,周到专业的服务水准,为客人提供优质服务。

1. 楼层接待服务礼仪

（1）宾客抵店前

①了解宾客到店和离店时间、人数、身份、国籍、健康状况、性别、年龄、宗教信仰、生活习惯、接待规格等,以便有针对性地制订接待计划并提前安排服务。

②根据接待计划整理宾客预留的客房。确认家具、床等是否按要求布置到位,检查

房内设备是否完好,各类用品是否充足,调整房间的温度、湿度,确保为客人提供卫生、安全、舒适、温馨的客房环境。

③根据接待规格准备欢迎卡(信)、放置鲜花和水果等表示欢迎。客人有特殊要求的,凡属合理范围的应予以满足,如有因宗教信仰忌讳的用品,需要从房间撤出,以示尊重。

贴心问候,用心如日月——楼层接待

（2）迎接宾客

①接到客人到达的通知,楼层服务员应在电梯口迎接,面带微笑,主动问好,如已知晓宾客姓名,应用姓氏称呼:"欢迎您! ××先生(小姐)。"

②引导宾客出电梯,并在征得客人同意后帮助客人提拿行李。

③引领宾客进入客房,到达客房门口时先开门、插卡取电,礼让宾客进房,随后进入放好宾客的行李物品。

④客房服务员应根据宾客人数和要求,按"客到、茶到、毛巾到"的"三到"要求提供服务。注意递送时必须使用托盘和毛巾夹。

⑤为便于客人熟悉酒店及客房用品,简要介绍房内设备及其使用方法,酒店服务设施、服务项目的位置及开放时间,对于房内收费用品和项目进行委婉说明。若宾客进入客房后不想被打扰,注意灵活调整并简化服务环节。

⑥主动询问宾客是否还需要其他服务。若不需要,应礼貌告别,祝其住宿愉快,退出房间,轻轻将门关上。

2.客房日常服务礼仪

（1）进入客房礼仪

①敲门进入客房。进门前先敲门,轻按门铃或敲门,敲 3 次,每次敲 3 下。第一次敲门报:"Housekeeping,客房服务员。"间隔 3~5 秒,第二次敲门并自报身份。若无人应答,应缓缓将门打开约 10cm,再敲第三次,表明身份,听到客人肯定回答或确定房内无人时,再进入房间。进门后,无论房内是否有人都应将门敞开。

私享空间,自在分寸中——进入客房

②礼貌问候,灵活应对。敲门时,门已经打开或客人来开门,要礼貌地向客人问好,征得客人同意,方可进入客房服务。敲门时,无人答应,进房后发现客人在房内或在卫生间,若客人穿戴整齐,须立即向客人问好,并征询客人意见,是否可以开始工作;若客人衣冠不整应马上道歉,退出房间并把门关好。

③尊重客人,避免打扰。进入客房应尽量避免打扰客人,因而最好在客人外出时进行。如客人在房内,要询问客人现在是否可以清扫房间;若客人拒绝,应主动询问客人意见,约定时间再整理。

（2）清扫服务礼仪

①做好准备,规范清扫。提供客房清扫和整理服务前,服务员应做好岗前和各类物品准备工作,清洁过程中,按照操作规范进行。

②遇见客人,有礼有节。清扫时,如客人在房间,主动询问客人清扫需求,灵活调整清扫顺序。若客人在清洁过程中外出,应微笑问候,切勿视而不见。如清洁过程中客人回房,服务员若不熟悉客人情况,应礼貌地请其出示房间钥匙或房卡,确定客人身份。随后,征求客人意见,经允许后尽快完成卫生工作,以便客人休息。清扫完毕,询问客人是否需要其他服务,若无,应礼貌道别:"对不起,打扰了,您好好休息,再见。"后退一步,转身离开并轻轻关上门。如在楼道中遇到客人,距离客人3米远处开始注视客人,1米远时向客人致意问候,楼道狭窄时要侧身礼让客人。

真心承诺,处
处细留情——
客房清洁

（3）尊重客人需求

服务员在日常服务时应关注并尊重客人喜好,如作息时间、各类设施物品(如开床方向、枕头、被子、拖鞋等)的使用习惯。做到"不叫不扰,随叫随到,细心稳妥,热情周到"。

①提供服务时,应做到说话轻、走路轻、操作轻。

②不接听房内电话,不翻阅客人资料,不使用客人物品,不随意处理客人的东西,不抱客人的孩子,不得与客人过于亲密,不索取小费,不东张西望或打听隐私等。

3. 离店服务礼仪

（1）做好准备

了解客人离店时间后,应主动询问客人是否需要提供叫醒、行李服务、出租车或其他服务。若客人有委托代办的项目,需仔细检查是否已经办妥。及时联系相应部门说明客人信息,沟通确定好服务时间和要求。

（2）礼貌送别

宾客离房应礼貌告别,并欢迎客人下次光临。一般应将宾客送至电梯口,对重要宾客或老弱病残者应由专人送到门厅,给予必要的关照。

（3）检查记录

宾客离房后应检查房间,查看有无遗留或遗忘物品,如有,尽快联系客人,及时追送;若宾客已离店,按酒店遗留物品处理规定保管处理。若发现客房物品缺少或设施损坏,应与总台联系并报告主管,注意灵活处理,不可伤害客人的感情和自尊心。

（三）餐饮服务礼仪

餐厅是宾客用餐的主要场所。除了别具特色的用餐环境,色、香、味、形俱佳的风味外,餐饮服务员所提供的面对面服务也将影响客人对餐厅的整体评价。迎接宾客、引领入座、值台上菜、结账送客,餐饮服务员需要在各环节中提高自己的服务能力,以热情耐心的态度、规范娴熟的技巧、礼貌周到的服务不断提升客人的满意度。

喜迎客来,笑
语赠欢颜——
餐厅迎送

1. 餐前准备服务礼仪

（1）就餐环境准备

①环境卫生。做好备餐区、服务区、就餐区等各区域的清洁整理工作,保证卫生洁

净、光线明亮、空气清新。

②餐具卫生。餐具应按照规范程序进行清洁和消毒,服务员在摆放餐具时要按规范动作操作,保证提供给客人安全卫生和完好的餐具。

③食品卫生。在食品制作和服务环节都应讲究职业道德,严格按照食品卫生操作规范进行。

(2)个人卫生准备

服务人员在上岗前,应做好个人卫生工作,按职业礼仪形象要求做好准备。具体包括:头发整洁、无头屑,发型规范,厨师要戴工作帽;穿着全套制服,干净整齐,不佩戴饰物,仪容端庄大方;不留长指甲,餐厅服务员不涂指甲油,不在工作区梳头、修剪指甲;注意口腔卫生,不在工作时嚼口香糖、吃东西;勤洗手。

2.迎客服务礼仪

(1)在客人走近餐厅约 3 米时,应面带微笑注视客人;约 1.5 米时,热情问候客人,对熟悉的客人宜用姓氏打招呼。当男女宾客一起走进来,应先问候女宾,再问候男宾。

(2)询问客人是否有预订,如果有,迅速查阅预订记录并引领客人前往。如没有预订,应根据客人人数和需求灵活安排餐桌。对于无法满足客人指定要求或位置不佳的,应礼貌致歉:"××先生/女士,十分抱歉,今天客人太多,下次光临,一定尽量为您安排好。"

(3)引领时应走在宾客左前方约 1 米处,以手势指引,注意回头关注宾客行进。同时,注意"迎客走在前,送客走在后,客过要让道,同走不抢道"的基本礼仪。

(4)引领客人进入包厢,征得同意后接过客人的衣帽,为其保管。

(5)主动请宾客入座,按照先主宾后主人,先女宾后男宾,先年长者后年轻者的顺序拉椅让座。对于带儿童的客人,主动询问是否需要儿童座椅,并帮助客人放置于合适位置。

(6)客人入座后,服务员应及时用托盘送上毛巾、茶水。递送时按顺时针方向从右到左进行,递送毛巾要使用毛巾夹;端茶时轻拿轻放,切忌用手指触及杯口。

(7)当餐厅暂无空位时,应向宾客致歉,并询问宾客是否愿意等候。如客人表示可以等候,应请客人到休息区暂坐等候;如客人无意等候,应热情相送,并欢迎再来。

3.点菜服务礼仪

(1)客人入座后,服务员应从客人右侧双手递上菜单和酒水单,并说:"请您点菜"。然后礼貌退后,给予客人考虑时间。

(2)为客人点菜时,应准备好纸和笔,微笑站立在客人一侧,认真记录客人点的每一道菜和饮料,点菜结束后需复述一遍。

周到饮食,搭配显真意——点餐服务

(3)当客人点菜拿不定主意时,可结合客人身份、用餐目的、人数、时间等情况,主动为客人推荐合适的菜品。

(4)服务员应熟知菜单中菜肴的原料、烹调方法、口味等,方便回答客人的询问并做好推荐。

(5)若客人点的菜肴当日无法供应,应及时向客人解释并致歉。同时,向客人推荐可

供应的类似菜肴。

4.上菜服务礼仪

（1）餐厅服务强调效率，一般客人点菜以后 10 分钟内凉菜要上齐，热菜不超过 20 分钟。传菜时必须使用托盘，热菜热上，凉菜凉上。

（2）服务员对厨师做出的菜肴要做到"五不取"，即数量不足不取；温度不够不取；颜色不正不取；配料、调料不齐不取；器皿不洁、破损和不合乎规格不取。

（3）服务员要做到"三轻"，即走路轻、说话轻、操作轻。传菜时要做到端平走稳、汤汁不洒、忙而不乱，上菜和撤菜动作要干净利落，做到轻、准、平、稳，不推、拉餐盘。

（4）上菜的时机和程序，根据宾客的要求和进餐的快慢灵活掌握。上菜从宾客的左边上，最好在翻译或陪同之间进行，不要在主宾和主人之间操作。一般在一道菜用过 1/3 以后，再开始上下一道菜。菜品摆放讲究造型，头菜的看面要正对主位，其他菜品的看面要朝向四周。较高档或有特色的菜肴，要先摆在主宾位置，上下一道菜，顺势将前一道菜移至其他位置，并将新菜放在主宾、主人面前，以示尊重。必要时，在上菜同时简要介绍菜肴的特色。菜上齐后，应礼貌告诉客人："菜已上齐，请慢用。"

5.席间服务礼仪

（1）席间服务中，服务员要做到"四勤"，即眼勤、嘴勤、手勤、腿勤。

（2）工作中要注意仪态，多人站立时，应站在适当的位置，排列成行。

（3）服务操作应按照规范，以不打扰宾客用餐为原则。斟酒、撤盘从宾客右侧进行，上菜、派菜一般从宾客左侧进行。服务顺序是先主宾后主人，先女宾后男宾，先主要宾客后一般宾客。具体从主宾开始，按顺时针方向绕台依次服务，注意不要站在一个位置上为两位宾客同时服务。

菜到礼至，润物细无声——席间服务

（4）斟酒时，先征得宾客的同意，讲究规格和操作程序。凡是宾客点用的酒水，开瓶前，服务员应左手托瓶底，右手扶瓶颈，商标朝向主人，请其辨认。这既表示对宾客的尊重，请其核对选酒有无差错，也证明商品质量可靠。

（5）斟酒的浅满程度，根据酒的类别和要求而定。斟酒时瓶口不要碰到杯口，也不要拿太高。偶尔操作不慎将酒杯碰翻时，应立即向宾客致歉并调换，迅速铺上干净餐巾，将溢出酒水吸干。

（6）主人或宾客祝酒、发表讲话时，应停止上菜，但需注意及时斟酒，便于客人敬酒。派菜时应控制好数量，做到均匀分派。不可把一勺菜分给两位宾客，更不允许从宾客的盘中往外拨菜。添菜时，应征求宾客的意见，如宾客谢绝，则不必勉强。

（7）撤换餐具时要注意：更换不同类型的酒水时，需要更换酒具；搭配特色菜肴或酱汁时，应配置并更换相应餐具。

（8）为客人撤换餐具时，应关注其是否已经吃完或轻声询问，撤换时轻拿轻放、动作利索。如果宾客不慎丢落餐具或将汤汁（酒水）在身上，应视情况及时递送毛巾或餐巾协助擦拭，并立即换上新的餐具。

（9）撤菜应征求宾客意见，撤盘一次不宜太多，以免发生意外。不要当着宾客的面处理餐盘内的残物，也不要把餐具堆起很高再撤掉。

（10）席间服务时应关注每一位宾客，通过其手势、表情和姿态等迹象，及时提供必要的帮助。

6.送客礼仪

（1）宾客用餐进入尾声或结束后，不可做出催促宾客离开的举动。

（2）客人离开前，如示意将剩余食品打包带走，应积极为之服务。

（3）客人提出结账时，服务员应立即核实账单，账单正面朝下放在小托盘里或收款夹内请客人过目。如客人要前往收银处直接结账，应礼貌告之位置，并用手势示意。同时向客人表示感谢。

（4）宾客用餐完毕起身离开时，应主动为其拉开座椅，帮助客人穿戴外衣、提携东西，并提醒携带好随身物品。礼貌道别："很高兴为您服务，欢迎下次再来，再见！"

（5）面带微笑地目送客人离开，或亲自陪送宾客至餐厅门口。

练

实践题

1.学生5—6人为一组，分饰角色进行前厅服务情景模拟训练。可安排2人扮演客人，2人扮演礼宾（行李）员，2人扮演总台接待员，结合门厅服务、行李服务、总台接待等知识及操作要领，熟悉服务流程，模拟训练。模拟过程中，其他小组观察并总结。模拟结束后，各组互评。

表1-1　门厅服务礼仪训练考核表

考核内容	操作标准	配分	得分
迎宾服务礼仪	主动欢迎，面带微笑并致意	20	
	对常住客人称呼其姓氏	10	
	让每位客人得到热情问候	10	
车辆到达服务礼仪	开启车门	10	
	护顶	10	
	检查有无遗留物品	10	
送客离店服务礼仪	道别，致意，目送离去	20	
	车辆服务	10	
总分		100	

表 1-2　行李服务礼仪训练考核表

考核内容	操作标准	配分	得分
提拿行李服务礼仪	热情相迎	10	
	主动提携行李	10	
	尊重客人意愿	10	
陪同客人服务礼仪	办理入住,侍立客人身后一米处等候	10	
	引领服务	10	
	乘坐电梯礼仪	10	
运送行李服务礼仪	引领客人进房间	10	
	放置行李及客房介绍服务	10	
	礼貌告别,退出客房	5	
离店行李服务礼仪	运送行李	10	
	礼貌告别	5	
总分		100	

表 1-3　总台接待服务礼仪训练考核表

考核内容	操作标准	配分	得分
接待服务礼仪	职业礼仪形象	10	
	使用敬语	10	
	递送表单、笔	10	
	办妥入住手续并介绍相关信息	10	
	遇到提意见客人的接待礼仪	10	
问询服务礼仪	微笑致意,主动问好	10	
	认真倾听,有问必答	10	
	遇到不确定答案时礼貌回复	10	
	文明用语的使用	5	
结账服务礼仪	礼貌问候,高效服务	10	
	致谢并礼貌道别	5	
总分		100	

2.学生 5—6 人为一组,其中 2—3 人模拟操作,2—3 人观察。模拟组分饰客人和客房服务员,模拟客房服务员进入客房、客房清扫过程中的不同情景。注意服务重点和难点,观察组进行记录。一组情景模拟结束后,组内互换角色。全部完成后,各组针对模拟练习反映的问题分别进行讨论、分析,总结。

表2　客房服务礼仪训练考核表

考核内容	操作标准	配分	得分
进入客房服务礼仪	敲门礼仪	15	
	礼貌问候，灵活应对	15	
	尊重客人，避免打扰	15	
客房清扫服务礼仪	清扫前准备	15	
	清扫时客人在房间	15	
	清扫过程客人返回房间	15	
	清扫完毕，礼貌告别	10	
总分		100	

3. 学生5—6人一组，分饰客人、迎宾员、厅面（包厢）服务员等进行餐饮服务情景模拟训练。结合餐厅迎送、点菜、餐间服务要点，模拟宾客从进入餐厅到用餐完毕离开的服务过程。各小组自行练习后拍摄完整情景模拟视频，课堂组织观看，各组互评。

表3-1　迎宾服务礼仪训练考核表

考核内容	操作标准	配分	得分
迎客服务礼仪	客人距离餐厅较远（约3米），微笑示意	10	
	客人走近，热情问候，礼貌称呼	10	
	询问预订，安排领位	15	
	引领服务	20	
	依序为客人拉椅让座	20	
	毛巾茶水服务	15	
送客服务礼仪	礼貌道别，目送离开	10	
总分		100	

表3-2　厅面服务礼仪训练考核表

考核内容	操作标准	配分	得分
点菜服务礼仪	递送菜单、酒水单	10	
	客人点单，准备纸笔，认真记录	10	
	主动推荐合适菜品	10	
	及时回复，做好解释	5	
上菜服务礼仪	把握时机，有序上菜	10	

续表

考核内容	操作标准	配分	得分
席间服务礼仪	服务仪态	5	
	按规范斟酒、上菜、派菜、撤盘	10	
	撤换餐具主动询问,操作轻快	10	
	礼貌用语、敬语的使用	5	
送客服务礼仪	结账服务	10	
	拉椅服务,帮助穿戴外衣,提醒随身物品	10	
	礼貌送别	5	
总分		100	

第二节　旅游游览行业礼仪

一、旅游游览行业概述

旅游游览行业主要包括公园景区游览,如城市公园、旅游景区、生态旅游游览、游乐园等,以及其他旅游游览如文物级非物质文化遗产游览、博物馆、宗教活动场所、烈士陵园、纪念馆、旅游会展服务、农业观光休闲旅游等游览内容。此类游览场所主要服务包括咨询服务、票务服务、讲解服务、销售服务以及会议服务等。

二、旅游游览行业礼仪特点

1. 主动性

游客外出旅游最关键的是想要获得愉悦的旅游体验、达到放松休闲、获取知识信息,满足游客以上的需求,需要游览区工作人员积极主动地去帮助游客解决旅游过程中的各种问题、满足其对知识和信息的需求。因此,工作人员需要积极主动完成本职工作,同时也要积极主动为游客解决临时出现的各种问题,只有积极主动为游客服务,游客才会有好的体验。

2. 规范性

旅游游览行业以尊重游客为核心原则,以游客为中心为其提供优质的服务。规范性是优质服务的前提。服务的规范性包含在员工的仪表规范、仪态规范、仪容规范、语言规范和岗位操作规范。通过规范服务人员的形象、行为、语言、工作流程等,更有效地向游客表达敬意和友好。也有利于帮助员工养成以客人为中心的服务理念和习惯,树立优质的企业服务形象。

3. 专业性

专业性的服务是游览行业每个岗位的基本要求,也是游客获得良好体验的前提。每个游览区都有自己的特点和不同,每一个工作岗位也都有自己的专业特点,要想为游客提供好的旅游体验,旅游服务过程必须专业,如咨询服务、售票服务、销售服务、讲解服务等,需要工作人员对自己的工作岗位做到专业、熟练,只有这样才能为游客提供良好的旅游体验。

三、游览行业礼仪规范

(一)咨询岗位服务规范

咨询服务是游览区向游客提供的重要服务项目,通常是指由游览区工作人员在区内特定的游客咨询服务点内,向游客免费提供票务、游览线路、产品信息、景区餐饮及住宿等配套服务内容的现场咨询服务工作。现场咨询服务是建立游客信任的重要环节,对游客的游览决策、游览项目选择等有着重要的指导意义。

耐心周到,增强亲信力——咨询服务

1. 前期准备环节

(1)服务场所准备

根据游览区服务范围、服务重点不同,可在游览区内设立游客咨询服务点、游客咨询服务大厅等咨询场所。在开展相关的现场咨询服务项目前,工作人员应对服务场所进行环境卫生的整理,保持服务场所内的干净、整洁、有序。

(2)熟悉游览区情况

工作人员需要全面掌握游览区的内外部信息,特别是要提前了解并掌握游览区的最新动态、近期的活动项目等内容。应随游览区咨询服务人员提前进行系统培训,以便为游客提供准确、真实的咨询服务信息。

(3)礼仪准备

参与现场咨询服务人员应保持着装整洁统一、化淡妆,以保持端庄文明的形象。从精神上调整好自我心理状态,确保工作中始终保持饱满的工作热情和谦和的工作态度。

2. 现场咨询环节

(1)主动问候

咨询服务人员应密切关注在咨询台周围的游客,当遇到面露疑问、徘徊犹豫的游客时,应面带微笑,主动迎上前去问询,如:"您好,请问有什么需要我帮助的吗?""您好,我可以为您做点什么吗?"以"先注视、先微笑、先问候"的形式打消游客的顾虑,给游客以温暖、热情、友好的感受,建立与游客沟通的良好渠道。

(2)用心倾听

在游客诉说的过程中,要始终保持眼神的关注,用足够尊重的态度,耐心聆听游客的每一个问题。在听的过程中不轻易打断对方,不能一开始就假设明白游客的问题,用一定的辅助语气词表示对游客的话语做出反应。

（3）积极沟通

对游客的问询要做到"首问责任制"，如果是能当场回复的，应给予游客准确、详细的回答。如果遇一时无法回答的问题，应对游客致歉，请对方稍候，并及时向周边同事或问题归属部门进行问询，第一时间将问询后得到的信息详细告知游客。

（4）礼貌道别

对待游客的咨询，应当直到其满意为止。当游客准备离开时，应主动向游客道别，并祝其游览愉快或旅途平安，可以说："再见，祝您在游览区玩得愉快"，或者说："再见，祝您一路平安"等。

3. 总结记录

（1）内部总结

对当日工作中，应对游客问询时未能及时解决的问题和咨询情况进行记录，同时对当日咨询工作中出现的新问题和重要事件进行记录。

（2）汇报反馈

建立游览区内部信息汇总反馈通道，对现场咨询中收集到的游客建议、意见进行汇报，并将游客反映的问题及时反馈到各个部门，及时处理和解决。

（二）售票岗位服务规范

售票服务是游客购买游览门票的过程，目前游客购买门票的渠道为网络平台、现场人工或智能售票机。售票服务窗口是游客对游览区服务的第一印象，售票服务工作也容易引起争执，因此需要做到服务规范。

专业高效，提升影响力——售票服务

1. 售票员职业规范

（1）按时上班，坚守岗位，履行职责，积极完成售票任务；

（2）工作中注重仪容仪表、说话文明、礼貌待人、热心为游客服务。

（3）工作人员应做到语言清晰、语速适中、语音甜美。

（4）售票过程中要认真负责、动作迅速、准确无误、钱票无差错。

（5）售票回笼的现金（大面额钞票要检验是否为伪钞），清点后要立即支付上交。票款要日清月结，严禁坐支和挪用，库存现金按规定定额入保险柜保管。

（6）售票处要严格执行门票管理规定，坚决杜绝擅自加价和逃票等漏洞现象，做到唱收唱付。

2. 售票前准备工作

（1）准时上班，按规定要求：着工作装、配工作卡，仪容整齐，化妆得体，遵守游览区的劳动纪律。

（2）查看票房的门窗、保险柜、验钞机、话筒等设备是否正常。

（3）搞好票房内及售票窗外的清洁工作。

（4）开园前挂出当日门票的价格牌，若当期由于特殊原因票价有变，应及时挂出价格牌及变动原因。

(5)领班根据前日票房门票的结余数量及当日游客的预测量填写门票申领表,到财务部领取当日所需各种门票,票种、数量清点无误后领出门票,并分发给各售票员。

(6)根据需要到财务部兑换钱币,保证当日所需的零钞。

3.售票服务工作流程

售票服务工作流程可以分解为6个工作步骤:

(1)迎客:客人在向售票窗口走近时就要通过目光注视、微笑问候来欢迎游客,如:您好,欢迎光临(龙门古镇)。

(2)询问:主动热情询问客人的购买需求,如:请问需要什么票?

(3)解释:根据《门票价格及优惠办法》向客人解释优惠票价以及享受条件,当游客说出自己的意愿时,向游客介绍所需票价。

(4)核对:向游客核对购买信息,如请问是成人全票1张,儿童票1张是吗?

(5)唱价:需要做到唱价唱收唱付,也就是向游客确认票价,实收款项,以及找零;

(6)送客:售票结束时,售票员向游客说"谢谢"或"祝您游玩愉快"!

(三)验票岗位服务规范

验票服务与售票服务的工作内容一样,也分为工作前准备、工作中验票、工作后统计三个阶段。

1.准备工作

(1)参加班前会,按照规定着装,佩戴工作牌,仪容整齐,化妆得体。

(2)查看验票口验票机器、话筒等设备是否正常。

(3)做好游览区入口周围的卫生,保持闸口顺利畅通。

(4)备好导游图,准备好景区相关宣传资料,做好开园准备。

细致诚心,守护经济力——检票服务

2.验票基本要求

(1)验票时,工作人员站在检票位,精神饱满,面带微笑,使用标准普通话对话,掌握景区名称、票价及优惠票规定等,热情礼貌地回答游客提问。

(2)游客入闸时,验票员要求游客人手一票,并认真查验,快捷热情地为持有效票的游客检票、撕票、赠送导游图等。设有自动检票机的景区,验票员应监督、帮助游客通过电子检票系统检票,当自动检票机出现故障时,进行人工检票。

(3)坚持原则,按规定程序要求检票、撕票,不得出现漏票、逃票、无票放人现象,对待持无效门票进入的游客,说明无效原因,要求客人重新购票。

(4)控制人流量,维持好出入口秩序,避免出现混乱现象,并向游客问候,使用"欢迎光临"等礼貌用语。

(5)熟悉旅行团导游、领队带团入园的查验方法及相应的免票入园规定,团队入园参观时,需登记游客人数、来自国家(地区)、旅行社名称等信息。

(6)残疾人或老人入景区时,应予以帮助。

（7）如遇闹事滋事者,应及时礼貌制止、耐心说服,如果无法制止,应立即报告,切忌在众多游客面前争执,且应引导到安静区域进行处理。

3. 验票工作流程

验票服务是游览目的地检验门票和统计游客量的过程。验票工作看似简单的流程,却是景区形象的展示,也是景区服务质量的体现。其主要有以下工作环节:

（1）迎客环节

旅游淡季,游客量比较少的情况下,工作人员始终做好迎客准备,在游客距离5米左右时,首先要关注对方;游客距离工作人员3米左右时,工作人员对游客微笑;1米左右时向游客表达欢迎:"您好! 欢迎光临"。在旅游旺季,游客量很大时,此环节可以缩减。

（2）服务环节

游客到达面前,双手去接游客门票,同时提醒游客:请出示您的门票。接过门票,迅速验票后,双手递送给游客。

（3）送客环节

将门票递还给游客后,同时向游客表示:祝您游玩愉快!

迎客

⇩

服务

⇩

送客

图 7-1　验票服务工作流程

（四）讲解服务岗位

讲解服务是游览区重要的服务内容,有效的讲解可以为游客带来丰富的体验和认知。讲解服务可以有导游解说和自助解说,其中导游解说是游览区解说服务的重要组成部分。导游解说是指专门的导游员通过导览和导游讲解向游客提供信息传导服务,属于能动式服务。导游是游览区解说的灵魂,他的讲解是游览区不能缺少的美的串联、景的沟通。有了优质、亲切的讲解,游览区的美和知识才能被活生生地表现出来。导游解说的主要服务流程如下:

优质个性,打造金名片——讲解服务

1. 服务准备

在接待前先做好服务准备,即首先要了解所接待的旅游团的基本情况,弄清楚旅游团的人数、人员概况和来自区域。同时准备好导游器材和游览工具,携带好导览图、景区介绍资料及纪念品,佩戴好工牌。

2. 讲解工作流程

（1）迎接游客

讲解人员接到带团任务,来到游客面前,首先进行自我介绍,如大家好我是博物馆讲解员小李,非常高兴今天带领大家认识××博物馆。接下来介绍游览区的背景知识,为游览以及导游与游客之间的交流奠定基础。同时在正式带游客游览之前要和游客沟通游览线路安排,可以根据游客的需要,在时间允许的范围内,满足游客的需求。

（2）景点讲解

讲解人员在游览区每个景点内引导游客游览,科学地讲解与景区、景点有关的知识,

并解答游客提出的各种问题。

（3）执行计划

讲解人员要严格履行游览区规范或与游客协定的游览计划,在计划的线路中,尽情地为游客讲解,让游客能够尽兴地游览园区或景区,做到有问必答、礼貌应答,积极主动地帮助游客解决在行程中遇到的各种问题。

（4）安全服务

讲解人员在导览过程中要随时提醒游客注意安全,照顾到游客的安全问题,劳逸结合,并特别关照老弱病残的旅游者。及时处理在游览过程中发生的各种突发问题。

（5）宣传教育

在讲解过程中要结合景点、景观的内容,融入景区保护和环境保护的理念,向游客宣传环保及生态保护、文物古迹、自然与文化遗产的知识等。

3. 送别游客

当园区游览结束,要注意送别游客,首先应向游客在导览过程中的积极配合表示感谢;其次代表园区欢迎再次光临;最后祝福游客游玩愉快,返程一路平安。礼貌地说再见,并目送游客离开。

（五）销售服务岗位

旅游购物在游览区中的地位和作用十分重要。旅游购物是游览区旅游市场中的重要组成部分,是游览区创收的重要来源。购物旅游资源是游览区发展潜力很大的旅游资源,同时购物是提高游览区整体竞争力的重要因素之一,能够增加当地居民的收入,提高就业水平,并能带动相关产业的发展。旅游购物中商品的独特性和吸引力起了重要的作用,但销售服务也是旅游购物中重要的内容。销售服务的工作流程主要有接近客户、陈述产品、处理异议和促成成交四个阶段。

接近客户 ⇨ 陈述产品 ⇨ 处理异议 ⇨ 促成交易

图 7-2　销售服务的四个阶段

1. 接近客户

接近客户就是要设法与客户建立起某种联系,为后续工作奠定基础。接近客户的技巧主要有主动问候、让你的客户有优越感、替客户解决问题、自己保持快乐开朗、利用小赠品赢得准客户的好感。

主动问候:向客人主动问候,问询有无需要帮助,如:您好,我是园区销售人员小张,有什么可以帮到你吗?

客户有优越感:这一过程中,通过语言交流让客户感受到优越,并愿意与你交流,如:您的眼光真好,这是我们这里很有特色的一款产品。

替客户解决问题:游客在出行过程中会遇到各种问题,当我们设身处地为他们着想,帮他们解决问题的时候,他们会感受到,并乐意听我们的推荐,信任工作人员,并产生购买欲望。

自己保持快乐开朗:工作人员性格开朗,游客才愿意与之交往,销售过程才会顺利。

小赠品赢得准客户的好感:销售过程中,可以通过小包装的赠品让客户体验,赢得客户好感的同时吸引客户。

2.陈述产品

当游客对某种产品产生兴趣的时候,销售人员需要的就是用恰当的表述、专业的表达向客户陈述你销售的产品,让客户产生兴趣,激起购买欲望。可以用 FABEC 方法进行推荐:F 是指 Feature,即特征,简洁说出产品的特征;A 是 Advantage,即优点,在介绍的时候重点突出产品的优点;B 是 Benefit,即利益,要把产品的特性努力和顾客的利益相结合;E 是指 Evidence,即证据:举出证据来证明或解释产品可以带来的利益;C 是 Confirmation,即确认,当向游客介绍结束后尽量得到客户的确认。

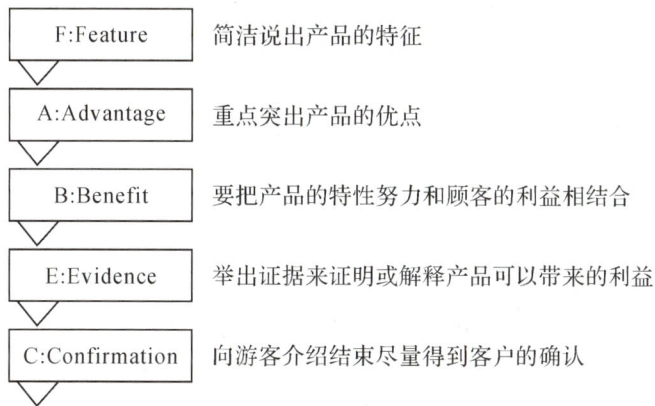

F:Feature	简洁说出产品的特征
A:Advantage	重点突出产品的优点
B:Benefit	要把产品的特性努力和顾客的利益相结合
E:Evidence	举出证据来证明或解释产品可以带来的利益
C:Confirmation	向游客介绍结束尽量得到客户的确认

图 7-3 陈述产品的 FABEC 方法

3.处理异议

在向游客推荐的时候,游客会产生各种异议和疑虑,可以采用有效的方式予以消除。处理异议的基本原则主要有:首先,要明确游客对商品的理解永远是对的,所以永远不要对游客说"不",以免让客户产生负面情绪;其次,永远站在游客的立场来讨论问题。要用"您"和"您的"来代替我们头脑中的"我"和"我的"。消除游客的异议是达成交易的前提。

4.促成交易

商品销售中的最后一个环节就是促成交易,就是使用恰当的方法,促使客户下定决心,达成购买协议。

(六)会议接待服务岗位

会议是人们有组织、有领导地聚集在一起,对某些议题进行商议或讨论的集会。在现代社会里,游览和会议经常会集中在一起,因此,会议接待服务是旅游游览行业必不可少的工作。会议接待服务是指为各类会议提供必要的服务,是随会议的召开或举办相关活动而产生的。

会议接待服务的内容主要包括会前准备工作、会间服务工作、会后收尾工作等。

1. 会前准备工作

会前的准备工作对会议的服务质量有着至关重要的影响,准备的充分与否决定着会议工作开展得成功与否。

(1)分析会议内容,分解任务

在收到会议通知以后,首先分析会议的内容,根据会议内容分解工作任务,确认所需要准备的物料,然后根据任务,进行人员分工,做到责任到人,并制定明确完成工作的时间点。

(2)协调相关部门

根据任务的分解,各部门需要协调相关会议部门,协调物料、时间、与会人员,如有需要特别注意的事项,需要特别备注。

(3)布置会场

根据前期的沟通和协调,进行会场的布置,会场布置也需要和参会方沟通以后进行,包括桌椅安排、物料摆放等。

2. 会议服务

(1)迎客服务

会议开始前1小时,工作人员需要着统一工作装,做好迎接准备,场内场外的工作人员各司其职。场外工作人员主要负责迎宾工作:整齐地在场外等候客人,做好迎接客人,指引客人签到,为客人解答问题等。

场内工作人员也应做到对座位座号熟悉,为客人准备好茶水、会议资料等。看到有客人到来时主动为客人引座。引路时右手抬起,五指并拢,手心指向客人,向客人示意前进的方向。同时场内的工作人员还需要及时为到场的客人冲泡茶水,为客人提供力所能及的服务。

(2)会中服务

会议开始后,工作人员根据之前的职责分工,站到自己的工作岗位,并认真观察场内动静,如果有与会者站起或示意需要帮助,立马向前为客人提供帮助。

会议开始后,工作人员需要及时为客人添加茶水,第一次续水间隔约为15分钟,第二次续水间隔约为20分钟;小型会议可以根据客人的需要进行添加,当看到客人喝水比较频繁时,续水要及时。续水时动作要轻盈、快捷、规范。续水一般是站在客人的右手边,手握住杯盖和杯柄,水注完以后放回到客人的右手边,并将杯柄转到客人方便拿的一侧。需要注意的是,不能直接将杯盖扣在桌面上,手指不能触碰到杯口,防止杯盖发出碰撞的声音等。

（3）送客服务

会议结束后，迎宾的工作人员站在出口欢送客人离开。场内工作人员需要检查场地看是否有客人遗漏物品，并做好清洁和整理工作。

练

实践

1. 以 2—3 人小组，分别进咨询、售票、验票岗位的实践；通过相互扮演游客、员工、现场指导等角色进行情景模拟实践练习；现场指导可以通过录像的形式记录员工的工作情况，并针对性地提出建议。

表 1-1 咨询服务训练考核表

考核内容	操作标准	配分	得分
岗前准备	前期准备充分，服务场所干净、整洁、有序	10	
	熟悉游览区概况	10	
	礼仪形象到位	10	
现场咨询环节	主动问候：流程规范，对客主动热情，语言到位；	20	
	用心倾听：用心倾听客人诉说，流程规范，语言到位，举止标准规范	20	
	积极沟通：流程规范，语言表达合适，举止规范	20	
	礼貌道别：主动道别，语言表达合适，举止规范	10	
总分		100	

表 1-2 售票服务训练考核表

考核内容	操作标准	配分	得分
岗前准备	前期准备充分，服务场所干净、整洁、有序；	10	
	熟悉游览区概况	10	
	票房售票设备正常、有序	10	
	礼仪形象到位	15	
售票服务	迎客：主动微笑问候	20	
	服务：主动热情询问，解释、核对、唱价符合规范	25	
	送客：祝福客人游玩愉快	10	
总分		100 分	

表 1-3　售票服务训练考核表

考核内容	操作标准	配分	得分
岗前准备	前期准备充分,服务场所干净、整洁、有序;	10	
	熟悉游览区概况	10	
	验票设备正常、有序	10	
	礼仪形象到位	15	
售票服务	迎客:主动微笑问候,服务规范、语言标准	20	
	服务:验票工作规范、动作规范	25	
	送客:祝福客人	10	
总分		100 分	

2. 以 2—3 人小组,选取景区销售的商品,进行销售模拟,并将商品运用 FABEC 法进行记录和分享。

表 2　商品销售陈述考核表

考核内容	操作标准	配分	得分
商品销售技巧	F:简洁说出产品的特征;描述清晰、准确	25	
	A:重点突出产品的优点;	25	
	B:产品的特性和顾客的利益相结合合理;	20	
	E:举出证据来证明或解释产品可以带来的利益;证据可靠、可信、合理	20	
	C:介绍结束尽量得到客户的确认:	10	
总分		100	

第三节　旅游综合服务行业礼仪

一、旅游综合服务行业概述

旅游综合服务包括旅行社及相关服务、其他旅游综合服务、旅游活动策划服务、旅游电子平台服务、旅游企业管理服务。本节主要以旅行社业为例。

旅行社业是为人们旅行提供服务的专门机构的行业。旅行社业的产生是商品经济、科学技术和社会分工的直接结果,同时也是旅行社长期发展成为大众经常性活动的必然产物。旅行社业是旅游业的集中代表,是经济性和服务性的充分体现,尤以中介性为其他企业所不具有。它将原来分散的、个别进行的旅游活动进一步社会化,把旅游产生地同目的地连接起来,在不同的国家和地区的旅游者和旅游经营者之间架起了一座桥梁,而且把各有关旅游企业联系在一起,创造了一种新的信息传递方式和资源组合方式。

二、旅游综合服务行业礼仪特点

除了具有旅游职业礼仪规范性、沿习性、差异性、发展性、等级性的特点外,和其他行业相比,旅游综合服务行业还具有自身的特点:

礼仪先行,一路皆风景——行业风貌

(一)服务场景多

其他旅游行业的服务场景一般较为固定,如酒店人员一般在酒店为宾客进行服务,乘务人员主要在机舱或车厢为宾客提供服务,而旅行社的服务场景是不断变化的:有的场景是酒店,有的是风景区,有的是购物店,有的是在车辆上。遇到一些行程复杂的团队,可能会在商务场合和休闲场合间不断切换。这就需要旅游工作者能及时调整自身的状态,穿着、行为、举止都要和场景相匹配。

(二)关键时刻多

关键时刻(Moments of Truth,MOT)理论是由北欧航空公司前总裁詹·卡尔森创造的。他认为,关键时刻就是顾客与北欧航空公司的职员面对面相互交流的时刻,放大之,就是指客户与企业的各种资源发生接触的那一刻。这个时刻决定了企业未来的成败。

卡尔森提出:平均每位顾客接受其公司服务的过程中,会与五位服务人员接触;在平均每次接触的短短 15 秒内,就决定了整个公司在乘客心中的印象。故定义:与宾客接触的每一个时间点即为关键时刻,它是从人员的 A(Appearance)外表、B(Behavior)行为、C(Communication)沟通三方面来着手的。这三方面给人的第一印象所占的比例分别为外表 52%、行为 33%、沟通 15%,是影响宾客忠诚度及满意度的重要因素。

和其他行业不同的是,旅行社宾客在"吃住行游购娱"各个环节长时间高密度与旅游工作者接触,关键时刻更多。因此,对旅游工作者提出了更高的礼仪要求。

三、旅游综合服务行业礼仪规范

(一)旅行社门店礼仪

旅行社门店是旅游者在参加旅游前与旅行社"亲密"接触的地方,是旅行社的窗口部门,是旅游体验的前沿。旅游者通过门店工作人员的一言一行、一举一动初步了解该旅行社的管理水平、工作效率、人员素质,形成第一印象,从而对自己决定是否购买该旅行社的旅游产品起到重要作用。

宾至如归,相逢如相识——门店礼仪

1. 旅行社实体门店接待服务礼仪

(1)旅行社实体门店布置

旅行社的实体门店是旅行社的"脸面",是旅游者与旅行社面对面接触的地方。门店装修布置能从侧面看出一家旅行社管理者的工作能力、工作人员的工作效率与工作态度。到访的旅游者甚至能感受到这家旅行社对宾客的重视与否。所以,门店的布置就成了门店接待工作的第一步。

①环境舒适、整洁、美观。作为旅行社的"脸面",除了给予一定费用的装修外,每天的卫生清洁必不可少。环境应该典雅、幽静、舒适,空气应该清新畅通,温度、湿度应该适宜,通信、音响设备和接待用品上不应该有灰尘。桌椅、办公设备、资料摆放整齐。

②尊重宾客,方便宾客。可以在门口设立迎宾员,放置有欢迎语的广告牌。宣传资料定期整理,按不同类别归类布置,能让宾客按照自己的需求随时查找到相关旅游线路,方便宾客索取。柜台高度可适当降低,便于宾客咨询交谈。

③强化体验营销,渲染企业文化。在门店中有意识地针对现代旅游者的需求特点,合理布置门店,创造体验的氛围条件。如播放旅行社以往组织的旅游活动视频影像,摆放旅行社主打线路中的风物特产,建立模拟景观灯。打造别具一格的交流区,通过旅游顾问的周到服务,让宾客体验该旅行社独到之处。

(2)旅行社门店接待工作礼仪要求

①电话咨询的服务礼仪。参见第五章《沟通礼仪》中的通信礼仪。

②宾客上门的接待礼仪。具体参见前面各章节。

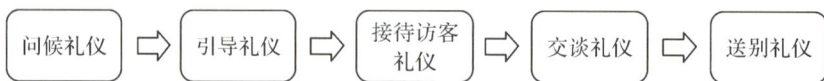

问候礼仪 ⇨ 引导礼仪 ⇨ 接待访客礼仪 ⇨ 交谈礼仪 ⇨ 送别礼仪

图 7-4　宾客上门的接待礼仪

③推销介绍旅游产品的礼仪要求。

第一,介绍讲解普通话标准,口齿清晰。

第二,介绍内容完整、准确。一方面,对宾客所感兴趣的旅游目的地做准确介绍,内容可以包括主要旅游景点的名称、坐落地点、门票价格、开放时间;饭店、旅馆、餐馆、交通工具、价格等方面的规定;旅游目的地国家或地区的有关法律、法规、政策,旅游目的地的民俗风情,当地居民的生活习惯、宗教信仰及对外来旅游者的态度。另一方面,对本旅行社所打造的主要旅游产品进行较全面的介绍。比如旅游产品的种类、价格;办理单项旅游服务的手续、费用;选择性旅游活动的内容、价格、出发日期及时间;导游的水平;住宿餐饮标准;安排的娱乐购物场所等。

第三,注意推销技巧,避免宾客生厌。理解宾客需求,注意观察,寻找与宾客攀谈的机会,切忌生硬突兀。如旅游咨询者较长时间凝视某条宣传线路时、把头从青睐的线路上抬起来时、临近资料架停步用眼睛看某条线路的图片时、拿起某条线路的资料时、在资料架旁边寻找某条线路时、把脸转向门市服务人员时,都是门店接待人员恰当的介入时机。介绍旅游线路或者旅游产品要简短扼要。切忌滔滔不绝一个人唱独角戏,要用最简要、清晰、易懂的语言与旅游咨询者沟通。运用图片等视觉手段或列举第三者的例子,用多种示范手法让宾客去感知和体验。

2.线上接待礼仪

旅行社开设电子商务,利用线上平台,在进行对客沟通、服务展示、产品销售、售后服务的过程中,也需要遵循相应的程序和礼仪。

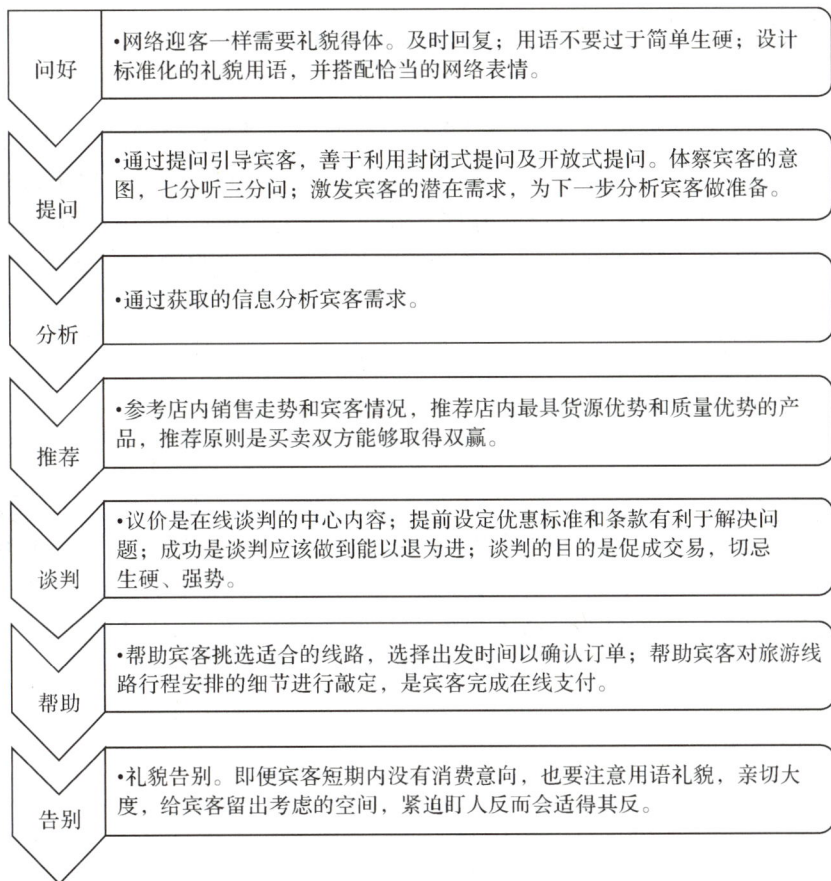

问好	•网络迎客一样需要礼貌得体。及时回复;用语不要过于简单生硬;设计标准化的礼貌用语,并搭配恰当的网络表情。
提问	•通过提问引导宾客,善于利用封闭式提问及开放式提问。体察宾客的意图,七分听三分问;激发宾客的潜在需求,为下一步分析宾客做准备。
分析	•通过获取的信息分析宾客需求。
推荐	•参考店内销售走势和宾客情况,推荐店内最具货源优势和质量优势的产品,推荐原则是买卖双方能够取得双赢。
谈判	•议价是在线谈判的中心内容;提前设定优惠标准和条款有利于解决问题;成功是谈判应该做到能以退为进;谈判的目的是促成交易,切忌生硬、强势。
帮助	•帮助宾客挑选适合的线路,选择出发时间以确认订单;帮助宾客对旅游线路行程安排的细节进行敲定,是宾客完成在线支付。
告别	•礼貌告别。即便宾客短期内没有消费意向,也要注意用语礼貌,亲切大度,给宾客留出考虑的空间,紧迫盯人反而会适得其反。

图 7-5　线上接待流程和礼仪规范

（1）旅行社虚拟门店布置

①内容丰富,功能齐全。全方位展示出企业信息,旅行社名称、标志、经营许可证号、宣传口号应放在首页醒目位置,以展示企业形象。对旅行社产品进行分类,科学布置在恰当位置。每一种主营业务都应该有其单独展示页,加以详细说明。还需具有实用简便的下单功能及强大的查询功能。

②界面友好,新颖美观。网站的布局在满足实用的前提下要富有创意,简洁高雅,令人耳目一新,也可采用一些先进的技术展示特效,吸引眼球。

③方便顾客,增进互动。线上平台应注重动态交互功能。除了静态展示产品信息外,应方便宾客问询,如醒目位置上设置查询对话窗口,随时可以网络交谈。宾客在线预

订和下单后,有迅捷的反应措施。还应该设有专门的评论评价区域,供宾客之间的交流以及旅行社经营者接受反馈信息。

（2）线上接待礼仪规范

即使面对面接触、没有语音或视频,宾客通过网络也可以感受到客服人员态度和其所代表的企业形象。因此,客服人员在线上接待中要做到亲切不轻浮、自信不骄傲,落落大方,应对得体。

（二）旅行社导游服务礼仪

导游处在接待服务的第一线,是与宾客接触时间最长、给宾客印象最深的工作人员。导游的服务质量可以说就是旅行社产品质量在宾客眼中的具体体现。导游员在为宾客服务过程中展现的礼仪风采对整个旅游接待服务工作的成败起着至关重要的作用。为了强调导游员的作用之重要,国际旅游界将导游称为"旅游业的灵魂""旅行社的支柱""参观游览活动的导演"。

1.导游服务的准备工作礼仪

（1）着装礼仪

思考:根据 TPOR 原则,你认为导游着装的要求是什么?

导游员的服装应简洁、整齐、大方,不能过分华丽。在接待商务团时、出席正式的场合时,应该着正装。一般休闲场合应选择休闲装、运动装、工作服、各式便装,但必须注意着装的一些基本原则和各式服装的穿着禁忌,如女性不宜穿过短或过长的裙子,也不可化浓妆。夏季男性不能穿圆领汗衫、短裤等。在导游服务过程中,需佩戴导游证、旅行社工牌等。

春风扑面,情到最深处——接待准备

（2）准备工作礼仪

①物质准备。做好物质准备,领取和备齐各种证件和必需物品,如身份证、工作证、导游胸牌、个人名片、旅途备用金、导游旗、喇叭等;如出国出境,还需带好相关通行证件。

②接待工作核实。地陪要掌握团队的行程计划,包括抵、离时间和交通工具的类型等,从而适时核对接待车辆、就餐安排、交通购物落实情况,确定与接待车辆司机的接头时间与地点,并督促司机将车身和车内清洗、清扫干净。

了解团队的基本情况。如旅游团名称、来源地、领队情况、人数、年龄、职业、国别、民族、饮食习惯、宗教信仰等。

备好醒目的接团标志,最好事先了解全陪的外貌特征、性别、装束等。凡导游人员到机场、车站、码头迎接宾客,必须比预订的时间早到等候宾客,而绝不能让宾客等候接团导游。

2.导游迎送工作礼仪

旅游团队接送是导游人员的一项十分重要的工作,接团工作的礼仪是否周全,直接影响着旅行社和导游本人在宾客心目中的第一印象;而送团则是带团的最后一项工作,如果前面的工作宾客都非常满意,但送团工作出现了礼貌不周的问题,同样会破坏旅行社和导游人员在宾客心目中的整体形象,并使陪团前期的努力前功尽弃。为此,搞好导游服务工作,迎送礼仪是十分重要的。

(1)导游迎客工作礼仪

①仔细认找。按规定着装,带好相应物品,提前到达机场、车站或码头。在醒目位置,乘客出站时,呈标准站立姿态,手举接站牌,集中精神,面带微笑,仔细认找。

②热情迎接。宾客到达后,应主动热情迎上前去,先行自我介绍,再确认对方身份,核对团号、实际抵达人数、名单及特殊要求等。寒暄问候后,协助提拿包裹,办理有关手续

③乘车服务。走在前方,引导宾客上车。宾客上车时,站在车门口前迎候。如果是小型汽车,用手护住车门顶以防宾客碰头;如果是旅游大巴,应站立车门一侧,面带微笑,也可使用引导手势,注意搀扶老人和幼儿。上车时注意安排陪车的礼宾次序,等宾客上完车后,自己再上车。宾客上车就座后,礼貌地清点人数,无误后请司机开车。清点宾客人数时要默数,切忌不礼貌地用手指点宾客。下车时,导游员先下车,在车门口协助宾客下车。

④致欢迎词。待全员上车之后致欢迎词,宣布团队游览日程和行程计划。为帮助宾客熟悉城市,可准备一些有关的出版物供宾客阅读,如报纸、杂志、旅游指南等。注意观察宾客的精神状况,如果宾客精神状况较好,在前往酒店途中,可向来客介绍饭店情况、活动日程、沿途街景以及当地民俗风情、旅游景点等。如果宾客较为疲劳,则可让宾客休息。

欢迎辞一般包括以下内容:

a.向团队宾客表示问候,并代表旅行社表示热烈欢迎之意。

b.介绍自己的姓名和职务,司机的姓名及他所驾车的牌号,以及其他参加接待人员的姓名和职务。

c.表示自己工作的态度,即愿竭尽全力为宾客做好导游服务。

d.简要介绍当地风土人情和即将参观的目的地基本情况以及接团后的大致安排,使宾客心中有底。

e.祝愿宾客旅行愉快,并希望得到宾客的合作与谅解。

致欢迎辞的目的主要是要给宾客留下热情、友好、亲切的感觉,做到尽快缩短导游员与宾客的心理距离,融洽导游员与宾客关系并调节宾客情绪。所以,欢迎辞的内容应根据不同宾客的特点,如国籍、性别、年龄、职业、受教育程度、旅游动机、宾客身份等方面的因素而有所不同,也可选择不同的表达方式,如风趣式、感慨式、朗诵式、闲谈式、猜谜式、讲故事式等方式。但不论采取何种表达方式,原则上要短小精悍、风趣有益,使宾客感到真挚、亲切和热情,又符合自己的身份。

⑤安排食宿。根据该团的费用标准和住房标准,安排食宿等事宜。

⑥VIP宾客的迎送。

迎送贵宾时,应事先在机场(车站、码头)安排贵宾休息室,并准备好饮料、鲜花。

如有条件,在宾客到达之前可将酒店客房号码或乘车牌号通知宾客。

派专人协助办理出入关手续。

宾客抵达前,应通知酒店总台,在宾客入住的房间内摆上鲜花、水果。

宾客抵达住所后,一般不宜马上安排活动,应留一些时间让宾客休息。

(2)导游送客工作礼仪

①送客安排。送客时,根据宾客离去的时间,安排好购票、结算、赠送礼品、摄影留念、欢送宴会等事宜。临别之前应亲切询问宾客有无来不及办理、需要自己代为解决的事情,应提醒宾客是否有遗漏物品并及时帮助处理解决。

②特色礼品。赠送的礼品要注意携带方便,突出地方特色,具有保存价值。参考第四章"馈赠礼仪"。

③致欢送辞。送行途中,要致欢送辞,使旅客感受到自己的热情、诚恳、有教养和有礼貌,同时要祝大家旅途愉快,欢迎再来。

导游员欢送辞主要包括以下几个方面的内容:

a.道出依依惜别之情,表示友爱友谊之情,抒发真情实感。

b.对宾客的配合和支持表示感谢。

c.欢迎批评,表达歉意,给宾客留下良好的印象。

d.送上美好的祝福,期待下一次重逢。

欢送辞意在表达导游员对宾客惜别之情、感谢合作、征求意见、期待重逢的心情,所以无论是内容还是表达方式都要因时、因地、因人而有所不同。

④返回。火车、轮船开动或飞机起飞以后,应向宾客挥手致意,祝宾客一路顺风,然后再离开。如果自己有其他事情需要处理,不能等候很长时间,应向宾客说明原因并表示歉意。

3.导游的住店服务礼仪

(1)入店服务礼仪

到达酒店后,协助宾客登记入住,并借机熟悉宾客情况,随后,将每个宾客安排妥帖,协助地陪人员和饭店行李员将宾客行李分送到每一位宾客的房间。若宾客客房存在问题,导游员应及时协助处理,使旅客住得安全舒适。

极致服务,处处有惊喜——接待过程

宾客进房前先简单介绍游程安排,并宣布第二天日程细节。第二天活动如安排时间较早,应通知总台提供团队宾客的叫早服务,并记住团员所住房号,再一次与领队进行细节问题的沟通协调。

不要忘记询问宾客的健康状况,如团队宾客中有身体不适者,首先应表示关心,若需要应想办法为宾客提供必要的药物,进行预防或治疗,以保证第二天游程计划的顺利实施。

与宾客告别,并将自己的房间号码告知宾客,不可久留。

（2）入住后的工作礼仪

导游人员如确因工作需要,要到宾客房间,应注意以下礼节:

①预约。有事到宾客房间要预约,并准时到达。尊重宾客的作息习惯,尽量避免在休息时间或深夜打扰对方,因急事需要见面又未经约定前去打搅时,应先表示歉意,说明打搅的原因,并及早离开;除特殊情况外,一般不要站在房间门口与宾客谈日程;事先没有约定的谈话,时间一定要短。

②敲门。进门前要先敲门,经允许后方可进入。

③不单独去异性房间。不要随意去宾客的房间,特别尽量不要单独去异性宾客的房间,如果情况需要,进房后门要半掩着。

④不随意乱动。在室内,未经主人同意,即使是较熟悉的朋友,也不要随意触动、翻看宾客的物品与书籍等。有事到宾客的房间,在宾客没有示意请坐时,一般不要自己先坐下,更不要坐在宾客的床上,尽量不要使用宾客房间的卫生间。

4.导游的用餐服务礼仪

（1）用餐准备礼仪

①提前落实。地陪要提前落实旅游团当天的用餐,将领队介绍给餐厅经理或主管,并告之宾客的特殊饮食习惯。

②详细介绍。在宾客入住前应先介绍就餐形式、地点、时间及有关规定,并向宾客介绍旅游安排和第二天日程细节。

（2）用餐服务礼仪

①用好第一餐。旅游团第一次用餐时,导游员要亲自带领旅游团宾客进入餐厅,介绍用餐有关设施及其菜肴的特色。

②巡视用餐。用餐过程中,地陪要巡视旅游团用餐一两次,解答宾客在用餐过程中提出的问题,监督、检查餐厅是否按标准提供服务,解决出现的各种问题。

③填写餐饮费用单。用餐后,地陪要严格按照实际用餐人数、标准、饮用酒水数量等,如实填写"餐饮费用结算单",与供餐单位结账。

5.导游的游览服务礼仪

宾客在游览过程中的舒适愉悦体验程度与导游员的服务水平、敬业精神、礼仪修养息息相关。具体来说,导游员在游览过程中要遵守以下礼仪要求:

（1）出发前工作礼仪

修饰自身形象,每天出发前,应提前10分钟到达集合地点。先向宾客主动、热情招呼,但不要主动与宾客握手,当宾客伸手时应热情大方地递握。核实清点人数,准时集合登车。提醒注意事项,重申当日活动安排。

（2）游览途中工作礼仪

①活跃气氛。导游员切忌沉默不语,而应向宾客介绍当地的风土人情及简要介绍即将参观的景点的基本情况。也可根据宾客的特点、兴趣、要求穿插一些历史典故、社会风

情,以增加宾客的游兴。还可组织文娱活动以活跃旅途的气氛,增进感情交流。

②语言文雅幽默。在车上或景点作讲解时,要正确掌握语言节奏,合理运用修辞手法和格言典故,做到语言、语调适度优美,抑扬顿挫,语速快慢、节奏运用合理,语言要文雅而不失幽默。使用语言讲解的同时,可辅以手势,但动作不宜过多、过大。表情要自然亲切,态度要和蔼热情。

③注意提醒。留意宾客走向,防止宾客走失,要特别注意宾客安全,照顾好老、弱、病、残、幼宾客。要经常清点人数,提醒宾客保管好自己的贵重物品。

④文明的榜样。为宾客做好文明宾客的榜样,尊重老人和女性,爱护儿童,进出房间、上下车,要让老人、妇女先行,对老弱病残幼应主动给予必要的协助与照料。

注意尊重他人隐私,政治、宗教敏感话题也不要谈论。宾客提问时,要耐心听取,及时解答。

导游过程中要平均分配自己的注意力,尽量照顾全体成员,不可冷落任何一位宾客,要照顾、配合全体成员行走步伐的快慢。

带团过程中,与宾客在一起的时候,不得抽烟,不吃有异味的食品。与旅游者交谈时,话题应愉快、轻松、有趣。对宾客不愿回答的问题,不要追问;遇到宾客反感或回避的话题,应表示歉意,并立即转换话题。

6. 导游的购物服务礼仪

（1）积极正确引导

①购物到指定购物商店或区域。导游应向宾客介绍旅游地的风物特产和商业发展情况,按旅游行程规定,到达指定购物商店或区域。若购买古玩或仿古艺术品,导游应带其到文物商店去购买,并提醒宾客保存好发票,不要将物品上的火漆印去掉,以便海关检验。

②客观真实地介绍产品。导游要应宾客之请,以客观公正的态度,介绍旅游产品,介绍要留有余地,引导宾客按自己的需要进行购买。

③尊重宾客做出的选择。导游应尊重宾客的选择,只有宾客自己做出的自觉、自主的选择才是合理的选择。

（2）耐心细致服务

①不要主动为宾客当参谋。导游要了解游览地区的特色产品,并根据宾客的基本资料,间接揣摩出宾客的购物心理,根据不同宾客的特点,进行服务。注意,导游不要主动为宾客当参谋,防止自己卷入无端的购物纠纷中。

②处理好购物和观光游览的关系。处理好购物和观光游览的关系,正确认识购物是旅游计划的组成部分,合理安排购物的时间和次数,维护宾客的合法权益,使购物和游览相互补充,增加宾客满意度,提高工作效率。

③遵守职业道德。带宾客购物时,应严格遵守采购职业道德,应将宾客带到商品质量好、价格公平合理的商店,而不应该唯利是图,为了一点"好处费"违背职业道德,损害宾客利益。

（三）计调操作礼仪

计调就是计划与调度的结合称谓，是在旅行社内部专职为旅游团（散）客的运行安排接待计划、统计与之相关的信息，承担与接待相关的旅游服务采购和有关业务调度工作的一种职位类别。在从事国际旅游业务的旅行社中通常又称之为 OP（OPERATOR），意为"操作者"。在旅行社的经营管理中，销售部、计调部、接待部构成了旅行社具体操作的三大块，与财务、人事等后勤部门组成了整个旅行社的运作体系。

如果说导游是站在旅行社的"台前"为宾客服务，其言谈举止给宾客留下直观印象，那计调就是旅游活动的"幕后操纵者"，虽然大多数时候不与宾客直接面对，但其一言一行关系着"前台"的服务质量与水准，因而工作中的礼仪细节也不可忽视。

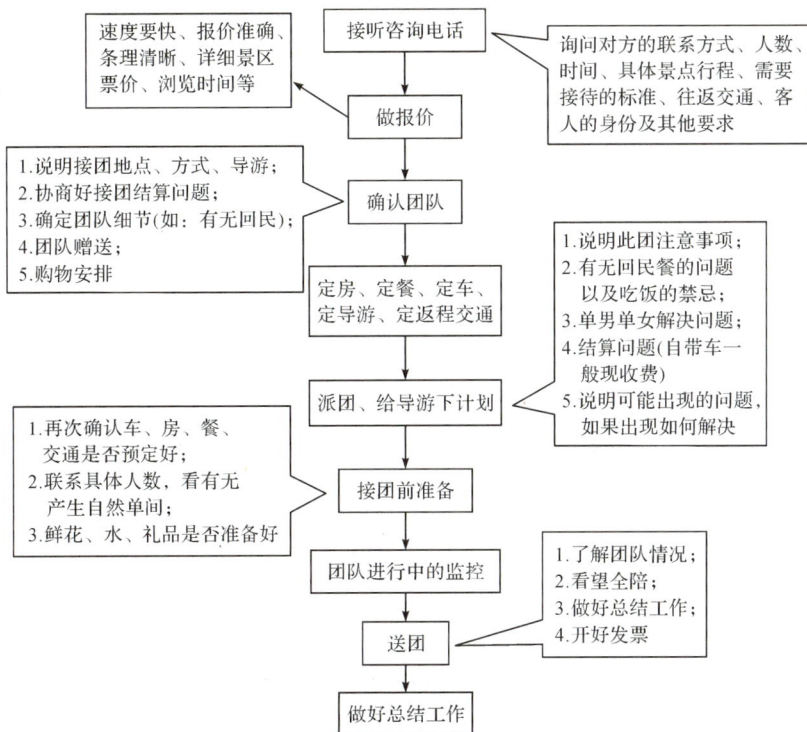

图 7-6　旅行社计调人员业务流程（能否做成彩色的图）

1. 旅行社计调询价报价工作礼仪

旅行社产品的价格影响着旅游者的消费选择和旅行社的盈利水平。在旅游产品设计中，如何定价一直起着非常重要的作用。旅行社计调具有询价和报价的职责，由此可见，它是旅行社的核心岗位。询价报价工作直接关系到旅行社经营的好坏。

（1）正确使用通信设备

参见第五章中的"通信礼仪"。

（2）制作精细的报价方案

①报价方案文本规范。参见第五章中的"文字沟通礼仪"。

②行程配置合理。报价方案中的行程配置是旅行社产品的核心内容之一,应符合旅游线路编排的原则,特别是要以人为本、设身处地为宾客考虑问题,根据宾客的年龄、性别、文化层次、生活经历等要素分析宾客需求,合理搭配旅游要素、调整观光时间和移动距离。让宾客旅途顺心愉悦,留下美好的体验与经历,这才是计调人员最大的礼仪。

③较高的性价比。行程编制、接待水平的档次应该与价格相匹配。价格上要体现谨慎、切实。价格是报价诸要素中最为核心的要素。定价的方法有很多,关键要把尽可能多的信息、资源、同行价位、市面行情以及相关的函数关系加以整合,核算出"贴心"的价位,从而反映出地接社总体报价业务的水平。

2. 旅行社计调预订及确认工作礼仪

旅行社计调需要通过采购酒店住宿、景区景点、用餐、车辆交通工具等服务来满足宾客需求,完成整个行程的编制。预订及确认就成了旅游团队出行前的重要准备工作。

(1)选择供应商要符合要求

应综合考虑组团方要求、宾客实际情况,考虑价格要素,以此来搭配各种旅游要素,最终要符合组团方的价格预期,保证本旅行社的盈利程度。

(2)预订及确认工作要及时

计调人员对旅游市场供需情况应该敏感。可按照行程编排的实际情况和旅游要素的供求紧张程度,优先预订相应资源。如在符合宾客要求的情况下,设计行程时,可先预订好酒店与用车,再安排导游和景点、购物商店的预报工作。获得组团社认可、明确购买意向后,应立即开始确认工作,保证行程不出差错。

(3)预订及确认工作要符合行业规范

预订及确认工作应尊重协作单位的工作习惯,按照统一格式进行书面确认。协作单位要求传递的信息(如宾客姓名、来源地、预订价格等)缺一不可。

3. 旅行团运行管理工作礼仪

旅行社计调不光要做好接团和发团前的准备工作,旅行团游览活动表面上是导游员在主导,实际上离不开计调人员在幕后不断的协调运作。计调工作是贯穿旅游团队活动始终的。

全面掌控　认真核实	心系宾客　实时监控	多方联系　加强协作
•对旅游团队的实际人数、宾客的特殊要求以及整个旅游线路中涉及的接待单位情况和提供标准要认真核实	•发团社计调应该抽查核对接团社是否按要求提供服务； •接团社计调应随时与接团导游或写作单位了解接团工作进展,还可亲自到景点或饭店等地检查情况、听取旅游者意见,直接快速地改进接团服务质量。	•公平公正对待每一位导游人员,给予导游员发挥能力的空间。•及时向上级汇报团队信息。与财务、外联、接待等部门协同作战。 •与合作单位的真诚合作,互利互惠。

图7-7　旅行团运行管理工作礼仪

4. 事故及突发事件处理礼仪

旅行社计调人员不仅要求在正常情况下有序处理团队业务,还要求在非正常情况下,针对事故或突发事件,采取应急处理,沉着稳定地解决问题。事故和突发事件的产生有的是计调责任,有的是导游的工作失误,也有不少是协作单位的问题,还有一些是不可抗力因素导致的。不管谁的责任,什么原因,计调人员都要努力协调各种关系,处理好问题。

及时处理　杜绝拖延	勇于担当　禁止推诿	理顺关系　有序处理
• 重视导游反映的一切问题,迅速反馈。	• 查清问题原因,努力解决问题,首要责任是保障宾客权益。	• 沉着冷静,按应急预案有序处理。 • 协调各方关系,保持信息通畅。

图 7-8　事故及突发事件处理礼仪

（四）旅行社外联工作礼仪

1. 旅行社接待拜访工作礼仪

（1）旅行社外联人员商务接待礼仪

参见第四章中的"接待礼仪"。

（2）旅行社外联人员商务拜访礼仪

参见第四章中的"拜访礼仪"。

2. 旅行社国际商务洽谈礼仪

旅行社分为国内旅行社和国际旅行社。国际旅行社既可从事国外宾客的入境旅游业务,也可从事国内宾客的出境旅行业务。要做好国际旅游业务,则免不了要与外国同行打交道。因此,了解并掌握旅行社国际商务洽谈中的礼貌礼仪对于国际旅行业务至关重要。

（1）记住对方的名字

参见第三章中的"称呼礼仪"。

（2）正确使用名片

参见第三章中的"名片礼仪"。

（3）掌握对方的风格和节奏

一个想要取得成功的旅行社的业务营销者,必须用外国宾客所能接受的方式与之打交道。美国商人办事快速和不拘礼节,但这种风格并不表明美国人缺乏工作的责任心。近几年,北欧人如瑞典、挪威和丹麦人也仿效美国人的办事风格。但在其他许多国家,认为美国人在商务活动中用名字来称呼人是一种无礼行为。特别在法国,法国人很注重礼节,尽管两个人在一起工作了好多年,已经非常熟悉,但仍然用姓名来互相正式称呼。大多数阿拉伯人不喜欢在没有获得 2～3 次机会了解谈判对手之前就进行严肃的商务谈判,也不喜欢被催促,不喜欢有最后通牒式的期限。

(4)协调与对方的时间观

不同国家的人在沟通中表现出的不同特点,主要来源于他们各自不同的时间观。人类学家霍尔先生将不同国家的人的时间观分为两大类:

1.单色时间观

单色时间观(Monochromic Time)是指人们倾向于在一段时间里由一个人负责集中做一件事。他们将时间分成许多小的单位,如工作时间、停留时间、浪费时间等,关心工作的时间效率。属于低个人间关系文化类型国家的人,一般都信奉单色时间观。

2.多色时间观

多色时间观(Polyehromie Time)是指在一段时间里同时做几件事,有许多人负责或参与这件事。属于高个人间关系文化类型国家的人,一般都信奉多色时间观。如中东和拉丁美洲文化的特点就是:"他们总是迟到的。"

显然,当受单色时间观影响的人和受多色时间观影响的人会谈时,为了创造一种和谐的气氛,双方都要进行调整。如我国旅游企业营销者在与美国旅游者打交道时要注意守时,在与巴西、墨西哥旅游者打交道时要容忍和谅解他们的迟到行为。

(5)接受对方推荐的食物

进行商务洽谈,吃饭、宴请有着特定的意义。在餐桌上,人们不仅可以交流信息,还可以联络感情。在这种特殊场合,挑食现象是绝对不允许的,吃饭时不能轻易说"谢谢,但是不"之类的话,不管你说得多么婉转,多么巧妙,拒绝某种食物总会造成不太好的影响。接受放在你盘子里的东西,就等于接受你的东道主,接受他的国家,接受他的公司。因此,不管食物多么不合你的口味,多么粗糙,也要把它吞下去。正如一位常作环球旅行的人所说:"旅行时要带一副铸铁般的肠胃,走到哪里,就吃哪里的饭菜。"

即使因为生活习惯不同,推荐的食物不合口味,你也不要拒绝,无论如何也要吃几口。桌上有什么,你就吃什么,主人吃什么,你就吃什么。

(6)了解饮酒举杯礼仪

除伊斯兰国家不饮酒外,许多国家把酒作为各种场合广泛使用的饮料。在一些地方,尽可能使宾客醉倒是好客的标志。不去尽情劝酒会被认为是不热情的表示,会使宾客产生被冷落的感觉。任何场合下,干杯如同握手,是彼此双方间的事。主人举杯,其他人也要举杯。"我不喝酒,谢谢你!"这样的答复会使主人尴尬。

3.旅行社外联人员的宾客维系礼仪

宾客维系是指旅行社维持已建立的宾客关系,使顾客不断重复购买旅游产品的过程。与宾客保持联系,是成功外联人员惯常的做法,只能做一次性生意的外联人员不是旅行社的好员工。宾客维系更需注重礼仪,每一位优秀的旅行社外联人员都需要重视。

（1）做好售后服务

和宾客签完合同后，千万不要认为接下来就只是计调和导游的事情了。旅游产品的本质是服务，外联人员应该关注或参与自己的宾客在办理旅游手续、团队导游委派、特别事项通知等方面的事务。尤其是旅游过程中如果出现了矛盾和纠纷，外联人员一定要积极面对，参与解决问题。把握与宾客相接触的一切机会，而不仅仅是签订旅游合同前的推销工作。

（2）保持日常联络

①把握好联络时机与频率。保持联系表达了对宾客的尊重与友好。但过于频繁联络或太少都不适合。传统节日一般都是联络问候的好时机，旅行社相关人员对自己的宾客表示祝福是外联工作中最起码的礼节。

有经验的外联人员还会早早就记录好宾客的生日、结婚纪念日或与其家属有关的特别日子，把联络宾客的时间排进自己的工作计划，在对于宾客有重大意义的日子里表达祝福，或赠送一些小礼品。

②选择恰当的联络方式

由于通信发达，现在与宾客联络很方便，可选择的方式也很多。具体手段有亲自拜访、电话、短信、送花、互联网通信、传真、书信、贺卡、小型聚会等。

不同的方式各有优劣，可以选择时机综合使用。现在更多的是利用手机、互联网等现代通信手段，但登门拜访、书信、贺卡等传统方法仍不逊色，有时候更显得有人情味，能让宾客印象深刻。

③重视宾客推荐。对于老宾客推荐新宾客，首先要郑重表示感谢。努力使新宾客成交，并及时通知老宾客，提醒他的选择是正确的，给予老宾客成就感和助人为乐的快感。

4. 旅行社外联参展工作礼仪

旅游展览会是各种旅游组织与企业通过实物、文字、图表来展现其成果、风貌、特征的一种公共关系专题活动。展览会是旅游组织与企业公共关系专题活动的一种重要形式，是旅游组织和企业推广产品和服务、宣传旅游组织成就、塑造形象的重要方式之一。

旅行社的外联销售人员一方面要在展会上进行营销宣传活动，扩大企业影响，加强公众对企业自身及产品的认识；另一方面也要与同行交流，互通有无，开展合作。为了达到良好的沟通效果和宣传效果，需要综合运用多种传播媒介、多方位开展公关，因此，旅行社外联销售人员的责任重大，更要注重与多方交流的礼仪问题。

旅行社通过展览会的形式进行宣传主要有两种情况：一是旅行社自己举办展览会；二是旅行社参加由其他单位组织的展览会。要想充分利用展览会，达到旅游组织的宣传目的，就需要注意下列重要事项：

（1）参展内容要突出主题

围绕明确的主题，认真选择展品，精心布置陈列，合理配置展品，要求展板、实物与解说词之间的配置，既不能重复，又不能脱节。展品的配置要有利于突出展览会的主题，不使用脱离主题的过分装饰、音响刺激、各式花招等，以免分散参观者对展品的注意力。

（2）宣传广告要吸引公众

要想将展览会的信息传播至特定公众，达到良好的宣传效果，需要有针对性地准备展览会的内容，以吸引参观者。这要以弄清预测参观者的类型为前提和基础。

（3）接待服务要真诚良好

理想的旅行社接待人员应具备的条件是：懂得专业知识，能提供业务、产品方面的咨询服务，有较强的口头表达能力和接待能力，仪表端庄。在接待参观展览者时，不要用"雷达式"目光进行扫描，接待人员要尽快判断出参观者的意向，实现与参观者的良好沟通，让他们有机会说明其兴趣和需要。

（4）资料介绍要充分准备

旅行社在参加展览前的准备工作中，要印制好参展需要的宣传资料，包括公司简介、旅游线路（或其他产品）。要在展销会签名处索取参展者名册、买家名录等展览会资料，提早准备正式商务信件，发给可能的买家，邀请他们在展销会期间光临展览会洽谈。还要选择好重点招徕的目标商，研究其需求结构，能承受的价格水平，可能承受的价格水平，可能面对的其他竞争者的压力，制定出适当策略。

（5）参展人员要恪尽职守

在展览会举办过程中，参展人员要坚守展台，切不可擅离职位。要充分利用展览会组织者举办的各种社交活动、专题报告会、信息交流会、研讨会等，最大可能地叙旧结新，广交朋友，争取主动，推出本旅行社形象和产品。所有参展人员要注意行为举止和穿着形象，微笑待客，要认真倾听买家提出的问题、意见，从中了解行情，搜集信息，对对方提出的有关旅游业务或其他类似产品问题，不能立即回答的，要向对方道歉，可留下联系方式，之后答复。

（6）服务工作要善始善终

展览会结束后，为做好追踪工作，可多停留一二天，以便趁热打铁，对本地宾客及时追踪，并拜会新老宾客，解决在展览会期间没有来得及处理的问题。另外，及时整理参展时进行的调查，将同行组织产品行情，推销手法，不同年龄、性别、职业者的不同旅游需求的最新信息整理出来，反馈通报旅行社，应用到本旅行社的营销策略及产品开发上面。

练

实践题：

1. 任选一种旅行团团型，设计欢迎词，并模拟演练。

表 3-1　致欢迎词训练考核表

考核内容	操作标准	配分	得分
欢迎词内容	内容全面	10	
	能够针对不同团型	10	
	礼貌用语、敬语的使用	10	
致欢迎词礼仪	仪容得体(发型、服饰、指甲等符合规范)	20	
	站姿挺拔	10	
	面带微笑	10	
	目光交流	10	
整体效果		20	
总分		100	

2. 学生 2—3 人为一组,每三个小组为一个大组,三个小组分别扮演旅行社门店接待人员,进店问询的游客,观察组。模拟游客从进店开始到离店过程中,门店接待人员的礼仪表现,观察组记录并归纳过程中发现的问题。情景模拟结束后,小组针对问题总结提升对策。

表 3-2　门店接待咨询训练考核表

考核内容	操作标准	配分	得分
接待礼仪	热情迎接到店客人	10	
	引导的手势和位次	10	
	请客人先入座、自己坐姿端庄	10	
	主动提供饮品	10	
	洞察客户的需求和喜好,针对性推荐	10	
	咨询结束礼貌送客	10	
交谈礼仪	回复咨询时面带微笑	10	
	回复咨询的速度	10	
	回复咨询的语速	10	
	谈话时的眼神礼仪	10	
总分		100	

3. 学生 2—3 人为一组,每三个小组为一个大组,三个小组分别扮演旅行社网店客服人员,进网店问询的游客,观察组。模拟游客从进网店开始到离网店过程中和门店接待人员的对话交流过程,观察组记录并归纳过程中发现的问题。情景模拟结束后,小组针对问题总结提升对策。

表 3-3　网上客服接待接待训练考核表

考核内容	操作标准	配分	得分
网上客服接待礼仪	回复咨询迅速及时	20	
	使用礼貌用语、敬语	10	
	有一定的回应话术	10	
	对产品了解	15	
	洞察客户的需求和喜好,针对性推荐	15	
	回复过程保持耐心、热情	10	
	咨询结束的致谢与送别	10	
	整体感觉	10	
总分		100	

第四节　旅游出行行业礼仪

一、旅游出行行业概述

旅游出行行业包括航空旅客运输业相关服务、铁路旅客运输业相关服务、旅游水上运输业相关服务、旅游道路运输业相关服务。本节主要以航空旅客运输行业与铁路旅客运输行业为例。

旅游出行行业服务人员统称为乘务员,是在公共交通工具上为乘客提供服务的工作人员,如空中乘务员、列车乘务员、游艇乘务员、公交乘务员等。乘务员的主要职责是为乘客提供热情优质的服务,确保旅客出行舒适与安全,并及时处理旅途中的各种突发事件。随着我国交通行业的快速发展,尤其是高铁、民航的快速发展,高铁乘务与空中乘务成了当下比较热门的职业。

二、旅游出行行业礼仪特点

出行礼仪是在特殊的环境下对特殊群体进行的服务,由于环境等因素的限制,出行礼仪具有特殊性,具体体现在以下几个方面:

1. 安全责任重大

旅客安全抵达目的地,是乘务员的基本任务。乘务员服务于客舱与列车中,面对各种旅客。他们首先就是安全防范员,担负着观察、发现、处理各种安全隐患的任务,担负着维持秩序、消除各种危机事件的责任。确保出行安全是安全运行的基本内容,因此,首要职责就是确保出行的运行安全,也是所有出行的基本要求。

2.服务环境特殊

客舱及列车是一个特殊的场所,具有设施功能特殊、服务环境相对狭小、人员密集等特点,乘务员在服务过程中是近距离、长时间地接触旅客,而且还会受到出行状态和旅客情绪的影响,绝大部分服务工作又是在运动中开展的,所以要求乘务员能够有适应特殊环境的能力。在服务过程中,乘务人员要密切配合,发挥团队精神。

3.规范操作性强

在出行中,不同阶段有着不同阶段的特性,要求服务过程必须符合技术规范的要求,不允许有随意性。既有国家规定的服务标准,又必须达到出行安全运行的要求。各种设备、设施都与安全密切相关,操作过程严谨、规范;服务涉及的范围广泛,每个过程与环节均有技术规范。

4.重个性化服务

客舱拥有不同层次的旅客,上至国家政要,下至平民百姓,既有经常乘坐飞机、高铁的商务旅客,又有初次乘坐的旅游团队。乘务员应该根据不同层次、不同要求、不同地区、不同国籍的旅客提供个性化的服务。

用心呵护,我是你的眼——特殊(盲人)乘客登机礼仪

5.突发情况处置

由于出行环境、服务对象以及服务过程的特殊性,能借助的资源少。服务过程中时常会出现复杂多变的各种事情,因此要求乘务人员具有稳定的心理素质。一旦发生紧急情况,更需要乘务员的应变能力和处置能力。例如,旅客突发急病时,乘务员的角色就是医生、护士。除了给他们必要的安慰以外,最重要的就是对旅客实施急救,想尽一切方法来挽救旅客的生命,减轻旅客的痛苦。

综上所述,要求乘务员具备较高的综合素质。除了一般服务行业所需的服务意识、专业知识和服务技巧等以外,还要具备稳定的心理素质以及遇到突发情况时的处置能力和特殊技能,以实现航空与铁路的安全运行和服务要求。

三、旅游出行行业礼仪规范

(一)航空旅客运输业礼仪

在现代社会生活中,飞机由于具有快捷、舒适等特点,已经成为越来越多现代人出行的交通工具。而航空服务业是我国"窗口"行业中的顶级品牌。要发挥好航空服务业的"窗口"作用并提高服务质量,首先就必须牢固树立"宾客至上"的服务意识,以礼相待,即讲究礼貌礼节。航空服务人员的礼貌礼仪整体水平对于改善国际交往,增进各国人民之间的了解和友谊,展示中华民族的精神风貌和维护我国的声誉有着重要的现实意义。

1.乘务员岗位行为规范

乘务员永远是客舱内的焦点。礼貌是人与人之间相互表示敬意、尊重与友好的行为准则,是一个人精神面貌和道德修养的具体表现,发自内心的微笑是做好服务工作的重要条件之一,它会使客舱充满活泼愉快的气氛,从而给旅客留下美好的印象。因此,在接待客人的过程中,乘务员要始终做到面带微笑,文明礼貌,对待国内客人亲切自然、彬彬有礼,对待外国客人热情大方、不卑不亢。

(1)乘务员与客人谈话时的礼仪

语言礼仪的原则:"客来有迎声、客问有答声、工作失误道歉声、受到帮助致谢声、旅客走时有送声。"

具体参考第五章中的"交谈礼仪"。

(2)乘务员工作中的行为礼仪

为客人服务原则:先敬语,再介绍物品名称。介绍顺序:先里后外、先女宾后男宾、先宾后主、先左后右(面对驾驶舱方向)。

乘务员在客舱内站、坐时要背部挺直,不可弯腰驼背,行走时要礼让,脚步要轻,速度要适中。

乘务员之间在客舱、服务间讲话,声音要小、要轻,不谈与工作无关的事情,避免影响旅客休息和客舱安静。

乘务员不可在旅客座位上休息、用餐、听音乐、看电影等。

不与旅客嬉笑玩闹,更不对旅客品头论足。

与客人谈话时切忌边走边讲,不断地看手表。手不要放到口袋里或双臂抱在胸前,也不要扶着、靠着座椅靠背或坐在座椅的扶手上。

接待客人保持微笑和耐心;对旅客提出的任何问题应尽快给出正确、满意的答复。不可忘记承诺或敷衍了事。

无意碰撞或打扰了客人,应表示歉意,取得对方谅解,在客人下飞机时还应再次道歉。

对爱挑剔的客人要耐心热情,避免发生争执,对举止不端的客人,应镇静回避,必要时可报告机长。

乘务员在厨房内用餐,将隔帘拉好,时间不宜过长,控制在10分钟之内。有客人进入时,暂停用餐,并与客人打招呼。合理安排就餐时间,防止与客舱服务发生冲突。

(3)乘务员进出机场的行为礼仪

乘务组在进出机场期间,应以乘务长为首,女乘务员在前,男乘务员在后,依次列队前进,窄体机排成一竖排,宽体机排成两竖排,其中奇数号位在左侧,偶数号位在右侧;禁止打手机、两两结伴聊天或嬉笑打闹。

上车后,乘务员需将飞行箱整齐码放在班车第一排座椅上或地面上。

乘坐机组车时,礼貌对待司机及其他乘车人员,并主动向机长及其他飞行机组问好或道别,避免大声讨论工作以外的私事,上下机组车相互礼让。

不得在候机厅内大声谈论与公司相关话题或旅客尚未知晓的航班信息。

到达候机楼后需等待飞机到场时,乘务长统一安排组员就座等待或排队等待飞机到场,飞行箱统一放置于一侧。

候机时应按专业化标准坐在等候区域内。

进出各地海关时,如果有旅客排队等候,应依序排队。通过安检、海关等通道时,应主动出示证件并问好,目光与其工作人员礼貌接触。

进出机场、过站等工作期间禁止购物。如在进出机场期间要脱离队伍进行个人活动,应该事先征得乘务长的允许。

2. 空乘服务的基本程序

空乘服务一般分为四个阶段:飞行前的预先准备阶段、飞行前的直接准备阶段、飞行中的飞行实施阶段和飞行后的航后讲评阶段。

(1)飞行前的预先准备阶段

飞行前的预先准备就是明确任务、了解航班的状况,进行个人心理、仪态着装与携带物品准备,这些都是完成乘务任务所必需的,也是服务规范所规定的内容。

①接受任务:任务中明确航班性质、航班号、航段、起飞时间、主任乘务长日期、报告机型、机号等。

②查看航班性质:辨别正班、加班、包机、急救或补班等航班性质。

③个人准备:仪容、仪表、化妆、着装等。

④心理与思想准备:了解机场名称、方位、离城距离,飞行时间、距离与高度;了解航线地理;熟悉紧急情况处理,熟悉重要旅客、特殊旅客的服务;熟悉各号岗位职责。

⑤物品准备:包括业务资料、广播词、上岗证、登机证、乘务员手册、客舱服务规范手册以及个人备品等。

⑥业务准备会议:起飞前1:50分签到后开会,宣布航班任务,明确各号分工,宣布机长,复习各种情况的处理,掌握机型设备、服务设备的使用方法,传递最新信息。

⑦出行:在乘务长的带领下,统一行装前往机场。

(2)飞行前的直接准备阶段

飞行前的直接准备是飞行安全以及为乘客服务的用具用品状态的准备,以便迎接乘客登机。一般根据航班起飞时间,提前一个小时登机,开始进行下列工作:

①客舱应急设备检查:紧急滑梯的压力救生船、移动式氧气瓶、移动式灭火器、门、救生衣、氧气面罩、安全带麦克风防烟面罩信号机、手电筒、石棉垫、急救药箱(开启)。

②与客舱服务设备检查:检查餐食数量、质量、厨房设备、供水系统以及电源系统垃圾桶备份的情况、餐车与用具箱是否固定;娱乐设施的状态;厕所、行李架呼吸器、小桌板、婴儿摇篮、座椅、靠背、阅读灯、观察窗等。

③旅客服务用品检查:主要包括毛毯、耳机、安全须知、航机杂志、报纸等机内读物、垃圾袋等。

④旅客登机前准备:

乘务员应根据仪容仪表、服饰着装等要求,进行自查或互查。如发现脱妆应及时补妆,以保持整体的精神面貌与形象的端庄典雅。

检查客舱:旅客登机前,乘务员应按照安全运行和客舱清洁的要求,确认客舱内没有与飞行无关的人员和物品,确保客舱环境干净、整洁。

播放登机音乐,以不影响旅客交谈为宜

营造环境:窗灯和顶灯均设定在 BRIGHT 位,灯光调节要及时、准确。

客舱温度一般保持在 22 ~ 24℃,以旅客体感舒适为宜。

(3)飞行中的飞行实施阶段

飞行中的服务实施阶段,包括迎宾、滑行、平飞下降、落地送客等阶段。

①迎宾:乘务员应在指定区域内,面带微笑,站姿端正(基本站姿,上体前倾 15 ~ 30℃,做到微笑到、视线到、语言到、动作到)地等候旅客登机。

主动问候:热情主动地问候每一位踏进客舱的旅客。应与旅客有视线交流,并主动引导旅客尽快入座。各号位乘务员迎接旅客登机时,注意观察本区域的旅客,对于通道内的特殊旅客,乘务员之间要及时相互沟通与通报。

引导入座:面带微笑,上前询问并查看旅客登机牌上的座位号,主动引导入座或告知旅客其座位在客舱内的大致方向。

过道疏通:为了尽可能缩短旅客登机所耗费的时间,迎客时每一位乘务员都应主动承担起"疏导"职责,做到"眼明手快""灵活应对"。

主动搀扶特殊旅客,及时疏通过道,尽量为座位不在一起的朋友或家人调换座位。

主动协助旅客安排并及时整理行李架内行李,大件行李较多时及时向乘务长汇报,说服并协助旅客办理行李托运。

手提行李不得放在过道、出口位置及没有固定装置的隔间,必要时有责任托管旅客行李。

紧急出口站位:乘务员在旅客就座后,第一时间告知旅客紧急出口座位注意事项和旅客应履行的责任与义务,请旅客全程协助监控紧急出口区域,防止其他旅客打开应急窗口。

表示感谢:对于旅客的配合及时予以感谢。

②清点乘客数量,并核对报告,关闭机舱门,广播安全须知和注意事项。

③起飞前的安全检查:包括内外舱的安全检查。

④平飞。

a.广播服务:

广播员应当按照公司广播手册内容,落实各项广播。在特殊情况下,根据航班情况的不同可临时组织广播词。广播时要求吐字清晰、音调柔和、速度适中。正常情况下,较为适宜的中文播音速度建议为每分钟 200 ~ 220 字,英文播音速度为每分钟 120 ~ 150 词。

当长航线、夜航或大多数旅客休息时,应酌情减少广播或缩短广播内容。

始于美好,亦止于圆满——迎送礼仪

夜航或头等舱、公务舱旅客休息时,在条件允许的情况下,根据机型分舱广播,避免打扰旅客休息。

当航班延误时应及时广播,告知旅客相关信息。

遇有颠簸应及时提醒旅客,必要时重复广播。

b.准备餐饮:

餐饮准备期间必须拉合厨房隔帘,做到"三轻":说话轻、动作轻、脚步轻。乘务员在烘烤餐食和供餐前应洗净双手。根据餐食种类确认烘烤时间和温度。

冲泡热饮:热饮主要有茶类和咖啡,在冲泡时应注意避免在飞机爬升阶段准备热饮;冲泡热饮时,水位高度不得超过壶嘴,以防止颠簸时溢出,水温控制在 60 ~ 70℃。

规范大方,递取功夫深——托盘礼仪

餐车摆放时,要求"安全""整齐""美观""方便"。饮料车摆放时,饮料标签朝向旅客,便于旅客选择。热食摆放不要过高(以 3 ~ 4 层为宜),避免滑落。

提供餐饮:向乘客提供饮品与餐食。

饮料服务:飞机上饮料可分为咖啡、茶水、果汁、碳酸饮料。饮料的提供方法如下:

ⓐ所有饮料倒至水杯七成满,遇到飞机轻度颠簸,冷饮倒至水杯五成满,暂不提供热饮。

ⓑ乘务员为旅客提供饮料时,首先介绍饮料品种,饮料标签完整并面对旅客,瓶与瓶之间要稍有空隙,每种饮料各摆放一些,不同饮料错开摆放,以便取用。

ⓒ提供冷饮时,主动询问旅客是否加冰块。如果需要,则先在杯中加冰块再倒饮料。

ⓓ咖啡壶口和茶水壶口应始终对着客舱通道。

ⓔ提供饮料时,一般右侧旅客用左手递送,左侧旅客用右手递送。乘务员要确认旅客接稳后方可放手,并要有语言提示,例如:"请您慢用""请您拿好"等。

ⓕ提供热饮时要提示旅客:"小心烫手"。

ⓖ如果儿童旅客需要热饮,需询问儿童的监护人是否同意提供。如果可以提供,需将热饮递给其监护人。

ⓗ在餐车上备份部分吸管,及时为小旅客及需要的旅客提供。

ⓘ如果旅客为糖尿病人,可建议旅客饮用茶水、黑咖啡、矿泉水、热水等不含糖或低糖饮料。

ⓙ添加饮料时,根据实际情况为旅客更换水杯。如果旅客没有更换要求,则无须为旅客更换。

ⓚ用托盘递送饮料时,应将杯子摆放整齐,杯子之间要留有一定的空隙。

ⓛ不可以从旅客头顶上方递送饮料。

c.餐食服务:

根据不同的用餐时间,飞机机上餐食分为早餐、正餐、快餐、点心(果点)、热便餐、热食等。正餐一般是指午餐和晚餐。

正餐：普通舱的正餐是由一个点心盒加配一个热食组成的。

点心餐（果点）：纸装餐盒，内含水果、面包、饮用水、冷荤。1/2 点心盒，内含面包和水果。

快餐：类似汉堡包、三明治、饼干等。

热便餐：热食（米饭、面条）加 1/2 点心盒。

热食餐：锡纸盒热食加刀叉包。

d. 餐食提供时间、标准及检查方法

国内航线供餐时间及标准如下：

起飞时间 06:30—08:30，提供早餐

起飞时间 11:30—13:30，提供午餐

起飞时间 17:30—19:30，提供晚餐

e. 餐车的摆放

点心餐：分为横插、竖插两种方式，一辆餐车可插 75 份点心。

正餐：每辆餐车从下往上平插餐盒 12 层 × 每层 5 份 = 60 份；每个托盘平放热食 5 份，托盘的长边摆放 2 份面条等数量较少的餐食品种，再横向摆放 3 份米饭，呈"丁"字形。

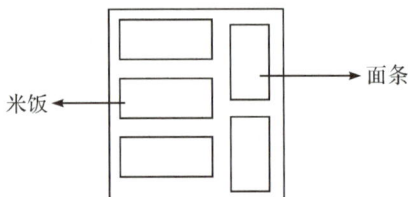

图 7-9　餐食摆放示意图

f. 餐食的提供方法：

点心餐服务：餐盒整齐放于车内，不得出现标签破损情况，点心盒上禁止放饮料等较重的物品，以免造成餐盒变形，提供时航徽朝向旅客。

正餐服务：热食整齐、稳妥地摆放在置于餐车内的托盘上。为避免热食滑落，摆放热食前，应先将大托盘放入餐车，再将托盘部分拉出从内往外摆放热食。摆放热食前需确认餐车另一侧车门是否扣好，避免拉车时车门打开，餐食滑落。提供餐食服务时，将热食放在点心盒上一同递送给旅客，确定旅客拿稳妥了再放手。为防止热食滑落可一只手拿餐盒，另一只手扶住热食递送。

g. 餐食服务：

①提供餐饮应遵循：先 ABC 侧后 DEF 侧，先里后外，先女士后男士，先身份高后身份低的原则逐一发放，避免出现漏发错发的现象。

②餐饮服务过程中，面向机头方向服务的乘务员提供餐饮时，左侧旅客用右手提供，右侧旅客用左手提供，同时要注意监控前舱，如果有旅客进入前舱，应及时提醒靠近前舱

侧的乘务员注意。

ⓒ在餐饮服务过程中,面向机尾方向服务的乘务员提供餐饮时,左侧旅客用左手提供,右侧旅客用右手提供,同时要注意监控后舱,如果有旅客进入后舱,应及时提醒靠近后舱侧的乘务员注意。

ⓓ不能从旅客头顶上方递送餐食,旁边旅客协助递送时需及时向旅客致谢。

ⓔ主动协助旅客放下小桌板,再为旅客递送饮料和餐食。

ⓕ中后舱做好交接,避免漏送。

ⓖ旅客预定的特殊餐食需在餐饮服务前提供。

ⓗ委婉提醒前排旅客调直座椅靠背,方便后排旅客用餐。

为特殊旅客(老人、盲人等行动不便的旅客)提供餐食服务时,要征求旅客是否需要为其打开刀叉包。

ⓘ提供正餐时,如果旅客当时不需要用餐,要确认旅客是否需要保留餐食。

ⓙ为旅客冲泡方便面、奶粉时,需送上餐巾纸或湿纸巾。

ⓚ 为休息的旅客贴休息卡,注意要粘贴于前排旅客座椅套上或前排壁板上,不许将休息卡粘贴于标有客舱安全设备提示的标识上。旅客醒来后,乘务员应及时提供餐饮服务,并确保热食的温度,同时揭下休息卡。

ⓛ如果有旅客在餐饮服务时提出其他的需求,要尽可能及时满足。如果当时无法满足,为了避免遗忘,应该记录旅客的需求、座位号,并尽快满足其要求。

ⓜ 服务过程中需及时提醒旅客系好安全带,阻止儿童在过道里或座椅上玩耍。

ⓝ 餐饮同时发放时,在餐车内先放置托盘再摆餐食,面条存放在容易拿取的地方。为避免乘务员用沾着油渍的手递送饮料,可用餐巾纸或湿纸巾包裹餐盒拿取,用湿毛巾将餐盒擦干净后再发放给旅客。

ⓞ 餐饮服务过程中,如果遇旅客要用洗手间,应及时让旅客通过,不能让旅客在通道处等待太长时间。

h. 收餐顺序及要求

ⓐ收餐顺序:遵循"先发放先收取"的原则。第一辆餐车由经济舱第一排开始进行收餐,第二辆餐车由经济舱最后一排开始进行收餐。

ⓑ收餐要求:收餐时,餐盒不能从旅客头顶上方通过,禁止在餐车上挤压餐盒。回收时,应礼貌性地征得旅客同意后回收,动作迅速谨慎。如果旅客主动递交时,应表示感谢。对于还未用完餐饮的旅客可让其慢慢享用,但必须记住及时回收。用托盘收杯子时,应从托盘的里端向外摆放,杯子不能摆太高,空杯子以不超过 5 个为宜,以免颠簸时碰翻。注意不要把垃圾袋撑破,插放餐盒注意摆放技巧。收餐动作要迅速而不急躁,防止回收物品泼洒溅漏。收餐时,如果旅客有其他需求,乘务员需立即满足;如果不能立即满足应跟旅客做好解释工作,记下座位号,尽快为旅客提供服务。

j. 特殊餐食

特殊餐食是为尊重有宗教信仰或因健康原因需要特别照顾的旅客提供的。通常由旅客在购票时提出申请。

特殊餐食种类：特殊餐食的种类有很多，比较常见是穆斯林餐（MOML）、婴儿餐（BBML）、儿童餐（CHML）、素食（VGML）、糖尿病人餐（DBMLSPMLDIABETICS）和水果餐（FPML）等饮食习惯。

飞机上的犹太餐分热食与冷食两部分，每部分都是双重包装。

乘务员在接收犹太餐食时，要检查餐食上贴有犹太教监制的洁食认证标签，且标签及餐食包装完好。

在备餐时不可打开餐食的包装，不可损坏餐食上犹太教监制的洁食认证标签。

航前需认真与旅客确认餐食情况，由于特殊餐食烘烤的时间会与普通餐食烘烤时间不一致，乘务员在备餐时注意在烤箱中预留出烘烤特殊餐的位置。

提供方式：冷食部分可直接提供给旅客。热食部分在烘烤前需要提供给旅客检查包装，并在得到客人允许后方可进行烘烤，烘烤后将完整包装的热食提供给旅客

航班到达准备：通知乘客（预报时间、天气情况）；收回物品（耳机）；关闭录像；通知地面做好准备工作；实施安全检查。

k. 送别旅客

飞机到达停机位后，发动机关车，"系好安全带"标示灯熄灭，乘务员正常打开舱门，安排旅客离机事宜。

ⓐ归还物品：及时归还为旅客保管的行李物品，并做好必要的确认。

ⓑ播放乐曲：在旅客离机时，播放舒缓、悦耳的乐曲，以表达全体机组人员对旅客的感谢之情、送别之意，并期待与旅客的再次相见。乘务员通过机载设备，以视频或音频形式播放指定的离机音乐。播放离机音乐时要求音量适中，以不影响旅客交谈为宜。旅客全部下机完毕后关闭音乐。

ⓒ灯光调节：客舱灯光一般调节至明亮状态。

ⓓ相关提醒：提醒旅客不要遗漏随身携带物品。如果到达站与起飞站两地温差较大，应提醒旅客适当增减衣物。

ⓔ热情道别：在指定送客区送别每一位旅客，向旅客表示祝福，提醒旅客带齐物品，道再会。送客礼与迎客礼的基本要求一致，微笑、鞠躬。两舱旅客一般优先下机，乘务员应使用"姓氏服务"或"职务称呼"方式，逐一向两舱旅客表达感谢，热情道别，并由衷地表示期待能再次为旅客服务。

ⓕ主动帮助：一般应主动询问特殊旅客是否需要帮助；协助任何需要帮助的旅客下机。

l. 清舱检查

ⓐ即时清舱：每个号位的乘务员负责各自所在区域的客舱清理工作。

ⓑ旅客全部下机后，乘务员认真仔细检查客舱、洗手间和行李架，是否有旅客遗留物

品并进行清舱检查,完成后及时汇报乘务长。

ⓒ如果发现旅客遗留物品,应立即交还旅客或与地面服务人员办理交接。

ⓓ对客舱中剩余的毛毯、杂志等物品进行回收,关闭阅读灯。

(4)飞行后的航后讲评阶段

航班结束后,即对航班飞行中的服务情况进行讲评,总结经验,找出问题,对特殊情况上报值班领导并在乘务日志上说明。

①航后讲评会:一般不少于10分钟。

a.区域乘务长对后舱安全、后舱乘务员服务工作进行点评。

b.安全员对航班安全工作进行讲评。

c.乘务长对航班保障情况从安全和服务两个方面进行点评,重点讲解航班中服务工作存在的问题、颠簸及特情处置等。

d.乘务长听取组员对航班保障情况提出的建议和意见。

e.乘务长视情况与机组沟通讲评航班保障情况。

②物品交接:

a.乘务长交接物品。

b.安全员交接物品。

c.交接国际航班乘务长包、护照、黄皮书等。

③其他事项:

a.向乘务值班汇报重大或特殊事件。

b.若餐食、机供品等出现质量问题时,向乘务值班汇报并提供样品。

c.乘务长在航班结束后的7天内填写乘务日志,在填写后的3天内可进行内容更改。根据乘务员在航班上的具体表现进行考核,考核标准分为优秀、合格、不合格、差。

(二)铁路旅客运输行业服务礼仪规范

中国高速铁路上行驶的动车组上从事为旅客服务的女性工作人员,也叫作"动车乘务员"。在激烈的客运市场竞争中,勤恳温柔地为旅客提供细致服务的"高姐"以她们姣好的形象和温和的工作态度,给人留下了深刻的印象。

1.列车乘务员岗位通用标准

(1)基本服务标准

①在各车厢电子显示屏公布中国铁路客户服务中心客户服务电话(区号+电话号码)。

②实行首问首诉负责制。受理旅客咨询、求助、投诉,及时回应,热情处置,有问必答,回答准确;对旅客提出的问题不能解决时,指引到相应岗位,并做好耐心解释。

③对重点旅客做到"三知三有"(知座席、知到站、知困难,有登记、有服务、有交接),优先办理卧铺、安排坐席;为有需求特殊重点旅客联系到站提供担架、轮椅等辅助器具,及时办理站车交接。

④尊重民族习俗和宗教信仰。

⑤遇有失误时,向旅客表示歉意并妥善处理。对旅客的配合与支持,表示感谢。

⑥在旅客多的地方行走时,要先打招呼,不与旅客抢道、并行。与旅客走对面时要主动示意让路,旅客问话时,应面向旅客站立回答。

(2)作业纪律标准

①不高声喧哗、嬉笑打闹、勾肩搭背,不在旅客面前吃食物、吸烟、剔牙齿和出现其他不文明、不礼貌的动作,不对旅客评头论足,接班前和工作中不食用异味食品。餐车对旅客供餐时,不在餐车逗留、闲谈、占用座席、陪客人就餐。

②清理卫生时,清扫工具不触碰旅客及携带物品。挪动旅客物品时,征得旅客同意。需要踩踏坐席、铺位时,戴鞋套或使用垫布。占用洗脸间洗漱时,礼让旅客。清洁厕所时,作业人员戴保洁专用手套。

③维护秩序时要说服动员,不准推、拉旅客。

④不侮辱、刁难和以粗野语言对待旅客;不利用职务之便索贿、受贿、敲诈勒索;不以票谋私;不擅离职守,不对旅客敷衍搪塞,不负责任;不包庇袒护、推卸职务过失。

⑤作业过程中规范使用手机。

⑥当班期间禁止饮酒、赌博、擅离岗位或与旅客冲突。

⑦旅客问询时,面向旅客站立(工作人员办理业务时除外),目视旅客,有问必答,回答准确,解释耐心。遇有失误时,向旅客表示歉意。对旅客的配合与支持,表示感谢。

2.列车乘务员岗位作业流程

(1)接车准备流程

①按规定穿着统一制服,佩戴职务标志,仪容整洁(女淡妆上岗),着装得体。

②到派班室报到,听取命令指示(遇公寓折返时按规定时间起床)。

③按规定路线进入车站,做到队伍整齐、步伐一致、箱包在同一侧。

④检查对讲机、站车无线交互机等设备情况,与列车长进行对讲机频道调试和时间校对,确保状态良好,计时准确。

⑤检查一等座备品,确认托盘、水壶等服务备品是否齐全、完好。

⑥参加班组出发会,听取当前工作布置,了解当趟列车一等座旅客服务重点,接受业务提问,做好学习笔记。

⑦在列车长带领下列队到值班室出乘点名,接受值班员业务抽问。

⑧开车以前配齐免费赠品、服务备品,发现短少及时报告商务座列车员。

(2)始发作业流程

①到岗及时,举止规范,主动热情。站立时,挺胸收腹,两肩平衡,身体自然挺直,双臂自然下垂,手指并拢贴于裤线上,脚跟靠拢,脚尖略向外张呈"V"字形。女性可双手四指并拢,交叉相握,右手叠放在左手之上,自然垂于腹前;左脚靠在右脚内侧,夹角为45°呈"丁"字形。

②面带微笑,迎接上车旅客,致欢迎词。

③对特殊重点旅客领位就座,表情自然,态度和蔼,举止得体,做到规范引领,妥善安排引导旅客放好随身携带的物品。

④发现违规登车和越席的人员,及时处理,不能处理向列车长报告,与列车长的联控用语规范。

⑤开车铃响前,提醒送客人员及时下车,避免误乘。

⑥使用普通话,表达准确,口齿清晰。对旅客、货主称呼恰当,统称为"旅客们""各位旅客""旅客朋友",单独称为"先生""女士""小朋友""同志"等。

（3）途中作业流程

①列车进出站时,在车门口立岗,面向站台致注目礼,以列车进入站台开始,开出站台为止。

②巡视车厢,行走姿态端正,步伐适中,轻重适宜;在旅客多的地方,先示意后通行;与旅客走对面时,要主动侧身面向旅客让行,不与旅客抢行。

③旅客问询时,面向旅客站立,目视旅客,有问必答,回答准确,解释耐心;遇有失误时,向旅客表示歉意;对旅客的配合与支持,表示感谢。

④按顺序查验车票、做好去向登记,进行赠品发放;服务顺序遵循先一等座后二等座的原则;做到服务过程流畅,避免重复打扰旅客。

⑤车容整理:行李物品摆放平稳、整齐;提醒旅客将大件行李及锐器等不适宜放在行李架上的物品,摆放在指定位置并自行看管;挪动旅客物品时,应征得旅客同意;通道保持畅通。

⑥发现高声喧哗、脚放在座位上等不文明乘车行为做好宣传劝阻;中途无停站时,每30分钟全面巡视不少于一次。

⑦一等座饮品服务使用服务小推车,在推行中,应避免碰撞旅客,损坏列车设备、设施,停放时保持制动状态;不配置服务小推车的车厢应使用托盘进行发放工作;提供热饮时,以杯子七分满为标准;递送饮品时,应拿杯子下三分之一处,避免从旅客身后、头顶上方经过;适时提醒旅客注意。

⑧列车晚点超过15分钟,根据列车长的布置,向本车厢旅客致歉,说明晚点原因,通报预计晚点时间,做好宣传解释。

（4）终到站作业流程

①到站后,在车厢车门站台立岗,面向旅客道别,帮助重点旅客下车。

②旅客下车完毕,巡视车厢,发现旅客遗失物品交列车长处置。

③折返站整理车容,备品复位;做好折返迎客准备。

④全面巡视包干车厢各部位,确认旅客全部下车,车内其他作业完毕,报告列车长;到达8号车厢,统一下车。

⑤参加退乘会,汇报本趟列车乘务工作,听取列车长对乘务工作点评。

⑥列车长带领列队出站退乘;需要住宿的班组,集体入住公寓休息。

练

实践题

1. 随机组合4—5人为一乘务组,并选出一名为乘务长,确定服务理念。

2. 模拟客舱迎客训练:进入客舱时标准的站姿迎接、结合目光、表情、鞠躬礼及问候用语、让旅客出示登机牌并引导旅客入座。

3. 情景模拟

背景资料:由于天气原因,杭州暴雪。原定于15日上午10点起飞飞往哈尔滨的航班延误,无法正常起飞。乘务组人员刚刚进入候机楼就收到了航班无法正常起飞的消息,只好在候机楼内待机,等候天气好转。

要求:根据背景资料中的情景,模拟乘务组人员在候机楼内的行走礼仪和待机礼仪。(模拟流程如下:乘务组人员步行进入候机楼—播报无法正常起飞的消息—乘务组人员在候机楼内待机。)

实施步骤:

1. 教师组织学生分成4—6组,并选出每组乘务长为负责人;

2. 两组学生配合模拟上述情景;

3. 一小组在模拟时,另一小组要认真观看,并做好记录;

4. 模拟结束后,每小组进行讨论分析;

5. 每组乘务长上台总结模拟结果。

表3-1　任务实施评价表

考核内容	操作标准	配分	得分
候机楼内行进中的走姿	身体姿态:头正颈部直,目光保持平视,表情自然,行走时挺胸收腹,保持身体平稳。	6	
	手臂姿态:女乘务员——左肩背包,手扶在背包下端,右手拉个人飞行箱。 男乘务员——左手提包,右手拉个人飞行箱。如果未提包,则左臂应自然下垂,自然摆动。	6	
	步法速度:全体乘务员应一路纵队行进,女乘走路时双脚的内侧走在一条直线上,步法自然轻盈,男乘走路时双脚走在两条直线上,自然稳健。步法整齐,脚步不宜过大、过急,要与自己的身高成正比,不要随意甩动个人飞行的行李箱或是摆出一副懒散的走姿。女乘务员要走出和谐的韵律美,走出美感和自信,男乘务员要走出男性的自行、坚定和阳刚之美。	8	

续表

考核内容	操作标准	配分	得分
候机楼内待机时的坐姿符合规范	要抬起头部,目光平视正前方,下颌微微内收。	5	
	要颈部保持正直,双肩平齐,上身挺拔,腰背直立。男乘务员可坐椅子的3/1,女乘务员则可坐椅子2/1,同时,小腿需与地面垂直。	5	
	入座后要保持上身挺直,女乘务员在两腿并拢的基础上,可以根据椅子的高低调整姿势。	5	
	女乘务员应两膝并拢,背包统一放在自己的双腿上,双手扶于背包上。男乘务员两腿应自然分开,两膝外侧不可超过肩宽,双手自然地放在大腿面上。	5	
语音播报规范要求	播报服务广播时语言要清晰、流畅、亲切;	10	
	播报的内容准确,明了	10	
按流程积极参与任务实施	学员精神状态饱满,个个态度积极	10	
	任务实施流程正确	10	
整体模拟效果	外表形象专业、全体配合紧密	10	
	完成流畅	10	
总分		100	

4.情景模拟

背景资料:在一架武汉飞往北京的航班上,经济舱客满。客舱内有去北京旅游的老年旅行团、有开会的商业人士、回家探亲的年轻人……

登机时,乘务员看到老年旅行团上了飞机,主动帮他们提拿行李;乘客登机后,有的乘客没有按顺序将行李放在行李架上,有的乘客甚至将行李放在了过道上。

要求:根据以上情景,模拟为乘客指示座位、行李架和帮助乘客摆放客舱。

实施步骤:

1.将全班学生进行分组,7～8人为一组;

2.学生分别扮演乘务员和老年旅行团、开会的商业人士、回家探亲的年轻人

3.每小组在模拟时,其他小组要认真观看,并做好记录;

4.模拟结束后,其他小组对模拟进行评价,并对模拟中出现的问题进行分析;

5.每小组派一名同学上台总结模拟结果。

表 4-1　任务实施评价表

考核内容	操作标准	配分	得分
指示座位、行李架动作	在指示座位时,乘务员应保持站立姿态,单手从体侧抬起,指向座位号码,目光跟随所指方向,同时要告知乘客:"您好,这是您的座位,请您坐好并系好安全带,请您自行收起,调节座椅靠背等。	10	
	在指示行李架时,乘务员应保持站立姿态,单手从体侧抬起,指向行李架的位置,目光跟随所指方向,同时要告知乘客:"您好,我帮您把行李放在行李架上"。	10	
行李架的操作	乘务员打开或关闭行李架时,可用单臂或双臂操作,要求身体面向行李架,手臂。上举时要动作优雅,必要时可以踮起脚后跟来增加身体的高度。	10	
	乘务员帮助乘客放置行李时,身体要面向行李架,双臂上举。	5	
	乘务员在进行客舱行李架安全检查时,应单臂侧身进行检查。	5	
遵循客舱巡视礼仪	巡视客舱安全。乘务员需要在不同的时间点在客舱内走动,观察每位乘客的状态,得知乘客是否有特殊情况,是否需要帮助。	8	
	提供个性化的服务。由于客舱内乘客性别、年龄、身份、身体健康状况和喜等的不同,因而对于服务的需求也存在较大的差异。	7	
	保持客舱环境干净卫生。乘务员在巡视客舱的同时,也会拿着托盘,随时收拾整理乘客不需要的杯子、餐盒等,散落在地的报纸、纸巾等杂物;同时还要及时清扫卫生间及补充卫生间用品	5	
按照要求摆放行李箱	要求乘客把行李放行李架上或前方座位下(自己的脚前),随身行李有尺寸、重量的规定,禁止放在应急出口或通道上	20	
整体模拟效果	外表形象专业、全体配合紧密	10	
	整个流程完成顺利、流畅	10	
总分		100	

参考文献

[1] 彭林.中华传统礼仪概要[M].北京:商务印书馆,2017.

[2] 褚倍.商务礼仪[M].北京:清华大学出版社,2020.

[3] 孙玲,江美丽.商务礼仪实务与操作[M].对外经济贸易大学出版社,2017.

[4] 胡爱娟,陆青霜.商务礼仪实训[M].首都经济贸易大学出版社,2007.

[5] 羽西.听礼仪专家讲故事[M].当代世界出版社,2007.

[6] 于文霞,陈世伟,孙继春.商务礼仪[M].济南:山东科学技术出版社,2017.

[7] 杨友苏,石达平,品礼.中外礼仪故事精选[M].学林出版社,2008.

[8] [美]杰奎琳·惠特摩尔,唐淑芳译.礼仪的价值——迈向成功必备的9堂修身课[M].机械工业出版社,2015.

[9] 王长江.礼仪训练仅需10天[M].吉林出版集团有限责任公司,2017.

[10] 金正昆,邹泓燕.服务礼仪[M].北京师范大学出版社,2011.

[11] 陆玉慧,唐玉藏.商务礼仪实训[M].机械工业出版社,2015.

[12] 华阳.世界名人给你上的80堂礼仪课[M].金城出版社,2009.

[13] 朱世蓉,贾丽彬.职业礼仪[M].高等教育出版社,2017.

[14] 斯静亚.公关礼仪与口才[M].清华大学出版社,2016.

[15] 马银春.会说话也要懂礼仪[M].世界知识出版社,2012.

[16] 胡爱英.礼仪文化[M].中国旅游出版社,2017.

[17] 单铭磊.礼仪文化[M].中国经济出版社,2014.

[18] 彭澎.礼仪与文化[M].清华大学出版社,2007.

[19] 彭林.彭林说礼——重建当代日常礼仪[M].清华大学出版社,2018.

[20] 杜明汉.商务礼仪——理论、实务、案例、实训[M].高等教育出版社,2010.

[21] 曹培培.旅游服务礼仪[M].清华大学出版社,2015.

[22] 苏静.向日本人学礼仪[M].中信出版社,2014.

[23] 常晋波.以礼为政(政务礼仪的国学视角)[M].光明日报出版社,2017.

[24] 彭林.中华传统礼仪[M].北京燕山出版社,2004.

[25] 王小锡,姜晶花.中华传统文明礼仪读本[M].江苏人民出版社,江苏凤凰美术出版社,2018.

[26] 《中外格言大全集》组委会.中外格言大全集[M].中国华侨出版社.

［27］颜青.名人名言集萃［M］.浙江人民出版社.

［28］内藤谊人.谁能种出好吃的西红柿——世界不是你看到的那样）［M］.古吴轩出版社,2012.

［29］宋莉萍.沟通与礼仪教程［M］.上海财经大学出版社,2012.

［30］冀巧英,谷静敏.人际沟通与礼仪［M］.对外经济贸易出版社,2010.

［31］杨丽.商务礼仪［M］.清华大学出版社,2010.

［32］赵丽霞,王瑜.商务礼仪［M］.天津大学出版社,2014.

［33］徐秋梅.和谐社会视野下大学生礼仪修养提升的路径选择［D］.华东师范大学学位硕士论文,2009.

［34］吴波虹.商务礼仪［M］.吉林大学出版社,2017

［35］孙玲,江美丽.商务礼仪实务与操作［M］.对外经济贸易大学出版社,2017.

［36］雷明化,陆宇荣.酒店服务礼仪［M］.北京:中国人民大学出版社,2015.

［37］田莉主编.旅游礼仪实务［M］.北京:中国铁道出版社,2017.

［38］唐树伶,王炎.服务礼仪［M］.北京:清华大学出版社,北京交通大学出版社,2020.

［39］杨红颖,王雪梅.旅游服务礼仪［M］.重庆:重庆大学出版社,2016.

［40］刘勇.饭店服务技能实训教程［M］.北京:化学工业出版社,2013

［41］特别文摘［J］,2015—2019.

后　记

职业礼仪

——优雅的呈现和智慧的表达

画好啦,大功告成啦。是的,她极度疲惫地放下手中的画笔想道:我终于画出了在我心头萦回多年的幻境。

——弗吉尼亚·伍尔芙《到灯塔去》

2019 年的夏天,这本构思了十年、筹备了一年、笔耕了六个月的礼仪书,在中国杭州西子湖畔终于成稿;2021 年冬天到 2022 年春天,在美国得克萨斯州,经过了反复修改,终于可以付梓。只是,我不知道,是否"画出了在我心头萦回多年的幻境"。

纵然思绪万千,下笔千言,却依然是管中窥豹,只见一斑。正如无论多么历练的水手,也不曾看到过完整的大海,我也一样,看到的永远是"礼仪星空"中的一隅。

礼仪是什么?

儒家说:礼仪就是敬。

《礼仪书》作者利蒂希娅·鲍德瑞奇女士说:礼仪来自内心;礼仪不只是礼节;礼仪是一种快乐;礼仪源于关心。

礼仪是坚硬的、理性的,它是行为处事的规矩,是用来约束人行为、规范人们的言谈举止,也从内塑造人性,使人在礼的规范之内,经历一系列的自我转化,自我塑造成一个开放而坚定的人格。

礼仪又是柔软的、感性的,"礼"就是情感教育,它使人的各种情感都能合乎节度,从而进入无所不适、无所不当的"自由"状态。礼是人情的自然流露,是生命的恰到好处。"礼"要求人们在世俗的日常生活中去展示神圣的人性意义,去"知味"地活着,从而生活得更充分、更自觉。

"礼仪"给了我们无边界的扩展空间,无时无刻不在丰盈着我们的生活:

春天万物生发,草露新绿;冬季寒风刺骨,冰封大地。春夏秋冬四季的循环往复,景观绚丽,是四季对大自然的礼。

闭目迎上细如尘的春雨,让发丝感受微寒的剪剪风,深吸林荫草木的清香,驻足于花前月下的树影,这是我们对大自然的礼。

我更想看到:校园里,少些五颜六色的头发和东倒西歪的仪态,让青春之美美得有度;地铁中,不要一窝蜂地涌进车厢,不管是否还有乘客没有下车,让谦让之德无处不见;

马路上,少些插队加塞和"路怒症",纵然车如流水,马如游龙,让秩序井然如影随形。在一座座房子里,一道道门后面,一盏盏灯下,少些肆意,多些自律;少些计较,多些宽容;少些抱怨,多些理解;少些敷衍,多些呼应;少些冷眼,多些微笑;少些淡漠,多些温暖。

如果我们让"礼仪"充盈于我们的人生、事业、乃至万事万物,如果我们心中有了"礼",我们的面貌就会焕然一新。将内在智慧与外在优雅统一起来,内在修养越丰厚,外在的礼仪行为则越自觉、自然、优美。

因此,我说礼仪是优雅的呈现,不仅仅是规矩合度、举止庄重、得体的仪表美,也是以完美的甚至艺术化的形式呈现出来的仪式美;是人们通过礼仪所表达的内在情感的和谐美,也是审美评价同道德评价统一的善之美。

因此,我说礼仪是智慧的表达,不仅仅是谈吐文雅、能言善辩的语言智慧,也是知道如何保护别人自尊,尊重别人感受的人际智慧;是内心明澈、韬晦有度的内省智慧,也是人情练达、谦和明理的人生智慧。

当然,可能穷其一生之力,我们也未必能够达到以上境界。但是,正如歌里唱到:让我拥有一颗透明的心灵,和会流泪的眼睛,仰望夜空中最亮的星。

我们可以一直在路上。

谨以这本书,送给同路人。

礼仪不是急事儿,教养从来都是慢活儿,优雅和智慧,只能源于气定神闲的醒悟和不温不火的磨炼。花开花落,云卷云舒,滴水穿石,百寒成冰,肯用热爱去雕琢时光的人,时光也从来不曾辜负他们。

感谢过程中激励我、催促我的他和她,我的家人和朋友,给了我力量!

感谢本书的合作单位,给予我信任和舞台!

感谢帅气和美丽的模特:感谢应明言(Mingyan Ying)同学承担了部分文献收集和整理工作,韩兵先生、陈培珍女士、虞松松先生、严予贝女士、孙建锵先生,你们的光辉形象为这本书增色添彩!

《史记·礼书》开宗明义:"缘人情而制礼,依人性而作仪。"

让我们的生命融入"礼",在完美践行"礼"的同时,将自己的生命琢磨成优美的艺术品。